苏州市情研究 2015—2016

SUZHOU SHIQING YANJIU

主编 李杰

苏州大学出版社
Soochow University Press

图书在版编目(CIP)数据

苏州市情研究：2015—2016 / 李杰主编. —苏州：
苏州大学出版社，2017.1
 ISBN 978-7-5672-2054-6

Ⅰ. ①苏… Ⅱ. ①李… Ⅲ. ①苏州－概况－2015－2016 Ⅳ. ①K925.33

中国版本图书馆 CIP 数据核字(2017)第 018886 号

苏州市情研究　　2015—2016
主编　李　杰
责任编辑　王　娅　金莉莉

苏州大学出版社出版发行
(地址：苏州市十梓街1号　邮编：215006)
苏州恒久印务有限公司印装
(地址：苏州市友新路28号东侧　邮编：215128)

开本 700 mm×1 000 mm　1/16　印张 26.5　字数 490 千
2017 年 1 月第 1 版　2017 年 1 月第 1 次印刷
ISBN 978-7-5672-2054-6　定价：68.00 元

苏州大学版图书若有印装错误，本社负责调换
苏州大学出版社营销部　电话：0512-65225020
苏州大学出版社网址　http://www.sudapress.com

编 委 会

主 编：李 杰
副主编：方 伟　陈楚九
编 委：潘福能　傅伟明　李静会　何亚娟
　　　　　朱 琳

序言

智库作为国家软实力的重要载体,越来越成为衡量国家竞争力的重要因素,越来越成为国家治理体系和治理能力现代化的重要手段。从全球历史看,无论是大国崛起,还是强国担当,背后始终都有智库的力量。新型智库建设关乎决策科学化、民主化,关乎国家治理体系和治理能力现代化,关乎国家软实力的战略提升。

从当下发展看,世情、国情、党情发生了深刻变化,我国面临着风云变幻的国际政治、经济、外交、军事等新挑战;国内全面深化改革处于攻坚期,社会建设处于深层次矛盾凸显期,经济发展处于速度换挡期、结构优化期、动力转换期,谋划"十三五"、实现"十三五",协调推进"四个全面",我们面对的改革发展稳定任务之重前所未有,面临的矛盾风险挑战之多前所未有,我们比以往任何时候都更加需要智库的思想引领和智力支撑。从苏州实际看,苏州正处于高水平全面建成小康社会的冲刺阶段,要走在"强富美高"前列,需要我们敢于出招、善于应招,需要我们有强大的"思想库"和"智囊团"来发力、来给力,建设特色新型智库是时代要求和发展诉求。

文章合时而著,智库应运而生。2013年4月,习近平总书记对"建设中国特色智库"做出重要批示,提出要建设"中国特色新型智库",把智库发展提高到了国家战略高度。2014年7月召开的全国党校系统思想库建设座谈会,提出要不断把党校系统思想库建设提高到新的水平。2014年11月,中央出台了《关于加强中国特色新型智库建设的意见》,对新型智库建设提出了要求、指明了方向,中国智库建设跃至新高度、站上新起点,并明确提出要"促进党校行政学院智库创新发展""党校行政学院要着力为地方党委和政府决策服务,有条件的要为中央有关部门提供决策咨询服务"。2015年9月,江苏省委办公厅、省政府办公厅印发《关于加强江苏新型智库建设的实施意见》,提出我省智库建设的总体要求、基本原则、重点任务和具体举措。

我们必须充分认识新型智库建设的重要性和紧迫性,增强对建设新型苏州智库重大价值的深刻把握,把智库建设放到苏州高水平全面建成小康社会的战略高度,以利更好发挥新型苏州智库在总结提炼中国道路的苏州样本经验、在新的历史条件下突破发展瓶颈、拓展苏州之路、升华苏州精神的重要作用。

按照中央和省委的决策部署,苏州市委党校自觉担当建好新型智库的责任与使命,着力把决策咨询工作作为围绕中心、服务大局的有力抓手,作为发挥核心竞争力、提升整体工作水平的重要举措,更新理念,找准定位,抓实举措,寻求突破。2014年11月组建市情研究中心,整合校内外资源,构建协同创新的智库建设新模式,编印《市情研究》和《市情专报》两份咨政刊物,报送苏州市委、市政府领导及各部委办局提供决策参考。两年来,市委党校市情研究中心承担了多项市委、市政府委托课题,编印《市情研究》74期、《市情专报》32期,先后有1篇研究报告获石泰峰省长批示,9篇获周乃翔书记、曲福田市长批示,智库作用不断凸显,对苏州经济社会发展、党政决策咨询做出了较大贡献。市委党校在智库建设中夯实"一个基础"、强化"四个聚焦",即完善教学科研咨政互相促进转化机制,夯实教学科研咨询一体化发展基础;聚焦重大问题,聚焦苏州快速转型过程中出现的重大趋势、突出挑战甚至棘手问题,聚焦改革发展面临的难点问题和干部群众普遍关注的热点问题,聚焦党委政府中心工作、重大决策部署,加强应用对策研究,成为党委政府想得到、信得过、用得上的新型智库。但在当前,仍有许多问题值得研究,比如,特色智库如何进一步多渠道加大投入以增强竞争力、多举措增强成果显示度以扩大影响力? 如何加强智库队伍建设、促进智慧集成、激发原创智慧生产? 党政研究机构在智库建设总布局中的地位和特色如何进一步彰显? 等等。围绕以上问题,各级党校应找准党委智库的角色定位,深入开展决策咨询研究。苏州党校智库应该是贯彻协调推进"四个全面"战略布局的学术探路、智慧引领和智力支撑的创新资源库,应该是整合苏州各级各类智力资源、服务地方经济社会发展和党的建设的创新动力源,应该是增强地方核心竞争力、提升地方发展软实力、增强苏州贡献的智慧含金量的创新能量站。市委党校要发挥好市情研究中心等平台的作用,进一步提升决策咨询的服务水平,特别是要加强对事关苏州长远发展的全局性、战略性和前瞻性问题的研究,加强对重点、难点、热点民生问题的研究,提出具体可行的对策和建议,拿出有分量的研究成果。

加强新型智库建设,意义深远,责任重大,使命光荣。我们一定要按照中央和省委、市委的精神,继续真抓实干,开拓创新,推动新型智库建设迈上新台阶,为苏州高水平全面建成小康社会提供坚实的智力支撑!

中共苏州市委副书记、党校校长

目录

第一篇 发展趋势与使命担当

国家发展战略格局中的苏州使命
　　——关于苏州"十三五"发展的若干思考 / 003
把握新机遇　谋求新发展
　　——学习贯彻五中全会精神、主动融入国家战略的初步思考 / 007
苏州在新阶段应担当怎样的重任？/ 014
新常态下中国经济的转型与升级
　　——林毅夫在复旦大学110周年校庆高端学术论坛上的演讲 / 021
中央拟设"全面创新改革试验区"值得关注 / 027
把握中央精神实质　积极推进"稳增快转" / 029
关注外资流向与制造业升级
　　——兼析高端制造业日企扩大在华投资 / 034
制造业成本优势递减趋势亟待关注 / 040

第二篇 创新发展与转型升级

准确把握宏观形势　努力创新思路举措 / 045
"中国制造2025"背景下苏州智能制造发展情况的调研 / 053
制造业发展形势与苏州对策建议 / 059
成熟型经济：苏州改革发展的重要指向 / 066
关于苏州融入"一带一路"建设的思考与建议 / 073
苏州建设具有全球影响力产业科技创新中心的几点思考 / 078

转型升级的关键举措
　　——关于苏州加快实施创新驱动发展战略的若干思考 / 085
新常态下苏州现代服务业集聚区提升发展研究 / 096
苏州市众创空间发展现状与政策优化 / 102
关于苏州确立打造"创新型经济"目标的分析与建议 / 108
加快花桥国际商务城服务外包产业发展的若干建议
　　——以昆山迪安医学检验项目为例 / 110
关于发展"非银金融"支持苏州产业技术创新的思考 / 114
苏州工业经济"十三五"转型发展的思考
　　——苏州与上海、深圳、宁波等地工业经济相关指标比较分析 / 119
苏州高铁新城推进产城融合发展的若干思考 / 129
全新商业模式的认识与尝试
　　——相城区发展"平台经济"的调研与思考之一 / 135
理清发展思路与战略重点
　　——相城区发展"平台经济"的调研与思考之二 / 139
具体工作建议
　　——相城区发展"平台经济"的调研与思考之三 / 144
苏州靠什么发挥示范引领作用？
　　——深圳经济成功转型的六点启示 / 147
找准转型切入点　打好升级组合拳　为加快建设"一基地"做出新的努力 / 152
苏州部分经济指标的比较分析 / 155
借鉴台湾地区经济发展理念　拓宽新常态下吴江经济转型升级路径 / 161
积极探索监管模式创新　推动海关特殊监管区域多元化发展 / 167
震泽创建"丝绸小镇"的实践与思考 / 173
金香溢：一个成长中的农业品牌 / 178

第三篇　协调发展与社会建设

加快推进城镇化的积极实践
　　——关于苏州市被撤并镇优化发展的调研报告之一 / 187
"短板"现象亟待重视
　　——关于我市被撤并镇优化发展的调研报告之二 / 195
加快形成共识　科学合理定位
　　——关于我市被撤并镇优化发展的调研报告之三 / 203

坚持五大理念　创新工作举措
　　——关于我市被撤并镇优化发展的调研报告之四 / 207
关于继续稳妥推进虎丘地区综合改造的思考与建议 / 213
完善苏州市社会价格监督服务网络建设对策 / 219
苏州农村人口社会化养老现状及推进建议 / 226
苏州中心城区农贸市场标准化建设的实践与思考 / 230
改革迈出新步伐
　　——苏州工业园区开展改革试点的调研（上） / 234
努力争当排头兵
　　——苏州工业园区开展改革试点的调研（下） / 239

第四篇　绿色发展与城市建设

加快推进生态文明建设　倡导和推广"家祠墓园"的建议 / 247
苏州市水生态文明建设的思考 / 250
关于苏州建设特大城市的思考 / 261
国内外城市更新经验和苏州对策研究 / 270
关于影响苏州国家历史文化名城保护区功能发挥的三个因素 / 278
值得重视的成绩与矛盾
　　——新阶段推进苏州古城保护、有机更新的调研（上） / 282
明确目标　理清思路
　　——新阶段推进苏州古城保护、有机更新的调研（中） / 285
亟待解决的几个问题
　　——新阶段推进苏州古城保护、有机更新的调研（下） / 289
关于周庄旅游业转型升级的调研 / 293
推进全域旅游的专家观点值得关注 / 299
张家港保税区外企党建工作实践及建议 / 303
苏州建设具有独特魅力的国际文化旅游胜地的几点思考 / 308
"枫桥经验"：社区治理模式创新的探索与启示 / 313

第五篇　他山之石与借鉴思考

"工匠精神"是打开供给侧改革红利的钥匙 / 321

各地出台举措推进供给侧结构性改革 / 325

解密重庆 / 329

供给侧改革的三个问题 / 335

深圳推进供给侧改革实践值得借鉴 / 338

创新,没有现成的教科书可以遵循 / 343

关于我国四大自贸区的基本情况 / 353

把握园区契机　深化苏州改革
　　——广东自贸区前海蛇口片区改革借鉴 / 357

如何实现第三次历史性"突围"?
　　——上海、广东等地做法解读 / 365

经济发展好于预期　创新转型亮点频现
　　——稳增快转的"上海现象"解读 / 369

对深圳经济"热"数据的"冷"思考 / 375

广东明确率先实现"全面小康"目标年值得关注 / 379

中科院对"一带一路"沿线38个国家"环境绩效评估"结论值得重视 / 383

深圳致力打造国际一流海绵城市 / 387

厦门、海南等"多规合一"的实践经验与启示 / 392

新空间　新格局
　　——"特色小镇"建设大有可为 / 396

跳出苏州看创新
　　——我市与深圳、北京中关村、上海张江的比较与借鉴 / 403

附录:《市情研究》2015—2016 主目录 / 410

后　记 / 413

第一篇

发展趋势与使命担当

国家发展战略格局中的苏州使命
——关于苏州"十三五"发展的若干思考

陈楚九

当前,我们正处在谋划好"十三五"发展的重要节点。2015年5月底,习近平总书记在华东七省市党委主要负责同志座谈会上强调指出,"十三五"时期是我国经济社会发展非常重要的时期,各级党委和政府要明大势、看大局,深刻把握国际国内发展基本走势,把我们所处的国内外发展环境和条件分析透,把我们前进的方向和目标理清楚,把我们面临的机遇和挑战搞明白,坚持立足优势、趋利避害、积极作为,系统谋划好"十三五"时期经济社会发展。前不久,省委罗志军书记主持召开苏南五市党委主要负责同志座谈会时明确要求,苏南是江苏发展的重要板块,要深入分析面临的新形势、新任务,系统谋划"十三五"经济社会发展,贯彻落实总书记视察江苏重要讲话精神,努力在"迈上新台阶、建设新江苏"实践中多做贡献、当好示范。省委副书记、苏州市委书记石泰峰最近一再强调,必须高点定位,科学谋划"十三五"发展,为苏州未来五年发展把好脉、指好向。苏州如何在明大势、看大局的基础上,继续率先领先不停步?以下问题值得深入思考。

一、苏州要继续增强敢于担当、奋勇争先的使命意识

苏州在"十三五"时期,要继续保持并切实增强全市各级干部的使命意识。改革开放三十多年来,苏州紧紧围绕党中央的决策部署,在省委省政府的坚强领导下,在国家发展战略格局中,全市上下抢抓机遇、攻坚克难,迈上了一个又一个台阶,走在了全国发展的前列,成为全省乃至全国的重要板块。其中十分重要的一个原因,是全市上下在实践中形成并不断强化的敢于担当、奋勇争先的使命意识,可以说,"张家港精神""昆山之路"和"园区经验"这"三大法宝",是苏州各级干部使命意识与创新实践的高度概括和生动体现,已成为全市上下不断开拓进取的宝贵精神财富。

在新的发展时期,面对发展新常态,更需要我们继续保持并切实增强使命意识。"十三五"时期,国内外宏观形势充满变数,发展中的不平衡、不协

调、不可持续问题依然突出,发展的不稳定、不确定因素叠加,以往拼资源、拼环境、拼人力的粗放发展方式和以出口导向为主的发展模式已经难以为继,这是摆在我们面前的严峻挑战。2012年7月,时任国家副主席习近平在苏州出席第二届中非民间论坛期间,接见我市四套班子成员时对苏州的发展给予了充分肯定,他指出,探索中国特色社会主义道路,建设中国特色社会主义现代化强国,实现中华民族的伟大复兴,是历史赋予我们的神圣使命。苏州是我国经济发达的地区之一,江苏的重中之重,他希望苏州勇立潮头,当好排头兵,谱写新的创业史,为中国特色社会主义道路创造新经验。这是中央领导对苏州新一轮发展的殷切期望,更是苏州勇于担当、再创辉煌的历史责任。最近习近平总书记在吉林调研时强调,要适应和把握我国经济发展进入新常态的趋势性特征,保持战略定力,增强发展自信,坚持变中求新、变中求进、变中突破,走出一条质量更高、效益更好、结构更优、优势充分释放的发展新路。这无疑对我们是一场"新的赶考",需要我们做出正确、及时的回答。我们必须以习近平总书记重要讲话精神为根本遵循,切实增强新常态下敢于担当、奋勇争先的使命意识和创新发展、狠抓落实的实干本领,努力开创苏州发展新局面,继续为全省、全国发展做出新的贡献。

二、苏州要在中央要求与国家发展战略大格局中准确定位

对苏州未来实施准确定位,是更好谋划新一轮发展的重要前提。准确定位要体现"三性"。一是政治性。必须不折不扣地全面贯彻落实习近平总书记系列重要讲话精神,尤其是对江苏、对苏州发展的重要指示精神,以此为根本遵循,使苏州定位能充分体现中央部署和省委要求,切实增强思想自觉、行动自觉和政治自觉。二是全局性。全局性包含多个层面,必须立足国家战略层面,立足经济建设、政治建设、文化建设、社会建设、生态文明建设和党的建设层面,立足经济全球化、区域一体化层面,立足世界科技、产业发展趋势层面,来系统谋划苏州的发展。三是主动性。要发挥苏州开放程度高、产业发展基础好、区位条件优越等优势,积极主动融入大战略、大格局,赋予苏州未来发展新目标、新定位,从而使苏州更有效地把握新机遇、增创新优势,更大力度地拓展新空间、构筑新动能。

当前世界经济政治形势正发生着深刻变化,经济下行压力增大,机遇和挑战并存,社会转型期各类矛盾交织。在这样的大背景下,我们必须清醒地认识到,从中央要求看,习近平总书记2014年年底视察江苏时,提出了"全面建成小康社会、全面深化改革、全面推进依法治国、全面从严治党"和"建设经济强、百姓富、环境美、社会文明程度高的新江苏"。习总书记提出的"四个全面",是具有中国特色的大格局、大战略,关乎中华民族伟大复兴的中国梦,是指导中国未来发展的重大战略部署;建设"强富美高"新江苏,是习总书记对江苏"点穴把脉"的具体指导,是江苏新时期发展的总目标、总定位。省委罗志军书记指出,"迈上新台阶、建设新江苏",全省主要看苏南,首先还是看苏州。在"四个全面"大格局中建设"强富美高"新江苏,是江苏谋求新一轮发展的时代命题,苏州无论从发展层次、规模占比还是从区位特点、历史进程看,都必须切实担负起"先行探路"的历史重任。从国家战略看,近年来国家部署了一系列重大发展战略,比如设立上海、广东、天津、福建自贸区、实施"中国制造2025",比如确立长三角一体化战略、实施"一带一路"和长江经济带,比如设立苏南现代化建设示范区、苏南国家自主创新示范区,等等。多重国家战略叠加布局在江苏在苏州互动交汇,不仅带来政策、项目、资源、投资等机遇,也将成为苏州经济社会转型升级的重要助推力量。基于上述分析,苏州"十三五"目标定位的描述应包括以下基本点:一是加快打造全球性的具有核心竞争力的现代制造业基地;二是加快建设与国际大都市上海相配套的经济副中心;三是加快构建处于世界第六大城市群重要节点、具有深厚历史文化底蕴的现代化特大城市;四是加快建成具有"强富美高"内涵特征、人民群众拥有充分获得感的新苏州。

三、苏州要在新常态下增创新的竞争优势

"十三五"是苏州发展的关键时期,苏州要努力确保"稳增"与"快转",率先实现小康并适时启动现代化进程,力争继续走在全省、全国发展前列,任务艰巨、使命光荣。值得重视的是,新常态下发展难度加大,传统发展方式难以为继,在处于大致相同的宏观环境的情况下,我们不仅需要保持战略定力、增强发展自信,更需要有攻坚克难的勇气和高人一筹、先人一拍的智慧,努力增创新的竞争优势,加快实现"弯道超越"。纵观苏州的发展历程,可以发现我们主要把握住了两次大的历史节点,实现了新的跨越,保持了率先领先。从改革开放初期开始,苏州全面推进农村工业化,乡镇工业异军突起,一跃而使苏州经济的总量领先于省内城市及部分周边城市,实现了"农转工"的历史跨越;20世纪90年代初期开始,苏州全面推进经济国际化,开发区快速崛起,开放型经济蓬勃发展,从而奠定了苏州经济在全国的地位,实现了"内转外"的历史跨越。历史经验告诉我们,发展紧要关头落后一小步,今后差距就会拉开一大截,在新常态下的关键时期,迫切需要我们采取关键举措,增创新的竞争优势,加快实现苏州经济"量转质"的历史跨越。

增创新优势,我们绝不能等待观望、畏首畏尾,而必须切实增强工作的主动性,大胆开拓、积极运作;绝不能循规蹈矩、抓而不实,而必须切实增强工作的创造性,创新思路、善于运作;绝不能单兵突进、顾此失彼,而必须切实增强

工作的系统性,通盘谋划、整体运作。我们有必要在中央决策、宏观大势、自身特点三者的结合上进行积极探索,初步分析,至少有这样几方面值得研究。

一是加快构筑现代制造业新优势。苏州的加工制造业规模较大,工业经济总量位居全国第二,然而其核心竞争力并未真正形成。制造业作为苏州的主体经济,加快提升其竞争力,对于苏州做实第三产业、打造经济强市意义重大。当前,国家已就制造业发展做出全面部署,国际上欧美等发达国家吸取金融危机教训都推出了制造业振兴计划,苏州必须主动顺应宏观趋势,牢牢把握有利条件,加快形成智能制造、装备制造等方面的新优势。

二是进一步巩固提升开放型经济新优势。苏州是对外开放的前沿阵地,拥有17家国家级、省级开发区,这是苏州经济"稳增快转"的重要引擎,是苏州进一步扩大改革开放的重要基地,更是我们增创新优势的重要载体。我们尤其要紧紧抓住园区、新区、昆山开发区等国家级开发区对外开放、改革创新、先行先试等有利条件,在对接自贸区功能创新、高端人才集聚、引进重大项目、新兴产业培育、加快推进"走出去"、构筑经济增长与创新驱动引擎等方面增创新优势。

三是更高层次发挥对接上海新优势。苏州紧靠上海,处于长三角重要位置,这是苏州的有利条件,近年来,上海发展与转型亮点频现,自贸区和"四个中心"、科技创新中心建设加快推进,苏州有必要更好地把握这一契机,主动呼应、对接融入上海,创新建立一系列联动、配套机制,形成接受上海辐射带动的新优势。

四是全力做大做强太仓港经济新优势。近年来,太仓港快速发展,尤其在与上海港的战略合作、新航线的开辟、口岸通关环境的营造等方面取得了重大突破,苏州的港口经济优势正在凸现,我们应充分认识到,太仓港的发展,已不仅仅是对接上海或带动太仓发展的问题,而是苏州积极参与、融入"一带一路"、长江经济带等重大战略的关键抓手,也是推动苏州经济转型升级的有效切入点,苏州有必要举全市之力,增创太仓港经济新优势。

五是充分挖掘高铁新城潜在新优势。位于相城区的高铁新城,作为"一核四城"重要板块之一,自2012年启动以来取得一定进展,但也存在产业配套相对不强等问题。我们必须认识到,苏州拥有高铁车站在全国来看都是一种优势,但目前这种优势尚未真正得到挖掘,最近国务院批复2030年苏州将建成特大城市,这对苏州发展而言是一个重大契机,苏州如何以国际视野发展高铁经济,如何借助高铁带动相城发展、打造城市新中心,如何以互联互通增强中心城市竞争力,凡此种种,亟待我们加强研究、加快启动,增创高铁新城新优势。

把握新机遇　谋求新发展

——学习贯彻五中全会精神、主动融入国家战略的初步思考

党的十八届五中全会提出,今后5年是全面建成小康社会的决胜阶段,并确立了"十三五"时期我国经济社会发展的指导思想、目标任务和重大举措,如何全面贯彻落实是摆在我们面前的重大任务。太仓港作为国家定位的上海国际航运中心重要组成部分、集装箱干线港、江海联运中转枢纽港,近年来取得了长足的发展。在新的形势要求下,我们必须以党的十八届五中全会精神和习近平总书记系列重要讲话精神为指导,从太仓港实际出发,坚持创新发展、协调发展、绿色发展、开放发展和共享发展理念,积极参与、主动融入国家"一带一路"、长江经济带战略,把握机遇、发挥优势、主动作为,不断增强竞争力,努力把太仓港建设成为辐射带动江苏和长江沿线经济发展的重要进出口门户,更好地为江苏和长江沿线经济发展大局做出更大贡献。

一、太仓港奠定了又好又快发展的良好基础

进入新世纪以来,省委、省政府把太仓港上升到江苏省"两港两场一航道"战略高度,从体制、机制、政策、人才等方面保障和推动太仓港建设发展。在省委、省政府和市委、市政府关心支持下,近年来特别是2011年以来,太仓港围绕建设发展"大港口、大物流、大产业",坚持改革创新,推进战略合作,建设发展步入快速轨道。

一是规模能力和集疏运方面:已开发利用码头岸线13.05千米,占可开发利用岸线的46.3%,建成码头泊位78个,总设计吞吐能力1.3亿吨、435万标箱。苏昆太高速直达港区,太仓港疏港高速直达集装箱作业区,港区道路与多条省道国道相连相通。

二是航线开辟方面:开辟各类集装箱航线175条,其中近洋航线20条,挂靠日韩台等国家或地区15个港口,日本航线达到每天2班,并且延伸到南京港、舟山港,成为精品特色航线;内贸航线43条,覆盖沿海19个主要港口;长江(运河)航线72条;至洋山港集装箱班轮航线达到每周40班并实现"公交化"运营。

三是政策环境方面：争取国家发改委、财政部、交通运输部批准同意，自2013年1月起，太仓港按照海港标准进行管理，执行与上海外高桥港区同等的管理措施和收费政策，成为国内第一个按海港化管理的江港，极大降低了太仓港进出境船舶运行费用，也提高了运行效率。

四是服务环境方面：建成投运了口岸集中查验中心、太仓港信息中心、危险品堆场、水产品查验平台，在苏州工业园区、高新区、昆山设立了"无水港"，获批进口水果、粮食指定口岸资质。与上海港正式开展战略合作，为航运资源要素的进入营造了宽松的环境。与上海港实现了通关通检一体化，实施了"启运港退税"、国际贸易"单一窗口"等试点政策，被国家口岸办评为"全国运行管理先进口岸"。

太仓港作为长江经济带货物进出重要门户的作用日益凸显。2014年，完成集装箱吞吐量305.7万标箱，增长40.1%，成为长江集装箱运输第一大港；2015年上半年，推动了长江沿线7个省（市）、46个港口、103万标箱集装箱集并太仓港，太仓港作为上海国际航运中心北翼长江集装箱集散中心的雏形已经形成；2014年完成货物吞吐量1.57亿吨，增长32.4%，其中铁矿石海进江中转量5300万吨，成为长江进口铁矿石第一大港；2014年完成木材进口量840万立方米，成为全国木材进口第一口岸。2015年1至10月份，完成集装箱和货物吞吐量301万标箱、1.66亿吨，同比增长23%、30%，预计全年吞吐量将超360万标箱、2亿吨，货物吞吐量有望实现四年翻番。

二、理清新形势下的新思路、新目标

面对新的形势要求，太仓港必须认真落实省委、省政府和市委、市政府决策部署，以强化集装箱干线港功能为总要求，充分发挥市场配置资源的决定性作用，更好发挥政府规划和政策的引导作用，放大江海交汇、海港政策、成片岸线和腹地经济等优势，以苏南和长江沿线地区集装箱集并太仓港直接出海为导向，以加强港航合作、深化改革创新为动力，切实推进远洋干线、近洋干线、内贸干线、洋山快线、长江（内河）支线"五线同步发展"，加快建设集疏运、码头平台、区域通关、物流服务、自贸区经验复制"五大体系"，着力构建对内对外、向东向西"双向开放新格局"，努力将太仓港建设成为江苏南京以下江海联运港区的核心区、深度参与上海国际航运中心合作分工的重要北翼、辐射带动长江沿线经济发展的重要进出口门户，在"迈上新台阶，建设新江苏"和"一带一路"、长江经济带建设中发挥重要作用。

按照上述思路，我们初步明确：到2020年，太仓港形成"铁、公、水"综合交通集疏运体系、长江最大江海转运基础平台、江海河交汇航线网络格局、便利化口岸通关环境、现代综合物流服务体系和上海自贸区太仓港复制区，建成辐射带动江苏和长江沿线经济发展的重要进出口门户。

一是形成"铁、公、水"现代综合交通集疏运体系。依托太仓港江海交汇枢纽优势，加快进出港区重要通达工程和提挡建设，推动"铁、公、水"多种运输方式一体化发展，基本形成"1条铁路、1条疏港内河航道、2条高速直达、多条主干线公路联网畅通"的全方位综合交通集疏运体系，不断提高太仓港基础设施联通性和运输服务能力。

1. 建成直达港区铁路支线。认真落实省政府专题会议精神，配合有关部门抓紧开展前期工作，争取太仓港铁路支线与沪通铁路同步建成。

2. 提升公路密度等级。加快完善太仓港横纵疏港公路网络建设，力争建成疏港快速路浮桥作业区段一二期工程、滨江大道北延新建工程，推动南疏港高速公路建设，不断优化提升太仓港高等级公路密度等级。

3. 增强水路通航能力。加快杨林塘疏港三级航道提挡整治，力争2015年底通航。积极协调打通杨林塘疏港航道与苏南内河网"梗阻"障碍，更大限度地发挥杨林塘高等级航道作用。

二是形成长江最大江海转运码头平台。发挥太仓港深水航道和海港政策叠加优势，加快推进大宗货物码头设施建设，构建适合大进大出的江海转运基础平台，计划投资116亿元，其中集疏运等项目建设投资26.7亿元，码头和配套设施等项目建设89.3亿元。新增加码头泊位30个，总数达到111个，港口综合通过能力达到1.92亿吨、647万标箱，逐步形成以20万吨级泊位为龙头、5~10万吨级泊位为主体的等级结构体系，形成集装箱、煤炭、铁矿石、汽车滚装、化工品等专业的江海转运码头平台功能，以满足长江沿线不断增长的江海运输需求。

1. 建成集装箱四期工程。适应集装箱能力趋于饱和、长江运河集装箱加速向太仓港汇集的趋势，加快推进集装箱四期工程前期工作。加快工程建设进度，力争2018年年底全面建成，新增212万标箱通过能力，全港集装箱通过能力达647万标箱，为加快发展提供支持保障。

2. 建成商品汽车滚装码头。做好太仓港岸线调整和控制性详细规划完善编制工作，为商品汽车滚装码头项目提供保障。统筹汽车滚装码头建设和进口整车口岸配套功能的同步配备，争取2016年年底形成50万辆整车进出能力，成为立足长三角、辐射长江流域汽车制造企业滚装运输的关键节点和进口汽车物流集散地。

3. 完善大宗散货码头平台。加快完善大宗散货基础平台建设，重点新建协鑫煤码头、润禾件杂货、华能煤炭储运中心二期等码头工程，完善阳鸿石化和长江石化码头等平台功能，形成结构大型化、服务专业化的江海大宗货物转运码头平台，总通过能力1.92亿吨，保障长江经济带货物换装转运的效率。

4. 提升江海中转支持功能。推进内港池规划和内陆"无水港"建设布局工作,提升江海中转基础保障能力。严格控制码头装卸、堆存、运输造成的环境污染,加快实施一批节能减排项目,鼓励信息技术在安全管理中的应用,以"高效、绿色、集约、安全"为特征,打造江海联运新品牌。

三是架构"江、海、河"交汇航线网络。切实推进远洋干线、近洋干线、内贸干线、洋山快线、长江(内河)支线"五线同步发展",近远洋干线达到24条,内贸干线达到50条,洋山支线达到48条,长江(内河)支线达到78条,各类航线总数达到200条,形成苏南、长江(运河)沿线近洋和内贸货物在太仓港直接出海,远洋货物在太仓港直接出海或中转洋山港出海的运输格局,为全面建成集装箱干线港奠定坚实基础。

1. 加快外贸航线网络建设。充分发挥-12.5米深水航道、海港化管理政策措施优势,调动海运公司和社会船公司的积极性,加快外贸航线网络建设,为货物直接出海提供畅通的通道。重点突破远洋干线,开辟东南亚等新的近洋航线,加密航线班次密度,全面建成近远洋直达集散中心。

2. 建成内贸运输强港。积极优化内贸沿海航线布局,着力做强南方航线品牌,提升北方航线班次密度,推进南北大中转体系建设,不断形成"天天班"精品特色航线,由内贸大港向内贸强港转型,实现与上海港互为补充、长江港口全面向太仓港喂给格局。用好现有内贸枢纽港建设取得的重要成果,引导内贸船公司总部基地入驻太仓港,提升内贸航运服务集聚功能。

3. 建成长江(内河)向太仓港喂给航线网络。深化与长江港口战略合作,定向培育发展长江喂给港,充分挖掘长江干流港口货源潜力,推广内外贸货物同船混装业务,推动长江全流域内外贸货物向太仓港喂给;加强与南京以下长江港口联动,深化与公共支线承运人的合作,开辟"天天班"驳运快线,建成以太仓港为干线港,南京以下港口为支线港和喂给港的省内集装箱运输体系;挖掘苏北京杭运河、苏南内河港口等港口货物运输潜力,鼓励太仓港干线船公司将航线服务向内河港口延伸,为苏北、苏南内陆地区货物出海提供贸易物流新通道。

4. 推动苏南地区远洋货物"陆改水"。加强与周边港口的战略合作,优化物流运作模式,打造成本和效率新优势,促进苏南地区远洋货物由集卡直运洋山港改从太仓港水路中转至洋山港"陆改水"出海,为突破远洋干线集聚能量、奠定基础。

四是构建一体化口岸通关环境。围绕长三角和长江沿线企业贸易需求,积极推行贸易便利化措施,坚持向改革要活力,向科技要效率,加快提升口岸信息化水平,完善太仓港信息中心平台,实现政府与政府、政府与企业、企业与企业之间的信息交换和共享,依靠信息化提高口岸通关水平。贯彻"三互"

要求,努力推进与长江沿线和上海等地区的通关通检一体化。推动国家改革创新制度在太仓港先行先试,构建更加高效便利的口岸环境,不断提升口岸的服务保障能力。

1. 提升与长江经济带港口通关通检一体化水平。在太仓港与上海港通关通检一体化基础上,把企业报关范围扩大到苏州全市。在认真贯彻落实海关总署《长江经济带海关区域通关一体化改革方案》和国检总局《长江经济带检验检疫一体化建设方案》的基础上,借鉴沪太通关通检一体化经验,深化延展"一次申报、一次查验、一次放行"的大通关改革,为长江货物在太仓港直接出海和中转提供高效便捷的通关环境。

2. 实现口岸"三互"。按照省政府文件要求,扎实开展国际贸易"单一窗口"建设、"三互"大通关建设、口岸监管设施资源共享共用、口岸安全联防联控4项口岸通关试点改革,为全省大通关建设做出贡献。抢抓国家层面大力推动口岸体制机制改革机遇,加快推进国家层面有关口岸新制度、新政策、新经验在太仓港落地,成为新制度先行先试的排头兵和先导区。

3. 更大限度发挥太仓港信息中心作用。利用互联网技术和现代通信技术,依托太仓港信息中心加快完善功能平台建设,建成各企事业单位"一点登录、自由畅行、一次录入、多次使用、一个窗口、全面查询、一套系统、全程互动、一条信息、多家共享"的一站式服务平台。实现政府与政府、政府与企业、企业与企业之间的信息交换和共享,实现口岸物流电子化、网络化和数字化及"国际贸易单一窗口"功能,提高口岸通关物流效率。

五是提升综合物流服务功能。推动港口运输与物流业融合发展,加快构建以多式联运、新型运输为特征的综合运输服务体系,港口运输与物流业良性互动发展,港口运行质量效益以及对地方经济社会发展拉动能力不断提升,不断提高港口运行质量效益以及对地方经济社会发展的贡献力。

1. 打造特色运输服务新品牌。加快商品汽车滚装码头、天良港粮食物流园和码头、查验冷库等物流基础设施建设改造,早日建成进口肉类指定口岸,争取获批进口整车等配套物流功能资质,利用"互联网+",全力发展汽车滚装、冷链食品、特殊化工、跨境电子商务等新型高端物流运输业务。

2. 推进大宗商品交易市场建设。发挥太仓港在集装箱、大宗散货等运输交易方面的优势,加强与苏州各特殊监管区、开发区、商品交易所的联动,推进大宗商品交易市场建设,以货流带动资金、资源、人才汇集港口发展平台,提升港口对经济发展的拉动力。

3. 提升多式联运服务水平。完善在苏州高新区、工业园区、昆山的区港联动"无水港"运作模式和功能,争取中日国际海陆联运全国试点港口资质,开展"日本—太仓港—苏满欧""华南—太仓港—苏州—新疆"海铁联运业务,全力支持"苏满欧""苏新欧"等贸易物流新通道建设。基本形成国际海陆联运、甩挂联运、海铁联运、铁水联运等联运方式与"江海河"联运的有机衔接格局。

六是建成上海自贸区太仓港复制区。主动对接上海自贸区,依托太仓港综保区平台和与上海港战略合作先机,积极寻找适宜的对接和复制策略,形成上海自贸区启运港退税、国际拼箱、国际贸易"单一窗口"、航运服务业政策全面在太仓港复制推广的新格局,建成上海自贸区太仓港复制区,借助上海自贸区产生的红利进一步提升太仓港服务"一带一路"和长江经济带开放能力。

1. 扩大启运港退税报关地范围。充分放大启运港退税政策落地的效应,争取将启运港退税报关范围扩大至苏州全市,缩短企业出口退税审批周期,切实加快企业资金流转速度、降低企业财务成本,促进苏州远洋货物"陆改水"。

2. 推动新型监管制度落地运行。充分发挥太仓港综保区平台作用,积极推进"先进区、后报关""批次进出、集中申报""集中汇总纳税""通关全程无纸化"等监管措施在太仓港落地。力争贸易多元化试点、进口商品展示展销、外汇服务检测系统等新业务和政策落地,推动区港互动发展。

3. 探索设立长江国际集装箱集拼中心。研究以太仓港综保区为载体,设立长江国际集装箱集拼中心,在太仓港综保区内将苏锡常和长江沿线生产的半成品产品进行再加工和组装,再集中出口或转运,促进苏南和长江经济带产业分工协作,带动一般贸易的快速增长。

4. 发展现代航运服务业。积极争取,实施与洋山保税港区有关航运服务领域开放的相同政策,进一步放宽中外合资、中外合作国际船舶运输企业的外资股比限制,努力吸引更多的国内外航运企业在太仓港开展航运金融、保险、交易、咨询、现代港口物流等业务,推动太仓港航运服务业加快发展。

三、全面落实保障措施

1. 切实加强组织保障。加强太仓港对接"一带一路"和长江经济带领导,统筹推进各项工作,协调解决重大问题。太仓港各相关部门和企业要充分认识对接国家战略的重大意义,根据国家、省、市指导意见,结合本实施方案要求,认真履行职责,研究制定切实可行的措施,扎实推进和落实各项目标任务。

2. 积极推进合作创新。坚持合作共赢理念,深耕与周边港口合作,拓展合作领域和业务范围。认真贯彻落实部、省有关沿江港口资源整合要求,推进与沿江港口航线有效合作,促进沿江港口航线资源整合。配合做好长江港口锚地集中化管理各项工作。坚持深水深用、可持续发展原则,改革岸线使用机制,优先建设公用专业化码头,严格把控平面布置,建立资源利用绩效考核机制,提高岸线资源对社会经济发展的贡献率。

3. 充分发挥主力作用。港务集团是太仓港发展的主力军,要加强对太仓港港务集团公司的领导、指导和监管,理顺管理体制和机制。组织和引导太仓港港务集团公司,加强资本运作,加快资产重组,完善现代企业制度,确保集装箱四期工程建成投运,加快启动五期项目前期工作,做大做强建设投资、集装箱、件杂货、港口物流、港口服务五大业务,努力成为太仓港建设发展主力军。

4. 全力推进航线开辟。支持海运公司发挥市场主体作用,参与海上丝绸之路通道建设,做强日韩航线,探索开辟东南亚等航线。加强对海运公司的政策引导,鼓励其以太仓港为母港,拓展与省内外港口、航商战略合作,打造适应江海联运发展需求的现代本土船队。发挥港务集团和海运公司各自优势,推动港务集团和海运公司有效合作,探索以资本为纽带的港航一体化发展模式。

5. 努力完善相关配套。资金、政策、人才是太仓港发展的重要配套,要坚持市场在资源配置中起决定性作用原则,营造开放、包容、具有充沛活力的发展环境,促进更多资金、政策、人才汇集到太仓港。积极引导鼓励多渠道资本进入,加快港口企业上市融资步伐,努力争取获得各级财政资金支持和各项优惠政策,拓宽人才培养和引进渠道,更好地保障项目建设。

(江苏太仓港口管理委员会)

苏州在新阶段应担当怎样的重任?

最近,江苏省委书记李强在苏州调研时指出,苏州是改革开放的排头兵,经济社会发展一直走在前列,在新的发展阶段,要肩负起新的使命和责任,坚定不移地深化改革开放,着力推动创新驱动发展,积极探索新的发展路子,在全省转型升级中发挥示范引领作用。他明确要求,苏州在全省发展大局中的地位和作用十分重要,在当前转型升级、创新发展的关键时期,苏州要进一步加强研究,明确创新发展的切入点,把握好转型升级的时间窗口,勇担重任、走在前列,发挥好龙头带动作用。李强书记的讲话充分体现了习近平总书记对江苏发展的指示精神,如何全面深刻领会中央和省委意图,不折不扣地贯彻落实到苏州"十三五"发展中去,应该成为我们当前工作的一项重要内容。

省委李强书记对苏州的发展寄予厚望,体现了三个方面的要求。一是要求苏州在转型升级中走在前列。我们必须认识到,苏州各项指标在全省均占较大比重,苏州的发展在全省处于重要地位,苏州具有加快转型升级的诸多优势,具备了继续走在全省前列的基础。苏州改革开放三十多年来始终走在全省、全国前列,近年来宏观经济下行压力始终存在,发展难度加大,我们必须摒弃"苏州还要不要、能不能继续走在前列"的疑虑,切实增强责任感、使命感,精心做好稳中求进、加快转型这篇大文章,为全省发展提供样本和示范,不辜负省委对苏州发展的期望。二是要求苏州找准创新发展的切入点。我们必须认识到,在当前大环境下,创新发展、知易行难,中央有要求,省委有部署,我们也出台了一系列文件、政策,关键在于我们要把上级精神与本地实际紧密结合起来,找准切入点、突破口,深处着力、精准发力,才能不断取得创新发展的阶段性成果。三是要求苏州把握好转型升级的时间窗口。我们必须认识到,加快转型升级有一个"时间窗口"问题,有一个把握机遇问题。所谓"机遇面前人人平等、又不是人人平等"的,就看谁认识早、行动快、抓得准。2015年以来深圳经济逆势上扬,关键在于转型升级领先一步、新旧动能成功转换。苏州的发展等不起,也等不得。我们必须切实增强紧迫感和机遇意识,坚持转中求新、转中求进、转中突破,走出一条质量更高、效益更好、结构更优、自身优势充分释放的转型升级新路。

"只要精神不滑坡,办法总比困难多。"越是面对风险和挑战,越能考验我们的智慧与定力。面对省委对苏州发展的最新要求,面对错综复杂的国内外形势,面对持续加大的经济下行压力,我们应该怎么做? 上海、成都、广州等先行地区加快转型升级的举措或许能够给我们一些启示。

一、上海:绘制"全球城市"发展路径图

《长江三角洲城市群发展规划》首次提出"提升上海全球城市功能",这是中央对上海发展的全新战略定位。正在积极向着"全球城市"目标迈进的上海未来会走怎样一条发展之路?

1. 底线约束倒逼建设高品质城市

"十三五"刚刚开局,上海就结合"十三五"规划,开始编制到 2040 年的城市总体规划。作为长三角世界级城市群的核心,上海将进一步加强对空间、人口、资源、环境、产业的统筹,牢牢守住"人口、土地、环境、安全"4 条底线,推动城市发展从规模扩张向精细增长转变,推动城市空间格局从行政圈层式向"网络化、多中心、组团式、集约型"转变,更加注重补齐短板、促进城乡发展一体化,提高超大城市建设管理水平,逐步成长为"全球城市"。

创新驱动、科技进步、产业升级、绿色发展,每一项都在考验着"上海智慧"——这个特大型城市如何在转型升级中突围。

2014 年,上海开始打造具有全球影响力的科技创新中心。2016 年,上海将目光聚焦到了制造业,提出要"像保护耕地一样保护制造业"——这是上海打造科创中心的基础,实现创新驱动发展战略的现实载体。

2016 年 5 月,上海出台了《关于推进供给侧结构性改革促进工业稳增长调结构促转型实施意见》,列出了 27 项重点任务、3 项保障措施,进一步释放工业发展的活力与动力。一手抓扩大有效供给和中高端供给,一手抓减少无效供给和低端供给:前者是实施千项精品创造计划,鼓励企业实施增品种、提品质、创品牌的"三品"战略;后者将淘汰千项左右落后产能,为未来预留出新的发展空间。

"十三五"时期,上海将推进 300 项高端装备自主突破、300 项新一代信息技术成果产业化、200 项新材料首批次应用、200 项消费品改善供给,这些举措都将助力工业精品开发,切实提升质量、打造品牌,激发潜在市场需求。力求深入挖掘存量,加大低效产能的调整力度,腾出更多的土地和资源空间发展先进制造业、战略性新兴产业。

近日,上海制造业不断传出好消息,包括造船业有"皇冠上的明珠"之称的国产首艘豪华邮轮将在上海开工建造、上汽和阿里跨界打造的国内首辆量产互联网汽车上市、中国自主设计制造的新支线飞机 ARJ21 开始商业运

营……"海、陆、空"三箭齐发,极大提振了上海制造业转型提速的士气。

2. 未来城市考验"上海智慧"

为了让城市变得更宜居,近期上海发布《关于深入贯彻中央城市工作会议精神进一步加强城市规划建设管理工作的实施意见》。这被视为上海详细绘制的一张未来城市发展"路径图"。围绕城市规划引领、产城融合发展、土地节约集约利用、历史风貌保护、城市有机更新、环境保护和建设、综合交通体系、城市综合管理等八大方面,细化为42条的《实施意见》明确提出多项新要求,如"疏解超大城市非核心功能""搭建'多规合一'的城市空间基础信息平台""提升城市设计和建筑设计水平""推进城市有机更新"等。

不同的城市有不同的特点,同一个城市在不同的发展阶段,面临的问题和矛盾也各不相同,解决问题的着力点也会随之变化。当前,上海要立足特大城市发展,高度关注经济结构转型升级、生态环境、交通、文化传承与发展、居住这5个重大问题。

城市的发展离不开建设用地。上海寸土寸金,建设用地"减量化"必须坚定推进。近几年,上海新增建设用地一直在"减量化",目前已累计减量9平方千米,预计到2020年将减量50平方千米。数据显示,上海从2011年至2015年,年度新增建设用地从5143公顷逐年减少至1935公顷,年均降幅超过20%。即便如此,上海开发强度依然高达36%,远超法国大巴黎地区的21%、英国大伦敦地区的24%。为此,《长江三角洲城市群发展规划》明确要求上海、苏南、环杭州湾等地要率先转变空间开发模式,严格控制新增建设用地的规模和开发强度。

上海在对新增建设用地坚守底线的同时,也对城市不可再生的老建筑设置层层保护,把文化当作城市的主要功能和核心竞争力,使未来的上海是一座创新之城、生态之城和人文之城。

与历史风貌保护同步推进,上海还开启了以存量开发为主的城市"有机更新"模式。2016年5月,上海市规划和国土资源管理局宣布将用3年时间,实施上海城市有机更新"共享社区计划、创新园区计划、魅力风貌计划、休闲网络计划"四大行动计划,主要针对"社区服务、创新经济、历史传承、慢行生活"4个市民关注焦点和城市功能的主要短板,开启一场全社会共同参与的城市实践行动,推动上海"卓越的全球城市"建设。目前,已确定了12个典型性、创新性、公众性与实施性均比较突出的项目作为今年的示范重点。

二、成都:建设西部金融中心

2016年6月,四川希望银行被中国银监会批准筹建。作为四川首家民营银行、全国第七家民营银行,其未来有望成为中西部首家移动互联网银行。

这意味着,在新的民营银行重点布局中西部地区的趋向下,成都做好了准备,且抓住了机会。成都期待,基于自身很好的金融产业发展基础,四川希望银行能扎根成都、服务全国,力争成为具有全国影响力的成都本土民营金融机构,为成都金融产业注入新的活力。伴随成都在全国金融图谱中扮演分量趋重的角色,2016年7月23日至24日,G20财长和央行行长会议将首次莅临这座中国西部特大中心城市,成都有了更好被全世界了解的绝佳机会。这也同时预示着成都得到了更多的肯定,在加速建设西部金融中心,全面推进建设国际化大都市的进程中,步履坚定并加速。

1. 成都"时间"

成都,天府之国,是南丝绸之路起点、北丝绸之路重要货源地。作为世界上第一张纸币——交子的诞生地,成都是古代中国最繁华的工商业城市,人称"扬一益二"。

在多年积极推行对外开放后,成都正努力打造区域性国际物流枢纽,以及联通欧洲泛亚桥头堡,已成功举办财富全球论坛、世界华商大会、欧洽会、米其林必比登挑战赛、全球创新创业交易会等重大国际会议。成都也日渐叠加重要头衔:中西部地区拥有世界500强企业数量最多的城市、美国米尔肯智库"中国最佳表现城市"第一名、《财富》杂志"2015年中国十大创业城市"之一。

这将是属于成都的"时间":成都将举办其目前规格最高、影响最大的国际性会议,更多嵌入讲述成都的故事。这样的信心还来自于,成都金融中心综合竞争力排名中西部第一、全国第六,其金融业辐射整个西部,拥有银行、证券、保险等组织形式齐全、功能完备、运行稳健的金融体系,是西部金融机构数量最多、种类最齐全、开放程度最高的地区;外资实际利用、进出口总额位居中西部城市首位,金融交易量和外资金融机构数量在西部城市中排名第一。在蓬勃发展的形势下,平安银行与成都市于2015年8月共同设立成都平安城市发展基金,主要用于城市基础设施建设、重大产业、国资改革等领域。

成都力图打造与国际接轨的营商环境,营造世界一流的创新创业环境和"创业之城、圆梦之都"的社会氛围。在这样的努力下,成都充分发挥作为"丝绸之路经济带"和"长江经济带"交汇城市的叠加效应,主动融入、深度参与国家"一带一路"战略,逐渐发展成为国际产业合作和经贸往来的活跃汇聚点,向"立足西部、辐射全国、影响全球"的西部区域物流中心和面向亚欧的国际贸易物流桥头堡趋进。

数据显示,已有15个国家获批在成都设立领事机构。成都与31个城市建立国际友好城市关系,开通88条国际航线,成为中国航空枢纽第四城,并将成为国内第三个拥有双机场的城市。成都年度举办国际会展130余次。

成都的国际化、前沿化，使其与深圳前海有了一拍即合的效应。前海是金融政策先行先试的示范窗口，又是"一带一路"的重要战略支点，金融创新氛围浓厚。在前不久落幕的2016中国·成都全球创新创业交易会上，成都前海产业投资基金成立，这是国内首次由两地政府共同设立的投资引导基金，也是成都首个统一的政府投资基金。成都前海产业投资基金母基金规模为400亿元，将带动2000亿元以上子基金，撬动社会资本上万亿元。

2. 打造金融第四极

作为世界经济发展的风向标，G20财长和央行行长会议将使全球各国政要、金融专家、高层商务人士的目光汇集成都。在"共促增长、共担责任、共建治理、共享发展"的主题下，会议将聚焦全球经济形势、增长框架、投资和基础设施等。成都有望找准自身结合点，大力展示成都良好的经济发展态势，提升服务业发展，进一步促进成都加速建设金融业核心城市，为新常态下成都发展提供新动能，并全面推进成都建设国际化大都市的步伐。

致力服务新兴金融企业。2015年8月末，汇付天下与成都建立长期、全面、深度的战略合作关系，在中国西部率先高标准聚集发展互联网金融等高端产业。成都目前拥有各类人才约354万人，位列西部地区第一。通过积极实施"人才新政十条"，成都为高层次创新创业人才和顶尖团队项目引进提供有力资助，搭建企业平台，促进区域经济合作。

成都将在打造成都"金融智库"的基础上，加快推动设立总规模预计超过200亿元的创业、产业及人才三大专项基金，搭建资本创富、资本兴蓉的创新创业平台。

作为正在崛起的国家中心城市，成都产业集聚优势明显。以成都高新区的生物医药产业为例，这里培育出了首个进入欧盟的拥有自主知识产权治疗性药品的地奥、占据乙肝人免疫球蛋白出口量半壁江山的蓉生、拥有国内最大先导化合物库的先导药物等一批优秀企业。

成都的目标是：以"中国金融第四极"总体定位为战略指引，重点打造"资本市场、财富管理、离岸中心、创投融资、新型金融"五大核心竞争力。在2016年的具体规划中，将推动设立成都股权众筹交易所、互联网金融资产交易所等一批创新型金融要素交易机构，奠定成都在全国创新要素市场的先发地位；强化创业金融集聚辐射功能，助推创新创业等。

可以预见，成都经济总量已突破万亿元，如何在经济新常态下寻找金融与产业更好的"化学反应"，已有了更多的可能。成都在不断趋近西部金融中心的同时，加快产业结构转型升级，夯实不断迈进国际性区域中心城市的步伐。

三、广州：商贸之都转身创新

最近，广州的政府部门在介绍这座城市时，经常出现两个新词：国家重要中心城市和国家创新中心城市。前者是来自国务院批复广州城市总体规划时的表述，后者更多是广州在经济加速变革的时代背景下的自我觉醒。

1. 航运中心优势凸显

2015年开始，广州新一轮发展战略不断升级和成形。广州提出，全力推进航运、航空和科技创新三大国际战略枢纽建设，力争到2020年建成具有国际影响力的国家创新中心城市，形成开放、宽松、自由的创新生态。

国家层面也对广州寄予厚望。最近，国务院在批复广州城市总体规划时，将其升格为"我国重要的中心城市"，并给予宽松的人口红线。这亦被广州视为新机遇。

作为"千年商都"，广州的血液中始终流淌着"码头基因"。据中港网统计显示，在2015年的港口货物吞吐量排名中，广州港在全国排名第五，集装箱港吞吐量排名第六。广州提出，"十三五"将重点打造国际航运、航空和科技创新三大战略枢纽，并强调广州国际航空、航运枢纽的能级要居世界前列，成为全球城市网络重要节点，显著提升国际性综合交通枢纽的集聚辐射能力。发力建设国际航运枢纽，俨然已被广州视为一个城市战略转型的重要契机。事实上，这也是一个因地制宜的务实选择，因为相比京沪深在科技和金融方面的深厚积淀，广州在商贸与航运上仍存在一定优势。为此，广州计划到2017年启动60个项目，投入逾千亿元，以补齐港口基础设施不足、航运服务要素集聚建设滞后等短板。值得注意的是，广州描绘的这幅航运宏图，以及真金白银的砸入，也引来航运资源不断入驻布局。6月份，中远海运散货运输有限公司宣布总部落户广州，这家全球规模最大干散货航运巨头，预计未来每年将给广州带来200亿元经济效益，以及帮助广州吸收集聚更多航运要素。

另一方面，广州也有意强化"海空联运"布局，提升综合优势。广州市社科院高级研究员彭澎对此认为，航空立体物流联运是广州发力国际航运的总体思路框架。除重点提升空港和海港建设水平外，关键还在于加快联运通道建设和重构联动系统。广州提出，进一步提升广州港和白云国际机场在全球港口和机场体系中的地位和资源配置能力，发挥"海港"和"空港"枢纽双引擎叠加优势，打造国际物流枢纽城市。

2. 瞄准国家创新中心城市

打造国际航运和航空战略枢纽的目标，保证了广州的基本盘不丢，但要寻求更高的成就，给予城市发展的创新能力也不可或缺。广州始终希望能在创新发展上有所突破。除前述的"国际科技创新枢纽"外，广州还提出"国家创新中心城市"的目标定位。这既表现出广州的进取之心,作为老牌经济大市的广州想在创新发展的队伍中再次走在前头,也意味着广州将从根本上优化经济发展模式。

广州提出,要加快发展知识密集型、资本密集型、技术密集型经济,建设高水平大学,推动产学研融合发展,打造国际产业创新创业中心和国际新兴产业基地。按照目前正在征求意见的《广州市"十三五"科技创新规划》,广州计划到2020年建成具有国际影响力的国家创新中心城市,形成开放、宽松、自由的创新生态。广州提出一系列计划,包括培育一批知名企业、新支柱产业,这既考验广州的科技原创能力,也考验广州作为枢纽的国际性创新合作能力。

(苏州市委党校市情研究中心)

新常态下中国经济的转型与升级
——林毅夫在复旦大学110周年校庆高端学术论坛上的演讲

新常态对大家来讲已经不是一个陌生的词汇。习近平总书记2014年5月到河南考察的时候,首次提出我们国家经济进入一个新常态。从那以后,"新常态"成为各种讨论场合、各种媒体上面出现频率最高的一个词。我今天的演讲就是从新结构经济学的视角来谈谈中国在新常态下的经济转型与升级。

一、发达国家新常态有哪些特征

最早使用新常态这个词的是美国。2008年,美国金融危机爆发。2009年年初的时候,华尔街的金融家首先提出,在未来一段时间,发达国家在金融市场上的投资会进入一个新常态。

华尔街金融家提出新常态基于以下判断,即在未来相当长的一段时间里,美国和其他发达国家会进入一个低增长、高失业、投资风险大、平均回报率低的阶段。从发达国家的发展我们可以知道,它们平均每年经济增长速度大约是3%,而且相当稳定。危机以后会有一个增长的反弹,一般会有6%、7%的经济增长,这是发达国家在过去的一种常态。

实际情况如何呢?以美国为例。2013年,美国的经济增长速度是2.2%,低于它长期平均的3%。2014年年初,世界银行和国际货币基金组织预测,2014年美国经济增长速度可以达到2.8%,但实际上只有2.4%,还是低于它长期平均的3%。2015年第一季度,美国的经济增长速度只有0.2%。在失业率方面,按照美国自己的统计,已经降到5.5%,似乎跟危机之前基本处于同一个水平了。但是实际上它真实的失业率远远高于这个数字。按照美国对失业率的统计方法,如果一个劳动者一个月不去工作,这样的劳动者就被算作退出劳动力市场,就不在失业统计里面。所以,在探讨美国失业率的同时,还要参考一个指标,就是劳动参与率。美国现在的劳动参与率比其正常情况下的劳动参与率低了3个百分点。如果把减少的3%的劳动参与率当成失业的话,美国现在的失业率接近10%,这是高失业率。

为什么在低增长、高失业的时候,投资风险会加大?主要原因是,发达国家一般有比较好的社会保障体系,当失业率高的时候,政府的开支就会增加很多。但是由于处于低增长,政府的财政税收增长得慢,所以财政税收的缺口就会相当高。比如说,日本1991年泡沫经济破灭之前,积累的财政赤字占国内生产总值的60%。现在日本财政赤字已经占到国内生产总值的200%。在这种情况下,发达国家当局都会采取非常宽松的货币政策,把它的利率维持在0或者1%左右。

货币非常宽松,相当于经济当中的流动性多,并且这些资金的成本又非常低。这种状况下,实体经济的投资机会就不会太好。大量的资金就会转向投机,如股票市场等,股票市场的价格也就会水涨船高。在这种情形下,任何风吹草动都可能造成股票市场大涨大跌,风险非常高,而平均回报率则非常低。这就是发达国家所谓的新常态。

这种新常态在发达国家可能会持续相当长的一段时间。发达国家经济要恢复正常,必须进行结构性的改革。对此,国际经济学界,包括国际货币基金组织,或者学术界是有共识的。既然有共识,为什么至今未做到?最主要的原因在于,这些结构性改革都是收缩性的,一旦推行,会带来需求减少,从而增加失业。在失业率处于历史高位的情况下,这样做一定会引起民众的反对,很难推行下去。可是没有结构性改革,经济就不能够恢复生机。这是发达国家目前面临的一个困局。

二、中国后发优势的潜力有多大

对于中国经济新常态,恐怕不能简单套用发达国家的模式。其中一个重要问题,就是如何看待增速放缓。进入新常态以后,我们就会转向中高速增长。中高速到底是多高?是政府提出的7%左右,还是学界说的可能会降到5%左右?要回答这个问题,首先要判断我们的增长潜力有多大。

从新结构经济学的角度来看,经济增长的内涵是我们的平均收入水平不断提高,而平均收入水平不断提高的前提则是劳动生产率水平的提高。如何提升劳动生产率水平?一靠技术创新,要提高现有产业的产品质量和生产效率;二靠产业升级,将劳动力、土地、资本等生产要素配置到附加值更高的产业。发达国家的产业技术水平已经是全世界最高的,它所在的行业附加值在全世界也是最高的。因此,它的技术创新、产业升级都只能自己发明。但发展中国家不一样,它可以对发达国家成熟的产业进行引进、消化、吸收。这就是发展中国家的后发优势,也可以叫作后来者优势。

判断后发优势的潜力,不是看过去的发展怎么样,而是要看跟发达国家的产业基数差距有多大。如果这个差距大,那后发优势的潜力就大;如果差距小,后发优势的潜力就小。而判断一个发展中国家跟发达国家的产业差距,最好的方法就是看人均GDP的水平。按照购买力计算,2008年我们人均GDP水平是当年美国的21%,相当于日本在1951年跟美国的差距水平,新加坡在1967年跟美国的差距水平,我国台湾地区在1975年跟美国的差距水平,韩国在1977年跟美国的差距水平。后发优势,让这些东亚经济体实现了20年内7.6%~9.2%的增长。按此推演,从后发优势的潜力来讲,我们应该还有10~20年每年8%左右增长的潜力。

在这儿需要强调的是,我讲的是潜力,潜力只代表可能。潜力是从长期供给面来看的。谈及经济增长,不仅要分析长期的供给面,还要分析短期的需求面。通常所用的是"三驾马车"理论,即出口、投资和消费。由于金融危机的影响,我们国家的出口受到很大影响。要维持经济增长的话,必须更多地依靠内需。内需有两块,一块是投资,一块是消费。从投资的角度来看,我们有利的条件还是非常多的。

比如说产业,我们现在的产业跟人均GDP是相当的。我们现在人均GDP是7000多美元,比美国低多了,所以我们是在中低端,甚至在低端。即使现在有很多产业是产能过剩,但是我们还可以产业升级。这跟发达国家不一样,发达国家产业都在前沿,下一个新的产业还没有找到。而对我们来说,新的产业并不难找。

三、克服思想认识三大误区

潜力在那里,但要使其成为现实,必须把内外部有利条件都用上。打个比方,即使粮仓里面堆满了粮食,如果你不吃饭的话,也会饿死。但目前在国内,我觉得还存在一些思想认识上的误区。

误区一:高速度牺牲增长质量

有人说,现在雾霾这么严重,环境问题这么严重,就是因为过去这些年增长太快。的确,环境问题与发展是相关的。但是跟高速增长本身并不直接相关。以中印两国比较为例,1978年我们的人均收入是155美元,印度是209美元。经过36年的发展,我们现在的人均收入超过7500美元,而印度只有1600美元,它连我们的四分之一都没达到。但数据显示,印度雾霾和环境污染问题比我们还严重。从这个比较来看,确实在高速发展的过程当中,出现了比较严重的环境问题,但不能说是跟快速发展有关。

那么问题出在哪里?主要有三个原因。一是我们现在所处的是中等收入阶段。低收入阶段是以农业为主,高收入阶段是以服务业为主,中等收入阶段的国家,它的产业结构是以制造业为主。任何一个国家,当它的经济是在以制造业为主的时候,环境问题都比较严重。为什么会这样?因为在制造业阶段,它的生产特性是能源使用密度高,而且排放的密度高。二是中国和印度这两个国家有一个先天的劣势,即两国能源结构都以煤炭为主,煤炭的排放比石油、天然气都多,所以环境压力更大。三是监管不力,所以问题就更严重了。

通过放慢经济增长速度来改善环境质量,虽然用意是好的,但实际上达不到这个目标。要根本解决环境问题,最重要的是赶快进入到高收入阶段。服务业能源使用率低,排放减少,环境的压力就会变小。而且当我们进入高收入阶段以后,可以用来治理环境的手段多了,钱也多了,解决环境问题的力度就自然大了。而如果一味放慢经济增长速度,会导致我们在制造业阶段的时间被拉长,反而陷入一个更被动的局面。

误区二:把投资等同于产能过剩

出现产能过剩,很多人认为这是因为我们的发展模式不对。我们是以投资拉动经济增长,变成产能过剩,因此要以消费拉动经济增长。但这个说法对不对?我并不是反对消费,消费非常重要,这是发展的目的,但是消费增长的前提是收入水平增长,劳动生产率水平要不断提高。为此,技术要不断创新,产业要不断升级,而这都要靠投资。

当然投资也应该是有效投资,这样才能提高劳动生产率水平。如果继续在那些过剩的产业里面投资,当然会产生更多的过剩。但是简单把投资等同于产能过剩的人,在他的思想里面没有产业结构分析。实际上有很多新的产业可以不断升级。如果投资于产业升级的部分,或者投资于我们现在有很多基础设施不完善的地方,或者投资于环境治理,这些投资怎么会导致产能过剩呢?

误区三:基础设施投资回报率低,不应该由政府来做

有学者研究发现,基础设施的投资回报率比一般产业投资回报率低,由此认为,政府就不应该做基础设施投资。我认为其观点存在几个问题。首先,基础设施的投资跟一般产业的投资周期不同。一般产业的投资,一年两年就有产品可以卖了。基础设施的投资周期就要长很多。其次,回报周期也不一样。一般产业的投资10年就折旧完了。基础设施的投资折旧,可能要30年甚至更长。折旧短意味着什么?就是每年的回报率要高,才能够抵消折扣率。如果回报周期长的话,每年的回报就会比较低。最后,基础设施的投资有很多是外部性、社会性的收益,不是项目上面直接可以得到的收益。

退一步讲,如果我们把这些外部性等都算进去,还是发现基础设施的投资回报率比一般产业低。在这种情况之下,你让民营经济去做,它也不会愿意做。但是如果政府也不做的话,那么基础设施到处是瓶颈,经济还能发展得起来吗?实际上这也是20世纪80年代新自由主义兴起以后一个很大的误区。基础设施这一块,政府还是有责任去做的,尤其是在经济下行的时候,政府来做基础设施的投资有许多好处:可以启动需求,创造就业,稳定经济增长;从长期来看,还可以提高经济发展的外部环境,让经济发展得更好。

四、政府对不同产业要有不同引导

只有在产业不断升级当中,劳动生产率才会不断地提高。在这个过程当中政府到底能够扮演什么角色?从新结构经济学的视角看,根据产业发展与国际前沿的差距,我将产业分成五种类型。对不同类型的产业,政府因势利导的作用也不相同。

第一种是追赶型产业。我国的汽车、高端装备制造、高端材料产业即属于这种类型。追赶型产业可以通过三种方式来实现发展:一是到海外并购同类产业中拥有先进技术的企业,作为技术创新、产业升级的来源。二是,如果没有合适的并购机会,可以到海外设立研发中心,直接利用国外的高端人才来推动技术创新。三是海外招商引资,将这些产品的生产企业吸引到国内来设厂生产,从而把先进技术、管理都带过来。

第二种是领先型产业。我国有些产业,像白色家电、高铁、造船等,其产品和技术已经处于国际领先或接近国际最高水平的地位。领先型产业只有依靠自主研发新产品、新技术,才能继续保持国际领先地位。自主研发主要分两块,一块是研究,一块是开发。研究就是对所用技术或者产品的化学性质、物理性质等基础知识的研究。根据这些基础知识的研究,再去开发新产品。企业开发的新产品、新技术可以申请专利,这类活动理当由企业自己进行。但是,基础科研投入大、风险高,属于社会公共知识,企业没有从事基础科研的积极性。所以在基础研究方面,实际上是要政府投入的。

第三种是退出型产业。这类产业可以分为两类,一类是丧失比较优势的产业,另一类是在我国还有比较优势但产能有富余的产业。劳动密集型的出口加工业是最典型的第一类产业。这类产业在我国失去比较优势是不可逆转的趋势。面对这种挑战,一部分企业可以升级到品牌、研发、市场渠道管理等高附加值的"微笑曲线"两端;而多数企业只能像20世纪60年代以后日本和80年代以后"亚洲四小龙"的同类企业那样,利用技术、管理、市场渠道的优势,转移到海外工资水平较低的地方。现在转移出去要考虑两个问题:转到哪边去?怎么转过去?一般来说的话,会选择东南亚。但是这几年,东南亚工资上涨的速度跟我们一样快。我认为最合适的地方是非洲,非洲有10亿人口,那里有大量的剩余劳动力。

还有一部分产业其实我们还有优势,主要是在建材行业,如钢筋、水泥、平板玻璃、电解铝等。为什么会有富余产能?因为这些产业的生产能力是按满足过去高速增长的投资需要形成的。在国内是富余产能,但是这些产业的产品在非洲、南亚、中亚、拉丁美洲等发展中国家还是非常稀缺的。我们可以配合"一带一路"等国家战略的实施,支持这些产业中的企业以直接投资的方式将产能转移到同我国友好、基建投资需求大的发展中国家。

第四种是弯道超车型产业。我们现在有一种新兴产业,它在全世界是新的,但它的研发以人力资本为主,而且研发的周期特别短,例如移动通讯、手机、互联网产业等。这种以人力资本投资为主、研发周期非常短的新产业,我们确实可以跟发达国家站在同一条起跑线上。如果它是硬件的话,我们还有产业能力强的优势。政府可以针对这类企业发展的需要,提供孵化基地、加强知识产权保护、鼓励风险投资、制定优惠的人才和税收政策,支持创新型人才创业,利用我国的优势,推动弯道超车型产业发展。

第五种是战略型产业。这类产业通常资本投入非常高,研发周期长。对于这类产业我国尚不具备比较优势,但其发展关系到国家安全和长远发展,必须要有。大飞机、航天、超级计算机产业即属于这种类型。战略型产业有一个特性,即它不能完全依靠市场,需要政府的保护性补贴才能发展起来。过去,政府的保护性补贴主要是通过各种要素的价格扭曲和直接配置实现的。党的十八届三中全会提出全面深化改革,要素价格的人为扭曲将被消除,今后应通过财政直接拨款来补贴这类企业。对战略型产业的扶持是国家行为,应由中央财政来承担。但是各地政府也可以做一些事情,鼓励支持配套产业发展,并改善基础设施、子女教育、生活环境等条件,争取战略型产业落户当地,以实现战略型产业发展和当地产业转型升级的双赢。

总的来说,在经济新常态下,通过创新驱动和产业升级,即使在相对不利的国际环境下,我国经济也能保持7%左右的中高速增长。那么到2020年,十八大提出的国内生产总值翻一番的目标就能够实现,人均GDP达到12615美元是完全有可能的。达到12615美元就是高收入国家,按照我们人口占世界的比重,那意味着全世界高收入的人口翻了一番还多,这将是中华民族伟大复兴的重要里程碑。

中央拟设"全面创新改革试验区"值得关注

中央全面深化改革领导小组2015年5月5日召开第十二次会议,审议通过了《关于在部分区域系统推进全面创新改革试验的总体方案》,提出在部分区域系统推进全面创新改革试验。这一概念最早是由习近平总书记在中央财经领导小组第七次会议上提出的,习总书记在会上强调,要抓紧出台实施创新驱动发展的政策和部署,提出"要研究在一些省区市系统推进全面创新改革试验,形成几个具有创新示范和带动作用的区域性创新平台"。作为贯彻落实《中共中央、国务院关于深化体制机制改革加快实施创新驱动发展战略的若干意见》的重要举措,这次通过的总体方案明确,试点将紧扣创新驱动发展目标,以推动科技创新为核心,以破除体制机制障碍为主攻方向,开展系统性、整体性、协同性改革的先行先试,统筹推进科技、管理、品牌、组织、商业模式创新,统筹推进军民融合创新,统筹推进"引进来"和"走出去"合作创新,提升劳动、信息、知识、技术、管理、资本的效率和效益,加快形成我国经济社会发展的新引擎,为建设创新型国家提供强有力支撑。并要求加强政策统筹、方案统筹、力量统筹,支持试点区域发挥示范带动作用。

目前,各地都在积极谋划,争取纳入全面创新改革试验试点。北京提出将争取创建全面创新改革试验区,加强全国科技创新中心建设;上海提出围绕建设全球科技创新中心,争取在2015年第二季度形成全面改革创新改革试验区总体方案;湖北已就武汉创建全面创新改革试验区向国家有关部委进行专题汇报,设想建立科技体制改革特区,集中进行科技体制创新的改革;湖南已提交了相关建议,要求把湖南纳入国家全面创新改革试验范围;浙江也正加强调研,力求围绕创新,建成一个系统推进的全面创新改革试验区;深圳也提出了争取整体列入试点的设想。

我们初步研究认为:

一、这是习近平总书记提出的重大战略构想,是中央在《深化体制机制改革加快实施创新驱动发展战略的若干意见》公布之后的又一重大举措,力求以试验区的率先实践,示范带动整体的创新驱动进程。苏州作为发达地区,各类创新资源相对较多,率先推进全面创新改革的基础比较好,有条件也有必要积极向上争取列入试点。

二、这一试验区的核心是"构建创新驱动新引擎",重点是"深化体制机制改革",关键是"全面创新",因此,这一试验区不同于一般意义的"科技创新",某种意义上是全面深化改革、转变发展方式、实施创新驱动、实现稳定增长等各项内容集合的综合性的试验区,深化改革、促进发展的含金量更高。

三、苏州目前已有工业园区、苏州高新区、昆山高新区列入苏南国家自主创新示范区,但我们认为两者并不矛盾,苏州争取列入可形成叠加优势。而且,苏南国家自主创新示范区8+1的形式,由于分属数个行政区域,事实上是一种相对分散的格局,体制屏障明显,联合创新、协同创新目前仅是一种趋势,而在苏州区域内建立试验区,体制机制创新比较可行,更易出成效,现实意义也更大。

四、试验区的区域范围考虑有三种:一是参照城乡一体化改革试点,争取将苏州整体纳入试验区;二是争取将园区、新区、昆山高新区列为试验区;三是选择一个县级市,比如昆山,将其整体列为试验区。建议尽快启动相关的向上对接、深入调研、方案起草等工作。

把握中央精神实质　积极推进"稳增快转"

从中央政治局会议看未来政策取向变化

进入2015年5月，我国经济走势呈现筑底企稳态势，但数据表现仍偏弱。以两个先行指标为证：5月4日，汇丰公布的中国4月份汇丰制造业PMI终值48.9，创12个月来低点；5月1日，国家统计局、中国物流与采购联合会共同发布的4月份PMI为50.1%，与3月份持平。两个数据未能如预期出现反弹，表明经济下行压力仍然存在。

4月30日，习近平总书记主持的中央政治局会议所释放的信息，为市场提供了一个重要的观察窗口和判断标尺。透过会议内容，可见中央稳增长意图明确。据此可以推论，未来稳增长的政策力度将继续加大。不过，当前政策追求的是有质量、有效益的经济增长，是要更好地立足当前、兼顾长远。

与2014年的"经济下行压力依然存在"提法不同，2015年会议强调"下行压力仍然较大"，认定"外部需求收缩，内部多种矛盾聚合，经济运行走势分化"，显示中央提高了对经济下行压力增大的警惕。但在决策层看来，当前经济并未滑出可接受的区间，并未出现不能控制的风险。这意味着，在复杂形势下，决策层对经济增速下行仍有容忍度，这内含了一种自信和从容。

由于"促进经济持续健康发展和社会大局稳定"成为当下的重要政策目标，为此，中央要求各级官员做到"守土有责、守土负责、守土尽责"。同时，中央还强调"三个不变"：坚持国有企业改革方向不变，依法保护民营企业产权方针不变，坚持对外开放和利用外资政策也不变。

归纳起来，这便是当前中央的两个政策重点：一是守住"稳增长、保就业、增效益"的基本盘，二是在"三期叠加"的框架内，需要加大改革力度、释放改革红利，营造相对平稳的宏观经济环境。从某种意义上说，衔接期有多长，既取决于经济探底的时间有多长，也取决于改革的进程有多快。

在经济下行压力下，宏观调控"稳增长打头、防风险断后"的政策取向进一步明晰，而"定向调控"和"预调微调"继续成为政策力度主要方向，验证了当前政策不会像以往一样总量宽松,而要稳、准、灵的判断。从会议透露的政策方向来看,稳增长仍然以全面改革作为统领的主线。具体来看,需要格外重点关注以下方面:

货币政策可能进一步宽松,但必须高度关注的是,在一季度连续降息降准的情况下,货币发行速度反而有所下跌,这进一步加剧了市场对经济下行的担忧。这种问题的背后原因就是经济体中财务软约束问题并未出现显著改善,政策传导机制依然不畅,银行间资金面的宽松能在多大程度上传导至实体经济依然存疑,在这种情况下,降息对实体经济的效果将大打折扣。

因此,中央着重强调"注意疏通货币政策向实体经济的传导渠道"意义重大。以笔者之见,要改善货币政策传导机制不完善、市场价格对投资主体行为的约束太弱的局面,仅凭央行的努力是远远不够的,完善货币政策传导机制并非金融改革可以胜任,关系到整个中国经济体制的改变。

财政政策上将进一步促进投资,重要抓手是重大基础设施项目建设。此次会议审议通过的《京津冀协同发展规划纲要》向市场发出了一个明显信号:以京津冀开始试点的城市群发展将是今后中国经济增长的一个重要支撑。据财政部测算,京津冀一体化未来6年需要投入42万亿元。此外,近期各省都在加大稳增长力度,措施涉及加大投资,促进消费,推动改革,以及降低税负等方面。无疑,在当前背景下,刺激投资必须解决钱从哪里来以及如何提高投资效率等问题。

楼市政策上强调建设长效机制,从短期的行政管制向长期的制度调节过渡。这表明,中央并不想用刺激来救楼市。"长效机制"是一种带有指导性的指引。未来调整产业结构最关键的是政府必须尊重市场经济的基本精神,加强建设开放、公平竞争的市场环境。

稳增长不会重走老路

4月30日召开的中央政治局会议指出,我国经济新的增长动力正在形成之中,外部需求收缩,内部多种矛盾聚合,经济运行走势分化,下行压力仍然较大。会议高度重视应对经济下行压力,要求加快改革开放步伐,保持稳增长、促改革、调结构、惠民生、防风险综合平衡。

会议还强调,要保持宏观政策的连续性和稳定性,加大定向调控力度,及时进行预调微调。积极的财政政策要增加公共支出,加大降税清费力度。稳健的货币政策要把握好度,注意疏通货币政策向实体经济的传导渠道。

这是新一届政策首次将"稳增长"置于最重要的位置,但是,这并不表明中国将通过实施大规模的刺激计划来实现增长。目前可以说是两条腿走路,要稳定经济增长,还要促进改革以创造新的经济增量,两者缺一不可。

第一季度数据带来经济下行的巨大压力,在这种背景下,稳定增速以防止失速风险是必要的,但是,"稳定"并不代表继续依赖"开闸放水、大水漫灌"的方式,通过过量的货币供应,过度刺激投资,推动经济短暂增长。会议强调,稳健的货币政策要把握好度,这意味着货币政策仍然以"稳健"为总基调,但会进行预调微调,使金融业更好地服务实体经济发展。

最近,市场上有人制造和传播各种传言,称中国将推行"QE"政策,实施大规模的量化宽松。这些声音代表了市场上一部分利益群体,尤其是证券或地产投资者的心态,量化宽松带来的资产价格上涨能让他们的财富继续暴涨,但是,这种继续增加杠杆的做法只会让中国更加危险。因此,此次会议要求疏通货币政策向实体经济的传导渠道,并且将这个任务纳入财税、金融以及投融资体制的整体改革当中,而不是单纯的释放过多流动性。

会议也强调了"注重发挥投资的关键作用,认真选择好投资项目,做到有市场,有长期回报"。这意味着投资也不能一哄而上,关键是稳,与当前收益和长远规划相结合,确保有效投资,避免造成新的过剩产能。事实上,中央政府已经批准了很多项目,区域一体化政策也早已制定,关键在于地方政府的落实。此次会议提出,领导干部"守土有责、守土负责、守土尽责","土"就是经济,这个"责"就是需要领导干部在其位、谋其职,细化职责,在经济新常态下干出成绩,不能无所作为。

有些人担心将"稳增长"放在第一位会让改革放缓,甚至可能会回到老路。实际上,"稳增长"是对目前经济下行的客观反应,但并不代表要走老路。此次会议专门提到"要把有质量、有效益的发展作为发展是硬道理战略思想的内在要求",强调各级领导干部思想上要转变,即"摆脱旧的路径依赖",就是防止大家跌入"重回老路"的误区。

稳增长还需"新引擎"发力

4月15日,国家统计局公布了2015年一季度GDP、投资、消费、工业等方面的数据。一季度GDP增长率恰好是7%,与2015年政府工作报告提出的目标值持平。如果低于7%,可以预期稳增长措施还会加大力度;如果高于7%,可以预期宏观经济政策会维持相对稳定;恰好等于7%,就需要对政策效果和当前形势进行具体分析。

一方面,经济增长下行的压力仍然比较大。社会消费品零售、固定资产投资的增长率仍然在下滑,工业增加值增长率的下降尤其明显。另一方面,稳增长措施已经取得了一些效果。财政政策更加积极,2015年一季度中央项目投资的增长率比2014年高;国家预算资金也维持较快增长。稳健货币政策维持贷款平稳增长,人民币贷款的季末余额增长率和季度增量都比2014年同期高。政策效果首先反映到了基础设施投资中。一季度,基础设施投资同比增长23.1%,较2014年全年提高1.6个百分点,对稳定投资增长起到了重要作用。另外,新开工项目计划总投资的增长率也在3月份大幅提升,使投资增长的后劲增强。

综合这两方面的情况,我们认为,经济政策应该对症下药,针对经济运行中薄弱的方面采取对策,不需要也不能是全面的刺激。4月14日,李克强总理主持召开的经济形势座谈会,就是为中国经济"把脉",寻找问题的症结。他提出一个判断:现在中国经济正处在"衔接期",一些传统的支撑力量正在消退,与此同时,一些新的力量则在成长,但目前新旧产业与动力转换还没有衔接到位。针对这种形势,李克强总理指出,保持宏观基本政策不变,用定向调控顶住下行压力。我们判断,定向调控仍将是稳增长的主要措施,其目标是促进新力量的成长,加快新旧动力的转换。而全面刺激则可能更有利于传统力量,不利于转换。

哪些薄弱环节需要加强?如何促进新力量的成长?我们从"双引擎"理论的角度分析这些问题。所谓双引擎,一是打造新引擎,推动大众创业、万众创新;二是改造传统引擎,重点是扩大公共产品和公共服务供给。目前来看,改造传统引擎的进展比较顺利,基础设施和公共服务方面的投资增长都比较快。但打造新引擎的效果却没有如此明显,制造业投资、公共服务以外的服务业投资的增长率都在下滑。显然,新引擎是需要加强的薄弱环节,大众创业、万众创新是需要促进的新力量。传统引擎已经在强劲运转,但稳增长还需要新引擎同样发力,双引擎一起驱动,才有更好的效果。

为了打造新引擎,国务院出台了很多措施,包括针对小微企业的优惠政策、清费减税、简政放权等。但大众创业、万众创新还面临其他方面的阻力,例如,高房价抬升了创业的成本,房地产投资的高收益抑制了创业的热情。减少各方面阻力、营造创业创新的环境,将有利于稳增长、调结构目标的实现。

近期公布的一些数据显示,第一季度的宏观经济形势不容乐观,GDP增长7%。发电、铁路运输、投资、进出口等数据都呈现明显下滑的趋势,这种势头以及可能破七带来的心理冲击,难免对"稳增长"有所影响。

尽管春节对前两个月的数据造成了干扰,但3月份是每年新开工项目上马的时期,各项数据依然下行,这需要警惕经济增长放缓变为失速。在这种背景下,稳增长的任务应该加码。据报道,国家发改委筹备了新一批年内开工项目,正在落实相关手续,该批项目将主要集中在结构升级和科技创新两大领域。

自从中国经济进入新常态后,经济的转型升级更为迫切,在保持中高速增长的前提下,尽快推进经济转型,实现以创新为推动力的有质量的增长。

但是,这并不是否定"稳定增长"的重要意义,因为经济稳定是转型顺利的前提,也因此,中央政府的努力目标是将稳增长与促转型结合起来,比如最近推出的一些政策和项目都体现了这种特点。

加码"稳增长"并不代表就是过去那种"大干快上"的做法,要避免"一抓就死,一放就乱"重演,尽管给出明显的刺激预期会有更大的市场效应,但是,稳增长不代表刺激,重点在"稳"。增加投资必须是可控的,而不是一哄而上,尤其是各级财政投资必须有计划,可控制以及有实效,这就要求在加码"稳增长"的过程中,财政和货币政策都要有一个限制。

另一方面,政府还是要推动市场调整的深入。中国存在工业产能过剩以及地产供给库存过多的问题,尽管过去几年,市场在减速中调整,但是,很多僵尸企业并没有通过市场机制选择退出,很多城市的地产市场也没有实行降价促销。原因在于很多亏损企业,尤其是技术落后的过剩产能得到了某些融资支持,而地产业也用高成本融资维持,等待市场好转。调整不充分会阻碍转型升级的进行,因此,"稳增长"并不代表转型升级不再重要,相反,更应该有增有减,保持一个动态的均衡的前进姿态。

应当说,在地方财政收入增幅收窄,政府性债务支出压力较大的背景下,加码"稳增长"的成本更高,但是,不应忘记,维持增长稳定的目标不是增长本身,而是为改革创造更多的时间和空间,也因此,越是为增长付出更多,改革就越应该加快,要大刀阔斧,要有实效,否则,改革的成本只会越来越高。

第一季度的数据或许不好看,但也不能将之完全视为一种趋势,更可能是探底的过程,因此,没有必要因此而恐慌,自己吓唬自己。中国经济规模庞大,富有韧性,目前企业层面的结构性调整早已经开始,很多新的服务业繁荣成长,一些企业的创新有目共睹,技术与生产效率得到很大提升,在看到"旧经济"部分衰退的同时,"新经济"的增量也在成长,不能因为前者的衰退而失去信心,在这种新旧交替的时代,将出现更多战略性的机遇。

关注外资流向与制造业升级

——兼析高端制造业日企扩大在华投资

作为开放型经济大市,高质量引进外资始终是苏州经济稳定增长与制造业转型升级的重点之一。值得注意的是,在宏观发展环境趋紧、经济下行压力增大的大环境下,尤其是出现了欧美一些国家重提发展制造业的新情况,2014年下半年以来,"外资撤离"成为一个动向与话题。对此我们应该如何正确分析与把握?我们综合有关材料并经过初步调研分析认为,当前外资总体依然看好中国市场,只是出现局部性的、结构性的调整。随着我国经济发展中土地等要素供给趋紧、传统制造业投资相对饱和、环境承载能力达到上限等,外资投向与重点也必然根据新的情况做出调整,流进流出也是外商投资的一种新常态。从统计数据分析,在外需不振的大环境下,2014年中国吸引外资总量仍同比增长1.7%,投资结构正在发生积极变化,服务业实际利用外资增长7.8%;2015年1至4月引进外资444.9亿美元,同比增长11.1%,2015年前两个月服务业引进外资同比增长30%。由此可见,我们必须认清形势、把握趋势、顺势而为、主动作为,这对于苏州的开放型经济发展乃至加快转型升级、打造经济强市,都是一个十分重要的课题。

为此,我们重点结合日资流向作相关分析并提出建议。

一、低端制造业日企收缩在华规模

据商务部公布的信息,2014年日本对华投资43.3亿美元,同比下降了38.8%;2015年1至4月,日本对华投资14.4亿美元,同比下降7.8%。虽然没有发生日资"全面撤离中国"的现象,但近年来日本对中国的直接投资增速持续放缓是一个不争的事实。据有关材料反映,日企撤离事件2012年为1则,2013年为5则,2014年该数字为13则,2015年前5个月中,日企宣布在中国关闭工厂或业务清算的有8则。可见"日资撤离中国"的传言并非空穴来风,确实有日资企业关闭在华工厂,或进行业务清算。

但事实是,日资企业并非全面撤离中国,而是正在调整对华投资,在中国有关闭工厂等业务缩小动作的一般是低端制造业日企。日本方面对制造企业2014年度海外事业开展的调查结果显示,在617家接受该问卷调查的日企中,近7成企业表示"看好"中国市场的成长潜力,近6成企业表示看中现有规模。最近日本方面刚宣布了将在11月派出史上最大规模的企业代表团访华,这也反映了日资企业对中国的重视。目前,日企在华投资的规模仍然较大。据中国贸易外经统计年鉴数据显示,在各国对华直接投资总额排名中,日资仍排第二。日本经济财政咨询会议议员、东京大学研究生院教授伊藤元重表示,"对于日企来说,中国是吸引力巨大的消费市场,所以许多消费品和服务业企业正计划对中国增加投资。"

有关专家认为,中国要应对好低端制造业日企的退出。"一种可能是,日企的退出为中企带来'替代'机会;或会倒逼中国的产业转型和升级。"若相关的中企没有能力替代,也还未准备好转型,那么将可能加剧产业空心化。因此,地方政府要加强对企业进行引导,帮助他们尽快调整好位置。也可将现有资源纳入重组、收购,把以往嫁接在日企的供应链通过一个平台,嫁接到其他企业。

二、高端制造业日企有望增加投资

中国市场对于日资企业的吸引力仍然巨大。有关资料显示,截至目前,2015年度日企对华新增投资共计39宗,12宗为制造业企业扩大在华现有生产规模,11宗为零售业相关投资,4宗为制造业日企扩大在华销售网络及4宗股权投资等(具体见下表)。

2015年以来日企新增在华投资

公司	在华新增投资业务	投资额(百万人民币)
伊藤忠	中信股权认购	30800
软银	投资快的打车软件	3700
伊藤忠	跨境电商	3108
伊藤忠	波司登股权认购	1554
日本旭硝子公司	新建一家玻璃基板工厂,将把日本的玻璃生产线转移到中国	1400
瑞穗金融集团	与招商局集团联合成立投资基金	1240
大冢制药	扩大药品产能、销售规模	1000
康奈可集团	武汉工厂内新设汽车排气管等生产线	1000
卫材医药	扩大苏州工厂制造规模	390

续表

公司	在华新增投资业务	投资额（百万人民币）
爱信集团	建设研究开发法人爱信（南通）汽车技术中心有限公司	154
三井物产	收购北京健力源餐饮旗下新设公司股份	113
藤仓橡胶工业	设立中国第二个工厂	94.7
小林制药	将在安徽建设该公司的首家中药原料工厂	50
王子纸业	设立纸尿裤工厂、生产、销售	50
Bandai Namco 集团	成立万代南梦宫（上海）商贸有限公司，开展网络游戏开发、销售业务	31
Saraya	在桂林新设工厂生产甜味剂，供应中国、欧美市场	26
丰田汽车	将在广州、天津新建汽车工厂	—
丘比食品	成立在华第三家生产销售分公司、在华销售人员增至500人	—
森永乳业	向中国国内合作伙伴提供技术生产贴牌乳品，并开展销售	—
富士电机	自动售货机销售业务进军中国	—
奥林巴斯	扩大销售规模，增加60名销售人员；投放自主研发的高性能手术器械	—
安川电机	新设工业机器人生产工厂开展生产、销售业务	—
永旺集团	加速在华开设购物中心，将华东与华中确立为新的战略区域	—
日本雅虎	在淘宝天猫商城开设1000家日本品牌店铺	—
优衣库	2020年前实现1000店计划	—
住友商事	跨境电商	—
卡西欧	6月2日在上海开设了世界最大规模的"G-SHOCK"手表专卖店	—
日　立	新设服务制造业的物流部门	—
药妆连锁企业 Welcia	与百联集团、上海每日通贩商业设立了合资公司联华每日铃商业	—
ELNA	与深南电路成为合作伙伴，将电子产品引入中国市场	—
日精树脂工业	成立日精树脂工业科技（太仓）有限公司	—
住友橡胶工业	开设综合汽车用品店，计划于2015年年内开设20家新店，到2017年达200家	—

续表

公司	在华新增投资业务	投资额(百万人民币)
日立金属	计划与北京中科三环公司设立合资公司,开展稀土磁铁制造、销售业务	—
日本化妆品网站 cosme	开展日本化妆品销售电商业务	—
趣趣安娜(tutuanna)	在3年内将内衣零售门店增至430家	—
日本学研控股	2015年年内将把科学实验教室翻倍至50个	—
Positive-one	成立电脑主板设计中心,开展设计、制造业务	—
JPR	成立捷盘流商贸(上海)有限公司,开展物流及相关咨询服务	—
MACHIKO	开展化妆品零售业务	—

截至目前,已有12家日企宣布将在中国扩大产能,其中,4家为高端制造业,包括大冢制药、卫材医药、安川电机(工业用机器人生产商)等。另外,奥林巴斯、富士电机等4家日企宣布扩大在华销售网络。卫材(中国)投资有限公司董事长兼古宪生表示,卫材2014年年底在中国成立投资公司,又在2015年2月宣布扩建中国工厂。该企业目前在中国地区的销售额占卫材全球销售额的7%,仅次于日本和美国市场。中国人口众多,面临着老龄化问题,这意味着中国市场对于医药的需求潜力巨大。基于这样的判断,卫材将侧重向中国投资。兼古宪生说:"今后卫材在中国,一方面是投资建工厂,另一方面的投资重点是并购。卫材计划并购中国低端市场的药品销售业务来实现这一目标。"

三、借股权投资利用中企资源

2015年以来的日企对华新增投资中,股权投资引人注目。2015年年初,日本第三大贸易公司伊藤忠,通过其与泰国正大集团各50%股权的合资公司——正大光明,斥资800亿港元(约合人民币640亿)购买了中国中信股份有限公司20%的股权。此外,日本软银集团领投快的打车D轮融资,该轮融资总额为6亿美元。2月,日本综合商社三井物产宣布将斥资22亿日元(约合人民币1.1亿元)收购中国大型餐饮企业北京健力源餐饮旗下新公司25%的股份,进军中国团体餐行业。4月,伊藤忠宣布联合中信证券,与波司登订立认购13.03亿股新股份协议,总认购金额为15.50亿港元(约合人民币12.4亿元)。

从上述案例看出,相关日企借股权投资,意在获得中国企业的相关资源。以伊藤忠为例,相关分析指出,中信可以弥补伊藤忠金融、不动产、资源能源等短板领域;波司登可以为伊藤忠带来中国市场强大的服装销售渠道,伊藤忠在日本拥有超过 150 个欧美服装品牌商标权。2015 年 4 月底,伊藤忠宣布将与中信集团、泰国正大集团、中国移动及上海市政府,依托上海自贸区,在中国展开销售日本产品的跨境电商业务,投资总额约合 31.08 亿元人民币。

除了伊藤忠外,住友商事以及化妆品网站可思美(cosme)也将在中国开展跨境电商业务。5 月,日本瑞穗金融集团与中国招商局集团签约拟合作成立基金,投资以电商为代表的零售、物流等行业的未上市中国企业。日本雅虎近日也宣布将在天猫商城开设 1000 家日本品牌店铺。此外,包括优衣库、永旺等在内的 7 家日企宣布将扩大在中国的零售规模。

专家认为,"日企看好中国市场的成长趋势,认准中国经济转型阶段有较大的机遇,将进军中国的旅游业、健康产业、金融业和教育产业。"

四、几点建议

苏州制造业"大而不强"的矛盾比较突出,总体处于产业低端,近年来我市加快推进新兴产业发展,结构有所改善,但竞争力不强的问题依然存在。当前,全球正出现以信息网络、智能制造、新能源和新材料为代表的新一轮技术创新浪潮,许多发达国家纷纷把发展先进制造业上升为国家战略,如美国提出先进制造业国家战略计划、德国工业 4.0、英国制造 2050、新工业法国、印度制造战略等。同时,我国就制造业发展也做出全面部署,出台了《中国制造 2025》,主攻智能制造。我们必须看到,发达国家实施制造业复兴战略,对于高端制造业的吸引形成了一种竞争态势,而一些外资仍看好中国市场,如果不主动作为、顺势而为,我们就会陷于被动;同时从我们自身看,在多种因素作用下,外资又可能撤离低端制造业,转向发展成本更低的国内其他地区或发展中国家(近年来我市已经出现这种情况),这从积极意义上来说未必是坏事,可以倒逼我们加快推进制造业的战略升级,可以腾出空间发展战略性新兴产业。改革开放三十多年来,苏州紧紧抓住农村工业化、经济国际化两大机遇,使苏州的制造业规模"从小到大",跃居全国第二,可以说当前苏州正面临着制造业"从弱到强"的第三次发展机遇,全球性的制造业重振、转型、发展大潮的兴起和外资对中国市场的看好,不仅表明苏州制造业结构调整、转型升级已变得更加紧迫,也揭示了我们必须主动融入这一大潮,牢牢把握机遇,积极主动作为,加快实现苏州制造的突破和重生。

我们认为,对于出现高端制造日企投向中国的趋势,绝不能就事论事去看待,而应放到顺应全球经济发展大潮、稳定经济增长、实现苏州制造业转型升级的大格局中去认识和把握。为此提出以下建议:

1. 加快制订具体行动方案。建议由市领导牵头,以全面贯彻落实习近平总书记视察江苏讲话精神和国务院《中国制造2025》为指导,以苏州制造业战略升级为主线,尽快制订具体实施方案。同时围绕高端制造业招商和低端外企产能转移,加紧研究落实应对举措,一方面,明确招商引资重点国家和产业领域,以及各板块招商重点和任务,整合全市专业力量与资源,高起点、有组织推进高端制造业招商引资工作,形成高端的、产业链招商格局。另一方面,排出需要或可能转移的外企,及早做好各项预案和应对工作。

2. 加大工作力度推进外企增资。加紧对在苏外资企业进行梳理,了解、分析增资意愿和可行性,列出重点,主动开展有针对性的吸引增资工作。从我市情况看,外企还是有增资意愿的,仅从日资企业看,2014年我市85家日企实现增资5.5亿美元,2015年1至4月我市38家日企实现增资7371万美元。而且我市已形成了一批外企产业链配套的特色园区,集聚效应明显,利用好这一优势,吸引增资大有文章可做。

3. 进一步提升我市各类平台的功能优势。目前国家继上海自贸区后,又设立了广东、天津、福建自贸区,改革创新的重点各有侧重;最近园区综保区建成国内首家贸易功能区,区内企业具备了一般纳税人资格,增强了对高端外资的吸引力。我们应以此为契机,进一步加强政策对接与功能创新,进一步创新我市各综保区海关特殊监管模式,形成更具吸引力、竞争力的产业发展和配套服务环境,为高端制造业外资进入提供良好的发展平台。

(苏州市委党校市情研究中心)

制造业成本优势递减趋势亟待关注

万解秋

制造业成本变动的新趋势显示,中国与发达国家制造业成本差距在缩小,非劳动成本影响因数在扩大,一来一去,必将影响到加工制造业的新布局,对我国产业布局和升级影响巨大,着眼于未来的变化趋势,现在就应当及时应对这一变动。

一、制造业成本优势递减引发产业迁移

最新统计分析报告指出,制造业成本的核心劳动力成本构成正在发生快速的变化,中国作为廉价劳动力供应大国的低成本优势正在消失,劳动力价格急速上升,对于美国等发达国家的成本优势急速缩小。2009年的劳动力平均小时工资中国与美国约为2∶28美元,到了2014年上升为3∶30美元,按此速度,中美之间的劳动力成本差距将迅速缩小,经济学家智库预计到2025年将达到60%的水平。地处沿海发达地区的加工制造业工资水平将与发达国家更为接近,成本优势尽失。

目前影响成本变动的另一重要因素是能源成本变化。因为页岩气、页岩油的开发而使美国的能源价格比中国更为低廉,对于钢铁、化工、装备制造等能源密集型加工产业而言,成本变动优势极为明显。中国的工业电价从2008年到2014年,已经上涨了50%;天然气价格同期上涨了120%;实际的单位电价中国约为美国的一倍;天然气价格为两倍以上。能源成本占到加工制造业成本的10%~15%,影响极大。

还有一个影响成本优势的因素是货币汇率变动。金融危机以来人民币对美元汇率上升了25%左右,目前趋稳于6.15至6.20之间,对于大多数出口加工企业,实际出口成本上升20%左右,出口加工效益直下两成。一些传统出口加工企业已经无利可图。与此相应,企业在此期间的土地成本、物流成本、税费负担也呈缓慢而稳定的上升趋势。

这些因素是制造业产业回流的根本原因。

二、产业优势比拼的关键在于相对劳动生产率，不在于绝对的工资水平

影响产业转移回流的关键是期间制造业劳动生产率的相对变化。这里的劳动生产率需要分为两个方面来比较：一个是绝对的劳动生产率，即单位时间里的产值；另一个是相对的劳动生产率，即劳动生产率的变化速率与劳动力成本的变化速率，两者之比就是相对劳动生产率。中国制造业的绝对劳动生产率目前仅为美国制造业的1/3左右；如果从相对劳动生产率来看，就只有美国制造业的10%，两者的差距极大。我国过去主要依靠劳动力低成本优势，大致为美国的10%来抵消劳动生产率的劣势，获得加工制造业成本的相对优势。现在的趋势是这种相对优势已经被快速上升的工资成本抵消。而且更严峻的是，美国的劳动生产率提升速率在新科技导入、智能化支持下，明显快于中国。我们必须面对的是如何才能控制成本，保持竞争优势，如何提升相对劳动生产率及劳动产出效率，而不是简单地比较工人的工资。

现在欧洲提出了"工业4.0"规划，美国在推进智能化协调生产；我国也提出了"制造业2025"提升计划，并提出了"互联网＋"的新企业模式。"工业4.0"规划是一个第四次工业革命的设想，计划用自动化、智能化加互联网的生产方式，核心是通过智能的互动联系来管理控制生产过程，极大地提高生产、设计、市场协调的效率和反馈能力，劳动生产率的提高可产生更强的成本竞争优势。一旦智能化代替了更多的人工投入，劳动密集和资本密集的生产方式的优势进一步丧失，我国的后发优势和低成本竞争能力将不复存在。金融危机后的市场和技术组织变革趋势已经展现了这一点。

三、如何摆脱劣势，需要面对技术升级或产业结构调整的抉择

如何摆脱这一变革趋势的冲击影响，现有的对策主要是技术升级版和产业升级版（结构调整模式）两种。技术升级版最直接有效，路径较短，但需要具备技术快速升级换代的内外条件。一些先进的工业化国家，如美国、德国、日本等，近年来快速地推进了新技术的创新发展，制造业获得了新的竞争优势。产业升级版或结构调整版思路着眼于新产业的发展转移，通过产业结构变动来获得新的竞争优势，实践中受到的牵制影响较大。

产业结构转型调整标准的核心要素是获得新的产业发展空间，如服务业、旅游业，在新产业中获得新的竞争优势。一些新兴工业化国家采取的重点策略就是结构调整，通过结构调整摆脱已有劳动密集型产业和资本密集型产业的不利竞争局面。结构调整型策略的产业优势要依靠新的市场发展空间，以及新产业发展的竞争程度。结构调整策略对于新兴工业化国家而言，避免了产业技术升级的"硬碰硬"对撞，而阻力则是新的国际市场空间有限且

竞争激励，企业不得不转而寻求国内市场空间。但新的产业在国内市场的空间是难以弥补加工制造业国际市场空间损失的，这导致一大批出口加工型国家的产业发展受挫，最常见的就是产业的"出走"和产业"空洞化"。

我国的产业升级和竞争优势直接受到以上两要素掣肘，产业出走和产业空洞化趋势已有苗头，国内也出现了"中等收入陷阱"的担忧。我国沿海地区有密集的外资加工出口企业，属于劳动密集型和资本密集型产业，转型升级十分迫切。国内一些地区开始尝试推行一种"腾笼换鸟"策略，但效果一定是可想而知的。原来的"鸟"飞走了，新的"鸟"没有来，结果变成了"空笼"，这其实就是产业的空洞化：老的产业走了一大片，新的产业只有一点萌芽。

与我国临近的东亚地区，产业空洞化和经济进入增长陷阱的情况尤其明显。日本的产业空洞化和外移最为严重，结构调整和新兴产业增长不足以弥补递减部分，出现了经济成长中两个"失去的十年"，其他工业化国家和地区程度不同，但也深陷产业转移空洞化泥潭。

我国的工业化进程晚了东亚工业化国家20多年，但快速工业化也使得我国产业结构性转移和调整矛盾十分突出，目前劳动成本优势还尚存有5~10年的过渡期，大致到2025年，成本优势将完全丧失，增长矛盾将完全暴露，需要未雨绸缪，及时做出调整反应，才能避免真的陷入中等收入陷阱。

如何应对，从目前看，一是必须正面应对产业升级和技术升级的局面，推动加速产业加工的自动化、智能化、网络化，提升工业生产的技术层次和水平，提高制造业自身的相对劳动生产率，没有技术进步的提升，仅靠调整转移无法走出这种困难局面；二是培育新兴产业和有市场的服务业，扩大国内市场和保持国际市场的竞争份额。从这两个方面着手，既有提升市场竞争力的要求，也有拓展新的市场获得新的增长份额的作用。这对于我们各地区产业调整和转型升级的工程具有重要的借鉴意义。

第二篇

创新发展与转型升级

准确把握宏观形势　努力创新思路举措

宏观经济处于调整的最后阶段

国家统计局公布前4个月的数据显示,投资、出口、消费等数据正在急速下行,一些数据10年甚至20年都未曾出现,但同时最近公布PMI等先行性指标出现小幅回升,经济形势错综复杂。我们应如何看待当前的经济形势?北京大学国家发展研究院教授卢锋认为,当前宏观经济处于调整的最后阶段。

针对目前的经济形势,他并不悲观,"回头看2002年是我国宏观经济走出通缩的年份,但是2002年年初PPI仍是4个百分点负值"。他觉得中国当下的经济与那时有些类似,"可能就处于2002年某个时点上"。他认为在走出这轮调整的最后阶段之后,经济将会出现反弹,"我感觉就在这一两年"。

一、宏观经济处于调整的最后阶段

1. 从前4个月的经济数据来看,投资、消费、进出口等数据增速均在下滑,但最近的PMI等数据有所回升,你如何理解当前的宏观经济形势?

卢锋: 我的理解这是调整的最后阶段。我们要从宏观经济周期的角度来看这个现象。这一轮调整实际从2011年就开始了,只不过那时的调整是局部的、被动的。十八大以后的两年是比较全面的、主动的、跟改革相结合的调整。我认为今年已经到了调整的最后一个阶段,也是调整的收官阶段。

最后的阶段会很难受,要去杠杆、去泡沫,还要处理一些善后的事情,你会看到有些指标变得更加糟糕,有的指标是十几年都没有出现过的新低,但新的增长力量也在积蓄,目前正在探底,然后慢慢会进入一个景气回升的阶段。

2. 最后阶段的时间有多长?有什么样的信号判断最后阶段结束?

卢锋: 存准率的调整是进入最后阶段的一个重要标志。因为在这轮周期调整的过程中,去泡沫也好、去杠杆也罢,都需要把2008年前失衡的东西再平衡。上一轮货币扩张主要是因为外汇储备迅猛增长,但又不能通过调节汇率的方式来控制增长,那就需要通过一些手段来应对这种情况。如果用利率来对冲,那利率现在不知道有多高,用央票成本也太高。最后央行用提高存准率的办法,把被动超发的货币圈起来,导致现在存准率处于高位。

但在经过一段时间相对紧缩的货币政策(如2013年市场上热炒的"钱荒"事件,银行间债券市场隔夜拆解利率高企)之后,现在终于有可能通过降准来保持宏观经济大体稳定的增长,但同时也不会造成较大的通胀。

如果经济还是不太好,货币量比较少,那就慢慢降低存准率。我认为,应该趁着经济增速低、低通胀的机会,逐步退出高的存准,一方面稳增长,一方面让市场调整过去失衡的机制,但节奏上也不要过快。

3. 调整的最后阶段会持续多久?走出这个调整周期后,中国未来的经济增速会达到多少?

卢锋: 没有人算得出来。我的感觉就在这一两年。未来的增速,两位数肯定是不可能的,那不是常态,但估计还会达到7%~8%的增速。关键在于改变一段时期以来经济下行压力,重回内生增长状态和轨道。

二、PPI数据很好地反映了调整的逻辑

4. 除了存准率,还可以观察哪些关键指标?

卢锋: 刚刚是从货币政策的角度讲,其他角度还包括重要部门过高的价格或库存、过高的杠杆的调整。PPI下降是个调整的过程,分部门来看,现在降得最厉害的也是过去涨得最厉害的,呈现比较显著的负相关关系,分省的数据也是这样的。PPI数据很好地反映了调整的逻辑。

这一轮PPI调整确实是深度调整,但是不是前所未有也不好说。PPI在世纪之交那一轮调整中一共有4年,即从1997年的6月调到1999年的12月两年半,再从2001年的6月一直调到2002年的11月一年半。加起来是4年整。现在PPI已经调整近40个月了,和之前的情况比较类似。考察各方面情况,我们现在或许处于2002年的某个时点上。

5. 但是,今年前4个月工业产成品的库存一直在上升。

卢锋: 工业产成品要看具体行业,还要从多个层次来看。第一个是产能的绝对调整。投资减速或减少,那么产能增加的速度就会放慢或者减少。第二个是给定一个产能,产量在调整。第三给定产量,库存在调整,现在这三个层次的调整都在发生。一些行业投资减少,相对来说产能就在减少或不增长。从行业看,钢铁行业相对库存可能没有房地产那么大,但是产能过大,需要相对和绝对减少产能。煤炭则可能是库存调整,同时也包括产量调整。工业品的库存相对来讲调整3年也就调得差不多了。房地产的库存调整可能要慢一些,需要一个过程。实际上供需失衡还是在慢慢得到调整的。

这一轮调整不是大刀阔斧的调整,不像20世纪80年代末和90年代末。

如20世纪90年代末调整叠加国企改制,客观上在劳动市场方面困难程度比现在要大得多。还有一些时期用很多的行政手段来调整。这次深度调整比较平稳一些,相对慢一些,时间也长一些。

三、新增长点通过市场来培育

6. 央行的数据显示,4月末M2的增速为10.1%,创历史新低。前4个月社会融资规模相比去年同期也大幅下降。有观点认为,一般来说经济增速是M2的一半左右,现在7%的增速,M2应该达到14%。那么现在是否应当继续加大货币供给,你如何看?

卢锋:4月份是一个月的数,GDP是一个季度的数,M2短期受影响的因素较多,还须看较长一段时间数据才好。货币增长指标是典型顺周期的,有时具有领先性,M2增速下降与经济调整是一致的,不过10%增速或许略为偏低,实际上货币当局也会行动。社会融资规模增量是有所下降,但是存量还是上升的,增长率在两位数以上。

7. 5月28日,央行进行正回购操作,分析认为是降准后商业银行贷不出去钱,而超额准备金利率很低,所以希望央行进行正回购。现在放松货币政策能够降低隔夜拆借市场利率,但是实体经济没有需求,实体经济融资成本并没有降下来,你怎么看?

卢锋:这要考虑正回购是一个常态的情况还是短期的事件。我觉得还是可以再观察一段时间。一般来讲银行还是愿意贷款的,现在政策宽松的力度在上升,但是钱贷不出去,从货币金融学的角度讲是货币传导机制有问题。我不太愿意相信中国就没有贷款机会及贷款需求。

央行只能把无风险利率降低,不能保证消除市场风险。如果要抹掉市场风险因素的价格表现,央行或许就做过了。需要假定市场对风险有基本识别能力,融资成本某些逆周期变化,在一定程度上恰恰反映市场是有效的。从调整的角度看,如果确实缺钱,就应该降低存准率。但是如果说经济下行不完全是因为缺钱,那就应该让市场有足够的时间进行调整。从这个角度来讲,应该通过市场和政策双重机制来培育新的经济增长点,而不应指望仅仅通过宽松货币和宏观政策来改变。

8. 中国宏观经济下一个增长点在哪?

卢锋:回到2003年、2004年看,当时新的增长点不止一个两个。现在中国传统的增长还在,中国还处于工业化的阶段,而且人均GDP还只有7000多美元。中国经济还在增长,只是相对过去超高速慢了一点。

新的增长点,这个经济学家可以讨论讨论,但更重要的是企业家的事情,应当让市场去发现。领导人鼓励创新,鼓励"互联网+",这些都是必要和正确的,但最终还是需要企业和市场发现和创造新增长点。政府最重要的责任是把制度与宏观环境创建和维护好,为企业和市场创新提供适宜土壤。越是在调整困难的时候,越应当坚持这一点。

从调整的角度看,调整的最后阶段情况肯定更加复杂,局部阵痛也更明显。现在是比较困难,但还没到过不下去的时候。宏观调控部门应该按照4月底高层会议制订的方针,适当增加稳增长政策的力度,并且有针对性地解决一些局部特别困难,但是仍然要坚持三中全会以来改革、调整与宏调的正确方针,主要依靠市场创造新增长点,用稳健姿态应对调整探底的复杂形势,最终迎来新一轮自主景气增长。

国家发改委降低"企业债"门槛

5月底,国家发改委出台《关于充分发挥企业债券融资功能支持重点项目建设促进经济平稳较快发展的通知》,对"企业债"实行数量限制、发行条件"双松绑"。文件明确,鼓励优质企业发债用于重点领域、重点项目融资,支持县域企业发行企业债券融资,并鼓励企业发债用于特许经营等PPP项目建设。此外,发改委还对部分企业债券发行放宽资产负债率要求。其希望达到的目标是,"更加有效地发挥企业债券的直接融资功能,科学设置发债条件,简化发债审核审批程序,扩大企业债券融资规模。""条件的放宽可以归纳为两个方面,一是发改委指定类别的债券不受发债企业数量指标的限制,二是放宽了发债主体的限制条件。""符合国发〔2014〕43号文件精神,偿债保障措施完善的企业发行债券,不与地方政府债务率和地方财政公共预算收入挂钩。"有专业人士认为,该规定"对企业债是重大利好",因为"之前很多省会城市因为政府债务率超100%不收材料的现象不存在了",未来放开地方政府债务率的限制,将"主要看募投项目,只要项目属于鼓励类,有现金流可以偿债就可以发。"

一、有条件放松发债限制

此前,国家发改委对各省市有"每年省会2只、地级市1只、百强县1只、国家经开区高新区1只"(即2111)的限制。此次文件对两类债券放开发债指标限制,一是"债项信用等级为AAA级、由资信状况良好的担保公司(主体评级在AA^+及以上)提供第三方担保、使用有效资产进行抵质押担保使债项级别达到AA^+及以上的债券,募集资金用于七大类重大投资工程包、六大领域消费工程项目融资";二是"战略性新兴产业、养老产业、城市地下综合管廊建设、城市停车场建设、创新创业示范基地建设、电网改造等重点领域专项债券"。值得注意的是,只要符合前述两个条件的,县域企业发债亦无数量限制。招商证券研究报告指出，这突破了原先县级主体必须是百强县才能有1家平台发债的限制，而对不符合发改委条件的，仍旧受2111数量限制。显而易见，没有明确的发债指标，说明国家发改委让企业债市场化的意愿在增强，进一步将企业债发行与所在地政府债务脱钩，并对企业债务率有"更高的容忍度"。

根据文件要求，"符合条件的企业债，不与地方政府债务率和地方财政公共预算收入挂钩"，且"区域内企业发行企业债、中票等余额不得超过上年度GDP 8%的预警线提高到12%"。同时，城投类企业和一般生产经营类企业需提供担保措施的资产负债率上限放宽至65%和75%；二者主体评级为 AA$^+$ 的，资产负债率分别放宽至70%和80%；主体评级为 AAA 的，资产负债率上限则放宽至75%和85%。

二、未放松企业债需"强制担保"

2015年一季度企业债发行量不足1000亿，远低于2014年同期水平，这与地方政府债务改革逐步推进、发改委此前不断收紧企业债发行不无关系。根据中诚信国际近期统计数据，2015年前4个月，企业债发行只数分别为30、8、42和57只；发行金额分别为325.22亿元、83亿元、428亿元和675.9亿元。可以说，此文件的出台，是对企业债发行条件的放松，是对2014年发改委出台的《加强企业债券风险防范的若干意见》进行矫正。发改委此前提出了"严格发债企业准入条件""规范和强化偿债保障措施""严格控制企业高成本融资行为""强化企业所在政府性债务的综合监管"等要求，正是在此文件影响下，城投债供给大幅缩水。而发改委企业债中，大部分为城投债。

有关机构进一步指出，未来企业债"短期供给上升，长期供给难测"，主要是因为"该文件发布有利于一些接近发行条件的债券发行，但对于大多数城投企业而言，发行条件并没有明显放松。"2015年3月以来，发改委一直强调企业债需要强制担保，而此文件并未对此条件放松，只是对区域发行条件（占GDP比率）、企业资产负债率以及企业投向放松。总体来看，发改委对企业债审核还是向简政放权的方向走，只要募投项目够好，以前对主体、地方政府财力的限制都可以放开。专家认为，文件下发后，短期内企业债面临的挑战或将是没有那么多有现金流、收益好的募投项目。中长期来看，企业债将华丽转身，通过项目收益债对接PPP，成为PPP总体融资的重要组成部分。

重大产业项目攻坚　多地出台促进投资政策

最近，河北、湖北、云南、安徽等省纷纷出台了稳定投资的相关政策意见，提出在传统产业领域加快升级，在新兴领域加快项目储备和投资落地的步伐。其中云南省发改委制定的关于促投资稳增长的实施意见，要求把促投资稳增长摆到更加突出的重要位置，确保每项任务落到实处。为此，要按照国家推出的七大工程包、六大消费工程、三大战略、重大装备走出去和国际产能合作等投资重点领域，再筛选一批年内可以开工的项目，尽快开工建设。河北省制定的《关于加大投资力度稳定经济增长的若干意见》提出，要狠抓重大项目建设，强力推进重大产业项目攻坚年行动，强力推进协同发展项目，着力增加技改和环保投入等。

对此，中国社科院数量所研究员沈利生指出，目前各地加大投资很有必要。原因是，2015年以来投资增速在持续放慢，下一步如果投资增速继续下滑太快，可能对经济增速造成负面影响。

一、重大产业项目攻坚

根据河北省公布的稳增长意见，下一步要加快抓好省管重点项目和1500个投资10亿元以上产业项目，坚持领导分包、属地负责、部门联动，强力推进重大产业项目攻坚年行动。2015年上半年重点项目开工、竣工率分别达到60%和50%，全年力争超过100%，争取产业项目完成投资6300亿元，产业投资增长20%以上。此外，还要强力推进协同发展项目，对国家2015年三个重点领域率先突破涉及的42个交通项目、32个产业项目、20个生态环保项目，确保达到年度目标要求。争取北京新机场及临空经济区核心区、曹妃甸现代产业实验区、亦庄廊坊产业园等重点园区和项目尽快启动实施。另外，还要加大技改和环保投入，加大城镇建设力度，扩大公共产品和公共服务投资等。

无独有偶，云南、湖北、安徽等省也制定了类似的措施。

比如云南省发改委制定的关于促投资稳增长的实施意见是要精心选择、尽快推出一批重点项目，以重点项目为突破口，引导带动社会投资。要按照国家推出的投资重点领域要求，再筛选一批年内可以开工的项目，尽快开工建设。细化落实2016年拟开工项目清单，研究提出2017年拟开工项目清单，确保按期开工建设；结合编制"十三五"规划，在关键领域和薄弱环节，谋划一批拉动力强、利长远、增后劲的重大工程，形成"建设一批、核准一批、储备一批、谋划一批"的良性循环。

之前安徽、湖北等地类似文件已经发布，都强调了投资的关键作用。中国投资协会副会长刘慧勇认为，的确应该提前谋划。"过去总是要等到经济发展放慢，才想起投资。所以建议不要把投资建设当作临时措施，要在根本上规划大胆的未来蓝图，思想要开拓。"他表示，现在长期的项目要加快谋划，短期项目也要加快。

二、确保稳定经济增长

据了解,各地投资增速放慢,除了储备项目不多外,投资资金匮乏是重要的原因,这导致很多中央或者省级项目仍未落地,个别的甚至是数年以前的项目。为此,各地采取了新的投资方式,力求摆脱资金匮乏的问题。比如为了避免产能过剩,一般对传统行业只采取技改或者升级的方式,实际加快投资的主要在新兴产业或者短板领域。

河北加快投资的意见提出,要放大政府资金作用,着力盘活财政存量资金,做好地方债置换工作,积极推进政府产业引导股权投资工作,发挥好河北沿海开发产业投资基金、节能环保产业基金、城际铁路发展基金的作用,组建战略性新兴产业、现代服务业、传统产业改造和工业技改、科技创业投资和成果转化等产业引导基金,吸引更多社会资本和民间资本参与相关项目建设。对此,中国社科院工业所研究员周维富指出,政府的投资也是有限的,大概占到市场的三分之一,现在产能过剩的大环境问题比较严重,民间投资比较谨慎,所以整个投资增速上不去。他建议,下一步各地投资应该做长远打算,要做结构性的调整,不要只是追求短期效益,要提高创新力度,扶持新兴产业。同时,地方要考虑自身条件,研究有没有发展新兴产业的基础,不要一窝蜂地发展新兴产业,应该根据自身优势调整产业。"尤其对经济相对落后的地区,可以发展特色产业,像现代农业、旅游业、加工制造业等,西部地区也可以承接东部的产业转移。"他说。

云南提出,要以政府资金为引子、为母基金,加强与金融、债券、基金、保险等金融机构的衔接沟通,加快构建双边或多边协调机制,通过政银企合作、设立引导基金等多种方式,形成"政府投资+金融资本""政府投资+民间资本"等多种融资机制,撬动更多社会资本和民间资本参与重大工程建设。

安徽也提出,充分发挥政府性资金的引导作用,创新政府投资方式,在积极运用贴息、担保、以奖代补、购买服务等方式的同时,探索采取基金管理等市场化运作模式支持竞争性领域投资项目。

北京将投建全国最大的"基金小镇"

继浙江、四川之后,新模式"基金小镇"也在进入北京。5月底,北京首家"基金小镇"项目在北京市房山区政府第三办公区进行了合作共建签约仪式。北京市房山区政府与文资泰玺资本签署战略合作协议,北京市文资办、房山区政府、文资泰玺资本将共同打造中国最大的基金产业集聚区——北京基金小镇。建设基金小镇是房山区产业转型的重要举措。借助京津冀协调发展带来的机遇,房山区提出打造"高精尖"产业生态环境,汲取首都优势创新资源,构建全新经济结构,加快产业转型升级的构想。而随着行业的发展,投资管理和风险控制能力不断增强,私募基金已经成为多层次资本市场的重要机构投资者和国家金融体系的重要组成部分。

基金小镇模式的启发来自于美国格林尼治小镇,它也是全球已形成较为成熟模式的基金小镇。目前,该镇百余平方千米范围内已进驻全球近四百家对冲基金总部,管理资产总额超过1500亿美元,被誉为全球对冲基金"大本营"。

针对国际国内私募基金规模庞大、有落地需求的新形势,在欧美发达国家,私募投资基金在其GDP份额中已经达到4%~5%。当前,中国宏观经济已经步入"三期叠加"的新常态,为助推新兴产业和新兴业态的发展,近几年来,我国先后出台了相关私募基金的法律法规,并提出了"培育私募市场,发展私募投资基金"的发展战略。2014年以来,中国私募市场和私募基金迅速发展。截至2015年5月30日,已有11000多家私募基金管理机构在中国基金业协会进行登记备案,管理私募基金11383只,管理规模为2.88万亿元,私募基金从业人员数量达到16.3万人,其中北京地区私募基金公司备案达2505家,资产规模8423亿元,为全国第一。

国内已有城市投资建设基金小镇。据了解,目前至少已有两个基金小镇在浙江投建,分别是嘉兴市的南湖基金小镇和杭州市的玉皇山南私募基金小镇。另据媒体报道,四川宜宾南溪区也在近期宣布将投建私募基金小镇。此外,九江共青城私募基金创新园区、杭州西溪谷等私募基金产业集聚区也在筹建中。

相关资料显示,在国内已知的基金小镇中,玉皇山南私募基金小镇以占地2平方千米的规模位居前列。由于北京基金小镇的相关规划还在进一步完善中,其占地规模目前尚不可知。文资泰玺相关负责人透露:"可以肯定的是,北京基金小镇的占地面积将远远超过2平方千米,可能会是这一面积的数倍。"因此,建成后的北京基金小镇将成为中国最大的基金小镇。

据统计,截至2015年5月20日,北京地区私募基金公司备案已达2505家,资产规模8423亿元,位居全国第一。北京基金小镇将在政策支持、信息共享、配套设施和服务等诸多方面,搭建金融孵化平台,以推动北京产业转型和升级。北京基金小镇的目标是建成有较高价值的基金研发和创新平台、信息交流平台和企业融资平台,打造北京基金产业总部基地和孵化器,形成以基金及其相关产业链公司为主体的新型金融高地。房山区政府也将出台相应政策,支持基金小镇的发展。

"中国制造2025"背景下苏州智能制造发展情况的调研

王卫一

经过改革开放三十多年来的发展,苏州已成为全国工业大市和全球制造业基地,但大而不强的矛盾依然十分突出,高附加值、高加工度、高技术化等工业化后期的典型特征尚未充分展现,存在着工业经济转型升级相对滞后于总体经济发展水平的现象。当前苏州经济正处于创新发展、加快转型的关键时期,建设"工业强市"尤为迫切。

2015年5月,国务院印发《中国制造2025》,重点部署全面推进制造强国战略。同时,工信部进一步明确以数字化、智能化为代表的先进制造技术是提升中国制造业核心竞争力的关键,智能制造未来将贯穿中国制造业"由大到强"的整个过程。在这样的大背景下,苏州应以贯彻"中国制造2025"战略部署为契机,加快推动我市工业经济"低转高""量转质""大转强",构建具有苏州特色的新型工业化体系,把苏州建设成为全国重要的战略性新兴产业、高新技术产业和先进制造业基地。

一、基本现状

近年来,我市提出打造苏州工业经济升级版,以"机器换人""电商换市"等措施,重点推进智能制造产业发展。经过不懈努力,我市已基本形成了包含智能设计、智能生产等多个环节的智能工业体系。截至2014年年底,全市共创建省级两化融合示范区6家,试验区4家,国家级示范企业5家,省级示范企业29家,省级试点企业233家,省两化融合示范项目15个。全市规模以上企业ERP普及率达到80%以上,开展电子商务的企业达到45%以上,生产性企业的两化融合指标达82%以上,初步形成了以下产业优势:

一是具备了发展智能制造的产业基础。我市现有8万余家制造业企业,产业类别齐全,长期快速的发展形成了成熟稳定的工艺技术路线,具备了采用智能技术升级支柱产业的基础。2011年至2013年,苏州德福精密机械有限公司、江苏盛虹化纤有限公司、华恒焊接股份有限公司、君威医疗科技有限公司、苏州三基铸造装备股份有限公司的智能制造项目和产品获得国家智能制造装备发展专项资金支持。

二是具有较高的两化深度融合发展水平。我市拥有较发达的信息基础设施,现已建成国内先进水平的7000Gbps带宽的数字传输骨干网,城域网出口带宽达到1800Gbps,全市宽带接入率达到98%。同时,我市较早提倡以"两化融合"增强企业核心竞争力、推动企业快速成长,不断加大企业在信息化方面的资金投入,建立了较完备的信息系统应用制度及信息化公共服务平台。

三是初步形成了智能产品的领先优势。从调查样本中初步分析,我市生产性企业已经较高地普及了数字化设计、智能化生产,全面应用了企业资源管理系统,生产性企业电子商务蓬勃开展。苏州三基铸造装备股份有限公司、苏州斯莱克精密设备股份有限公司等分别在"智能化成形和加工成套设备""自动化物流成套设备""智能化纺织成套装备""智能化印刷装备""智能化食品制造生产线"领域初步形成了智能产品的领先优势。宝时得机械建立的全供应链管理系统,打破了客户、分销、研发、制造、供应商各环节之间的信息壁垒,实现了信息的顺畅流转,提高了供应链的效率,基本实现了集成供应链管理的目标。

四是具有智能制造技术创新的良好基础氛围。以在苏高校、科研院所及基地,41个院士工作站、15个国家级公共服务平台为代表的院校聚集了多层次、多学科优势教育、科研和人才等资源,对产学研合作提供全方位的支持,构成了科研和人才优势,在智能制造的基础研究、应用开发、测试方面奠定了一定基础。IBM、方正、用友、神码、华为等国际国内知名信息化解决方案公司纷纷落户苏州,为苏州发展智能制造提供了有利条件。

二、存在的主要问题

在看到成绩的同时,一些发展软肋不可忽视,如不及时解决,或将成为阻碍我市智能制造产业发展的桎梏。

1. 以供应链为主线的智能管理体系不够健全。智能制造的核心之一是供应链的智能化,制造企业的运营主要围绕物资、信息、资金、商业活动四个要素开展,并以其作为制造企业的输入,经加工制造后成为产品交付至用户,形成了以供应链为形式的价值链。目前,智能制造在苏州集中度较高的工业领域,尤其是在以原材料为代表的流程型行业发展较为迅速,离散型行业尚未普遍建成以供应链为主线的智能管理体系,存在的问题多集中于智能工艺规划和智能在线检测方面。流程型行业中,以沙钢集团为代表,基本建立了以供应链为主线的智能管理形态,在线检测已建立,但实时性仍需要提高;离散型行业中,以宝时得机械为代表,基本建立了以供应链为主线的智能管理形态,但工艺规划和智能在线检测水平还需提升。调研中发现,大量企业仅完成了智能制造体系中个别环节的建设,完整的智能制造体系尚未完整建立,发展提升空间仍较大。

2. 关键基础共性技术研发能力还需提高。我市在智能制造基础共性技术方面的总体研究能力与国际国内先进城市相比还相对较弱。关键共性技术是智能制造发展的基础,从智能制造基础研究、共性技术研究、系统方案开发到产业化构成了智能制造技术创新体系的主要环节。我市的现有科研院所在智能制造基础共性技术研究方面尚未广泛开展专项科研工作,如智能制造硬件、软件的功能安全分析、设计、验证技术及方法、自动化控制系统整体功能安全评估技术等。从制造企业来看,绝大多数企业以应用智能工业技术为主,尚无企业从事智能工业基础共性技术的研发,如科沃斯机器人主要应用嵌入式系统开发机器人控制器,尚无计划开展对智能家电产品嵌入式系统和开发平台的研发。目前,我市在智能制造技术方面的研发实力和自主创新能力还较弱,主要靠引进为主,亟须加强对关键共性技术研发及共享平台的建设。

3. 智能制造关键核心技术对外依存度仍然较高。苏州工业经济发展水平虽然在全国处于领先地位,但是智能制造应用的关键核心技术和关键部件以进口产品为主,对外依存度较高。被调研企业中,在智能设计环节使用的图形化建模与仿真技术、智能工艺规划技术基本被国外技术或产品垄断;在智能制造环节,以沙钢为代表的流程型企业生产设备以及设备使用的传感器、智能控制系统、智能仪表多为进口产品;华映视讯(吴江)有限公司等自动化程度较高的离散型企业使用的精密仪器、机器人本体、伺服机构等部件也以欧美日产品为主;在智能管理领域,高端管理系统的市场均被国外产品占领,本地化产品在系统适用性方面与使用企业的期望还有一定的差距。目前,苏州制造企业智能管理系统产品均以国外基础软件作为开发平台,未形成自主技术开发平台。智能制造关键性研究包括计算智能在设计与制造领域中的应用、制造工程中的制造信息学、通信协议和信息网络技术、车间加工过程的智能监视、诊断、补偿和控制、虚拟制造、生产过程的智能调度、规划、仿真与优化等。本次调研反映出,大量的智能制造关键性的研究,需要专门的重点实验室来实施和落实,苏州目前在这方面无实质性的进展,形成了大量的智能制造关键性研究的空白。

4. 缺少有实力有影响力的智能制造公共服务机构。工信部开展全国两化融合标准体系贯标活动,我市共有 11 家企业入围全国首批贯标试点,但没有一家贯标服务机构上榜,这意味着我市的贯标企业需要外地公共服务机构来服务。从这个角度来看,苏州目前缺乏真正有实力有影响力的服务于智能制造的公共服务机构。同时,部分智能制造公共服务机构为企业服务的水平较低,不能根据企业智能制造实际需要很好地展开服务,对企业真正的智能制造内在需求研究不够,短期行为严重,后续服务跟不上等,不仅导致智能制造项目效果的不理想,也挫伤企业的积极性。对智能制造公共服务机构的培育,还需加大扶持力度,不断总结经验、提升服务水平。

此外,智能制造产品的质量体系尚未形成,企业对智能制造系统安全性问题重视不够等问题也需要引起重视。

三、宏观形势分析

总体上看,挑战与机遇并存。

一方面,我们面临的机遇亟待把握。从全球看,新一轮技术创新和产业变革所带来的影响正席卷全球,以德国"工业4.0"为代表,制造业数字化、智能化的观念逐步深入人心。从国内看,近年来,国家大力推动工业转型升级,智能制造的发展成为转型升级的重要路径,2015年上半年出台了《中国制造2025》,同时国家对智能制造装备的财政扶持力度也在不断加大,2011年至2013年国家发改委、财政部、工信部三部委组织实施的智能制造装备发展专项,对智能制造装备及数字化车间等领域进行支持,累计支持金额达到30亿元。我省也加大对智能制造的企业支持力度,实施"大中型企业智慧化推进计划",对企业电商拓市、企业智能制造重点项目予以专项资金扶持。从周边看,苏南现代化建设示范区、上海自贸区建设都为我市发展智能制造带来了一定的区域优势。

另一方面,我们也面临着严峻的挑战。从外部环境看,制造业竞争加剧,面对美国"制造业回归"、欧盟重拾实体经济发展等新形势,未来随着我国出口结构向高附加价值活动升级,与发达国家的分工关系将从当前的垂直分工转为水平分工,从总体互补转为正面竞争。同时,国内主要省市纷纷在制造转型升级的各个领域加速布局,竞争日趋激烈。从自身资源看,苏州产业转型升级压力正在逐渐加大,如新兴产业占工业总规模比重、高新技术产业比重还需加快提高,苏州制造业关键核心技术水平要提升,对外技术依存度目前为70%,高于全国55%的平均水平,需要降低。与此同时,近年来我市工业化、城镇化步伐进一步加快,对资源能源的需求强劲,物质资源大量快速消耗的态势短期内难以改变,目前苏州产业和人口密集,环境容量较小,制造业发展面临的能源资源和环境硬约束更趋强化,原有的发展模式、资源环境难以承载,发展空间和资源瓶颈化与环境容量的问题亟待解决。

四、具体对策建议

一是注重顶层设计、明确发展路径。以实施"中国制造 2025 苏州行动纲要"为契机，进一步明确发展方向，即到 2025 年我市新一代信息技术在制造业重点领域的应用取得明显进展，两化融合发展水平总指数达到 98。企业普遍依托工业互联网开展协同创新、智能制造、融合服务，建成 1000 个智能工厂（车间）。同时，对全市智能制造企业特别是典型企业进行持续跟踪，及时分析现状、研究发展趋势和存在的问题，针对性给予企业诊断，不断加大政策和资金扶持力度。

二是全面推进企业智能化升级。深化自主可控信息技术在制造企业中的集成应用，加快自动识别、CPS（信息物理融合系统）、人机智能交互、分布式控制、工业机器人、智能物流管理、3D 打印等先进制造技术的普及，促进先进制造工艺的仿真优化、数字控制、状态信息实时监测和自适应控制。提高企业在工艺流程改造、在线检测、质量性能提升、营销服务等领域的系统化整合能力，实现智能管控和全流程监控，构建智能化、网络化的生产系统。推动大中型企业全面开展两化融合管理体系贯标。打造一批智能制造龙头骨干企业和国际化信息技术企业，为智慧城市建设提供智能技术和产品。研究制定智能工厂（车间）建设标准和认定办法，建设一批智能工厂（车间）。

三是不断完善智能制造支撑体系。完善"网+云+端"（工业宽带、工业云、工业智能终端）的工业信息基础设施，建设低时延、高可靠、广覆盖的工业互联网。组织开展大中型企业宽带"企企通"工程、工业企业和生产性服务企业高带宽专线服务，优化"工业云""企业云"和中小企业"e 企云"等公共服务平台，实现工业信息基础设施网络与服务"进企业、入车间、联设备、拓市场"。实施工业云创新服务试点，推进软件服务、制造资源、标准知识的开放共享，培育社会化、共享式制造模式。加强两化融合、智能制造、物联网等综合化标准体系建设，培育发展一批智能制造系统解决方案提供商。

四是推动互联网与制造业融合创新。实施工业互联网融合创新工程，推动下一代互联网（IPv6）与移动互联网、物联网、云计算融合联动发展。鼓励企业发展基于互联网的个性化定制、众包设计、云计算等新型制造模式，推动形成基于消费需求动态感知的研发、制造和产业组织方式。建立工业大数据开放平台，提供数据挖掘和商业智能等服务，鼓励企业运用大数据开展个性化制造和精准营销。推动互联网制造模式创新，建立优势互补、开放共赢的融合创新生态体系。

五是推进示范园区、制造基地等产业载体建设。设立智能制造发展示范园区，引导重点园区推进智能制造发展。对园区智能制造发展进行评估和考核,建立一套科学规范的评价指标体系,择优选定示范园区并给予资助。建立关键共性技术创新平台,加强产学研合作,支持智能制造装备产业技术创新、技术改造、创新成果产业化、新产品推广应用和公共服务平台建设项目。以产业技术需求为导向,采取"企业为主、政府资助、优势互补、资源共享"的方式,重点建设人机交互、智能管控、增材制造、质量追溯等关键共性技术公共平台,增强智能制造整体研发创新能力。

(作者系"苏州市年轻干部经济素养提升培训班"学员,市经信委中小微企业处处长)

制造业发展形势与苏州对策建议

傅伟明

当前,如何高起点谋划制造业发展是一个重要问题。本文结合形势分析,提出苏州制造业发展的相关建议。

一、中国制造 2025 的背景

"工业 4.0"首先由德国提出,所谓"工业 4.0"的概念,是以智能制造为主的第四次工业革命。业内普遍认为:"工业 4.0"是工业生产中,传统制造技术与物联网、服务网以及数据网等相结合,最终使生产过程全自动化,产品个性化,前端供应链管理、生产计划、后端仓储物流管理智能化。与德国"工业4.0"战略类似,美国 2012 年提出《美国先进制造业国家战略计划》,英国政府科技办公室也在 2013 年 10 月推出了《英国工业 2050 战略》,而我国也在 2015 年推出了中国版"工业 4.0"的"中国制造 2025"。

1. 德国"工业 4.0"战略

"工业 4.0"是德国在 2011 年的德国汉诺威工业展览上提出的,以实现资源、信息、物品和人相互关联的"虚拟网络—实体物理系统(CPS)"为其诞生的标志。

德国的"工业 4.0"是德国在面对美国的信息产业崛起和中国的制造成本两方面的侵袭下,试图摸索未来工业生产的途径、重建产业优势的战略选择。

2013 年 4 月,德国发布《实施"工业 4.0"战略建议书》,目前"工业 4.0"已经成为德国国家战略,其三大主题分别是智能工厂、智能生产、智能物流。智能工厂重点研究智能化生产系统及过程,以及网络化分布式生产设施的实现。智能生产主要涉及整个企业的生产物流管理、人机互动以及 3D 技术在工业生产过程中的应用等。智能物流主要是通过互联网、物联网整合物流资源,充分发挥现有物流资源供应方的效率,而需求方则能够快速获得服务匹配,得到物流支持。

2. 美国"先进制造业"战略

2012 年 2 月,美国国家科技委员会发布了《先进制造业国家战略计划》报告,将促进先进制造业发展提高到了国家战略层面。次月,美国总统奥巴马提出创建"国家制造业创新网络(NNMI)",以帮助消除本土研发活动和制造技术创新发展之间的割裂,重振美国制造业竞争力。

国家制造业创新网络资助重点就是先进制造业,由跨部门先进制造业项目办管理,主要参与部门有美国国防部、商务部、教育部、国家标准与技术研究所、美国航空航天局、国家科学基金会等。

国家制造业创新网络通过建立地区"国家制造业创新学院"(IMIs)实现,两者建立在公私合营伙伴关系基础上,通过与产业界(大型或小型企业)、学术界、非营利组织、州政府合作,投资并促进尖端制造技术的发展。

奥巴马在2014年的财政预算中提出,一次性投资10亿美元,创建15个地区"国家制造业创新学院"。每个国家制造业创新学院旨在充分利用并扩展当地产业、科研以及政策优势,促进合作,最大限度地共享基础设施资源,打造其核心竞争力。

3."中国制造2025"

制造业是国民经济的主体,是立国之本、兴国之器、强国之基。18世纪中叶开启工业文明以来,世界强国的兴衰史和中华民族的奋斗史一再证明,没有强大的制造业,就没有国家和民族的强盛。打造具有国际竞争力的制造业,是我国提升综合国力、保障国家安全、建设世界强国的必由之路。因此,"中国制造2025",是我国实施制造强国战略第一个十年的行动纲领,代表了中国在由制造大国向制造强国转型过程中的顶层设计和路径选择,意义深远重大。

二、中国制造面临机遇与挑战

1. 国际机遇与挑战——全球制造业格局面临重大调整

机遇:新一代信息技术与制造业深度融合,正在引发影响深远的产业变革,形成新的生产方式、产业形态、商业模式和经济增长点。各国都在加大科技创新力度,推动三维(3D)打印、移动互联网、云计算、大数据、生物工程、新能源、新材料等领域取得新突破。基于信息物理系统的智能装备、智能工厂等智能制造正在引领制造方式变革;网络众包、协同设计、大规模个性化定制、精准供应链管理、全生命周期管理、电子商务等正在重塑产业价值链体系;可穿戴智能产品、智能家电、智能汽车等智能终端产品不断拓展制造业新领域。

挑战:国际金融危机发生后,一方面,发达国家纷纷实施、推行"再工业化"战略,抢占制造业高端,谋求在技术、产业方面继续占领优势,进一步拉大与我国的距离,重塑制造业竞争新优势,加速推进新一轮全球贸易投资新格局。另一方面,一些发展中国家也在加快谋划和布局,积极参与全球产业再分工,承接产业及资本转移,拓展国际市场空间。如印度、越南、印度尼西亚等发展中国家则以更低的劳动力成本承接劳动密集型产业的转移,抢占制造业的中低端市场。我国制造业面临发达国家和其他发展中国家"双向挤压""前后夹击"的双重挑战,形势严峻。

2. 国内机遇与挑战——我国经济发展环境发生重大变化

机遇:随着新型工业化、信息化、城镇化、农业现代化同步推进,超大规模内需潜力不断释放,为我国制造业发展提供了广阔空间。各行业新的装备需求、人民群众新的消费需求、社会管理和公共服务新的民生需求、国防建设新的安全需求,都要求制造业在重大技术装备创新、消费品质量和安全、公共服务设施设备供给和国防装备保障等方面迅速提升水平和能力。全面深化改革和进一步扩大开放,将不断激发制造业发展活力和创造力,促进制造业转型升级。

挑战:我国经济发展进入新常态,资源和环境约束不断强化,劳动力等生产要素成本不断上升,投资和出口增速明显放缓,主要依靠资源要素投入、规模扩张的粗放发展模式难以为继。

3. 制造业机遇与挑战——建设制造强国任务艰巨而紧迫

机遇:经过几十年的快速发展,我国制造业规模跃居世界第一位,建立起门类齐全、独立完整的制造体系,成为支撑我国经济社会发展的重要基石和促进世界经济发展的重要力量。持续的技术创新,大大提高了我国制造业的综合竞争力。载人航天、载人深潜、大型飞机、北斗卫星导航、超级计算机、高铁装备、百万千瓦级发电装备、万米深海石油钻探设备等一批重大技术装备取得突破,形成了若干具有国际竞争力的优势产业和骨干企业,我国已具备了建设工业强国的基础和条件。

挑战:我国仍处于工业化进程中,与先进国家相比还有较大差距。制造业大而不强,自主创新能力弱,关键核心技术与高端装备对外依存度高,以企业为主体的制造业创新体系不完善;产品档次不高,缺乏世界知名品牌;资源能源利用效率低,环境污染问题较为突出;产业结构不合理,高端装备制造业和生产性服务业发展滞后;信息化水平不高,与工业化融合深度不够;产业国际化程度不高,企业全球化经营能力不足。

三、"中国制造2025"战略目标

1. 战略愿景

适应经济新常态,形成经济增长新动力,塑造国际竞争新优势,重点在制造业,难点在制造业,出路也在制造业。因此"中国制造2025"的战略愿景是

实现中国制造向中国创造的转变,中国速度向中国质量的转变,中国产品向中国品牌的转变,完成中国制造由大变强的战略任务。

2. 战略目标

立足国情和现实,通过"三步走"实现制造强国的战略目标。

第一步:力争用10年时间到2025年,迈入制造强国行列。

到2020年,基本实现工业化,制造业大国地位进一步巩固,制造业信息化水平大幅提升。掌握一批重点领域关键核心技术,优势领域竞争力进一步增强,产品质量有较大提高。制造业数字化、网络化、智能化取得明显进展。重点行业单位工业增加值能耗、物耗及污染物排放明显下降。到2025年,制造业整体素质大幅提升,创新能力显著增强,全员劳动生产率明显提高,两化(工业化和信息化)融合迈上新台阶。重点行业单位工业增加值能耗、物耗及污染物排放达到世界先进水平。形成一批具有较强国际竞争力的跨国公司和产业集群,在全球产业分工和价值链中的地位明显提升。

第二步:再用10年到2035年,达到世界制造强国阵营中等水平。

创新能力大幅提升,重点领域发展取得重大突破,整体竞争力明显增强,优势行业形成全球创新引领能力,全面实现工业化。

第三步:新中国成立一百年时,进入世界制造强国前列。

制造业大国地位更加巩固,制造业主要领域具有创新引领能力和明显竞争优势,建成全球领先的技术体系和产业体系,综合实力明显领先。

四、"中国制造2025"战略重点和路径

中国制造在国际分工中尚处于技术含量和附加值较低的"制造—加工—组装"环节,虽是制造大国,但仍以代加工为主,常被冠以"廉价""低档"的帽子,迈向制造强国道路漫长。另一数据显示,世界500强榜单中一共有50家公司在2013年出现亏损,其中中国独占16家。

1. 我国制造业存在问题

第一,自主创新能力不强,核心技术对外依存度较高。产业发展需要的高端设备、关键零部件和元器件、关键材料等大多依赖进口,精密和自动化加工装备制造能力不足,多数靠从德、日等国购买,不仅耗费高昂成本,还在使用和维护上受制于人。

第二,品牌建设相对落后,产品质量问题突出,制造业每年直接质量损失超过2000亿元。

第三,创新研发能力不足使中国制造业处在全球产业链的较低端,不仅附加价值低下,还要耗费较多的资源,资源利用效率偏低,环保问题严重,单位国内生产总值能耗约为世界平均水平的2.6倍。与发达国家相比,我们单

位 GDP 的能源消耗是对方的数倍,水资源的消耗更是在二位数,我们企业的全员劳动生产率的差距也非常大,由于质量问题我国的工业产品的附加值还远远没有挖掘出来,与发达国家相比制造业企业的平均生产周期和库存周转率的数据非常不乐观,资产投资回报率的数据更是惨不忍睹。

第四,产业结构不尽合理,技术密集型产业和生产型服务业比重偏低,产业集聚和集群发展水平不高,具有较强国际竞争力的大企业偏少。

第五,陷入"标准"困境。经济全球化时代,国际通用标准非常重要,而在制订国际通用标准过程中,由于没有自己的知识产权,中国的"话语权"就十分有限。因为缺乏装备、技术和标准等技术性竞争壁垒的支持,中国制造业靠低成本参与全球竞争,很容易被成本更低的其他国家或地区替代。

第六,管理瓶颈凸显。管理效率低下,导致管理成本居高不下,降低了全球市场产品竞争力。

2. 中国制造业的优势

新中国成立尤其是改革开放以来,经过几十年的快速发展,我国制造业规模跃居世界第一位,具备了向制造强国迈进的基础。一是中国制造业门类齐全,而且形成了全球最完备的供应链;二是中国制造业在人力资源上继续保持着竞争优势,优秀的制造业管理者和产业工人队伍在全球绝无仅有;三是在包括加工、物流等综合成本方面,中国制造业依然保持着巨大优势;四是具有规模极大的国内市场优势,如各行业新的装备需求、人民群众新的消费需求、社会管理和公共服务新的民生需求、国防建设新的安全需求等。

3. "中国制造 2025"的战略重点和路径

"中国制造 2025"的战略重点是以推进智能制造为中心。《中国制造 2025》文件指出,"以推进智能制造为主攻方向,以满足经济社会发展和国防建设对重大技术装备的需求为目标","把智能制造作为两化深度融合的主攻方向;着力发展智能装备和智能产品,推进生产过程智能化,培育新型生产方式,全面提升企业研发、生产、管理和服务的智能化水平"。

智能是知识和智力的总和,知识是智能的基础,智能是指获取和运用知识求解的能力。智能制造源于人工智能的研究,智能制造应当包含智能制造技术和智能制造系统,智能制造系统不仅能够在实践中不断地充实知识库,具有自学习功能,还有搜集与理解环境信息和自身的信息,并进行分析判断和规划自身行为的能力。

智能制造是一种由智能机器和人类专家共同组成的人机一体化智能系统,它在制造过程中能进行智能活动,诸如分析、推理、判断、构思和决策等。通过人与智能机器的合作共事,去扩大、延伸和部分地取代人类专家在制造过程中的脑力劳动。它把制造自动化的概念更新,扩展到柔性化、智能化和高度集成化。

也有学者认为,所谓智能制造,就是面向产品全生命周期,实现泛在感知条件下的信息化制造。智能制造技术是在现代传感技术、网络技术、自动化技术、拟人化智能技术等先进技术的基础上,通过智能化的感知、人机交互、决策和执行技术,实现设计过程、制造过程和制造装备智能化,是信息技术、智能技术与装备制造技术的深度融合与集成。

那么,智能制造时代到底是怎样的呢? 位于巴伐利亚州东北小镇上的西门子安贝格电子制造厂被认为是"工业4.0"的样板工厂,安贝格拥有欧洲最先进的数字化生产平台。工厂主要生产PLC和其他工业自动化产品,在整个生产过程中,无论元件、半成品还是待交付的产品,均有各自的编码,在电路板安装上生产线之后,可全程自动确定每道工序;生产的每个流程,包括焊接、装配或物流包装等,一切过程数据也都记录在案可供追溯;更重要的是:在一条流水线上,可通过预先设置控制程序,自动装配不同元件,流水生产出各具特性的产品。

实现"中国制造2025"的战略目标,全面突破"中国制造2025"的战略重点和任务的战略路径是"以新一代信息技术与制造业深度融合为主线","加快推动新一代信息技术与制造技术融合发展",因此智能制造是信息化与工业化深度融合的大趋势。

五、"中国制造2025"苏州落地的对策建议

"中国制造2025"是国家实施制造强国战略的第一个十年行动纲领,苏州作为制造业大市,必须全面贯彻和落实《中国制造2025》文件精神,并以此为契机实现制造强市,为此建议:

一是加快组建苏州制造强市领导小组。统筹协调制造强市建设全局性工作,审议重大规划、重大政策、重大工程专项、重大问题和重要工作安排,加强战略谋划,指导部门、地方开展工作。领导小组办公室可设在市经信息委,承担领导小组日常工作。

二是抓紧制订"苏州制造2025"行动计划。以"中国制造2025"为依据和要求,根据苏州制造业的实际情况,组建由行业、高校、研究院所、政府相关部门为主的制造业咨询委员会,尽快制订"苏州制造2025"的行动计划,并与我市"十三五"规划、打造苏南国家自主创新示范区核心区、"互联网+"行动计划协调推进,发挥政策合力和规划合力的作用。

三是积极开展我市制造企业的分类指导。根据"苏州制造2025"行动计划,由制造业咨询委员会引导企业实施"中国制造2025",并对企业开展分类指导工作:对于尚未实现自动化生产、停留在工业2.0阶段的企业,应大力发

展自动化、信息化以快速升级到工业3.0;对于自动化程度较高、处于工业化3.0阶段的企业,应加快创新驱动和智能转型,推进"互联网+"制造业的跨界融合。

四是加强中国制造和"苏州制造2025"的培训宣传。专业技术人才、经营管理人才、技能人才是推动苏州制造企业智慧转型的有生力量,因此建立专业的培训基地,加快人才的专业培训和学习以推动"苏州制造2025"发展的人才素质的提高。同时要加快对制造业企业家的培训和宣传,提升企业智能制造的战略理念,使其更深入地了解装备、了解制造过程,思考如何去提高产品价值、发现新的价值,狠抓基础管理,并从规范化、标准化、"两化融合"等方面逐步抓起。

五是建立我市"中国制造2025"执行监督机制。根据中央要求建立"中国制造2025"任务落实情况督促检查和第三方评价机制,完善统计监测、绩效评估、动态调整和监督考核机制。建立"中国制造2025"中期评估机制,适时对目标任务进行必要调整。因此,我市也要建立"中国制造2025"的执行监督机制。

(苏州市委党校)

成熟型经济：苏州改革发展的重要指向

沈 康

结合学习贯彻习近平总书记视察江苏重要讲话精神，笔者感到，对苏州"十三五"乃至今后更长一个时期的经济社会发展必须进行系统谋划，回答好"下一步发展路子如何走"的时代命题。尤其是作为全省全国的先发地区，必须以争当建设"强富美高"新江苏先行军排头兵为己任，率先全面建成小康社会，由赶超型经济迈向成熟型经济作为全面深化改革、加快转型发展的重要指向，作为主动适应和积极引领经济发展新常态的目标引领，以此推动我市经济社会向形态更高级的阶段演进。

所谓成熟型经济，是一个相对于赶超型经济而言的概念，既包含着经济发展阶段、经济发展动力、经济发展水平等方面的转换和提升，更内含着经济发展模式、经济发展方式乃至经济体制机制等方面的变革和创新，是后发国家或地区继顺利实现经济起飞、摆脱不发达状态之后向更高发展阶段迈进应该呈现、必须体现的经济发展形态。综合有关分析研究，其主要特征集中体现在这样四个方面。① 市场主导型经济。这是提高资源要素配置效率、激发经济发展活力的核心所在。相对于赶超型经济发展模式的"强政府、弱市场"角色定位，或者讲政府主导型市场经济，成熟型经济更加注重发挥市场在资源配置中的决定性作用，更加注重构建和营造各类主体公平有序参与竞争的市场机制和营商环境，深化经济体制改革，促进竞争性政府角色回归，加快构建充分发挥市场决定性作用与更好发挥政府作用的协同机制，是由赶超型经济迈向成熟型经济在发展模式上的重要变革。② 创新驱动型经济。这是增强经济发展动力、调优调高产业结构的关键所在。赶超型经济主要依靠引进、模仿、吸收国外先进技术推进技术进步和产业升级，本质上是一种囿于雁行模式、依赖大规模产业梯度转移的依附型经济、投资驱动型经济，而成熟型经济强调的是开放条件下的自主创新，强调的是以科技创新、品牌创新、业态和组织方式创新等实现产业的高端化发展，坚持创新驱动，强化科技与经济、产业、投资对接，加快培育和发展结构性增长点和创新型经济，是由赶超型经济迈向成熟型经济在发展动力上的基本要求。③ 协调平衡型经济。这是增强经济发展韧性、提高抗风险能力的重点所在。赶超型经济一般在政府推动下实施不平衡发展战略,往往强调出口导向、外向拉动,工业立国(市)、制造业优先等,究其实质是一种倾斜式的压缩性增长,而反观成熟型经济,强调的是内需与外需、投资与消费、二产与三产、小微企业与大型企业、引进来与走出去等多元平衡协调,是对赶超型经济的结构再平衡,加快构建经济结构内外并举、轻重适度,产业结构互动并进、多元融合,增长动力供需并重、支撑均衡的发展格局,切实提高经济发展的韧性和抗风险能力,是由赶超型经济迈向成熟型经济在发展战略上的根本调整。④ 质量效益型经济。这是挖掘经济发展潜力、提升经济发展可持续性的指向所在。赶超型经济聚焦的是速度、规模,强调的是外延扩张、赶超时间和相对单一的指标,往往存在投入产出不经济、产业发育不充分、经济增长不稳定等问题,而成熟型经济以提高经济运行的质量和效益为中心,不仅注重经济效益、社会效益和生态效益,而且将提质增效作为稳增长的重要着力点,切实改变唯GDP的发展理念,努力以更高的投入产出率、资源利用率、全员劳动生产率、成本费用利润率、全要素生产率等使潜在增长率转化为现实增长速度,实现更高水平的速度与质量的辩证统一,是由赶超型经济迈向成熟型经济在发展目标上的重点优化。

当然,我们比较分析赶超型经济与成熟型经济,并不是对赶超型经济的简单否认,更不能因时代和发展阶段的局限否定苏州发展的历史,而是要以创新思维、战略思维、辩证思维、历史思维和底线思维不断丰富和发展"苏州模式"的新内涵。事实上,追赶和超越是人类文明史上的惯常现象,只要存在先进与落后的差距,就会有赶超,也就会有赶超型经济,赶超型经济是后发国家或地区在经济起飞阶段普遍采取的也是较为成功的经济体制和发展模式。就我们苏州而言,改革开放三十多年来之所以能实现农转工、内转外的历史性跨越,成为经济社会发展总体走在全省全国前列的较发达地区,赶超型经济发展模式功不可没,这是不容否定的基本事实。但任何模式都是历史的,都是与一个国家或地区的自身发展阶段、面临的宏观发展环境联系在一起的,如果讲改革开放三十多年来苏州历史地选择了赶超型经济,那么时至今日,苏州在迈向大转强、低转高、量转质的转型发展关键时期,也必然历史地选择成熟型经济,这是在新的时代背景和历史条件下苏州践行创新、协调、绿色、开放、共享新发展理念,实现科学发展、可持续发展、包容性发展的新方位,也是苏州面对复杂形势和繁重任务必须紧紧牵住的创新发展、转型发展的"牛鼻子"。

迈向成熟型经济,是苏州推进供给侧结构性改革、积极主动适应引领经济发展新常态的紧迫要求。习近平总书记在考察调研江苏时强调,要主动把握和积极适应经济发展新常态,推动改革开放和现代化建设迈上新台阶。习近平总书记还明确指出,推进供给侧结构性改革,是适应和引领经济发展新常态的重大创新;新常态下,我国经济发展的主要特点是"四个转向",这些变化是我国经济向形态更高级、分工更优化、结构更合理的阶段演化的必经过程。我们认为,从苏州经济发展面临速度换挡、结构调整、动力转换"三个节点"巨大挑战的严峻考验来看,迈向成熟型经济时不我待。苏州进入经济发展新常态具有先导性,不仅增长速度换挡早于全省全国,而且资源环境约束也重于全省全国,面临着经济下行的巨大压力,我们只有加快打造成熟型经济,才能优化配置要素资源、提高全要素生产率,也才能充分挖掘经济增长潜力、增强经济发展韧性,切实将潜在增长率转化为现实增长速度,实现更有质量的中高速可持续发展,防止由增长速度回落演变为经济增长失速。苏州呈现的经济发展新常态富有典型性,改革开放以来累计全社会固定资产投产近5万亿元,不仅投资驱动特征较为明显,而且存量产业资本巨大,产业结构优化调整任务十分繁重艰巨,我们只有加快打造成熟型经济,积极推进以大力培育结构性增长点和大力发展接续产业为重点的结构再平衡,才能扩大有效和中高端供给,才能实现产业有机更新和高端化、多元化发展,构建与现代产业体系相适应的更高层次的中高端产业结构。苏州步入经济发展新常态具有特殊性:一方面以外向为主的增长动力已难以为继,利用外资高位滑坡,出口贸易也在大基数上徘徊停滞;另一方面虽按经济规律苏州已进入创新驱动阶段,但创新的支撑作用尚未充分显现,"破"与"立"存在着时间差。我们只有加快打造成熟型经济,才能切实增强创新第一驱动力,构建新的增长动力结构。苏州面对的经济发展新常态更具挑战性,不仅传统比较优势弱化更为明显,有的甚至已演化为新的发展掣肘,而且新的竞争优势尚处于形成之中,更为突出的是以往发展过程中积聚的经济风险、社会风险、政府债务风险等也有可能在新的历史条件下显性化,我们只有加快打造成熟型经济,才能有效化解和管控风险,补齐民生福祉、生态环保、城市建设等短板,真正实现行稳致远。

迈向成熟型经济,是苏州率先全面建成小康社会、切实提升城乡居民幸福感的必由之路。扎实推进全面建成小康社会这篇大文章,这是以习近平同志为核心的党中央赋予江苏发展的光荣使命。江苏省委明确要求,包括苏州在内的苏南地区要肩负起夯实基础与积极探索的双重任务。我们认为,这样的角色定位,要求苏州必须率先完成对中等发达国家乃至发达国家的追赶进程,但这样的追赶绝不是简单地沿袭以往赶超型经济的发展模式,否则极有可能因经济体制、发展战略、社会分化等原因中断追赶进程,难以翻越"高收入之墙",甚至落入"中等收入陷阱"。事实上,综观世界现代化进程,并不是所有成功实现经济起飞的后发国家或地区都能开启现代化进程,20世纪60年代以来,全球100多个历经短期经济快速增长、进入中等收入行列的国家,仅有13个国家基本完成追赶任务、成功迈入高收入行列,究其原因关键是没有适时由赶超型经济转型为成熟型经济。需要进一步指出的是,积改革开放以来的发展,按经济成长阶段理论,苏州目前客观上已进入了经济成熟阶段,只有顺势而为,加快迈向成熟型经济,才能破解以往赶超型经济遗留的不协调、不平衡、不可持续的历史问题,才能进一步巩固全面小康建设成果,也才能真正开启基本实现现代化的新征程。

迈向成熟型经济,是苏州坚持问题导向、率先展示"强富美高"新江苏现实模样的战略抉择。努力建设经济强、百姓富、环境美、社会文明程度高的新江苏,是习近平总书记为江苏确立的发展新目标;当好建设"强富美高"新江苏先行军,是江苏省委对苏州发展的明确要求。我们必须看到,改革开放30多年来,尽管苏州在赶超型经济的驱动下经济社会取得了长足的发展,但离"强富美高"仍存在着较大的差距。比如,苏州是经济大市但并不是经济强市,经济结构不够优、创新支撑不够强、综合效益不够好、经济地位不够高,目前存量建设用地地均产出、全员劳动生产率、工业增加值率、固定资产投资效果系数等质量效益指标均与国内先进地区存在较大落差,尤其是在国际国内竞争发展中仍缺乏引领力与话语权;苏州城乡居民收入水平总体领先,但与经济发展水平相比仍相对滞后,富民与强市仍不够协调,尤其是在实现共同富裕、推进公共服务均等化等方面尚待进一步提升;苏州生态文明建设实现了"三级跳"和诸多"满堂红",但总体仍处于生态环境保护与破坏的相持阶段,建设用地开发强度已接近国际公认的警戒线,单位土地面积排污总量远高于全省全国平均水平,污染类型更趋复杂复合,生态质量更趋敏感,环境质量拐点尚未到来,离天更蓝、水更清、山更绿、城市融入自然的目标尚须付出更大努力;苏州是全国文明城市,但公民素养仍有待进一步提高,社会风尚仍有待进一步好转,文化软实力仍有待进一步增强,尤其是遵法守法的社会氛围仍有待进一步营造。我们认为,所有这些都是苏州在经济社会转型发展过程中暴露出来的问题,一定程度上也都与以往赶超型经济发展模式密切相关,必然要求通过加快迈向成熟型经济加以解决,这是苏州的问题导向所在,目标指向所在,是新时期苏州迈向更高发展境界的战略抉择。

迈向成熟型经济,是苏州协调推进"四个全面"、致力释放改革与法治新红利的重要牵引。习近平总书记在考察调研江苏时首次提出,要协调推进全面建成小康社会、全面深化改革、全面推进依法治国、全面从严治党。"四个全面"是我们推进改革发展必须牢牢把握的战略布局,也是建设新苏州必须遵循的路线图。我们认为,全面深化改革与全面推进依法治市,是新时期苏州发展的两个轮子,而改革与法治红利的充分释放在一定程度上有赖于迈向成熟型经济的牵引和倒逼。必须看到,成熟型经济最本质的特征是市场经济,以迈向成熟型经济为牵引,我们就能更好地聚焦推进经济体制改革,加快转变政府职能,加快完善现代市场体系,加快构建开放型经济新体制,并以此带动社会事业、社会治理、生态文明制度等全面改革创新;就能更好地聚焦制约苏州发展的突出矛盾和问题,深化推进学习对接上海自贸区、筑高改革开放平台、推进更高水平的城乡发展一体化等一批重点领域、关键环节的标志性改革;才能聚焦先行先试,不等不靠、因地制宜抢抓改革机遇,促进各项改革早落地、早见效,继续走在全省全国改革发展的前列。同时,市场经济本质上也是法治经济,以迈向成熟型经济为牵引,我们就能增强全面推进法治苏州建设的紧迫感,进一步提高各级政府和领导干部的法治思维和依法办事能力,进一步提高立法质量和全民守法意识,进一步推进依法行政和社会治理法治化,切实化解法治建设相对滞后于经济发展的薄弱环节,加快将苏州建设成为法治政府、法治市场、法治社会"三位一体"的法治建设先导区,使法治真正成为苏州核心竞争力的重要标志,充分释放全面推进法治建设的新红利,为谱写好中国梦苏州篇章提供更加有力的法治保障。

我们感到,推进由赶超型经济迈向成熟型经济是一个系统工程、长期任务,实现这一重大变革和转型,至关重要的是要在全面深化改革尤其是经济体制改革、加快转变经济发展方式尤其是推进产业结构战略性调整、大力培育新的经济增长动力尤其是实现创新驱动等方面取得突破性进展。立足当前、着眼长远,重点应在积极探索建立健全以下"八大机制"上下功夫、见实效。

一是政府与市场的协同机制。迈向成熟型经济,加快打造市场作用与政府作用相协调的"双引擎"是首要任务。目前,苏州一定程度上仍存在着"政府经济""权力经济"的传统习惯思维。必须坚持法治政府与法治市场一体建设,努力以"放得开、管得住"为基本要求,以对接复制上海自贸区功能制度为重要切入点,切实在法无禁止即可为、法无授权不可为、法定职责必须为的三者结合点上,推进竞争性政府的角色回归,排除政府对市场和微观经济的过度干扰,同时切实加强事中事后监管,防止出现无序竞争、恶性竞争等市场失灵现象,致力建立符合市场化、国际化、法治化要求的经济运行规则体系和营商环境。

二是经济与科技的对接机制。实现创新驱动、加快迈向成熟型经济,至关重要的是要将科技转化为现实生产力,提升科技创新的供给能力和水平。这就要求苏州不仅要紧紧抓住新一轮产业科技革命和苏南自主创新示范区建设的历史机遇,更为重要的是要将科技创新的着力点聚焦于培育结构性增长点和接续产业,聚焦于战略性新兴产业的规模化和多元化发展,聚焦于优势传统产业产业层次和价值发现的高端化提升,全面推进产业优化调整规划与科技创新规划、人才引进培养规划、知识产权运用保护规划等之间的有机对接,大力发展新技术、新产业、新模式、新业态"四新"经济,努力将苏州建设成为与上海建设具有全球影响力的科技创新中心相得益彰的产业科技创新高地。

三是稳增与提质的并联机制。迈向成熟型经济,要求苏州必须以提高经济运行的质量和效益为中心,但在经济下行压力不断加大的趋势下,稳定经济增长是实现转型的基本前提。当然,新常态下稳定经济增长,并不能也没有条件走以往粗放增长的老路,而是必须以提质增效来挖掘增长潜力。我们初步分析,如果至"十三五"末将我市的投资效果系数提高到目前广州市的水平,单位建设用地 GDP 产出保持"十二五"以来年均提高 10% 的态势,工业增加值率年均提高 1 个百分点,苏州仍有 GDP 年均增长 8% 左右的潜在增长率,关键是要坚持转型升级战略定力不动摇,无论在确定年度目标还是在编制中长期规划时真正把提质增效作为稳定经济增长的根本出路,努力实现转型性增长与升级型发展。

四是制造业与服务业的互动机制。构建以服务业为主导的现代产业体系是迈向成熟型经济的重要任务。但苏州并不是大都市经济,据有关材料显示,即使是经济总量列日本第 3 位的爱知县和人均 GDP 居日本第 3 位的静冈县,其服务业增加值占 GDP 比重也低于日本全国平均水平约 15 个百分点。因此,我们绝不能简单地将占比的高低作为衡量服务业发展的唯一标准,更不能因发展服务业而放弃制造业,而是要通过有效释放制造业服务需求拓展服务业发展空间,按照建设具有国际竞争力的先进制造业基地提出的服务需求,大力发展研发服务、总部经济、现代金融和物流尤其是高技术服务业等生产性服务业,提升其对建设制造业强市的协同功能。当前,我们尤其要将实施"中国制造 2025 苏州行动方案"作为制造业与服务业互动并进的重要切入点,强势推进制造服务化和工业化与信息化在更高水平的融合发展。

五是城市与产业的融合机制。城市是产业发展的载体,产城融合既是新型城镇化的重要特征,也是成熟型经济的重要表现。如果讲苏州以往的产城融合主要表现为以工业化带动城镇化,那么在迈向质量城镇化和成熟型经济的今天,更要求以城镇现代化引领工业化发展。也就是说,要以城镇规划明确产业定位、优化产业空间布局,以建设生态城市倒逼调整产业结构、提高产业集聚集约程度,尤其要结合苏州经济是开发区经济的自身特点,切实把建设新城市、新城区作为苏州产业转型的最大平台、综合抓手,进而在更高水平上增强城市的集聚力、承载力、竞争力,带动全市加快构建现代产业体系。

六是内需与外需的均衡机制。苏州是开放型经济大市,迈向成熟型经济并不排除继续发挥这一优势。但目前的问题是,苏州经济增长对出口拉动过度依赖,且从长远看,全球经济弱复苏、慢节奏是必然趋势,外需不足将成为新常态,出口增速拐点已经到来,更何况全球政治经济的不确定不稳定因素也平添了苏州经济的潜在风险。在这样的宏观经济形势下,苏州有必要在加快转变外贸发展方式、优化贸易结构、稳定外贸增长的同时,将平衡内需与外需作为迈向成熟型经济、推进结构再平衡的重要着力点,致力于积极扩大消费需求和有效投入,促进内需与外需更加均衡协调。需要进一步指出的是,构建这样的均衡机制,苏州有必要强化内外贸结合,实现以外带内、以内促外;同时要正确处理好投资与消费的关系,尤其要通过优化投资结构,提高投资质量和效益,来加大投资对经济增长的拉动作用。

七是"引进来"与"走出去"的同步机制。"走出去"是经济发展水平达到一定高度后的必然要求,是一个国家或地区在历经起飞阶段步入成熟阶段后的一大特征。2015年,苏州实现地区生产总值14500多亿元,按当年平均汇率折合人均GDP近2.2万美元,列全国20个大中城市第3位,具备了加快"走出去"的基础条件。但客观分析,苏州存在着"引进来"与"走出去"不够同步的现实矛盾,虽然近几年苏州对外投资连年位居全省前列,但与利用外资落差较大,不利于进一步化解资源环境约束、拓展国际国内发展空间。对此,我们必须确立既要GDP又要GNP的发展理念,紧紧抓住国家实施"一带一路"和长江经济带等发展战略的重大机遇,加快培育具有较强对外扩张和资本出口能力的国际化大企业、世界级大公司,着力推进开发区品牌和模式输出,强化对外投资的优质服务和政策激励,构建以我为主、具有苏州特色的产业雁行模式。

八是富民与强市的协调机制。成熟型经济更加注重富民惠民、发展成果共享。近几年来,尽管我市城乡居民收入增长高于GDP增速,2015年农村和城镇常住居民人均可支配收入分列全国大中城市(不含深圳,其口径已统一)第2和第3位,但与人均GDP相比,仍处全省全国较低水平。必须在实施积极的就业政策同时,将富民的着力点聚焦于提升产业层次,以提高劳动生产率、企业盈利能力等持续拓展工资性收入的增长空间;聚焦于打造"老板经济",以推动全民创业、优化所有制结构等持续提高经营性收入的比重;聚焦于保障农民权利,以规范产权流转交易、发展新型集体经济等实现财产性收入的持续快速增长;聚焦于优化财政支出结构,以建设社保更加公平可持续发展实验区、加大低收入家庭或特殊困难群体帮扶力度等持续强化转移性收入的保底增收功能,加快形成与步入高收入阶段和成熟社会阶段相适应的公平分配格局,加快形成橄榄型社会结构,切实提高全民共享、全面共享、共建共享、渐进共享水平。

关于苏州融入"一带一路"建设的思考与建议

共建"丝绸之路经济带"和"21世纪海上丝绸之路"(即"一带一路"),是党中央做出的重大战略部署,作为沿海发达地区,苏州如何抓住"一带一路"带来的重大历史机遇,积极对接、主动融入,对苏州在新的平台上实现跨越发展,具有十分重要的意义。近期,苏州开发区研究会组织力量对这一课题进行了初步调研,提出了一些思考和建议。

一、"一带一路"战略对苏州带来的机遇与挑战

建设"一带一路",与亚欧非以及世界各国一道打造利益共同体、命运共同体和责任共同体,是我国面向"亚欧世纪"而倡导的全球发展战略。"一带一路"横跨亚欧大陆,涵盖一百多个国家,目前已有60多个国家明确表态加入这一战略。按照"一带一路"的战略构想,其战略愿景主要分为远近两大层次:近期主要着眼于"基建互通、金融互通、产业对接、资源引入",远期则致力于"商贸文化互通、区域经济一体化和共同繁荣"。而无论是近期规划还是远期战略,对苏州来讲,都面临着难得的机遇。

首先,"一带一路"战略的实施,为我市产业转移提供了广阔的空间。目前,我市正处在转型升级的关键时期,能否成功转移和淘汰高污染、高能耗和低附加值的劳动密集型产业,直接关系着转型发展的全局与成效。苏州的企业以外向型和加工制造业为主,由于受市场供求的变化和要素成本的影响,一些产业和产品失去了价格竞争优势,有些产业和产品积累了大量过剩产能。而"一带一路"沿线国家,尤其是中亚、南亚以及东欧地区,具有十分明显的成本优势、市场空间与就近利用资源的潜能,为我市化解产能过剩和转移劳动密集型产业以及技术输出等提供了广阔的空间。

其次,"一带一路"战略的实施,为我市拓展发展空间带来了难得的契机。经过多年发展,我市已经形成了一批优势产业和龙头企业,尤其是在基础建设、装备制造、建筑设计、通信设备等方面具有明显优势。"一带一路"近期建设的重点是互联互通,而互联互通不仅包括公路、铁路、航空、港口等交通基础设施,还包括互联网、通讯网、物联网等通信基础设施。这为我市优势企业

走出去和开拓新的发展空间带来了难得契机。

最后,"一带一路"战略的实施,为我市文化旅游互动发展提供了新的空间。"丝绸之路"自古就是文化交汇之路、民族交融之路。随着基础设施的建设和互联互通的实现,伴随着人流、物流、资金流的快速流动,沿线沿路地区与国家之间文化、旅游、教育的交流与合作将更加频繁,这必将为我市文化、旅游产业的互动发展拓展新的空间。

在看到机遇的同时,我们也要看到,苏州融入"一带一路"战略也面临着一些挑战。比如,从目前国家的战略规划看,苏州没有列入其中,尽管"不列入不等于不参与",但更需要我们积极主动融入这一战略布局。再如,当前国内许多城市都已开展了比较深入的研究,并就主动融入"一带一路"建设做出规划和部署,新一轮竞争格局已经形成,苏州不迎头赶上,必将失去重大发展机遇。比如,虽然沿路沿线国家非常欢迎中方投资,但是其中一些国家的政局并不十分稳定,不同党派、不同宗教、不同民族之间理念差别很大,不同党派执政的对外政策变化也很大,在融入"一带一路"战略时必须对这些国家的政治格局、法律环境等进行认真预判,做好风险应对预案,降低与减少投资风险。

二、苏州参与"一带一路"建设的路径分析

苏州参与"一带一路"建设,重在根据自身条件和优势,找准可操作的路径。我们初步考虑有以下几个方面值得探索与创新实践。

一是苏州具有产业规模优势,可积极推进产品、产能输出。经过30多年的发展,苏州在经济总量上位居全国各大城市前列,与"一带一路"国家相比较,许多行业和产业具有向外拓展的优势。比如苏州市的集成电路产业产值占全国10%,平板显示器占全国15.3%,笔记本电脑占全国30%,家用吸尘器占全国42.7%,电梯占全国25%,光缆占全国35.1%,涤纶长丝产能占全国18.6%,光伏组件产能占全国12.5%,等等。由此,我们可进行深入的调研分析,一方面,摸清"一带一路"沿线国家的市场需求,积极开拓新兴市场;另一方面,结合我市产业转型升级,排出可转移的产品与产能。

二是苏州具有港口资源优势,可积极推进物流战略合作。"一带一路"建设将带动物流与运输业发展,尤其是"21世纪海上丝绸之路"建设,更是发展港口经济、海上货运的重大机遇,而苏州拥有明显的港口资源,尤其是太仓港近年来发展快速,参与"一带一路"建设的优势更为突出。近年来,太仓港积极加大与上海港的战略合作,引进了资金、业务、人才、管理经验,双方合资经营三期码头下游两个泊位,建立江海中转功能平台,口岸通关环境也实现新突破,去年完成吞吐量305.7万标箱、货物吞吐量1.57亿吨,同口径分别增长40.9%和32.5%,这为太仓港对接"海上丝绸之路"提供了良好的条件,可进

一步借助融入上海港的优势,有针对性地加大与沿线国家的战略合作力度,比如进一步完善台湾—太仓港—"苏满欧"海铁联运运输新模式,积极发展日本和韩国—太仓港—"苏满欧"海铁联运新业务等。再比如,高新区综保区"苏满欧"铁路班列的成功运行,开辟了一条全新的物流通道,我们可以以此为重要抓手,进一步完善苏州国际铁路口岸功能,更好融入、参与"一带一路"建设。

三是苏州具有研发平台优势,可积极推进科技创新辐射。近年来,苏州科技平台、载体得到快速发展,苏州与全国180多家高校、院所合作共建了1300多个产学研联合体,其中与国内知名院所共建80个,中科院纳米所、中科院医工所等国家级平台在全国具有领先水平,《福布斯》2014年年底发布中国大陆城市创新能力排行榜,苏州在上榜的25个城市中名列第二。而沿线国家相对而言与苏州具有"技术级差",苏州在发挥这一优势方面大有文章可做,可尝试推进苏州各类研发平台参与到当地的技术活动与创新发展合作中,形成技术与人才输出效应。

四是苏州具有外向发展优势,可积极推进企业"走出去"。近年来,苏州开放型经济蓬勃发展,在引进外资的同时,对外贸易全国领先、对外投资快速发展,这是苏州主动融入"一带一路"建设的开放优势。据统计,"一带一路"沿线共有65个国家,去年实现进出口551.1亿美元,占全市总量17.7%,同比增长6.3%(全市0.6%)。其中出口336.3亿美元,占总量18.6%,同比增长6.8%(全市3.1%);进口214.8亿美元,占总量16.5%,同比增长5.4%(全市2.6%)。十分明显,对沿线国家贸易情况尽管总量占比不高,但快速发展态势与增长潜能十分明显,因此,积极发展与这些国家的贸易是一个重要切入点。同时值得注意的是,近年来我市企业与沿线国家的经济合作已有良好开端,目前我市企业与沿线35个国家共投资254个境外企业(占全市22.7%),中方协议投资额超过26亿美元(占全市29%),江苏永鼎富泰、苏州中材等企业与沿线国家开展了对外工程承包项目。苏州应以此为契机,加大市场开发与推进力度,以抢占发展与融入的先机。

五是苏州具有旅游经济优势,可积极推进旅游互动发展。苏州是世界著名的历史文化旅游城市,有一批具有市场开拓能力的旅游企业,也具有比较成熟的旅游开发模式,而"一带一路"许多沿线国家具有丰富的旅游资源,丝绸之路自古是文化旅游交汇点,培育和开发具有丝绸之路特色的国际精品旅游线路和旅游产品具有极大的潜力,我们既可以通过线路组织让游客"走出去",也可以通过宣传苏州旅游资源把沿线国家的客源"引进来",形成一种互动双赢合作的新常态。而且,我们还可以通过旅游来带动贸易、带动工业、带动投资、带动物流等,并且在相互间形成互动与联动,在更高层面上做大做强苏州的旅游经济。

三、苏州对接"一带一路"建设的几点建议

最近,江苏省委、省政府就贯彻落实"一带一路"国家战略,大力拓展对内对外开放新空间做出全面部署,在新的发展时期苏州必须牢牢把握这一重大机遇,积极主动作为。为此,我们建议:

1. 组建专门班子,深入研究"一带一路"的政策红利。"一带一路"战略,从地域上看,东西横跨亚欧大陆;从建设周期上看,从"互联互通"到全面融合,将延续几十年甚至更长时间,其中蕴含的商机十分巨大。最近,江苏省委、省政府召开了贯彻落实"一带一路"国家战略的专题会议。建议我市应尽快建立相应工作机制,由市领导牵头,组织发改、经信、商务、文广、旅游、金融、科技、外办等部门,主动对接国家有关部门,详细了解"一带一路"战略的近期规划和远期目标,对"一带一路"战略进行深入研究,对其中的政策红利进行具体分析,找准契合点、对接点和着力点,在此基础上,尽快形成我市的贯彻落实意见和对接方案。

2. 摆上重要位置,把融入"一带一路"与谋划"十三五"更好结合起来。"一带一路"战略近期主要着眼于"基建互通、金融互通、产业对接、资源引入",远期则致力于"商贸文化互通、区域经济一体化和共同繁荣"。近期主要集中在建筑及其基础设施工程、装备及配套类制造业、基础材料(钢铁、建材、有色等)以及电力、通讯等领域,远期主要是产业布局、物流、文化、旅游等。当前我们的一项重要任务是制定"十三五"发展规划,因此我们要把两者有机结合起来,真正摆上全局工作的重要位置,明确要求全市各地各部门都要加强学习调研,理清对接思路,推动创新实践,使全市上下参与"一带一路"建设真正形成共识与合力,真正取得实质性效果。

3. 出台相关措施,努力形成企业主体与政府推动的合力。参与或者融入"一带一路"建设,企业是主体,而政府的作用也不可或缺,尤其是在启动之初,企业对此还不一定十分了解,或者竞争比较激烈,更需政府的组织与扶持,因此,政府的规划、引导、推进作用至关重要。建议市级层面加大对"一带一路"战略的宣传力度,组织相关的学习会、说明会,使广大企业尤其是需要"走出去"的企业更多了解其内涵、取向以及政策红利;发挥政府与各种社会组织的作用,积极为企业对接、参与"一带一路"建设牵线搭桥;制定相应的扶持政策,如设立基金、税收减免、争享国家和省级优惠政策等,据了解,江苏省将设立30亿元基金用于推进参与"一带一路"建设,我们应积极配套跟进。

4. 实施示范带动,以开发区为抓手大力推进全市融入"一带一路"创新实践。各级各类开发区是苏州发展的一大优势,也是我们积极融入、参与"一带一路"建设的重要抓手。当前我市各级开发区面临着转型升级的重大任务,"一带一路"是我国在新时期确立的重大对外开放战略,苏州的开发区理应担当重任、率先融入、主动作为。建议2016年适当时候,以抢抓发展机遇、融入国家战略为主题,召开全市开发区专题会议,就贯彻落实中央、省委、省政府精神,积极融入、主动参与"一带一路"建设进行全面动员和部署,并总结、宣传、推广工业园区、张家港、吴江等地境外异地开发办厂的实践与经验,以推进开发区的率先创新实践,从而示范并带动全市形成融入国家大战略、开拓发展新空间的对外开放新局面。

(苏州开发区研究会)

苏州建设具有全球影响力产业科技创新中心的几点思考

傅伟明

一、建设背景

全球新一轮科技革命和产业变革正在孕育兴起,国际经济竞争更加突出地体现为科技创新的竞争。而科技创新从来就不只是科技自身的创新,而是融合了社会发展的理念与思想,是一种以创新作为驱动力的城市经济增长模式的实现方式。在这一背景下,科技创新资源在时空维度和经济维度上集中与融合的趋势日益增强,创新越来越成为推动和引领新的经济繁荣的关键因素,创新成果表现出显著的外部经济特征。

目前我国经济发展进入新常态,依靠要素驱动和资源消耗支撑的发展方式难以为继,只有科技创新依靠创新驱动,才能实现经济社会持续健康发展,推动国民经济迈向更高层次、更有质量的发展阶段。为此,江苏省在"十三五"规划中明确提出了着力建设"具有全球影响力的产业科技创新中心",使科技进步对经济增长贡献率提高到65%以上的目标,有别于北京于2009年、上海于2014年、深圳于2014年提出的建设"全球影响力的科技创新中心",而是立足实体经济与科技创新的紧密结合,既顺应新一轮科技革命和产业变革的大趋势,又注重发挥江苏科教资源丰富、研发力量雄厚、创新平台较多的综合优势。同样《天津国家自主创新示范区发展规划纲要(2015—2020)》也提出了以"打造具有国际竞争力的产业创新中心"作为天津国家自主创新示范区的总体目标和示范核心。

我市提出建设具有全球影响力的产业科技创新中心也适逢其时。市委书记周乃翔在十二届全国人大四次会议分组审议中发言指出,2016年苏州政府工作报告强调要着力实施创新驱动发展战略,促进科技与经济深度融合,提高实体经济的整体素质和竞争力,要围绕建设"具有全球影响力的产业科技创新中心"的目标,始终将创新摆在发展全局的核心位置,真正掌握发展和竞争的主动权。

二、定位和目标

1. 建设定位

上海《关于加快建设具有全球影响力的科技创新中心的意见》提出的建设具有全球影响力的科技创新中心的定位是"努力把上海建设成为世界创新人才、科技要素和高新科技企业集聚度高,创新创造创意成果多,科技创新基础设施和服务体系完善的综合性开放型科技创新中心,成为全球创新网络的重要枢纽和国际性重大科学发展、原创技术和高新科技产业的重要策源地之一,跻身全球重要的创新城市行列"。仔细分析可知,上海建设具有全球影响力的科技创新中心的具体内涵是:① 极具创新活力,有强大的创新创业生态系统;② 在关键核心技术领域占有一席之地,在原创技术领域不断取得新的突破;③ 拥有一定数量的有全球影响力的科技型企业,具有能对全球创新格局产生重大影响甚至是颠覆性影响的企业;④ 科技创新效率高,聚集高素质创新创业人才,成为原创思想的发源地和汇聚地;⑤ 具有整合创新资源的能力,能统筹谋划和布局创新;⑥ 具有强大的辐射功能和引领能力。

江苏省建设具有全球影响力的产业科技创新中心的定位是:通过构建创新水平与国际同步、研发活动与国际融合、体制机制与国际接轨的现代产业科技创新体系,使江苏成为创新活力迸发、科技基础设施完善、城市创新功能健全、区域创新开放有序、创业环境持续优化的产业科技创新中心,成为全球重大原创性技术成果和战略性新兴产业的重要策源地,全球产业科技创新高端人才、高成长性企业和高附加值产业的重要聚合区,产业创新要素高度集聚、创新创业活动高度活跃,涌现出一批在国际上拥有话语权、引领力的创新型领军企业和产业科技研发基地,在全球产业科技创新格局中跻身先进行列。

苏州市也要奋起直追紧跟上海和江苏省委的定位目标,建设具有全球影响力的产业科技创新中心:全球产业创新要素的集聚之地;全球产业科技创新的重要枢纽节点;全球资源配置特别是产业科技资源配置处于重要支配地位。具体内涵包括:第一,多元化的创新主体。科技创新需要企业、研究机构、大学、政府和中介组织等多个主体共同参与创新活动。第二,产业集聚区。具有一定产业集聚规模以及产业技术地位领先的产业集聚区是产业科技创新的基础。第三,务实的战略合作。创新活动依赖于企业、研究机构、大学和消费者的各种战略联盟和合作。第四,高强度的研发经费投入。研发经费的增长将促进创新能力增强,而创新能力增强有助于提高企业核心竞争力,而这又促进了创新集群的发展。

2. 建设目标

上海建设具有全球影响力的科技创新中心的目标是:① 2020 年完成建

设具有全球影响力的科技创新中心的基本框架准备;② 2030 年基本建成具有全球影响力的科技创新中心;③ 2040 年全面建成具有全球影响力的科技创新中心;④ 2050 年全面建成全球一流科技创新中心。

江苏省建设具有全球影响力的产业科技创新中心的目标是:① 经过 5 年左右的努力,到 2020 年基本形成产业科技创新中心的框架体系,主要创新指标达到创新型国家和地区中等以上水平;② 经过 10 年左右的奋斗,到 2025 年形成产业科技创新中心区域的核心功能,成为全球产业技术创新网络的重要节点,全面达到或超过国家 2025 制造业目标,部分创新指标跨入创新型国家先进行列;③ 到 2035 年左右全面建成具有全球影响力的产业科技创新中心,使江苏省在全球产业科技创新格局中跻身先进行列。

苏州作为江苏省重要工业城市和江苏贡献率较高的特大城市,应当有率先建设具有全球影响力的产业科技创新中心的勇气和担当,因此苏州的发展目标是:① 经过 3 年左右的努力,到 2018 年基本形成产业科技创新中心的框架体系,主要创新指标达到创新型国家和地区中等以上水平;② 经过 7 年左右的奋斗,到 2022 年形成产业科技创新中心区域的核心功能,成为全球产业技术创新网络的重要节点,全面达到或超过国家 2022 制造业目标,部分创新指标跨入创新型国家先进行列;③ 到 2028 年左右全面建成具有全球影响力的产业科技创新中心,使苏州在全球产业科技创新格局中跻身先进行列。

三、实现路径对策

1. 国外中心发展模式

全球科技创新中心发展模式主要有:

(1)韩国大田——以人才驱动为主的发展模式。该模式是指城市重视对人才的引进和培养,并为其生活和工作提供良好设施和环境,使其为城市创新发展做出持续稳定贡献。以韩国大田市为例,该市大德科技园区内有大约 2200 家高科技企业,大田市国民经济总额占韩国经济总额的 23%。该市企业采取人才本地化与高薪引进相结合的政策。高薪引进人才之后,为了留住人才,采取本土化政策,完善硬件设施,始终为研究人员提供良好的工作环境,比如大德科技园内风景优美,各种娱乐和休闲设施齐全,让研究人员可以全身心投入到工作之中。此外,培训成为公司留住人才的重要手段之一。为了优化人才结构,政府专门储备和培育高学历高素质人才,在加强人才管理上充分体现"民众本位"精神,实现由"重人事"向"重人才"、由"重管理"向"重服务"的转变,各方面都体现了以人为本的思想。

(2)美国硅谷——以高新产业驱动为主的发展模式。该模式是指城市利用自身资源,通过技术革新、管理创新等培育高新产业,并以产业拉动整个创新区域的竞争力。以硅谷为例,硅谷是世界上最突出的科技区,其成功源自其合理的产业变迁。硅谷不以某一种产业发展为中心,而是跟随市场变化,不断培育新的高新产业,有效避免了某一产业由于生命周期而走向衰落。从国防产业到半导体再到计算机产业,发展到现在的移动通信和生物技术,硅谷以分裂方式培育不同的高新产业,以产业带动创新区域的发展,保持整个创新区域的可持续发展,同时吸引了一系列新兴技术在该地区聚集,逐渐成为世界高新技术的代名词。

(3)日本筑波科技城——以科研机构驱动为主的发展模式。该模式是指城市打造并利用具有创新资源和创新能力的科研机构,汇集和构建高智能研发平台,并通过知识溢出和成果共享等方式促进区域科技创新能力的发展。日本筑波科技城曾经因其得天独厚的创新资源受到广泛关注,尽管近年来呈现逐步下滑的趋势,被冠以"现代科技的乌托邦"称号,但其引进科研机构,汇集智力资源的策略是值得学习和肯定的。筑波科技城汇集了日本30%的国家研究机构和40%的研究人员,加上本地的高校科研实验室,使其逐渐成为创新创业人才集聚的平台和创新科技资源的配置平台,此外,国家通过资金扶持打造重点科研实验室,使筑波科技城逐渐发展成为知识创新的源头,为日本一度做出很大贡献。

(4)中国台湾地区新竹——以政府驱动为主的发展模式。该模式是指在整个创新过程中,政府承担制定者和决策者的角色,依靠自上而下模式,制定一系列发展目标和策略并颁布政策措施,投资建设基础创新设施。有台湾"硅谷"之称的新竹科技园区的快速发展是得益于政策扶持的创新中心之一。为了吸引优秀厂商进入园区,台湾当局制定并颁布了《科学工业园区设置条例》等法规文件,出台了一系列鼓励和刺激投资的优惠政策。此外,为了扶持重点产业,新竹市政府进行大量财政扶持,扶持方式主要包括直接投资和优先长期贷款,并设立专项资金鼓励企业进行科技创新活动。由于政府的大力支持,新竹科技工业园区内的租税优惠条件较多,越来越多的全球企业进驻该园区。总之,新竹政府一直以企业为核心,进行资金扶助和政策扶持,在整个创新过程中一直扮演着重要角色。

(5)协调市场激励和政府作用,注重本地化特色。20世纪90年代后期,多数欧美国家相继出台了各种刺激创新活动集聚的政策,包括欧盟经合组织(OECD)的技术与创新基金政策、德国的生物产业和创新产业集聚计划、法国的竞争中心计划、英国中西部创新计划,以及美国奥巴马政府在纽约等地的区域创新中心规划等。这些规划都基于国家和区域层面上的政府机构相互合作,根据各种标准资助创新集聚地区。特别是德国和法国对集聚地区的选择更强调自上而下的"引导",但申请资助的地区需要自下而上的竞争。

事实上,任何成功的科技创新中心都不是依靠单一模式发展而来的,而是依靠多种模式协同驱动形成全面创新的格局,只是在特定时期内以某一种模式为主导,发展到一定阶段后各种创新资源不断汇聚和激发,最终形成多种创新要素联合驱动的格局,例如硅谷就是在多种因素共同驱动下成为全球高科技引擎的。任何模式都需要科研成果与产业紧密结合,以市场为主导,并形成有效的高新技术开发转化机制,形成一批具有引擎效应的园区。园区通过聚集效应形成创新产业集群,提高科技研究开发能力,通过辐射效应和"知识溢出"促进地区经济发展。因此,根据我市现有基础和现实能力的比较优势,建设具有国际影响力的产业科技创新中心,应当以融合高新产业驱动和政府驱动发展模式的优势为发展立足点,扬长避短、取长补短走出苏州之路。

2. 中心建设推进对策

随着全球一体化趋势日趋显著,具有全球影响力的产业科技创新中心建设的突破口已不仅仅在于科技本身,而是在于如何综合利用自身科技、经济、文化优势。

根据苏州建设具有全球影响力的产业科技创新中心的目标,建设具有全球影响力的产业科技创新中心,要与建设苏南国家自主创新示范区以及"中国制造 2025 苏州实施纲要"一体规划,融合推进。产业科技创新中心建设涉及科技创新的各个方面和各个环节,因此推进我市建设具有国际影响力的产业科技创新中心的主要工作有:

(1) 以全球视野顶层设计,规划产业科技创新中心框架体系。

建成有世界影响力的科技创新中心,不单纯是科技问题,也不单纯是经济问题和文化问题,是把这些方面综合集成起来的问题。因此必须以全球视野顶层设计,这样产业科技创新中心的实施才会主动有目标和方向。突破固有的思维定式,更新理念,重新审视过去积以成习的一些做法,使科技创新中心建设根植于大众创业的沃土,成就于万众创新的伟力,汇成全社会创新的交响乐。建议由市发改、经信、科技、财政等相关部门组成协调小组,从产业布局、要素布局、主体定位、载体建设、创业活动实践、制度建设等各方面规划具体行动方案。

(2) 以全球视角布局科技产业,推动产业科技创新中心建设。

布局科技产业,首先要制定产业筛选标准,一是核心技术标准。产业技术在国内或省内具有领先地位。二是市场标准。产业前景广阔,产业规模相对较大,市场份额占比较高。三是集中度标准。产业集中度相对较高,空间布局在 5 千米范围。四是科技资源标准。各类产业研发机构和服务机构相对集中,产业人才比较集中。其次根据产业布局标准,严格从我市现有产业如纳米、生物医药、医疗器械、电梯、轨道交通、智能装备、光电通信、集成电路、光伏、汽车零部件、化纤、新一代显示等产业中筛选优势产业,不求多,但求务实建设真正符合标准的产业科技创新中心。如以工业园区的纳米、高新区的医疗器械、昆山机器人、常熟汽车等产业作为首批产业科技创新中心筹建载体。为避免载体的重复建设,可在各地区的原高新技术创业服务中心基础上增加产业科技创新中心服务功能。

(3) 以要素视角布局创新资源,推进集聚创新要素制度建设。

历史经验告诉我们,创新者(无论是科研人员、企业家还是风险资本家)总是选择最有利于创新活动发生(无论是推广新技术或新产品、打开新市场、建立新的生产方式和组织方式等)的环境来实现其创新目标(无论是技术进步或经济、社会收益等)。因此,政府首要任务是立足长远,营造"宜居""宜业"的环境,建立有序竞争、法制健全、保护产权的市场体系,培育开放合作、多元发展、宽容失败的文化氛围。重点任务是推进集聚创新要素制度建设,改善现有的创新要素获取与利用机制,降低创新创业的隐性门槛和各类制度性交易成本,集聚整合科技、人才、资本、企业、研究机构等创新要素,实现向知识与创新驱动的战略性"转轨",推动有利于创新型企业持续诞生和成长、开放创新和繁荣"共生"的创新生态系统。

(4) 以创新主体视角布局科技创新,发挥政府与市场的协调作用。

创新主体有个人、企业、高校、科研机构,创新链包括科学研究、技术开发、产业化,在"科学研究—技术发明或进步—商业创新"的整个链条中,政府和市场应有不同角色定位和组合方式。和市场、应用密切相关的研发一定要以企业为主,发挥市场决定性作用;产业超前技术研发和储备必须以政府为主,发挥高校和科研院所的作用,两个方面的分工要明确但不能替代,边界要模糊但不能割裂。因此,某个特定产业的基础研究由政府委托科研院所承担,而技术开发由产业科技创新中心承担,产业化由企业负责,三方发挥各自优势,各司其职。

(5) 以创业活动视角探索运作机制,构建有效创新方式平台。

推进产业科技创新中心建设的驱动力离不开政府的政策空间和资源集聚条件,而毫无疑问来自市场层面尤其是来自企业层面对科技创新中心建设的主动融入与主动驱动更为关键。全球产业科技创新中心的核心内涵是建立在科技资源禀赋基础上的自主创新,而创新来自基层实践,来自企业主体,来自企业家内在自觉,来自用户的市场需求,创新和效率更重要的是取决于各个行为主体即企业、高校、科研院所、个人之间高效的技术流动、信息流动和资金流动,形成一个高效率的创新体系或者是创新网络。

而现实是政府号召并推动创新比较快,具体创新实践的企业推进比较慢,政府与企业两者之间创新驱动的呼应与交集火候不够。为此要以创业活动视角为切入点,探索中心的运作机制,思考应搭建何种平台、开展何类活动,特别是要从实际创新活动中优选成熟、可行的技术创新方法,推进创业活动持久、有效地开展,形成一批产业科技创新成果。如技术集成就是哈佛大学的一位教授提出的方法,其核心是多学科知识综合,不同领域的专家在一起解决同一个技术问题,而不是把不同的技术聚合在一起。

(6) 以项目抓手推进产业创新突破,构建政府建设中心模式。

结合苏州现有学科与产业化优势,以重大项目、重点项目为牵引,以市场为导向,产学研结合,在布局的某个产业领域选择一些点使其迅速崛起,实现"以点带面"的突破,作为建设具有全球影响力的产业科技创新中心抓手,构建政府高效推动建设中心的工作模式。

(苏州市委党校)

转型升级的关键举措
——关于苏州加快实施创新驱动发展战略的若干思考

陈 述

当前,我国经济发展进入新常态,加快实施创新驱动发展战略已进入关键期。从国家部署看,党的十八大提出实施创新驱动发展战略以来,创新驱动已摆上我国经济发展的主导战略地位,正日益成为转型升级主抓手和经济发展主引擎。2015年全国"两会"上,国务院总理李克强提出了要推进"大众创业、万众创新",3月中旬国家进一步出台了《深化体制机制改革,加快实施创新驱动发展战略的若干意见》,就实施创新驱动发展战略做出全面部署。从中央要求看,期望经济发达地区担当重任、率先探路,尤为重要的是,习近平总书记在2014年年底视察江苏时,要求江苏协调推进"四个全面""五个迈上新台阶",建设"强富美高"新江苏,并要求江苏大力推进创新驱动发展,以只争朝夕的紧迫感,切实把创新抓出成效。2015年3月全国"两会"期间,李克强总理在参加江苏代表团审议时,要求江苏率先在经济发展新常态下打造发展新动能,带头释放创新驱动新红利,促进经济迈向中高端。从自身发展看,一方面,苏州经济的结构性矛盾十分突出。比如经济规模"大而不强",增长动力"以外为主",产业层次"价值低端",要素供给"刚性制约",而其中的根本问题在于科技创新能力偏弱,自主创新尚未成为苏州的核心竞争力。另一方面,苏州总体已进入到增长动力转换的重要阶段。经济发展的不同阶段,驱动经济增长的力量不尽相同,根据迈克尔·波特的经济发展阶段理论,经济发展可以划分为要素驱动、投资驱动、创新驱动和财富驱动几个阶段。依据世界经济论坛的经济增长阶段划分标准,即人均GDP达到9000~17000美元(2006年现价),增长阶段就进入创新驱动阶段,相比较,美国、德国、日本和韩国分别在1962年、1973年、1976年和1995年进入创新驱动阶段,而苏州近年已达到这一指标,2014年人均GDP超过2万美元,可见苏州经济已进入增长动力转换、实施创新驱动的重要阶段。

为此,我们结合深圳创新实践的总结,就我市加快实施创新驱动发展战略进行了初步的研究和思考。

一、苏州创新能力的差距分析

总体上看,苏州经过改革开放30多年的发展,科技创新方面有了长足的进步,许多指标在全省乃至全国也是领先的,比如,从创新型人才看,全市拥有省"双创人才"403人,居全省首位;国家"千人计划"157人,居全国地级市首位;建成博士后工作站点295个,累计引进博士后500多人,居全国地级市首位。从科技类企业看,全市拥有国家创新型领军企业5家,占全省16.1%;国家高新技术企业2933家,居全省第一;省级民营科技企业8553家,占全省10.6%;2014年中国民营企业500强苏州有20家入围,占全省20.8%。从产学研合作看,苏州与全国180多家高校、院所合作共建了1300多个产学研联合体,实施项目近万个,其中与国内知名院所共建80个,中科院纳米所、中科院医工所等已在全国崭露头角。《福布斯》2014年年底发布中国大陆城市创新力排行榜,苏州在25个城市中名列第二。但是透过这些荣誉的光环,我们进行深入的数据间的比较分析,就可发现其中的结构性矛盾,集中表现在以下方面:

一是人才结构不尽合理。苏州自21世纪初实施姑苏人才计划以来,人才总量连年保持两位数增长,到2013年年底接近200万,但凸现出"两个偏低":一个是科技创新型人才的占比偏低,其中专业技术人才123.48万人,占人才总量比重63.1%,另有较大部分为高技能、党政、农村实用、社会工作等方面人才。另一个是在企业从事研发创新的人才占比偏低,全市高层次人才(按职称)13.37万人,在企业的高层次人才9.93万人,占人才总量5.1%。问题在于,在企业从事研发的人才不足13万,占专技人才总量10.5%,占人才总量比重更低,为6.6%。更进一步分析,"两个偏低"直接带来的是我市企业的研发创新不够活跃,一方面,我市企业的技术交易、技术转移量偏小,2013年我市技术交易额58亿元,虽居全省第二,但与上海、深圳的620亿、176亿相比,远非同一个等量级,落差十分明显。另一方面,我市初创型科技企业偏少且创新活动不多,一定程度上制约了创投业的发展,尽管我市创投机构数量、管理资金规模在全省是领先的,但同发达地区相比仍有较大差距,苏州有创投机构272家、管理资金875亿元,而深圳高达3500家、3000亿元,上海浦东也达到1600家、3000亿元。

二是企业主体尚有缺位。企业是科技创新的主体,但苏州的现实情况是,一方面,缺少"顶天立地"的大企业,中小企业为主、"铺天盖地"的特征比较明显,2013年我市仅1家企业上榜世界500强,而上海有8家、深圳有4家;我市上榜中国500强企业9家,仅为上海的1/5、深圳的1/3、杭州的1/2。以科技含量较高的软件产业为例,目前我市共有软件企业1000多家,2014年实现业务收入超过1500亿元,占全省的23.5%,但企业规模普遍偏小,2014年度中国软件业务收入前百强企业中,上海9家、深圳8家、杭州8家、南京8家,而我市无一家进入。另一方面,企业的创新基础和研发投入强度是衡量企业创新活动的一项重要指标,2013年我市10776家规模以上工业企业中,开展研发活动的仅占24%;大中型工业企业研发投入强度仅为1.04%,与上海(3.4%)、深圳(3.19%)、杭州(2.98%)等地均存在较大落差,我市电子行业规模较大,而研发投入强度仅为0.82%。近年来,我市建成了一批创新载体,但被列为国家级企业技术中心的仅有17家,而上海有49家、深圳有19家、杭州有23家。

三是产业竞争力亟待形成。我市工业总产值位居全国第二,但"大而不强"的矛盾突出,一方面,工业经济附加值不高,产业层次偏低,大部分处于价值链低端,代工为主、贴牌为主、外资为主特征明显。2013年我市全部工业增加值率为17.9%,其中规模以上工业为20.3%,而上海、深圳分别达21.1%、25.7%,我市这一情况也低于全省22.2%的平均水平;全市规模以上工业企业利润率4.44%,均低于上海(7.53%)、深圳(5.79%)和杭州(6.03%);全市规模以上工业总产值和高新技术产业产值中,由外资企业贡献的占比约达2/3。另一方面,企业自主核心技术缺乏,存在"有产业规模、少核心技术"的现象。尽管目前我市工业产品品种超过500种,但高技术含量、高附加值产品的比重偏低,具有市场竞争力的终端产品偏少,更缺乏像深圳的华为、中兴、腾讯、比亚迪等一批拥有核心技术、国际知名的品牌企业。以专利技术为例,2013年我市专利申请量和授权量分别达14.1万件、8.2万件,均居全国第一,但代表核心技术的发明专利授权量占全部授权量的比例仅为5.38%,而上海、深圳占比分别高达21.9%、22.08%;我市PCT国际专利申请量为446件,而上海近900件、深圳更是超过一万件(占全国一半);我市万人发明专利拥有量14.2件,而深圳达58.61件。

二、深圳创新实践值得借鉴

当前,在外部发展环境错综复杂、经济增长下行压力较大的大背景下,如何加快实施创新驱动发展战略,推动转型升级、创新发展,确保苏州经济行稳致远是我们当前面临的严峻挑战,而深圳经验值得借鉴。

近年来,深圳在质量型增长、内涵式发展道路上开展了积极的探索,质量型发展正成为深圳的新常态:一是增长速度比较稳。2014年深圳经济增速呈逐季提高态势,全年GDP增速比前三季度、上半年、一季度分别提高0.3、0.8、1.5个百分点。2014年GDP总量超过1.6万亿,按可比价比上年增长8.8%,人均GDP达2.4万美元;一般公共财政预算收入突破2000亿元大关,增长

20.3%,高于 GDP 增速 11.5 个百分点。尤为重要的是,制造业为深圳经济夯实了底盘,2014 年深圳规模以上工业增加值超过 6500 亿元,增长 8.4%;固定资产投资增长较快,2014 年超过 2700 亿元,增长 13.6%,其中第二产业投资增长 46%,占固定资产投资比重 19.2%,值得一提的是,政府不再唱"独角戏",社会投资超过 8 成。二是产业结构比较优。近年来,深圳转型升级成效日益凸现,形成了优势传统产业、现代服务业、战略性新兴产业和未来产业"四路纵队"齐头并进的格局:优势传统产业附加值不断提升,涵盖了家具、黄金珠宝、眼镜、服装、皮革、钟表等行业,大部分项目成为国家首批产业集群区域品牌建设试点示范项目。生产性服务业蓬勃发展,电子商务交易额突破1.5 万亿元,增长 50%,网络零售额达 950 亿元;物流增加值超 1614 亿元,增长 9.69%,物流增加值占 GDP 比重突破 10%。未来产业加快成长,大鹏海洋生物产业园、海洋新兴产业基地、航空电子产业园、航空航天精密零部件等 5 个重大项目加快启动。尤其是战略性新兴产业已成为拉动深圳经济增长的主要力量,2014 年深圳战略性新兴产业规模达 1.88 万亿元,增加值占 GDP 比重达 35%,先进制造业增加值占规模以上工业比重达 74.2%。三是企业实力比较强。2014 年全国十大创新型企业,深圳占 5 席。目前,深圳不少企业已成为全球竞争中的行业翘楚,华为成为全球最大的电信设备商,是我国内地唯一入选"全球百强创新机构"的企业,华大基因是全球最大的基因测序机构,大疆无人机占据全球小型无人机 50% 以上市场份额,普联公司无线设备的市场占有率全球第一,其规模甚至超过第二至第十名的总和。根据世界知识产权组织(WIPO)公布的数据,有 4 家中国公司进入 PCT 国际专利申请人前 50 名,分别是中兴通讯、华为技术、华星光电、腾讯,这 4 家均为深圳本土企业。四是资源消耗比较低。深圳在经济总量保持较高增长情况下,资源消耗却呈连年下降趋势,万元 GDP 能耗从 2010 年的 0.51 下降到 2014 年的 0.404 吨标准煤,万元 GDP 二氧化碳排放量从 0.871 下降到 0.673 吨,二氧化硫、化学需氧量分别从 1.48 万吨、10.61 万吨下降到 0.84 万吨、5.88 万吨,万元 GDP 水耗从 2009 年起 5 年下降 8%,累计下降 44.7%,节水 28.77 亿立方,新增建设用地面积 5 年年均减少 258 公顷,在工业增加值增长 1051 亿元前提下,碳排放绝对量下降 383 万吨,降幅达 11.7%。五是民生建设比较好。深圳在经济稳定增长的同时,社会民生也得到了极大改善,2014 年深圳人均可支配收入达 4.5 万元;全市对医疗、教育、公共交通等 9 类重点民生领域投入达 1448 亿元,增长 30.9%;初步形成政府主导、社会参与、民间运作的社区服务运行机制,建成社区服务中心 500 多家;养老事业与产业并举,形成了政府保基本、社会扩覆盖、市场做产业的格局;全市森林覆盖率达 41.5%,空气质量在千万人口城市中排名第一;公共文化设施网络齐全,成为唯一获得"全球全民阅读典范城市"荣誉的城市。

深圳为什么能够在宏观环境相同的情况下,取得引人瞩目的业绩？透过上述数字我们可以发现,关键在于深圳经济的增长动力比较强,创新驱动已成为深圳在新常态下稳中求进的主引擎。作为我国首个国家创新型城市和国家自主创新示范区,近年来,深圳坚持把创新作为发展的主导战略,以创新推动经济结构调整和发展方式转变,以创新提升经济和产业发展质量,以创新促进经济社会协调发展,创新正成为深圳新常态下发展的新动力。深圳大力实施创新驱动发展战略主要体现这样几个特点：

一是全力打造高层次创新载体。创新载体是考量创新实力的一个重要标准。深圳加快推进各类创新载体建设,全市目前国家及省市重点实验室、工程实验室、工程中心、企业技术中心等各类创新载体达1106家,初步建立起一个以基础研究为引领、产业及市场化为导向、企业为主体的开放合作、民办官助为特色的创新载体体系。在此基础上形成了深圳科技创新三大支点,即以重点实验室为核心的基础研究体系,以工程实验室、工程中心、技术中心组成的技术开发创新体系,以科技创新服务平台、行业公共技术服务平台组成的创新服务支撑体系。在众多创新载体支撑下,深圳的核心技术攻关能力显著增强,2014年深圳投入6亿元支持重大技术攻关项目147项,使深圳在4G技术、基因测序分析、超材料、新能源汽车、3D显示等领域核心技术自主创新能力位居世界前列。依托科技创新,深圳的高成长性创新型中小企业不断涌现,如"超多维"已成为国内规模最大的裸眼3D技术提供商,"大疆科技"的无人直升机占全球50%以上的市场份额。尤为重要的是,一方面,深圳大力引进跨国公司设立研发机构,已吸引微软、甲骨文、三星、法雷奥集团等近30家公司在深圳设立研发中心,世界最大的超早期创业孵化器——创业者学院已在深圳湾创业广场开学,国际知名的澳大利亚最大电信公司旗下孵化器muru-d也携带11个高科技项目进驻,与深圳企业对接,大大增强了企业的研发能力;另一方面,深圳推进有实力的企业把创新载体向海外扩展,以更敏锐地把握最新科技信息和市场动态,如华为在全球共设立了16个研发中心和28个联合创新中心,中兴通讯在全球布局了16个创新中心,华大基因成功收购了全球知名的美国CGI基因测序公司。

二是加快创新人才引进、评价、服务机制。人才是创新的核心要素。深圳坚持创新人才机制,形成引进人才、用好人才、留住人才的明显优势。探索以行业为主体、市场为主导的人才评价模式,对人才除采取直接以标准认定的方式外,增加评审方式认定海外高层次人才、团队和项目,根据申请人的专业领域,聘请国内外顶尖专家进行评审,在全国率先实现政府部门承担的社会化职称评定职能全部向行业组织转移,共有30家行业组织承接了45个评委会组织工作,还遴选一批行业组织开展新兴产业领域人才评价试点;依托前海平台借鉴新加坡、迪拜等国家实行的低税率引才做法,对境外人才个税超过15%部分给予补贴,同时积极推动深港专业资格互认,创新开展内地与港澳律师事务所合伙联营、港资工程建设项目试点等,并制定香港注册税务师、会计师、房屋经理等政策,吸引香港人才到前海从业。目前全市累计引进人才约400万人,其中"海归"5万人、"千人计划"人才103人、"孔雀计划"团队59个、全职院士12人,全国十大创新型人物中,深圳有5个。工业设计是创新的重要环节,深圳已拥有10万名设计师,工业设计引领全国,2014年深圳工业设计产业增速是工业增速的4倍,拥有各类工业设计机构近6000家,数量占全国的50%以上,获德国IF设计大奖数占全国三分之一,工业设计应用范围覆盖工业全领域,企业内设设计部门近4000个。

三是努力推进科技创新与产业创新联动。科技创新是为产业创新服务的。深圳坚持以科技创新来推动产业创新和经济结构调整,实现了产业转型升级,形成了产业竞争力。与此同时,产业转型升级进一步形成新的经济增长点,带来了更高技术含量、更高附加值的经济成果。近年来,一方面,深圳坚持开放创新,开展国际、国内的创新合作,参与中微子实验国际合作项目、欧盟地平线2020研发计划、国际基因组计划、国际植物组学研究等国际大科技计划。推进"深港创新圈"建设,两地累计投入3.5亿元联合资助科技合作项目,香港在深圳建立了43个科研机构,累计研发项目超过400个;加强与国内名校、大院、央企等的产学研合作,如与清华大学合作建立"清华大学深圳研究院",推进双方优势互补,使更多科研项目落地深圳;推进深莞惠三市共建区域创新体系,加强创新资源共享、成果转化、人才培养等方面合作。另一方面,深圳全面推进产业链招商,针对产业集群已基本形成的特点,对全市各区进行产业定位,以国际化特色产业园区为载体,开展有针对性的招商引资,完善产业链缺失部分;加强与专业机构合作,如与11家国际机构深度合作,收集外资企业投资动向,与10多家国内机构建立战略合作伙伴关系,及时了解国内企业动向。2014年深圳在机器人、新能源汽车、航空航天等新兴产业领域,吸引了加拿大、美国、瑞士等研发中心入驻,完善了上游产业链。产业链的完善又进一步促进了创新创业环境的完善,使深圳创新土壤更加肥沃,进入产业发展与创新驱动的良性循环,全球创新资源加速向深圳汇集,仅2014年就有美国、以色列等44个国内外声名显赫的创新团队项目来深圳投资创业。

四是积极营造综合创新生态体系。实现创新发展必须有完善的创新生态体系。深圳大力发展"科技+金融""科技+文化""科技+物流""科技+生态"等新模式,形成了支撑经济、文化、社会、生态文明等各领域、各环节和全过程的综合创新生态体系，致力于推动科技创新转向产业创新，产业创新又与商业模式创新、企业创新、文化创新、金融创新等形成联动，这种创新链把各种创新要素整合形成正向振荡与良性循环。深圳的信息技术比较发达，而文化是开放包容的，"科技＋文化"使深圳崇尚创新、宽容失败的创新文化浓厚，这种氛围和文化促使科研机构和企业等积极推进各类创新。良好的创新生态和创新文化，使深圳形成了具有吸引力、竞争力的创新环境，比如深圳创业湾创业广场，已成为可与北京中关村创业大街相媲美的创新高地，各种高层次公共服务平台相继入驻，如国家知识产权局、中国并购公会、广东现代服务交易中心、深圳软件行业协会、联合产权交易所等机构纷纷扎堆设点，为创新创业者提供专业到位的服务，由此吸引了一大批世界知名创业孵化器入驻。良好完备创新生态体系的构建，极大地拉低了创新成本，一批"创客"纷纷入驻。"创客"意指把各种创意转变为现实产品的人，在深圳，只要你有想法，人人都有条件成为创客，而且良好的创新生态可以助你成功，如今深圳已具有完备的创客产业链，创客在深圳可完成从产品研发、做出样品再到批量生产的全过程，柴火空间、开放制造空间、创客工场、矽递科技等创客机构在国内外创客领域已有一定的知名度和影响力。在龙岗区，一个低成本、便利化、全要素、开放式的深圳东部创新创业中心已悄然成型；在罗湖区，打造创新生态，吸引"世贸基金科创委"在区内建立了"国际创客空间"。

五是注重突出企业创新的主体地位。企业是创新的主体。深圳坚持以需求为导向、以应用促发展，发挥企业在技术创新决策、研发投入、科研组织和成果转化中的主体作用，形成了以企业为主体、市场为导向、产学研相结合的技术创新体系。深圳积极推动建立企业主导的技术研发体制机制，将80%以上的财政科技资金投向企业，至2014年年底，全市拥有国家级、省市级各类创新载体643个，占全市总数60%以上，组建3D显示、大数据等39个产学研联盟，形成了六个"90%"，即90%的创新企业为本土企业、90%的研发人员在企业、90%的研发投入源自企业、90%的专利产自企业、90%的研发机构建在企业、90%以上的重大科技项目由龙头企业承担。积极推动科技型企业成为中坚力量，重点扶持高成长性的创新型中小企业，目前深圳有科技型企业超过3万家，其中产值超千亿元的3家、超百亿元的17家、超10亿元的157家、超亿元的1203家，国家级高新技术企业达4742家。强化税收优惠政策的落实，2014年为1500多家企业通过研发费用加计扣除减免税收57亿元，为近万份企业技术合同提供登记服务，减免税收近15亿元，为3800多家国家高新企业减免企业所得税近63亿元，去年深圳高新技术产业增加值达5173.49亿元，增长11.2%，高于规上工业增加值增速2.8个百分点。积极推动科研型企业模式的创新，中科院深圳先进技术研究院是一个典型的例子，"深圳先进院"把科研、教育、产业、资本融合在一起构成"四位一体"模式,具备企业、研究机构、事业单位、民办非企业等特征,但又不完全等同于其中任何一类,以科技创新为核心的特征十分鲜明,同时又要自身向市场找饭吃,推进了机构与企业合作、科技与产业结合。目前该院办了四个孵化器,发起成立了四个投资基金,孵化企业200多家,自身占股份企业超过70家。据评估,其独特的"四位一体"模式,创新效率是传统模式的30至60倍,已成为科研与产业结合的重要通道。目前这类"四不像"企业在深圳已有115家。

三、几点启示

当前,创新驱动已成为出现频率最高的"热词",各地都在谋划创新驱动、都在推进创新驱动。2015年以来,江苏省委、省政府先后就"深入实施创新驱动发展战略"和"打好转型升级攻坚战"召开大会并做出全面部署,全面实施创新驱动发展战略的大潮已经起势。面对新的形势任务,我们必须清醒地认识到,习近平总书记对江苏发展提出的最新要求,"经济强"是重要内容,而"经济强"的核心体现在"创新驱动强",经济是基础,没有"经济强""创新驱动强",实现"建设新江苏"的目标就无从谈起;我们要适应经济发展新常态,无论是化解经济发展中的矛盾、还是调整经济结构,无论是转变发展方式、还是谋划未来发展,正如省委罗志军书记所强调的,加快实施创新驱动发展战略都是关键一招、最大绝招;作为走在全国前列的苏州,党中央和江苏省委、省政府始终对苏州发展寄予厚望,省委罗书记在全国"两会"参加苏州代表团审议时要求,苏州要增强责任意识和担当精神,在创新驱动发展上要有务实举措。我们必须认清形势、强化担当,顺应趋势、主动作为,借鉴创新、重点突破,唯此苏州才能实现经济增长"中高速"、产业发展"中高端",才能在新一轮发展中立于不败之地,为全省全国发展做出新的贡献。

1. 必须牢固确立"抓创新就是抓发展"的理念。习近平总书记深刻指出,抓创新就是抓发展,谋创新就是谋未来,这在当前具有很强的战略指导意义。深圳实践的成功之处就在于,发展与创新不是"两张皮",而是把创新与发展紧紧结合起来,从未来发展高度来推进创新,从构筑创新驱动引擎高度来解决发展的根本问题。近年来,深圳经济各项指标稳定增长,走在全国前列,支撑其质量型增长的关键是创新,而经济的健康发展又为创新和转型营造了良好的环境。我们往往会进入一个认识误区:发展或者经济增长是"眼前问题",而创新则是"长远问题"。深圳实践告诉我们,发展,绝不是求一时之增长;创新,也不能就创新论创新。创新型项目的落地,对区域经济发展具有"乘数效应",不仅促进了当前经济的增长,更构筑起决定长远发展的引擎;不仅带来了技术,同时也带来了资金,更从根本上带动了产业结构、经济结构的优化升级。2015年以来苏州经济呈现稳中有进、稳中趋缓态势,科技支撑和技术引领作用正在增强。这一方面说明苏州的创新驱动、转型升级已见成效,但更要看到经济下行压力仍然存在,发展中的根本矛盾远未化解。我们必须清醒地认识到,实施创新驱动、推进转型升级,不仅是一场攻坚战、更是一场持久战。我们绝不能因经济"稳中有进"而有所懈怠,更不能因抓稳增长而放松抓创新,必须始终保持坚定不移抓创新的定力与韧劲,久久为功、驰而不息,把创新与发展、当前与长远更好地结合起来,形成创新与发展互动、联动的格局。

2. 必须充分认识创新驱动实质是创新型人才驱动。实现创新型人才驱动,这是创新驱动的核心所在。我们需要的是具有创新能力并在企业等平台从事科技创新的人才。深圳近年来紧紧抓住政策创新与配套服务,创新人才加快集聚,每一家成功的创新型企业后面就有一位创新家,每一位创新家都带领着一个创新团队,一批创新企业撬动了一个产业的形成,从而推动了深圳经济的持续健康发展。我们必须看到,苏州要形成这样的集聚效应和驱动效应,关键是要成为精英人才、技术人才、点子人才、中介人才等优秀人才的集聚地,而前提是要形成良好的创新生态。应该说,近年来我市在这方面已经取得了比较明显的成效,如何采取更具针对性、创新性的举措,是一个重要问题。比如,苏州人才的集聚效应是比较明显的,但高层次领军人才创办企业的规模、创新产品的产业化率、领军人才的引领作用等方面还存在不足,这深层次反映了我市在企业融资、配套人才、创新氛围、服务跟进等方面还存在诸多矛盾,亟待在这些方面创新举措;比如,在各种优惠政策效应递减情况下,加快营造具有差别化、竞争力的创新环境是一个大问题,如何构建起低成本、便利化、全要素、开放式的众创空间,打造具有吸引力、竞争力的配套服务,使企业真正成为创新赛场的"竞技者";比如,苏州中小企多是一大特点,如何通过市场化机制、政策性扶持、专业化服务与资本化途径,把有前景的草根创新企业、创客企业扶上马、送一程,使之尽快成长为能够引领未来经济发展的骨干企业、龙头企业,形成新的产业业态与经济增长点;比如,创新项目的研发是一个较长过程,不可能等到全部成果出来后再激励,必须改变激励创新型人才的方式,如加强绩效考核、尝试分阶段目标奖励、股权激励等。

3. 必须始终注重发挥政府与市场的作用。实施创新驱动,必须牢固确立企业的主体地位,发挥企业作为市场主体的积极作用,那是否意味着政府作用可有可无?答案是否定的。深圳实践告诉我们,实施创新驱动,我们绝不能一说"企业是市场主体",政府就撒手不管,关键要解决政府"如何为""为什么"的问题,要通过体制机制改革,形成"市场之手"积极引导、"政府之手"强力推进,"市场"与"政府"两手协同、两手互动格局。我们必须看到,企业直接面对着瞬息万变的市场,它可以最敏锐地感觉到市场需求,从这个意义上说,创新技术、创新产品绝不是我们"规划"出来的,而是在市场竞争中形成的,这个主动权在企业,而政府重在引导、扶持、促进与服务。在大众创业、万众创新形势下,我们尤其要善于发现、重视培育草根创新、具有成长性的创新,这类企业最需扶持同时也是苏州创新的重要支撑,加大对这类企业的扶持,无形中也对创新环境的营造具有积极意义。作为政府,除了要营造良好的服务环境和政策环境外,更要主动积极培育其他城市难以企及的产业配套能力,致力于推进形成相对完整的产业链、创新链和人才链,以政府的创新之举与主动作为,让更多真正的企业家、创新家冒出来,使创新活动更有成效,创新成果更有质量,创新驱动更可持续。

4. 必须努力以开放创新集聚全球资源。一个值得关注的现象是,尽管深圳没有知名的高校、顶尖的院所,但这座年轻的城市却正在成为创新人才集聚的高地,成为最具创新活力的城市。很重要的是深圳在实施创新驱动过程中,创新了思路、理念和举措,以开放创新解决本土创新资源不足问题,在深圳形成了创新的"流",为其实施创驱动战略提供了智力支撑与人才保障。与深圳相类似,苏州也存在本土创新资源不足的问题,更在城市能级上与深圳相比有很大落差,这些都从根本上影响到苏州对高层次人才的吸引力、苏州财税的留成与使用能力等。我们必须正确面对这一现实,同时要深刻认识到,创新的源头是开放,只要我们以开放的思路来谋划创新,以创新的举措来放大优势、集聚资源,我们就能克服这一"短板"效应。比如,推进原有平台的功能创新,以增强集聚高层次资源的能力。最近园区综保区建成国内首家贸易功能区的做法颇具启迪意义,综保区被视为"境内关外",企业不具有一般纳税人资格,区内企业不能开展国内进口分销业务,国家批准设立贸易功能区后突破了这一政策瓶颈,改变了保税区只有"保税货物"一种形态,可增强吸引外资企业来设立研发总部、结算中心、分销中心等的能力,带动产生新的业态。比如,充分发挥国家级试点优势,加快打造创新驱动核心区。国家批准设立8+1苏南国家自主创新示范区,我市拥有苏州工业园区、苏州高新区和昆山高新区三席的优势;工业园区列为国家开放创新综合改革试验区,昆山列为两岸产业合作试验区;高新区列入全国首批科技服务业区域试点。我们可以以此为契机,加大创新实践,打造苏州创新驱动的核心区,并进而增强其对全市创新的辐射带动作用。比如,借力上海优势,加快提升自身创新能级。上海创新资源丰富且创新能力强劲,当前正加快建设具有全球影响力的科技创新中心。苏州紧靠上海,素有接受上海辐射带动的传统,而随着大交通框架不断完善,苏州纳入上海大都市经济圈的同城效应日趋显现,值得加快研究苏州在创新方面的借力与配套,被动应对可能产生对苏州的"虹吸效应",而主动融入、主动接轨则有可能使苏州创新能力实现跨越提升。

5. 必须在创新驱动实践中坚持"实干"当先。从国际竞争看,但凡经济危机时期,都是科技创新的"窗口期"。最近一轮金融危机后,市场回暖乏力、世界产能过剩,要想占领市场,必须有创新技术和创新产品。深圳的实践启示我们,谁错失了这个黄金期,就可能在新一轮增长周期中处于落后位置。当前,从中央、省委、省政府到市委、市政府,均已就实施创新驱动发展战略做出部署,关键在于落实。我们必须切实增强责任感、紧迫感,把握好机遇,谋划突破口、找准切入点,强化实干当先、责任担当,以钉钉子精神一项一项抓落实,而不能仅仅停留在书面的"任务分解""进度安排"上;创新是一项新事物,各级领导干部必须加强对与创新相关的新趋势、新科技、新事物的学习和研究,比如"创客""互联网+"等,确保在为企业服务中、在推进创新驱动中,不至于成为创新的"外行";创新不是单打独斗,必须形成企业间、政府间、企业与政府间的合力,切实解决好成果转化"最后一千米"问题,共同推动"小科技"向"大创新"转变,以财政"小资金"撬动社会"大资本",从而更好激发社会创新的活力。

(苏州市委党校市情研究中心)

新常态下苏州现代服务业集聚区提升发展研究

朱小海

现代服务业集聚区是按照现代经营管理理念,同类或相关服务业企业集聚互动,所形成的具有较强资源整合和辐射带动功能的集聚区域的总称。它作为服务业集中、集聚、集约发展的有效载体,是扩大服务经济规模、优化服务经济功能、加快服务经济转型的重要抓手。近年来,我市依托各类要素资源、优势产业和重点项目,持续推进服务业集聚区建设,取得了较好成效。随着全面深化改革步伐的加快,中国经济进入增速阶段性回落的新常态时期,"中高速、优结构、新动力、多挑战"将成为当前和今后一个时期的重要特征。我市现代服务业集聚区要实现转型升级发展,必须在总结现有经验的基础上,适应新常态,谋划新思路,落实新举措。

一、发展态势喜人、问题值得关注

我市根据省统一部署,自2007年启动现代服务业集聚区创建工作以来,重点围绕中央商务区、创意产业园、科技创业园、软件园、现代物流园、文化休闲旅游区、大型专业市场7种形态,开展了5个批次的认定和调整工作,截至2014年年底累计建成省、市两级服务业集聚区74家,其中省级服务业集聚区19家。

一是规模总量不断扩大。2007年,我市从12家集聚区发展起步,当年入区企业仅有3.16万家,就业人数18.47万人。在政策的有效引导下,各经济主体加大建设运营力度,经过短短几年努力,实现了跨越发展。2014年,74家省、市集聚区共有入区企业8.7万家、实现营业收入11408.4亿元、实现利税445.6亿元、完成投资726.9亿元,比上年度分别增长9.3%、16.5%、18.3%和10.5%。狮山中心商务区、园区现代物流集聚区等17家集聚区年度营业收入超过100亿元,其中昆山花桥国际商务城、常熟服装城等6家集聚区营业收入超过1000亿元。

二是服务功能持续完善。各集聚区始终重视公共信息、检验检测、技术、培训和统计等服务平台的建设,为入区企业开展业务提供便捷、周到的配套服务。同时,随着项目建设的逐步到位,各集聚区还进一步在环境打造、积聚人气、物业服务、品牌提升等方面也加大了投入力度,取得了较好成效。如博济科技园形成了O2O招商、社区服务、在线办公、IBS管理、众创空间、服务超市等六位一体的全方位运营服务体系。东方丝绸市场引导企业开拓市场,构建内外贸易互动平台,通过举办多种形式和层次的大型会展活动,吸引国内外服装生产企业、采购商、贸易商与市场内企业和经营户直接对接,实现采购商和供应商零距离接触。吴中科技创业园打造"金枫网"服务平台,以政府出资设立专项风险基金和保险相结合的方式,与交通银行携手为企业开拓新的融资渠道——"雏鹰贷",向"雏鹰计划"名单内的科技型企业发放单笔最高100万元的信用贷款,授信期限不超过1年,并给予较优惠的利率。

三是主导产业优势日益显现。对于集聚区来说,集中、集约之外,还有一个要求是产业集聚,形成一个特色鲜明的主导产业。昆山花桥国际商务城大力发展以金融BPO为主要特色的服务外包产业,2007年成为江苏省首批服务外包示范区,2009年获评"中国最佳金融服务外包基地奖"和"中国十大最佳服务外包园区",2012年以来连续入选"中国服务外包园区10强",2014年完成服务外包接包合同额4.95亿美元,离岸执行额1亿美元,分别占到昆山全市总额的31.3%和20%。张家港保税物流集聚区依托国际配送等功能兴建专业市场,形成了包括整车进口口岸、化工品交易中心、纺织品原料市场、粮油市场、名贵木材市场、进口商品集采分销中心在内的规模市场群。高新区综保区依托本地庞大的电子信息制造业优势,努力提升"苏满欧"铁路运输项目特色优势,2012年开通,2014年3月实现常态化运行,1年时间内,共发运出口班列49列,进口班列1列,发送货物2.4万吨,发送标准集装箱4508箱,货值3.41亿美元,成为我市响应国家"一带一路"发展战略的先行军。

四是倒逼机制驱动转型。近年来,随着集聚区全面铺开,制约其规模扩张的主要因素是土地指标,特别是一些用地需求大的项目较难落地。大部分集聚区均在努力顺应趋势,倒逼创新创优发展。常熟服装城先后建立了"世界服装网""商朝网"和"中国(常熟)服装城电子商务平台"等一系列电子商务平台,打造"常熟服装城网商产业园",通过集聚规模型电子商务网商、软件商、运营服务商,大力发展线上线下结合的销售模式,2014年电商交易额突破200亿元。太仓港与地方政府、海关、国检等单位紧密合作,深化"苏太联动"快速通关模式,建成太仓港信息中心、口岸集中查验中心等载体,在高新区、工业园区和昆山设立服务中心,布局"无水港",延伸太仓港港口服务功能,为企业提供更便捷、低成本、低风险的物流模式,助推区域经济转型升级。

与此同时,我们也必须看到我市服务业目前存在的问题,主要集中在三个方面：一是集聚区之间的发展不均衡。2014年，19家省级集聚区实现营业收入6616.2亿元、实现利税222.5亿元、完成投资332.7亿元，分别占74家集聚区总盘子的81%、69%、57%，企业数59223家，占总盘子的67%，省、市两级的差距较大，存在着少数支撑全局的现象。此外，营业收入最大的集聚区和最小的集聚区相差4100多倍，税收相差3200余倍，且各数量级集聚区都有，呈离散分布状态。二是部分集聚区项目建设遭遇瓶颈。大部分集聚区经过前几年的大规模建设，土地和空间资源已所剩不多，特别是规划、用地指标不断收紧，对依赖于外延式发展的集聚区提出了较大挑战。部分项目建成后，还出现了与预期不符的新情况：昆山软件园因离主城区较远，生活配套缺乏，在引进项目和人才时遇到较大制约；中国珍珠宝石城因礼品市场不景气，业务出现萎缩；多数科技服务业、软件业集聚区的企业规模普遍较小。三是区内业态布局逐渐呈现分化状态。部分集聚区在初期只是确定了一个主题，随着招商和运营的展开，对具体业态布局和行业状况研究不够，特别是面对纷繁复杂的中小企业，缺乏足够的筛选辨别能力，加上经营者自身素质参差不齐，以及对租金收益等短期利益的考量，吸纳了一些不相关的企业，特别是少数创意产业园、软件园甚至出现了偏离主业的倾向。

二、借鉴外地经验、理清苏州思路

现代服务业集聚区不是我市首创，更不是我市独有。我们在自身发展的同时，也必须关注上海、北京、杭州等国内先进城市的做法。这些城市的先进经验值得我们借鉴，主要体现在以下三个方面：

一是在空间结构上，上海构建了"多核多点多圈层"的网络化结构。2005年，上海市政府在《上海优先发展现代服务业行动纲要》中率先提出了现代服务业集聚区的概念。鉴于国际大都市的特点，上海将"微型CBD"（MCBD）作为服务业集聚区的主要形态。上海首批认定的20个集聚区从分布情况来看，内环以内7个，内外环间7个，外环以外6个，较好地体现了推进上海新一轮发展的功能，缓解了中心城区商务功能过度集中带来的压力，由市中心地区逐步向周边重点地区分散化、多极化发展，形成了新的产业发展高地。

二是在发展导向上，北京更加注重培育多元化的创新主体。中关村国家自主创新示范区是我国第一个国家级高新技术产业开发区，在全国率先实现了产业结构向高技术服务业的转型，聚集了以联想、百度为代表的高新技术服务企业1万多家。在20多年的创新实践中，逐步形成了以科研机构知识创新为基础、以企业技术创新为动力、以政府环境建设和专业化中介为支撑的，动态发展的，具备较强自组织和自学习能力的创新网络。

三是在发展组织上，杭州突出发挥龙头企业的带动引领作用。杭州在集聚区建设中注重引进和培育龙头企业,发挥大企业与大集团关联性大、带动性强的集聚辐射效应,如中国互联网经济产业园集聚了以阿里巴巴、网易为代表的一批知名龙头企业,在这批企业的带动下,基于互联网技术的电子商务产业成了杭州高新区近年来成长最快的产业。

今后一个时期,服务业集聚区都将是我市服务业发展的主战场与主阵地。在新常态下,做大、做强、做优服务业集聚区,是构建以现代服务业为引领的产业格局的重中之重。我们初步设想,到"十三五"末,集聚区基本形成"定位科学、特色鲜明、功能完善"的发展格局,成为发展服务经济、提升城市功能的功能型区域,促进经济结构转型、经济发展方式转变的创新型区域,广泛应用新一代信息技术的智慧型区域,以及具有示范引领作用的低碳型区域。具体为:现代服务业集聚区总数达到100家;现代服务业集聚区实现服务业增加值占全市服务业增加值比重超过65%;现代服务业集聚区内生产性服务业占服务业比重超过65%。在发展方向上力求实现"五个转变":

从一般集聚转变为枢纽经济。坚持规划先行,优化枢纽空间布局,重点是以枢纽交通基础设施建设为依托,加快将不同产业的现代服务业集聚区建设成为物流枢纽、金融枢纽、信息枢纽、市场枢纽等,加速人流、物流、资金流、信息流的集聚和扩散,辐射带动周边区域全面发展。

从单点服务转变为平台支撑。技术服务平台突出为区内企业提供核心技术支撑,满足技术需求层级升级的要求;人才服务平台满足区内企业对不同层次人才的需求,特别是创新型领军人才的需求;融资服务平台为区内企业发展过程中不同阶段需要提供融资服务,分散风险,分享收益;同时提供行业协会和商会的服务。

从分散发展转变为合作协同。一方面要强调契约关系、法律、制度、行业规范等网络治理机制对集聚区内成员各方发挥的约束功能,保证区内竞争合作的公平有序;另一方面要关注非正式治理机制建设,培育共同的文化氛围,增加集聚的协同效应。

从规模导向转变为创新导向。突出企业的创新主体地位,同时重视发挥政府、行业协会、科研机构、中介服务机构和金融机构的作用,通过知识资源共享、优势互补、共同投入、风险共担方式进行合作创新。

从低端推进转变为高端攀升。对已经建成的产业链条不完善的服务业集聚区,进行补链,形成比较稳定的供货和采购的上下游关系及信息传递交换;积极吸引国际直接投资,通过对接代表先进技术和生产效率的全球价值链,实现全球价值链升级。

三、明确重点举措、加大工作力度

我们要围绕发展目标,落实工作举措,推动苏州服务业集聚区快速、健康发展。

一是统筹规划,优化集聚区的空间布局。服务业集聚区的布局是全市服务业生产力布局的关键。按照区域特点和发展需要,推进集聚区的整体规划,统筹考虑产业布局、轨道交通、土地利用和建筑形态,突出核心区概念,强化规划的前瞻性、操作性和约束性,强化集聚区产业规划与城市总体规划、土地利用规划的衔接。总体上要形成"1个服务业高地",构建"5条服务业发展轴带"。中心城区要优先发展现代服务业,形成集聚服务产业、人才、资本和信息的服务业高地,中心城区之外服务业布局分别是沿沪宁主通道生产性服务业发展轴、沿苏嘉杭主通道大流通服务业发展轴、沿湖环山休闲旅游产业带和沿江现代物流产业带。布局规划事关全局,因此要建立联合推进、协调发展的保障机制,建立全市服务业联席会议机制,建立重点项目市、区、县联合推进机制。

二是分类施策,促进集聚区的协同发展。各集聚区的推进要根据建设进度的不同而有所侧重。基本建成的集聚区在深化产业定位的基础上,以拓展提升功能、放大集聚效应为主,注重产业结构的调整和企业能级的提升,打造产业集群,提高特定优势产业的集聚程度;部分建成的集聚区在加快建设推进的基础上,注重配套功能的完善和市场品牌的塑造,加大宣传和招商力度,加快形成服务企业的集聚;尚未建成及新增集聚区围绕区域功能定位,明确发展方向,采取有针对性的措施,突破瓶颈,加快空间载体建设,实现建设效率和效益的最大化,同步做好招商引资工作。各集聚区加强与周边区域的协同和联动,进一步增强集聚区与集聚区、集聚区与中心城区或新城区的联系,强化集聚区对周边区域经济发展的辐射带动作用,对外参与长三角周边城市分工合作,对内辐射带动周边地区提升能级,不断扩大辐射半径。积极争取国家和本市促进服务业发展的各项政策、扶持资金和重点项目向集聚区倾斜,对重要的功能性项目和龙头企业,优先考虑在中央及地方各专项资金中予以扶持,并用好用足本市服务业引导资金等各类专项资金,探索完善集聚区项目建设审批"绿色通道",强化平台的跨地区、跨部门的资源组织能力,为企业提供专业化、高质量的公共服务。

三是围绕重点,打造集聚区的功能特色。结合服务业发展特点,从"具有较强国际竞争力的节点型全球城市和现代化国际大都市"建设的功能性要求出发,分析研究集聚区的自身条件和系统差异性,突出各自的业态和功能特色,将现代商贸、金融、航运、会展、物流、专业服务、电子商务、信息服务以及制造业配套服务等领域的服务企业作为吸引和集聚的重点,打造各集聚区在地域、功能和形态方面的鲜明特色,集聚行业龙头企业及相关上下游企业,延伸产业链。中心城区的集聚区重点以综合商务和特色专业服务业为主,外围的集聚区以与制造业配套的服务业以及商旅文服务业为主,沿沪地区依托毗邻上海的优势,突出高端商务、总部经济等业态功能,承接上海现代服务业的外溢和辐射。利用多种形式开展集聚区的宣传,统筹策划和组织安排集聚区的统一形象宣传,全面客观地展示集聚区建设成果,扩大社会影响力和公众认知度。

四是创新模式,发挥集聚区的载体作用。采用联合开发机制,注重市场化运作,择优引进设计方和开发商,协调各方利益关系,鼓励外资、民资和各类社会资本参与开发建设,吸引各类社会资本和经济主体参与集聚区的建设发展,不断拓展集聚区的品牌效应,体现集聚效应;制订集聚区招商引资导向目录,重点引进符合苏州现代服务业发展方向的企业,充分发挥行业协会、投资促进机构、已入驻企业等在招商引资中的作用,形成多渠道、多方位的推介格局;聚焦总部经济和研发中心、营运中心等功能性服务机构,着力引进关联性大、带动性强的大企业、大集团,引导各行业龙头企业进驻;将集聚区建设成为服务产业融合发展、各类服务业新兴业态不断涌现的前沿阵地。

五是完善配套,提升集聚区的综合功能。从完善功能、集聚人气和营造氛围出发,以入驻企业的共性需求为导向,合理配置商务、商业、文化、休闲、会展、餐饮、酒店、娱乐、住宿等功能,推动集聚区配套设施的完善,提升综合服务功能。加强供水、供气、公交等公用事业基础设施建设和运行维护管理,完善交通集散、信息网络、教育文化、医疗卫生等综合配套设施。吸引相关产业的上下游企业和信贷、融资、咨询、物流、孵化等各类专业服务企业入驻,在满足企业开展基本商务活动的同时,不断改善和优化区域整体商务环境,为企业提供及时、便利、高效的服务,促进企业之间的业务往来和联动发展,实现商务活动的高效与优质。

(作者系"苏州市年轻干部经济素养提升培训班"学员,市发改委服务业处处长)

苏州市众创空间发展现状与政策优化

傅伟明

为了适应新常态引领新常态,中央提出了"大众创业、万众创新"的国家发展战略和大力发展众创空间,助力实体经济的战略任务。2010年创客空间进入中国,上海新车间是中国第一家创客空间。2015年1月4日李克强总理来到深圳"柴火创客空间"考察,称赞创客的活力和创造将会成为中国经济未来增长的不熄引擎。2015年3月11日,国务院出台《关于发展众创空间推进大众创新创业的指导意见》的文件,提出了加快发展众创空间等新型创业服务平台的基本要求和发展目标、重点任务,随后全国各地掀起了众创空间的建设热潮。总体来看我国创客空间仍处于发展初期,部分创客空间自身发展仍较艰难,创客文化尚未得到广泛认同和尊重,其带动自主就业、推动经济发展、营造创新文化作用及影响仍很有限。

一、苏州市众创空间发展实践及现状

从21世纪初开始,苏州就开始鼓励创新创业、发展众创空间,十几年来涌现出了一大批重点突出、资源集聚、服务专业、特色鲜明的孵化基地和大学生创业基地等。为落实中央《关于发展众创空间推进大众创新创业的指导意见》,2015年5月,苏州市政府审议并通过了《苏州市实施"创客天堂"行动发展众创空间若干政策意见》,从支持众创空间建设、突出市场运营导向、集聚创新创业主体十个角度助跑创新创业生态系统,并明确了到2020年苏州市将拥有众创空间等新型孵化机构超过300家,集聚各类创业创新人才超过10万人,新增创新企业超过3万家,全市创业导师队伍达1000人的发展目标。为实现这一发展目标,《意见》提出了一系列扶持政策,对市级认定的众创空间给予最高50万元的奖励,对获得国家级、省级认定的众创空间等新型孵化机构给予最高50万元奖励。姑苏科技创业天使计划优先支持众创空间推荐的创业团队或项目,符合条件的给予5~10万元创业补助和20~50万元项目资助。市级科技计划支持众创空间建设公共研发服务平台。对众创空间推荐的优秀创业者,可优先申报"姑苏创新创业领军人才计划"。鼓励现有科技企业孵化器、大学生公共创业实训基地、大学科技园、文化创意产业园、农业科技园、在苏高校和职业院校等为创业者提供综合服务平台和发展空间,符合条件的可参照市级众创空间给予经费奖励。鼓励各地区、各部门对众创空间的房租、宽带网络、公共软件等给予适当补贴。对具备独立法人资格的众创空间按绩效给予后补助,每年最高50万元。鼓励创业人员、企业使用共享服务平台入网仪器开展研发活动,根据使用费用给予最高20%的使用补贴,每年最高30万元。支持技术转移、创业孵化、科技金融、研究开发、检验检测认证、科技咨询、知识产权等科技服务机构为众创空间的科技型中小企业服务,凭实际发生的服务记录给予补贴,每年每家最高20万元。由此苏州众创空间获得了快速发展,各地的众创空间如雨后春笋般不断涌出。

2015年6月,苏州市科技局印发了《苏州市众创空间等新型孵化机构认定和绩效管理办法(试行)》,规范了我市众创空间认定条件以及众创空间的绩效考核细则,明确了众创空间的发展要求,有力推动了众创空间发展,为众创空间的发展又加了一把火。2015年9月,苏州市人民政府发布了《进一步做好新形势下创业就业工作的实施意见》,进一步推动了苏州大学生创客的创业创新进程,以及众创空间的有力发展。

2015年11月,苏州市科学技术局认定了苏州市第一批众创空间等新型孵化机构37家,如工业园区金鸡湖创业长廊、高新区苏州创客峰会、昆山两岸青年创业园、苏州自主创新广场苏创空间等,进一步规范和引导我市众创空间的发展,同时释放了政府发展和扶持众创空间的政策信号。

2016年2月,国务院办公厅下发的《关于加快众创空间发展服务实体经济转型升级的指导意见》指出,要为实施创新驱动发展战略、推进大众创业万众创新提供低成本、全方位、专业化服务,促进人才、技术、资本等各类创新要素的高效配置和有效集成,推进产业链、创新链深度融合,不断提升服务创新创业的能力和水平,《意见》进一步推进了我市众创空间发展并为众创空间发展提出了方向指导。

2016年3月,苏州市众创空间协会成立,全市90家众创空间入会,占目前市众创空间总量的95%以上。

2016年7月,本年度苏州市第一批众创空间等新型孵化机构拟认定名单公布,总计39家。

目前苏州市被认定为国家级的众创空间已达8家,被认定为省级的众创空间为47家,市级认定的76家。苏州快速发展的众创空间,不仅是加快推进苏州实现"大众创业、万众创新"的有效载体,更是推进我市创新创业活动的有效抓手,以及推进苏州建设苏南国家自主创新示范区核心区的关键一步,有力助推我市创新驱动引领经济新常态。

二、苏州市众创空间发展中存在的问题

众创空间是顺应网络时代创新创业特点和需求,通过市场化机制、专业化服务和资本化途径构建的低成本、便利化、全要素、开放式的新型创业服务平台的统称。这类平台为创业者提供了工作空间、网络空间、社交空间和资源共享空间。苏州在发展众创空间中成效显著,但在强力推进众创空间发展过程中也存在着一些问题。

1. 众创空间的发展定位不清

随着大众创业万众创新热潮在全国掀起,苏州也加快了发展众创空间的脚步,众创空间的数量有了突破性增加,目前众创空间超过了100家,但由于众创空间在2010年才引进我国,我市政府、学术界、产业界对众创空间的认识还有许多不足,因此对于众创空间的发展思路不明、发展定位不清,这样造成了众创空间与地方产业关联性不强或背离,对于推动地方经济发展的成效不显著。

众创空间发展较好的城市对众创空间定位清晰明确,如北京众创空间专注智能家居、可穿戴设备、集成电路、物联网设备的智能硬件等产业,上海众创空间发展领域涵盖智能机器人、生态农场、智能家居等方面,南京创客空间项目涵盖3D制鞋、汽车服务平台、云交互玩具设计平台、四轴飞行器、医疗监护、电子鼓、智能家居应用等领域。据实地调研,我市的绝大多数众创空间很少与当地优势产业关联,定位模糊不清,鲜有几家众创空间根植于本地优势产业,如精工创客工场定位于我市制造业。

2. 众创空间的形式内容不符

创客通常面临资金少、融资难、风险承受能力低等困难,而创新项目往往投入大、风险高、周期长,因此本质上来说创客空间是一个开放共享的实验室,供创客们进行知识、创意的交流与分享,共同工作来创造新事物、新产品的一种新型学习生产空间,以及供应链配套、生产配套、市场营销、国际化拓展的资源集聚空间。

苏州大部分众创空间的建立,基本上是提供物理空间的建设基本工位,背离了创客空间的内涵与本质,没有配备常规创客空间常用的3D打印机、激光切割、数控机床等新型的生产设备以及各种数字化生产工具,以及广泛采用的Arduino单片机等开源硬件平台,以方便软硬件高手、电子艺术家、设计师、DIY爱好者利用开源软硬件、桌面3D打印机和互联网分享与交流创意,并自己动手将创意转变为硬件。因此绝大部分众创空间的建设出现了众创空间形式与创客内容的"两张皮"现象,造成众创空间与创客项目的不匹配,大多数的众创空间是工位多而创客少,极少部分众创空间是工位少创客多。

当然还有众创空间的公司注册存在"一址多照"、集群注册的登记困难。

3. 众创空间的孵化能力有限

创客们在创新、创业时因缺少相关要素,如资金、产品策划、供应链、生产、营销等,需要众创空间提供相应孵化服务。因此众创空间的核心价值不在于提供办公场地,而在于提供辅助创业创新的服务。各种形式的众创空间都在通过各自的方式向创业者提供各种类别、不同程度的基础服务,提供工位注册的工商服务,帮助初创企业进行扶持政策的申请服务,还包括培训辅导、融资对接、活动沙龙、财务法务顾问服务,此外个别众创空间还自己设立天使或早期基金提供金融服务。

当然提供这些服务需要具有高素质的管理人员,但事实是我市各类众创空间的工作人员不具备孵化创客的素质,不能有效地为创客提供针对性的、有效的一对一咨询服务,这自然也不能为众创空间运营商获得可持续服务收入。

4. 众创空间的赢利模式同质化

一般来说,众创空间运行实体的性质有国营和民营二种,盈利模式有三个渠道:一是空间出租费、工具租赁费和政策补助,二是创意产品销售费,三是在孵化项目股权收益。

对于苏州的绝大部分众创空间来说,无论是国营还是民营,其盈利模式基本相同,就是以空间租赁费、政府补贴(认定补助、空间补助、活动补助、绩效评估补助)作为主要收入来源,而通过各类孵化服务如投资服务获得的可持续收入较少,因此收入来源单一且没有可持续性,众创空间进一步发展受限。一旦政策扶持被取消,将有一批众创空间因无力维持而被淘汰出局。

5. 创客服务链机构不完善

众创空间因提供优质高效孵化服务而推动创客成功,从而正反馈于众创空间的持续发展,但是我市众创空间自身提供的服务没有特色,基本上是普通的商务服务、生活服务、政务服务,而对创客真正需要的高端服务如产品设计服务、市场服务、商业模式构建、资本服务等,因能力不足或无资源支持造成自身无法提供,这影响了创客们的发展突破,也影响了众创空间的盈利能力。当然这主要是由于我市还未形成创客服务生态,即缺少相应的有能力提供专业服务的众多服务机构。

6. 政策导向力度不够

目前我市出台了一系列的众创空间扶持政策来推进众创空间的发展,一方面这些政策导向不明,在扶持内容上存在重空间物理认定补助、轻绩效评估补助,在扶持对象上存在重众创空间主体补助、轻创客主体扶持,在扶持活动上重一般孵化服务、轻专业服务。另一方面,这些政策力度不够,因实行低门槛普惠制造成扶持资金使用的分散,资金使用力度弱化。所以政策效用、资金效应不明显。

三、苏州市众创空间发展政策调整优化

政策扶持更多的是导向和促进作用,我市的一系列政策如《苏州市实施"创客天堂"行动发展众创空间若干政策意见》《苏州市众创空间等新型孵化机构认定和绩效管理办法(试行)》和《进一步做好新形势下创业就业工作的实施意见》在推动众创空间发展过程中发挥了积极作用,随着众创空间发展从量到质的提升,一方面要调整优化管理方式,众创空间由认定制改为备案制,众创活动由台账检查制改为备案抽查制,另一方面扶持政策应适当调整优化,扶持政策应从空间认定扶持转向绩效评估补助,扶持资金应倾向于众创空间、创客、服务机构等主体,政策优化包括众创空间硬件投入的后期补助,众创空间高端孵化服务的政府购买,创业团队的住房补贴或廉租房提供,创业团队研发投入按比例资助,创业团队享受公共服务优惠如图书馆服务、各类云平台服务等,并且确保以下几个方面的政策保障:

一是与产业匹配融合。众创空间要有活力,让创客活动可持续,一定要根植于我市优势产业或发展中产业,这样才能将创客的创新、创意与产业紧密结合起来,才能推动当地经济的持续发展。众创空间的产业化特色,一方面通过政府的扶持政策来规划或明确,引导众创空间建设与产业融合,否则不纳入政策扶持范围。另一方面就是鼓励企业参与众创空间的建设,特别是具有实力的科技型公司建设众创空间,实现新增长点的培育,以及获知用户个性化需求。《苏州市关于实施"创客天堂"行动发展众创空间的若干政策意见》指出重点支持民营企业和外资企业依托技术、产业、规模优势兴办便利化、全要素、开放式的众创空间,这便是与本地优势产业融合的着力点,但在落实时缺少政策保障和强化。

二是加大众创设施投入。众创空间只有根植于当地产业,才能培育当地的创客文化,推动众创空间的发展,推进大众创业万众创新的进程。为此产业性众创空间需要投入必要的个性化创客设备即硬件设施,以此吸引高质量创客,培育更多产业性创业项目,从而形成创客发展与众创空间发展和产业发展的良性互动循环。因此在众创空间的扶持政策中,要设置按比例补助政策引导众创空间的硬件投入。

三是提升孵化服务能力。一般来说,提升孵化服务能力需要强化众创空间管理人员的专业理论水平、专业技能和专业经验。首先,服务人员需要具备企业成长的相关理论和知识,主要包括企业战略、组织管理、财务管理、人力资源管理、生产管理、市场营销管理、质量管理、科技管理等。其次,服务人

员还需要具备企业咨询专业理论。管理咨询是以第三方的视角,站在企业的未来,推动企业发现真正的问题、把握问题的根源,制订管理方案、落实管理举措,从而推动企业主动适应环境,动态变革组织,健康持续发展。最后,服务人员还需要具备一定的管理咨询技能,即望、问、闻、切四种基本专业的咨询方法。因此,在优化众创空间扶持政策中,要设置众创空间服务人员能力提升的政策保障。

四是盈利模式的差异化。众创空间的盈利模式与服务模式匹配,服务模式与发展定位匹配,这是众创空间发展的战略定位必须考虑的问题。由于定位的差异化,导致服务的差异化,自然盈利模式也会出现差异化。这自然能解决众创空间盈利单一(依赖房租、政策补助)的不可持续问题。如众创空间定位于机器人产业,那么众创空间提供的孵化服务自然与定位于生物医药的众创空间孵化服务不同。服务价值不同的众创空间盈利模式自然不同,从而构成了众创空间盈利生态的多样性与差异化,同时也为众创空间的良好发展打下基础。

五是完善创客孵化服务生态。一个众创空间要做到真正帮助创客发展,必须要让创客活动更加普及且有个性化、多样化。众创空间是创新与创业相结合、线上与线下相结合、孵化与投资相结合,为创业者提供工作空间、网络空间、社交空间和资源共享空间的场所。因此众创空间实际上是一个开放式生态系统,主要是为创客提供创业培训、投融资对接、商业模式构建、团队融合、政策申请、工商注册、法律财务、媒体资讯等全方位创业服务的生态体系。政府通过政策引导由市场主导构建创客孵化服务生态系统,如天使投资、创业投资、产业投资、投资担保等,完善创客孵化服务链,为完成创客的纵身一跃、最后一跳提供强有力的包括金融服务的各类服务支持。

(苏州市委党校)

关于苏州确立打造"创新型经济"目标的分析与建议

成一冰

当前,各地都已启动"十三五"规划编制工作,如何谋划好苏州"十三五"目标思路至关重要。应该看到,当前乃至今后5年,我们所面临的宏观环境,相较"十二五"已发生了巨大变化,主要表现为:一是从战略布局看,党中央做出全面建成小康社会、全面深化改革、全面推进依法治国、全面从严治党重大战略布局,今后5年将进入推进"四个全面"的关键期,尤其是2020年我国将全面建成小康社会,这是一个重要的时间节点。二是从发展阶段看,国内外环境发生深刻变化,发展的不确定、不稳定因素交织、叠加,经济下行压力仍然存在,但我国仍处重要战略机遇期的基本判断没有变,我国经济总体向好的基本面没有变。三是从区域发展看,党中央、国务院出台了一系列重大战略部署,如"一带一路""长江经济带"等,继设立上海自贸区后,又进一步设立了广东、天津、福建3个自贸区,形成了四地联动格局。四是从发展要求看,经济新常态下,资源环境的倒逼压力越来越大,发展动力转换的任务越来越紧迫,融合发展的趋势越来越明显,创新驱动的要求越来越高,必须努力保持经济中高速增长、推动发展向中高端水平迈进,实现经济提质增效升级。在这样的大背景下制定"十三五"规划,我们必须以习近平总书记系列重要讲话尤其是视察江苏重要讲话精神为指导,按照中央和省委、省政府要求,更加注重科学定位,积极融入国家发展战略,体现在"强富美高"新江苏建设中走在前列;必须科学制定发展目标,积极稳妥确定经济发展速度,更加重视提高人民生活水平,确保率先全面建成小康社会;必须切实抓好增长动力转换,统筹投资、消费、出口,强化改革、开放、创新,形成经济发展的"混合动力",突出打造创新驱动主引擎,推动经济发展平稳换挡、结构升级和方式转变;必须强化全球视野和战略思维,理清协调发展的新思路,找准区域发展的新优势,把握科技发展的新趋势,谋划改革创新的新举措。

为此我们建议,苏州有必要在"十三五"时期确立打造"创新型经济"的目标思路,推动苏州经济加快实现转型升级与跨越发展。"创新型经济"最早是英国政府在1998年提出来的,近20年来发展"创新型经济"已经成为世界各国优先考虑的战略目标。对于其含义,国内外学界多有阐述而尚无统一定义。我们试综合各方观点,并赋予其新的内涵,主要包括以下基本点:一是"创新型经济"具有高附加值、产业集群协同、产业融合发展、智力密集等特征,是一种融新技术、新产业、新模式、新业态于一体的"四新"经济;二是"创新型经济"以信息革命和经济全球化为背景,以知识和人才为依托,以创新为主要推动力,彻底改变了以往以出口拉动、投资拉动、要素拉动等为主的增长模式,是一种内生动力为主经济;三是"创新型经济"以构建一流的现代产业体系和区域创新体系为重点,在更大范围整合资源,实现科技创新与产业创新的紧密结合,是一种具有核心技术的竞争力经济;四是"创新型经济"以创新、创意、创造为核心资源,带动传统资源要素的高效、优化配置,突破了要素资源短缺、环境容量有限等瓶颈制约,是一种绿色低碳循环发展的可持续经济。

我们认为,苏州适时提出"十三五"打造"创新型经济"这一目标很有必要。这是因为:一是体现中央要求。习近平总书记在视察江苏时提出了"经济强"发展目标和"经济发展迈上新台阶"工作要求,而打造"创新型经济"则是苏州贯彻落实的具体化,当前苏州要加快实施创新驱动发展战略、加快推进经济转型升级,而打造"创新型经济"的提法与之是吻合的。打造"创新型经济"既是苏州实施创新驱动战略的一个重要抓手,更可成为苏州加快转型升级、推动经济迈上新台阶的一个战略目标。二是顺应发展阶段。苏州改革开放三十多年来,大致可分为这样几个阶段:从改革开放初期到20世纪80年代末期,苏州紧紧把握了农村工业化的重大机遇,举全市之力发展乡镇工业,乡镇工业"半壁江山"甚至"四分天下有其三",这一时期苏州经济特点可主要概括为"乡镇工业经济";从20世纪90年代初开始,苏州紧紧把握了经济国际化的重大机遇,举全市之力发展外向型经济,主要经济指标处于全国前列,尤其是外向型经济指标更是引人瞩目,这一时期苏州经济特点可主要概括为"开放型经济"。当前,苏州已进入创新驱动重要阶段,正面临着第三次历史机遇——举全市之力发展"创新型经济",使苏州经济再一次实现转型升级与跨越发展。三是契合苏州实际。苏州作为国家创新型城市试点(全国已有57个城市列入),打造"创新型经济"应该是重要内容和重要基础;苏州拥有一批国家级、省级开发区,尤其是苏州工业园区、苏州高新区、昆山高新区列入8+1苏南国家自主创新示范区,打造"创新型经济"有重要优势,也是一种战略选择。当前和今后一个时期,我们必须始终把握好稳增长与调结构的平衡点、提升传统产业与发展新兴产业的结合点、制造业转型与服务业跨越的融合点,而打造"创新型经济"则无疑是重要抓手。

(苏州市委党校市情研究中心)

加快花桥国际商务城服务外包产业发展的若干建议
——以昆山迪安医学检验项目为例

昆山迪安医学检验项目(以下简称"昆山迪安")于2014年7月落户在花桥国际商务城金融园,其母公司是浙江迪安诊断技术股份有限公司,系中国医学诊断服务外包行业首家上市企业。作为以提供医学诊断服务外包为核心业务的独立第三方医学诊断服务机构,浙江迪安诊断技术股份有限公司是中国经营规模最大、诊断项目最齐全的医学诊断服务运营商。最近,商务城研究会会同党政办、招商局有关人员走访调研了"昆山迪安",就加快商务城服务外包产业发展、促进服务外包产业层次跃升提出一些思考与建议。

一、"昆山迪安"的基本情况

"昆山迪安"主要面向各种综合医院与专科医院、社区卫生服务中心、体检中心、疾病预防控制中心等各级医疗卫生机构,提供以医学诊断服务外包为核心业务的医学诊断服务整体解决方案,属于现代科技型服务外包企业。自落户以来,"昆山迪安"凭借其自身的鲜明特色、营运特点和技术特长取得迅速发展。

——标准高。"昆山迪安"按照美国病理学家协会认可标准建立了标准化的质量监测管理体系,实现分析过程全程质控。目前,"昆山迪安"可检测项目已达679项,每天的测试样本已超过4000个,其出具的诊断结果为全球47个国家或地区认可。

——专业强。主要采取高起点、高投入的方式。一方面,"昆山迪安"按照国家级三级甲等实验室要求,已投入5000万元引入国内外先进的检验仪器和技术,通过各种高端诊断技术、方法整合,逐步设立了生化、免疫、病理诊断等14个学科,可开展项目达1500余项,初步形成了高端诊断技术平台。另一方面,依托母公司高端技术人才和专家为核心的技术团队,能够最大限度地满足业务需求,提供专业、精准、及时的诊断结果与诊疗依据。

——市场广。独立医学实验室对检测标本集中诊断,不仅可以大大节省费用,而且可以提高诊断效率和质量,降低诊断错误率,是当前发达国家医学诊断服务行业发展的重要方向之一。独立医学实验室占据的检测诊断服务市场份额,在美国为35%以上,而在中国仅占1%左右,行业增长空间巨大。目前,"昆山迪安"已与昆山市公立医院100%开展合作,并承接苏州、无锡、南通、泰州等地部分医院医学诊断的外包服务,预计2015年营业额可达8000多万元。

二、当前服务外包产业发展面临的机遇与挑战

当前,服务外包产业已经在信息技术、创新、并购整合等动力的驱动下进入了3.0时代,带来了诸多新的机遇。以云计算、大数据、移动、社交网络为基础的ICT技术正在强势引领服务外包,催生着新的服务外包模式。2014年年底,国务院出台《关于促进服务外包产业加快发展的意见》(国发〔2014〕67号),要求通过财税金融支持等方式加快发展服务外包产业,服务外包已提升为最高级别的国家重点支持产业。2015年李克强总理在《政府工作报告》中提出,要深化服务业改革开放,落实土地、财税、价格等支持政策,大力发展生活和生产服务业。可以说,加快发展服务外包产业,宏观层面上的利好消息不断。

随着中国经济加快转型,我国的在岸服务外包市场正在释放出巨大的服务外包需求,形成了离岸、在岸协同发展的局面。由于在岸外包业务靠近目标市场、没有语言隔阂和文化差异、不存在汇率风险,使许多传统以承接离岸外包业务为主的服务外包企业转向开拓国内外包市场,积极承接在岸外包业务,而更多的中小企业则是以承接在岸外包业务为主。目前,国内开放最快的是金融和电信市场,未来包括能源、钢铁、航空、交通等行业大型企业和政府、公共服务等部门都将加快释放外包业务,在岸外包将进一步得到发展,并逐渐从产业链的中低端向金融外包、生物医药研发、检验检测、工程工业设计等高端外包业务拓展。

与国内其他城市一样,花桥国际商务城也面临着人力资源成本和运营成本上升、外部竞争加剧等诸多挑战和问题,园区的交通和生活环境还有待进一步改善,吸引和留住中高级人才的有效手段和措施还有待进一步完善,投融资机构数量还不足以支撑企业发展需求。但是总体来看,对商务城来说面临的机遇大于挑战。商务城的服务外包产业已经形成了产业集聚效应,不少服务外包企业已经提前开始转型升级,采用新技术和新的服务外包模式,迈开了迎接新一轮产业机遇和挑战的脚步。

三、加快商务城服务外包产业发展的建议

花桥国际商务城已清醒地认识到服务外包产业发展存在的不足和问题，制定出台了新一轮的产业发展政策，为服务外包产业进一步健康快速发展营造更好的环境。顺应服务外包产业发展趋势，结合商务城资源禀赋及服务外包产业发展现状和存在的困难，笔者提出以下四个方面对策建议，以推进商务城服务外包产业更快更好地实现跨越式发展。

1. *进一步明确产业发展战略定位*。面对国内外环境的发展变化和服务外包产业发展呈现的新态势，应该从战略层面重新思考服务外包产业发展定位，与时俱进研判未来发展思路，紧跟前沿调整重点领域。一是调整策略，深化"临沪"地缘优势。商务城"不在上海、就是上海"的区位优势给承接来自上海的服务外包产业转移创造了良好的条件，然而随着合作的深入，来自上海的资源竞争日益显现。应主动调整策略，以"差异竞争、合作共赢"为引领，借助"充分对接、积极引进、高效培养"等多种发展模式，积累适合本地服务外包产业发展的要素资源，在持续深化与上海服务外包产业转移合作过程中，提升自身竞争优势，推动商务城成为承接上海服务外包产业转移的首选之地和第一阵营。二是深度融合，助力支柱产业成长。依托昆山电子信息、精密机械、民生用品等支柱产业的发展，沿着"制造业服务化、服务专业化、外包市场化"的发展路径，推动服务外包与本地制造业融合发展。同时借助昆山台资企业集聚的优势，从服务于本地台资企业向服务于台资企业总部拓展，大力发展对台特色服务外包业务。三是创新升级，推进产业转型发展。围绕"重点领域全产业链覆盖、特色领域突破产业链中高端环节"的发展目标，通过兼并收购、结成联盟等多种模式，梳理、整合、引进，形成产业发展新力量，推动服务外包产业发展层级的快速提升，实现从"成本中心"向"利润中心"转变。

2. *不断提高服务外包产业发展层级*。坚持"本土培育、市场引进"两条腿走路，以提高服务外包产业发展层级，推动企业转型升级为总体目标，树立"创新先行、合作为上"的发展原则，实现本地市场不外流、外地资源多争取，进而推动形成新一轮较高层次的服务外包企业集聚。一是培育本土企业做强做大。积极探索云计算、大数据、物联网、移动互联网等新技术发展所带来的新机遇，创新技术水平，拓展业务形态，提升服务效率。加强同业间的交流，通过联盟的方式整合企业资源承接中高端业务。引导本土企业开展兼并收购等活动，集合同业务环节或产业链上下游企业，形成若干个规模大、业务强、业内有影响力的领军企业。二是引进国际国内知名企业。瞄准国内外知名服务外包企业、跨国公司在华机构、大型企业共享服务中心等，重点吸引上海转移的、金融外包领域的、制造业外包领域的、对台业务领域的以及新技术

领域的知名企业。三是支持产业跨界融合发展。立足昆山产业优势,充分把握国家鼓励生产服务业、科技服务业发展的契机。一方面鼓励部分业务流程环节外部化运作,释放服务外包业务需求,由专业服务商协助完成技术改造工作;另一方面引导传统产业的部分业务部门进行市场化运作,通过成立子公司,或与服务外包企业成立合资公司等方式,发挥企业在某一环节的专业优势,在满足本企业发展的同时,资源面向全社会的客户。

3. 优化完善人才培养培训体系。坚持"引进人才、培养人才"两手抓,在现有人才引进、人才培养机制的基础上,聚焦重点,有层次、有针对性的扩大范围,提高效率。一是提高培训机构的综合实力。围绕"服务地方、面向全国"的发展目标,整合现有高职学院、职业教育机构资源,鼓励开展服务外包人才培养,并探索与上海高校、培训机构开展合作,依靠昆山地缘和成本优势,鼓励实训基地、部门院系资源转移到商务城;提高培训机构实力,引进先进的教学理念、课程体系、师资队伍,加强对从业人员软件技能、外语技能、专业知识的培训,培养从业人员正确的价值观、就业观。二是支持企业参与培训培养。引进国际化、成熟化的企业家经营管理理念,引导有条件的企业制订内部人才发展规划,为不同阶段人才提供针对性的培养内容。鼓励企业、培训机构之间加强合作交流,发挥企业熟悉市场的优势,鼓励企业参与培训课程设计、贡献培训师资,并创造仿真的项目环境,为人才实训提供支持;发挥培训机构资源优势,引进定制班、定制课程的培养模式,为企业输入特需人才。三是引进中高端创新创业人才。顺应产业转型升级需要,优化人才结构,补充和强化重要环节和关键领域,引进中高端创新创业人才,整体推进产业人才队伍建设。

4. 联手搭建产业公共服务平台。围绕企业不同的发展阶段和需求特点,构建专业化、特色化的产业服务体系,推动从企业集群到产业集群到创新集群的顺利演变,释放企业间的"聚合反应"。以信息发布平台、投融资平台、人才对接平台、培训平台、资源整合平台等为重点,鼓励政府、协会、企业共同参与到平台建设运营中,引进先进的管理理念及专业团队,提高平台的服务效率,真正满足企业发展对人力资源、资金资源、信息资源的需求。支持虚实结合的平台运营模式,支持企业级、园区级、市级各层次公共服务平台共同发展,紧密合作。通过补充完善、扩面提质,全面整合服务外包产业要素资源,积极对接国内外市场,推动产业要素效能的协同发挥。

(苏州开发区研究会花桥国际商务城研究会)

关于发展"非银金融"
支持苏州产业技术创新的思考

秦天程

经济转型和创新升级都离不开金融支持,传统金融服务已满足不了产业技术创新催生的密集融资需求,"非银金融"在解决企业直接融资方面,发挥了越来越重要的作用,依托"非银金融"载体和平台的新金融产品和业态成为众多处于创业期的中小企业、小微企业的首选,面临越来越广阔的发展空间。苏州第十二次党代会报告在提到今后五年的战略举措时,重点强调了要"建设先进产业基地""建设科技创新高地"。应该看到,和深圳、杭州等"非银金融"产业发达城市相比,苏州在"非银金融"的质和量方面仍存在明显的差距。可以说,"非银金融"的发展和实力不单关系到苏州能否成为对周边区域具有辐射力和影响力的区域性金融中心,更关系到全市产业转型和创新目标的实现。

一、"非银金融"的定位

"非银金融"应从非银金融机构、非银金融服务和非银金融生态三个递进的层次合理地定位。

一是非银金融机构。狭义上,非银金融机构包括保险公司、信托投资公司、企业集团财务公司、汽车金融公司、金融租赁公司、消费金融公司、货币经纪公司等;广义上,非银金融机构则涵盖了除银行之外的所有从事融资和金融服务的机构和平台,创业投资、担保和信用评级机构,小额贷款公司,产权或股权交易所以及新兴的互联网金融平台都可以列入非银金融机构的范围。随着金融工具的创新和新金融业态的井喷,非银金融的边界还在不断延伸。

二是非银金融服务。如果说非银金融机构体现了非银金融的"量",那么非银金融服务水平则体现了非银金融的质。一个地区非银机构提供的综合金融服务水平决定了该地区非银金融支持实体经济的力度和效果,高质量的非银金融服务意味着有效降低企业的融资成本,提高融资效率并控制风险。苏州近几年非银金融机构数量不断增加,所管理的投融资项目数量、资本金额都在高速增长,但在提供多元化非银金融服务,满足中小企业创业、新兴产业融资需求方面还有待于达到上海、北京、深圳、杭州等全国和区域性金融中心的水平和标准。

三是非银金融生态。一个城市良好的非银金融生态系统的形成,需要自律规范发展和良性演化的内生机制,也离不开外部制度环境,但更重要的还是找准能够发挥本区域优势的非银金融成长路径。深圳和杭州在非银金融发展方面全国领先,但这两个城市非银金融的成长路径却又各不相同。深圳是国内本土创业投资最活跃,机构数量和管理创投资本总额最多的地区,创投文化和创业氛围在全国首屈一指,这种以创业投资为核心的非银金融产业也是深圳创立自主创新型城市的强有力支撑。杭州则凭借本地区民间资本汇集的优势,推进大众理财、私募理财和资产管理等非银金融市场发展,成为构建国内一流的财富管理中心的重要条件。

以上三个层次的定位是相互联系、逐级递进的关系,非银金融机构的数量和服务水平主要依靠金融机构个体的规范发展和核心竞争力的提升,而非银金融生态的演进和非银金融生态圈的形成和完善则有赖于监管的成熟、非银金融市场的健全等内外部条件的具备。

二、"非银金融"在支持苏州产业技术创新方面存在的问题

当前,"非银金融"的融资途径已为很多苏州本土企业关注并利用,但其在支持产业升级和创新方面仍在一些问题,主要表现在以下方面:

1. "非银金融"对企业自主创新的作用有限

企业创新投入仍以银行贷款为主流融资渠道。2015年9月《苏州市金融支持企业自主创新行动计划(2015—2020)》发布以来,已有32家金融机构成立企业自主创新金融支持中心,包括26家商业银行、6家保险公司,并未扩展至其他非银金融机构。目前,金融机构对创新的扶持较多实行"信保贷",即银行和担保(保险)公司或专门设立的信用保证基金合作,为创新型企业提供无抵押贷款。除此之外,即使在引导基金模式中,也是银行科技贷款先行,创投基金、股权基金再进行跟投。银行的地位都是不可替代的。

苏州本土企业发展经历了20世纪八九十年代苏南模式这一重要阶段,这种模式下,地方政府主导的制度创新引领了经济的高增长,也带来了有关管理部门对企业经营的过多介入,一个直接的后果就是企业融资资源(银行贷款)配置的行政化和企业对银行的依存感。但在当前,苏州本土企业乃至整个经济面临只有创新驱动才能顺利实现转型升级的关键时期,需要开启更多更常态化的直接融资渠道,以弥补银行间接融资的不足,但原有融资资源配置方式遗留下来的影响,造成了对银行渠道的路径依赖,从而难以发挥"非银金融"在解决直接融资方面应有的潜力和作用。

2. 非银金融服务的同质化

"非银金融"无法为产业创新提供更大支持的另一个原因是非银金融服务的同质化,苏州并不缺好的创业投资项目,除了市一级的科技创投中心,各市区都有各自的创业孵化基地,在省内甚至是与邻近的浙江等省相比都颇具规模和实力,但由于非银金融载体和融资平台所能提供的解决方案单一,无法满足创业者"个性化定制"和多元化的需求。而满足这些需求的能力正是"非银金融"的核心竞争力所在,也是其有别于主流融资渠道的价值所在。以最活跃的互联网金融平台为例,深圳已形成了领先优势,汇集了几乎国内各种业态的互联网金融企业,据深圳金融发展报告(2015)第三方机构第一网贷和网贷之家统计显示,截止到2015年年底,深圳市内的活跃股权众筹平台有54家,全国为130家。其中,累计众筹金额超过1000万元的共32家;超过5000万元的共16家。同期,深圳纳入P2P网贷指数统计的P2P网贷平台居全国首位,达到552家,占全国15.53%。另据第一网贷统计,2015年年底,深圳P2P网贷余额为846.41亿元,远高于江苏省的185.65亿元。而杭州则是以阿里电商大数据金融和支付宝的第三方支付平台为领军,形成了阿里独大,众多电商供应链金融和网贷平台多元竞争的格局。

互联网金融平台发展滞后,也使得能融合线上线下的新金融业态单一,融资产品同质化,缺乏首创性的产品和解决方案,这也是基于互联网金融平台的非银金融服务水准难以提升的一个主要原因,从一个侧面反映出与苏州产业技术创新的势头相比,新兴的非银金融模式和业态的步速未能与之匹配。

3. "非银金融"未能包容更多的民间资本

苏州的非银金融机构多为国资或国资控股,"非银金融"领域并未给民间资本、社会资本更多的空间。而很多科技型中小企业往往在产业生命周期的先导期和成长期的前期阶段,进行大量研发创新投入,其产业风险、个体研发风险以及研发资本的期限结构与国有资本对投资风险的容忍度和期限结构难以匹配,而更适合民间创业资本的风险偏好,并且大量民间资本和社会资本转化为非银金融资本,也能弥补这其中国有资本的不足,给众多创业创新的中小企业带来充沛的资金。

近年来,苏州在推进中小企业新三板上市方面取得不错的业绩,但为不少新三板公司提供上市前融资的创投机构大都为国资公司,民资背景的私募股权基金并不多见,作用更为有限,而深圳的创投业因为集聚了多元化的社会资本流入,才有创业资本居全国之冠的地位。杭州因大量民间资本积极转向财富管理和股权投资领域,才成为全国私募基金最活跃的地区之一,这对于苏州是一个有益的启示。

三、"非银金融"助推产业升级和科技创新的建议

1. 从制度供给方面,加快发展"非银金融"

首先,重视"非银金融"的价值。通过制定相关政策鼓励新兴金融业态和传统的主流金融工具均衡发展。这方面,北京推进建立银行和非银机构联动的科技金融生态圈建设的做法值得借鉴,2016年9月出台的《北京银监局关于北京银行业加强科技金融创新的意见》,在鼓励银行加强科技金融服务的同时,特别支持信托公司、企业集团财务公司、金融租赁公司等非银机构开展对科技创新的金融服务。其次,根据本市情况,通过有力的制度安排促进非银金融产业成长,以制度红利释放"非银金融"新业态和新模式的活力。

2. 力促科技金融创新,补"非银金融"的"短板"

金融创新能够延伸金融服务的边界,最大限度地满足创新主体的需求,这也是解决非银金融服务同质化,缩小与国内非银金融发达地区差距的根本途径。具体就苏州的科技金融来说,金融创新应当包括:(1)科技金融格局创新。由过度倚重银行科技贷款的格局,转变为以直接融资为主,注重发挥非银机构作用空间的格局;(2)科技金融产品创新。根据产业技术创新的特定需求设计适合的融资工具,在满足创新型企业融资需求的同时,实现科技金融产品的高端化,如引入战略投资者、夹层信托设计以及资产证券化设点等,优化公司治理和资本结构,对企业创新项目给予合理的风险定价;(3)科技金融理念创新。科技金融创新不但要降低融资成本,更重要的是降低从研发创新到创新成果转化这一过程的交易成本,减少创新带来的外部性,使企业的创新收益最大化,从而更好激励企业的创新行为。

3. 加强科技金融载体建设

成熟的科技金融载体对于集聚非银金融资源,满足中小企业的创新发展需求具有重要意义。当前,苏高新创投集团旗下太湖金谷等综合金融服务载体,发挥了科技金融集聚区的作用。但需要进一步完善苏州已有金融载体的功能定位,由本地科技金融集聚区升级为长三角区域性创新资源集聚区。苏州要建成科技创新高地,必须吸纳周边甚至更大区域的创新资源为我所用,利用科技金融平台,以"非银金融"更灵活更精准的服务,打造高端创新要素集聚区。

4. 引导更多社会资本通过"非银金融"渠道投资于战略性新兴产业

近期,不断有战略性新兴产业项目在苏州工业园区、高新区等各级开发区投产,战略性新兴产业引领经济结构调整和转型升级的态势开始显现,而一批苏州本土的产业投资基金已成为新兴产业项目启动的"非银金融"助推器。但要持续提升战略性新兴产业比重,带动苏州由制造业大市向先进制造

业强市的深层次转型,仅靠国有产业投资基金和创业投资基金对新兴产业的战略投资和财务投资难以满足,仍要依靠社会资本力量。吸引社会资本参与投资,主要有两个途径:一是增强政府引导基金对社会资本的杠杆效应。应在已有引导基金的基础上,进一步完善提升基金管理,发挥对国资以外资本更大的杠杆效应。二是鼓励支持社会资本直接设立新兴产业投资基金,这就要重点解决社会资本由于投资成本、投资风险、退出渠道等因素对战略性新兴产业的投资回报低于预期的问题。对于民间资本发起成立的新兴产业投资基金,要确保相应的政策到位。另外,还可以考虑由政府部门对其战略新兴产业的创投或 PE 项目,实行相应的资本收益补偿,补偿的标准以达到风险投资合理的平均收益率为上限。这样可以大大降低社会创投资本投资于战略性新兴产业的风险,从而达到激励投资的效果。另外,对于战略新兴产业企业的部分产品也可以实行政府采购,增强其所投资企业的盈利能力,间接满足社会创投资本所要求的投资收益。

(苏州市委党校)

苏州工业经济"十三五"转型发展的思考
——苏州与上海、深圳、宁波等地工业经济相关指标比较分析

周群信

经过改革开放三十多年的发展,苏州已实现"农转工""内转外"的历史性跨越,2014年全市实现规模以上工业总产值30585.78亿元,工业对地区生产总值贡献率超过50%,从1978年全国大中城市排名第11位上升至仅次于上海的第2位、从全省第3位上升至第1位,成为全球有一定影响力的制造业基地。当前,苏州正处于转型升级、创新发展的关键时期,如何加快打造工业经济升级版,夯实"十三五"苏州经济行稳致远的强支撑,对于全市经济社会持续稳定发展至关重要。

一、苏州工业经济发展的历史方位

当前,苏州工业经济已经站在一个自身发展与宏观环境变化的新的历史交汇点上,加快转型升级是世情所迫、国情所指、市情所系,苏州工业经济到了转型转轨、提升发展的关键时期。

(一)从宏观发展环境看

1. 新一轮科技革命和产业变革正在孕育,全球工业技术体系、发展模式和竞争格局将迎来重大变革,我市工业面临新的严峻挑战。互联网、大数据、云计算、3D打印、新能源、新材料等技术的重大突破,正在对工业经济发展理念、生产方式和发展模式带来革命性影响。现在的规模化、集中式生产将被大规模定制、分散式网络化生产所取代,智能化、绿色化、服务化成为未来全球工业发展的新趋势。同时,随着比较优势动态变化和全球投资贸易规则深刻改变,全球工业特别是制造业版图正加速重构。由此可见,发达国家的深度再工业化进程,对于我市制造加工、出口主导型工业经济已构成严峻挑战。

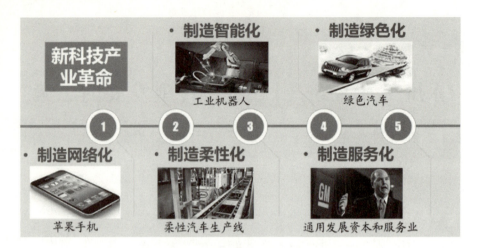

图 1　全球制造业发展新趋势

2. 国内经济社会发展的内生环境正在发生重大转变,工业经济增长步入新常态,各地调整发展战略,我市工业经济发展"追兵渐近"。习近平总书记 2014 年 5 月在河南考察时指出:"我国发展仍处于重要战略机遇期,我们要增强信心,从当前我国经济发展的阶段性特征出发,适应新常态,保持战略上的平常心态。在战术上要高度重视和防范各种风险,早做谋划,未雨绸缪,及时采取应对措施,尽可能减少其负面影响。"这一重要论述高度概括了中国经济发展历史阶段和主要特征,新常态表面上看是增速放缓,实质上是增长动力的转换、发展模式转型和内部结构的再平衡,因此,当前乃至"十三五"期间,我国工业经济将主要以质量、效益提高和结构优化、产业升级为发展特征,依靠外延扩张的高速增长模式将难以为继。针对当前形势,各地调整发展思路,抢位发展,特别是上海、深圳、宁波等工业经济发达城市在新形势下,开始致力于发展"四新"经济、信息经济、智慧经济、智能工业,推出"腾笼换鸟、机器换人、空间换地、电商换市"等战略举措,转型升级步伐加快,精心培育新一轮工业经济转型发展"引爆点"。

(二) 从自身发展现状看

改革开放以来,我市工业充分利用区位优势,抢占改革开放先机,大力引进外资,工业经济取得了辉煌成就。工业经济大致形成了两个"三分之二"的显著特点:工业总量和出口额三分之二在外资企业,同时,产业特色上呈现出"新兴+传统"的结构,生产方式上表现为"加工+配套"的组合。在形成总量规模优势的同时,面临的问题也相对突出。

1. 在规模总量上,我市已经成为全国第二大工业城市,但工业"大而不强"现象突出。目前,我市规模以上工业已仅次于上海,集成电路、笔记本电脑、数码相机等产品产量高居全国前列。2013 年,集成电路产业产值占全国

10%,笔记本电脑产量占全国30%,数码相机占全国19%,平板显示器占全国15.3%,家用吸尘器占全国42.7%,电梯占全国25%,光缆占全国35.1%,涤纶长丝产能占全国18.6%,光伏组件产能占全国12.5%,羽绒服占国内市场份额10%。但我市工业"做大"的同时没能同步"做强",主要表现在科技支撑不力,自主核心技术不足,技术引进和研发投入偏低。2013年,我市发明专利授权量占全部授权量比例为5.38%,分别低于上海、深圳16.5和16.7个百分点;全市大中型工业企业研发经费投入强度为1.04%,低于上海规模以上工业企业的3.4%和深圳的3.19%;大型骨干企业不多,2013年,我市仅有1家企业入选世界500强,而上海、深圳分别拥有8家、4家,我市入选中国500强企业9家,分别是上海的1/5、深圳的1/3。具有市场影响力的终端产品不多,尽管我市目前工业产品种类有500多种,但高档次、高技术含量、高附加值产品比重偏低,有影响力的终端产品少,特别是缺乏具有区域标志性自主品牌产品。

2. 在产业层次上,部分产业水平已趋领先,但是处于"价值链低端"的部分仍然较大。我市改革开放特别是"十二五"以来形成了产业特色优势,纳米材料、生物医药等部分产业发展走在全国前列,光伏、LED、汽车零部件、软件和信息化服务等产业在全国占据重要位置。但总体上仍有很大部分产业层次偏低,代工型制造特征明显,贴牌加工、来料装配等生产方式,导致价值链分工低端化。突出体现在我市工业增加值率低,2013年全部工业增加值率为17.9%,其中规模以上工业为20.3%,不仅低于全省22.2%、全国26.2%(2012年)的平均水平,更与发达国家40%左右、全球35%左右的水平相距甚远;工业劳动生产率低,2013年规模以上工业企业不足25万元/人,仅为韩国的1/3、德国的1/4左右,离省定45万元/人的基本现代化指标存在较大差距;工业经济效益差,2013年规模以上工业企业销售利润率和利税率分别为4.49%和6.45%,在全国大中城市排名居后。

3. 在生产要素上,很多行业投入和产能仍在持续增长,但整体受要素资源环境刚性约束日趋凸显。改革开放以来,苏州的发展很大程度上得益于投资驱动,政策、区位、基础、廉价等效应得以充分发挥。2013年工业投入占全市全社会固定资产投资40.5%,增长11.7%,2014年占比37%。目前大规模投资对经济增长的拉动作用正在逐步弱化,在产能过剩、供过于求、外需减量的市场环境下,低质量重复投资难以为继,据分析,1981年至2013年全市固定资产投资总额接近4万亿元,投资效果系数已由2000年至2002年的0.38,下降到2011年至2013年的0.24,与同期深圳0.72差距较大;受要素资源环境约束凸显,国家严控建设用地,强化建设用地准入标准,2013年我市单位存量建设用地产出强度分别低于上海2008年、深圳

2005年水平;我市一次能源全部外购,而能源综合利用率仅为30%~40%,远低于发达国家60%的水平,2013年全市单位GDP能耗为0.609吨标准煤/万元,高于全省平均水平11.5%,分别高出上海、深圳9.5%和42.3%,相当于日本的6倍、美国的2.3倍;与2005年相比,全市工业废气排放量年均增长13.7%。要素资源环境的制约倒逼工业经济必须走集约化、高效化、生态化发展之路。

4. 在经济增长上,工业运行呈现"低速低效"特征,早于全国、全省进入新常态。我市工业经济发展走在全国前列,面临的问题同样早于全国、全省,我市全部工业总产值增速2011年为17.1%,2012年为6.4%,2013年为3.4%,2014年仅为0.2%,工业经济增速明显回落,究其原因是面对国际市场变化,如美欧产业升级、制造业回流、投资战略调整等一系列因素,自身外向依存度高等问题显现,出口对增长的拉动力衰减,全市出口交货值增长速度进入下行通道,加工贸易出口额从2011年同比增长3.6%到2013年同比下降6.6%,净流出对经济的拉动作用从2011年的20.3%回落到2013年的14.5%。产销结构"两头在外"造成部分企业效益低下,劳动力和生活配套成本持续走高,信贷投放政策对冶金、纺织等行业持续收紧,造成劳动密集型产业、企业和部分产品开始向劳动力成本和生活成本更低的地区转移。

我市工业经济先于全国进入新常态,也就必须先于全国调整产业结构、提高产业层次,实际上,近几年来我市工业经济转型升级步伐加快,加快推进新型工业化、发展战略性新兴产业、淘汰落后产能,2014年年初,我市出台"加快打造工业经济升级版",各种措施已经和正在见效,当前,围绕主动适应新常态,抢抓新机遇,冲刺"十二五",谋划"十三五"转型发展,继续保持和发挥支柱作用,已成为工业经济发展肩负的新的历史使命。

二、苏州工业经济与上海、深圳、宁波等城市比较分析

为更好地分析现状,我们选取上海、深圳、东莞、杭州、宁波5个城市2013年工业经济相关数据进行对照分析,从综合实力、创新能力和效率效益等方面,横向比较,查找差距,超前谋划,积极采取应对措施,明确"十三五"努力方向,抢抓新一轮转型发展主动权。

表1 综合实力比较

项目\城市	规模以上工业总产值（亿元）	规模以上工业增加值（亿元）	近3年规模以上工业增加值增速（现价、%）	工业占GDP比重（%）	入选世界500强企业（家）	入选中国500强企业（家）
上海	32088.8	6769.64	2.83	33.5	8	43
深圳	22177.91	5695	11.64	40.6	4	32
杭州	13592.3	2523.88	6.77	38.9	2	17
宁波	13010.09	2291.2	2.27	47.4	0	4
东莞	10000	2112.65	5.23	44.4	0	0
苏州	30392	6173	4.34	48.9	1	9

表2 创新能力比较

项目\城市	大中型工业企业R&D经费投入强度（%）	高新技术产业占比（%）	授权专利数（万件）	发明专利授权占比（%）	国家级工程中心（家）	国家级企业技术中心（家）
上海	3.4	40	4.86	21.9	16	49
深圳	3.19	35	4.98	22	3	17
杭州	2.98	35	3.16	14.4	9	23
宁波	2.44	30.9	5.84	3.85	0	7
东莞	1.5	42.81	2.26	6.6	1	1
苏州	1.04	43.4	8.3	5.3	2	16

表3 效率效益比较

项目\城市	规模以上工业增加值率（%）	规模以上工业企业产值利润率（%）	工业全员劳动生产率（万元/人）	单位土地投入强度（万元/公顷）*	单位土地产出强度（万元/公顷）*	万元GDP能耗（吨标准煤）
上海	21.1	7.53	38.18	7252	12072	0.542
深圳	25.7	5.79	36.35	7500	19563	0.428
杭州	18.6	6.03	27.01	4667	9004	0.52
宁波	17.6	5.39	32.80	5185	9980	0.5572
东莞	21.1	3.14	29.11	5800	15000	0.571
苏州	20.3	4.44	23.18	5670	4187	0.6091

*注：表中单位土地投入强度、产出强度为2010年城市国家新型工业化产业示范基地数据。

相关数据比较分析,危机感、紧迫感凸显。从综合实力看,我市规模总量(规模以上工业总产值增加值仅次于上海市)、工业占 GDP 比重高(居 6 城市之首),但近 3 年规模以上工业增加值增速放缓(6 城市居中),尤其是具有国际国内市场影响力的大企业数少(6 城市中偏后)。从创新能力看,我市高新技术产业占规模以上工业总量比重高、授权专利数量多(居 6 城市之首),但是发明专利授权占比、国家级工程中心、企业技术中心数排名靠后,特别是体现企业创新能力的重要指标大中型工业企业 R&D 经费投入强度 6 城市中垫底。从效率效益看,我市工业增加值率、规模以上工业企业产值利润率与上海、深圳等城市差距十分明显;工业全员劳动生产率、单位土地产出强度(新型工业化产业示范基地)、万元 GDP 能耗均居 6 城市之末。

三、苏州工业"十三五"转型发展的思考

通过对国内外形势研判,横向比较分析,我们认为,苏州工业升级空间很大,不足和亟待提高完善的地方很多,当前乃至"十三五",苏州经济转型发展,不是"去工业化",而是提质增效的"再工业化",尽快把自身发展中不完善、不经济和不充分的地方补上,谋划"十三五"转型发展,就是探索从规模速度型向质量效益型转变发展的新路径。要加快新型工业化进程,推进工业经济"大转强""低转高""量转质",实现由工业大市到工业强市的跨越,在全市转型发展中继续保持和发挥支柱作用。

(一)转型发展的主要目标

面对新形势,对转型发展目标再思考,当前至"十三五"末,工业经济转型发展的主要目标有:

——自主品牌。具有自主品牌的地标型企业(集团)达到 50 家左右,其中 2~3 家企业进入世界 500 强。年销售收入达到 100 亿元、技术标准高、品牌质量达到国际先进水平的优势产业(产品)链达到 100 条左右。

——质量效益。规模以上工业增加值率达到 25%,规模以上工业销售利税率达到 9%。一般贸易出口占比超过 35%。工业企业全员劳动生产率力争达到 50 万元/人,每单位工业用地产出工业增加值达到 85 万元/亩以上。

——科技创新。大中型企业科技活动经费支出占销售收入的比重达到 2.8%,科技进步贡献率达到 65%。省级以上企业研发机构超过 2000 家。企业科技活动人员占职工人数的比重超过 10%。企业信息化发展水平指数力争达到 90。

——绿色低碳。单位 GDP 能耗减少到 0.45 吨标准煤/万元,单位工业增加值能耗减少到 0.65 吨标准煤/万元。通过清洁生产审核验收的企业达到 3500 家。全市工业企业进区集聚度超过 95%。

——产业结构。全市战略性新兴产业产值占规模以上工业产值的比重提高5个百分点。高新技术产业(产品)产值占规模以上工业产值的比重提高5个百分点。智能制造装备产业年销售收入超过1万亿元。

(二)转型发展的重点任务

围绕上述目标,我们设想,当前及整个"十三五"时期,我市工业在优化产业结构,提升产业层级的同时,突出构建"两大高地"、唱响"十大品牌"、打造"十大产业集群":

——突出构建"两大高地"。瞄准产业引领带动作用强、知识技术先进、物资消耗少、成长潜力大、综合效益好的目标,加快规划建设"两大高地":纳米技术应用高地——依托中国科学院苏州纳米技术与纳米仿生研究所,打造纳米技术产业化应用高地;生物医药技术高地——依托中国科学院苏州生物医学工程技术研究所,打造生物医药(含医疗器械)技术高地。

——做强唱响"十大品牌"。以自主品牌培育为核心,创建品牌之都,加大区域品牌、产业品牌和服务品牌建设力度,重点培育三大区域品牌:"苏州工业园区中新合作开发区""昆山两岸产业合作试验区""张家港保税区暨扬子江国际化工园区";四大集团企业品牌:"沙钢""恒力""亨通""莱克";三大产品品牌:"康力电梯""好孩子童品""波司登羽绒服装"。

——全力打造"十大产业集群"。立足产业链完善、综合竞争力增强,引进发展与改造提升并举,加块打造具有区域特色、主业优势、市场占有率高、技术创新能力强、产业带动力大、年产出规模超过500亿元的产业集群,重点建成生物医药、高端装备制造、汽车及零部件、软件与信息服务、电子信息、电梯、光伏、冶金、石化、纺织服装等十大产业集群。

(三)转型发展的具体举措

围绕转型发展的目标任务,聚全市上下之力,加快实施以下"十大工程":

——创新驱动工程。一是构建产业协同创新体系。抓住建设国家苏南自主创新示范区契机,激发创新驱动活力,以企业为主体,整合各类创新资源,着力构建产业协同创新联盟,排出并倾力主攻一批产业前沿、关键技术。二是树立创新示范标杆。发挥高新技术企业、大型骨干企业创新示范作用,激发带动整体创新活力。增强企业自主创新能力,引导全市规模以上企业普遍建立研发机构,培育造就我市创新型企业集群。三是发挥创新政策效应。对国家省市创新扶持政策再整合,细化并狠抓落实,引导创新资源、科技研发要素向企业集聚。

——品牌带动工程。一是全力创建地标型品牌。针对全市特色优势产业、龙头企业和品牌产品,强化激励措施,加大自主品牌培育力度,提升区域和产业集群知名度,尽快建成一批苏州"名片"。二是着力增强企业创品牌能力。支持企业尤其是优势企业以培育自主品牌为核心,整合资源要素,通过推进技术创新、管理创新和商业模式创新等途径,加快创建一批具有国内外影响力和市场占有率的知名品牌。三是尽快形成创品牌梯队。鼓励和支持中小企业专注于产品细分市场,增强研发和创新能力,特别是鼓励终端产品发展,推出一批"小而精""小而优""小而特"品牌。

——融合推进工程。推动工业经济向新型城镇化、服务业、信息化融合发展。一是与新型城镇化发展融合。抓住国家推进新型城镇化发展重大机遇,充分运用政策措施,强化产城融合发展,把建设新城镇作为发展高新产业、集聚人才的基础,作为产业转型发展平台,提供支撑并融合发展。二是与发展生产性服务业融合。加快发展生产性服务业,向现代物流、软件和信息服务、工业设计、检测检验、金融创投等延伸,打造一批创新能力强、信息化应用水平高、在同行业中具有优势的生产性服务业企业。三是与信息化融合。推动工业信息化应用水平整体提升,鼓励工业企业加快推进生产经营全过程信息化、网络化和智能化,加快发展智能工业,在智能设计、智能制造、智能装备、智能管理等方面达到国内领先水平。

——集约优化工程。一是推动企业集聚、产业集群发展。支持各地根据自身优势和基础特色等实际,科学规划产业重点发展领域,优化产业布局和生产要素配置,鼓励上下游企业集聚配套,加快推动产业集群发展。二是加快新兴产业、特色产业基地建设。强化政策激励,引导产业和项目向产业基础强、配套条件好、资源环境和区位优势明显的各级各类开发区集聚,做优做强做大一批新兴产业和特色产业基地。三是实施"腾笼换凤"。加快推进产业转移和继续大力度淘汰落后产能,转变和创新用地机制和方式,致力"退低进高"盘活存量,引进辐射带动性强的重大项目,推进二次提高性开发,优化产业资源利用和产出方式。

——生态改造工程。一是深入推进节能减排。严格源头管控和末端治理,控制能源消耗总量,优化能源消费结构,控制高耗能、高排放行业新增产能,提高产业准入门槛,建立统一的固定资产节能环保评估审查制度;进一步加大对化工、印染、电镀、造纸、酿造等重点行业的规范化整治,提标加快转移淘汰落后产能及过剩中低端业态。二是加快发展节能环保产业。针对节能环保产业公益性特征,加大政策激励,倾斜支持节能环保装备制造和节能环保服务业发展,鼓励公共服务平台建设,推动金融和科技成果转化项目对接,加快产业提升发展步伐。三是深化工业循环经济试点示范工作。全面推进国家低碳示范城市建设,提高工业资源节约集约利用水平,大力发展资源再生利用产业,扩大工业循环经济试点,推进规模以上企业普遍开展循环经济技术改造、开发区普遍实施循环化改造工程。

——多元培育工程。推动全市产业多元化发展,不断调整优化产业结构,提高工业经济整体抗风险能力。一是加快发展战略性新兴产业。加快推动高端制造业、节能环保、新材料、新能源、生物医药、新一代信息技术等产业发展,形成我市工业新的支柱产业。充分发挥在苏国家级科研院所优势,推进纳米技术在重点领域的应用和成果产业化,实施国家创新医疗器械产品应用示范工程。二是改造提升传统产业。推动传统产业创新发展,鼓励企业以抢占产业链高端为方向,加大新能源、新技术、新材料和新装备推广应用力度,促进传统产业实现由贴牌生产向终端创牌、由简单加工装配向研发制造、由劳动密集向大量采用智能化装备转变,提高产业整体竞争力和抗风险能力。三是培育优势特色产业。致力培育以原创技术、原创产品、原创文化为特色的产业,提升重塑传统工艺刺绣、丝绸织造、红木及玉石雕刻等产业发展优势,加快推动具有浓厚地方特点和国内外影响力的传统产业向高端化、品牌化、特色化方向发展。

——嫁接跨越工程。通过借外力、启内力实现激活力、增动力,加快实现工业经济跨越发展。一是产业结构优势嫁接。推动产业优势互补,以区位基础特色优势,吸引并与国际国内产业对接,加快结成新型产业发展联盟;加快制定推进企业兼并重组的政策措施,鼓励优势企业开展跨地区、跨国境兼并重组及投资合作,增强企业参与全球化竞争的实力。二是技术结构有机嫁接。鼓励企业加快技术进步,主攻技术软肋,加大招才引智力度,引进、合作和培养"多管齐下",特别是在引进高新技术项目的同时,大力引进掌握自主知识产权和核心技术的人才,大力引进高新技术研发和携带重大自主创新产业化项目的创新团队,为企业跨越发展提供智力支撑。三是产品结构名特优新嫁接。鼓励企业加快调整产品结构,瞄准市场需求变化,自主研发,联合开发,转让收购,引进、消化、吸收与创新相结合,加快产品的更新换代,加快创新产品营销模式的形成速度,深度打造电子商务平台,创建一批名特优新产品。

——高端调整工程。一是以专利为导航主攻重点产业关键技术。强针对性地实施一批专利技术产业化项目,以优势企业为基础,瞄准重大发明专利和实用新型,提供中试及转化平台,鼓励要素投入,尽快形成专利导航、搭建平台、成果转化、利益均沾、风险共担的研发和产业化机制。二是鼓励企业抢占产业链高端位置。鼓励企业紧盯国际国内最新产业研发成果、一流技术与核心环节,通过引进、转让、合作、控股参股等方式跻身产业链发展高端。三是深化并创新产学研合作方式。发挥我市产学研合作基础优势,尽快排出一批全市范围内有重大影响的产业链高端攻关目标,聚焦掌握关键技术、具有自主知识产权和大量创新成果储备的境内外著名科研院所,聚焦处于国内外产业发展前沿、具有明显技术资源的国际跨国公司，央企、上市公司和高新技术民企等，探索合作形式，加深合作力度，为实现产业高端介入提供源头支撑。

——国际化提升工程。抢抓国际经济深度调整带来的发展契机，认真研究并充分利用上海自贸区的"溢出效应"，抓住打造"一带一路"资源要素集散地和"一带一路"对接长江经济带的先行区的重大历史机遇，抓好我市工业"两个三分之二"转型升级，在更高层次上构建起开放型经济新平台。一是全面提升开发区发展质量水平。加快我市10个国家级、7个省级和各级工业开发区的转型发展，致力由产业"规模速度开发区"向"质量效益示范区"转轨，在规划、招商、建设和发展的同时，加快质量效益、生态文明、产城融合同步提升，实施战略目标再制定、任务再明确、路径再规划、措施再落实，在全市工业转型发展中继续发挥辐射带动效应。二是推动外资企业转型升级。加快外企转变发展方式，充分发挥全市已落户146家全球500强跨国公司的技术、管理、营销等示范效应，引领外企整体发展升级优化，加快外企落地融合化、集约化发展，激励外企研发机构进驻、核心技术植入、先进技术管理"溢出"，支持其兼并收购进一步做强做大。三是鼓励民营企业在国际化和"走出去"上"率先领先"。引导民企以经济全球化为视角，立足区域功能定位，尽快适应并融入国际化发展进程，支持有条件的民企发挥优势"走出去"跨国（境）投资、经营和发展，充分利用当地市场资源与劳力等要素，在国际竞争中成长壮大。

——项目支撑工程。支持工业转型发展重大项目建设，主攻产业链完善和高新技术产业、产品，引进整合前沿科技、资本、人才等要素，加快实施一批带动性强、支撑力度大的重大项目。

（作者系苏州市经信委主任）

苏州高铁新城推进产城融合发展的若干思考

陈春明

苏州市第十一次党代会提出中心城市"一核四城"的发展新理念,明确了苏州未来发展空间、城市功能建设与产业转型升级互动发展的新定位,苏州高铁新城成为承接南北东西各功能组团的关键节点。苏州高铁新城明确以28.9平方千米的开发建设,引领北部相城区的转型发展和后发崛起,形成"一核四城"的重要战略板块。因此,剖析高铁新城的现实状况、有利条件和不利因素,进一步探索高铁新城产城融合的总体战略规划和实施路径,具有重要的现实意义。

一、高铁新城发展现状

高铁新城建设启动以来,取得了积极进展,主要表现在:

一是坚持高起点规划设计。由国际国内知名设计单位开展高起点规划设计,实现28.9平方千米核心区总体规划、土地利用规划、城市设计和产业规划"多规合一"。完成智能化、地下空间利用等20余项专项规划。做好土地利用规划,28.9平方千米核心区范围内建设预留区6422亩。4.7平方千米启动区范围内建设预留区3802亩,可供开发的经营性用地2366亩。目前南部片区9平方千米控规已通过市政府审批。国家级绿色生态城区创建进入评审阶段。

二是启动区建设快速推进。4.7平方千米内,目前在建项目53个,总建筑面积250万平方米。其中启动区内在建圆融广场等项目17个,面积约150万平方米,地下空间达42万平方米;百米以上商务办公大楼13幢;其中紫光大厦已经确定数码集团总部入驻,并与清华控股合作,打造北苏州以金融产业为主的高端楼宇。圆融广场正在按照完成的业态规划推进项目招商;万润国际中心定位为中高端商住物业,引进总部经济项目及中端餐饮和休闲娱乐业态项目。港口发展大厦定位为城投集团下属优质资源集聚的高端商务楼宇。文旅万和广场作为特色SOHO写字楼。国发金融创新中心大厦将结合国发集团优势定位为非银金融创新产业聚集楼宇。合景万汇大厦定位为以周边地区小型企业、私人创意工作坊为主的产业楼宇。高融大厦定位为总部经济楼宇，已有水木清华等近20家商务企业入驻。高铁酒店定位为五星级商务酒店。启动区内完成建设10条道路总长11千米。环秀湖生态修复及景观启动改造。启动区外在建项目约100万平方米。

三是产业集聚取得一定进展。以构建"文商智旅全产业链产业体系"为指导，加快约90万平方米产业载体建设（文创园AB区24万平方米、设计街区17万平方米、商务办公46万平方米）。积极探索创新创业投融资模式，加强与各类创投资本的合作，组建获溪资本，收购南亚担保，筹建网络科技小额贷款公司。与大连软件园合作成立公司开展"轻资产"招商。成功引进紫光数码、北大天公、CCTV6电影频道制作基地等项目，累计完成注册资本超50亿元；文创园集聚企业130家以上。3年来累计新增文化产业及总部销售近250亿元。

二、促进高铁新城产城融合发展的重要性、必要性

高铁新城的发展具有完善城市群、促进城乡统筹、践行城市发展新理念、国家政策倾斜四大机遇，同时面临新城规模过大、投融资机制不完善、缺乏完备的政策引领等挑战。在战略选择上应遵循以下几个原则：注重人口和就业岗位的平衡，即就业和商业以及其他服务方面与人口规模的平衡；注重建设规模的平衡，新城的建设要有序进行；注重自身功能平衡，也就是注重居住、就业、商业、休闲、文化、公共设施等方面的平衡协调发展，满足新城居民的多元化需求，促进新城社会经济的集聚发展；注重人与自然的生态平衡，重视生态的规划建设，尽力塑造人与自然的高度和谐。高铁新城经过3年发展，目前尚难以在短时间内塑造较高区域知名度，近期对周边区域的集聚和辐射功能十分有限。高铁新城虽然作为"一核四城"的战略板块，主要经济指标已实现较快发展，但是整体还处于发展起步阶段，政策体系、功能配套、环境优化、人气集聚、经营管理等方面还有大量工作要做，特别是产业集聚效应还没有充分显现。

值得重视的是，高铁新城目前的优劣势十分明显。从优势方面看，一是高铁新城区域的特殊政策。根据苏州"一核四城"战略部署，为进一步加快推进高铁新城建设，市、区两级党委政府统筹考虑高铁新城建设资金需求量大、持续周期长等情况，创新实施了市区两级财政最大优惠的财政结算体制。对高铁新城启动区4.7平方千米财税和土地政策封闭运作，专项用于高铁新城开发建设，其中财税政策优惠期暂定5年（2012—2016年），市、区财政不集中财力。二是理念领先的规划指导。高铁新城先后聘请英国奥雅纳、合乐、德

国瓦伦丁等国内外著名机构联合编制完成了规划 20 余项,为新城空间布局、产业发展、基础设施建设提供了科学指导。三是不断强化的区位优势。目前高铁新城启动区路网基本形成,高铁、轨交、汽车站等在高铁新城立体交汇,25 分钟无缝对接上海虹桥与苏南硕放两大机场,是苏州"一核四城"中最具交通区位优势的板块。未来高铁新城将从交通枢纽升级为城市枢纽。

从劣势方面看,基础设施薄弱,高铁新城基于原有行政区域建立,所在位置多数是民房和农田,基础设施建设相对滞后;区域内人才稀少,人才的流动性偏大,稳定性弱,初期不利于产业导入;人口支撑方面新城区域目前属于初建期,周边一定范围内人口的数量和质量还不够;招商等政策仍有待进一步建立和完善;服务平台不足,目前在建区域内无任何已具备的服务功能和设施,硬件方面包括银行、住宅、景观配套等设施,软件方面包括政府行政服务窗口、商业服务业配套等,不利于前期人口导入。

现代城市的发展必须依赖产业的革新,产业的布局必须依托城市的规划,实现从"产城割裂"走向"产城融合"。在完善城市功能的过程中,必须同步优化产业布局,实现城市与产业的共同升级发展,推动区域由基础建设向宜居宜业城市功能阶段发展。

三、高铁新城"产城融合"发展的几点思考

高铁新城产城融合要处理好产业园区发展与所依托的新城之间的关系,促进二者功能整合、用地整合、设施整合以及必要的体制整合。提升产城融合水平,需要促进城市与产业层次同步提升。要突出重点,促进城市与产业特色有机结合;要合理引导,促进产业与城市功能优化匹配;要统筹联动,促进产业与城市发展目标统一。

1. 突出在制度环境上做文章

多方位科学制订高铁新城城市发展规划,完善政府产业、人才、金融、创新科技等政策法规体系,强化创新型城市建设的开放性和发展动力;完善决策体制,加强政府对片区发展的宏观调控功能,完善规划决策机制和制度,建立重大问题的政策研究和专家论证制度,以及重大建设项目公示与听证制度,提高规划决策的科学性;健全职责明确、执法规范、管理科学、办事高效、保障有力的城市综合管理体制。建立健全工程建设、公司运行、政策决策等重点领域、重点岗位、重点环节的各项规章制度;重点研究和制定引才留才政策,为高铁新城的产城融合提供有力的人才支撑;完善知识产权保护法规制度,加大知识产权保护力度,鼓励企业、高校和科研机构开发具有自主知识产权的关键技术和重大产品;在逐步建立与高铁新城现代化、信息化环境相适应的制度环境上做好文章。

2. 加快在产业载体上创优势

产业是新城发展的支柱和动力源泉,高铁新城要打造"文智商旅"全产业链体系。发展创意产业内容制作、科技研发、商务服务以及创意产业旅游体验。以云计算为先导产业,以创智文化产业、智慧科技服务产业和总部商务产业为主导产业,以高端非银创新金融服务中心和旅游产业为配套的产业体系,成为未来新经济新兴产业的引领区。高铁新城以产业发展提升新城的品质,按照先南后北渐进式的进行招商储备和引资,引入独立运营商负责各地块的开发和管理运行。积极推动与国内产业地产开发商合作;文创园 AB 区以投融资平台引进公司,引入清华科技园等产业孵化器等,重点打造高铁文化服务产业项目。推进创意设计街区建设运营,做强苏州市文化产业重点项目。努力增强各类载体对电子商务、数字出版、移动互联网、数字影视等新兴产业的集聚和承载能力,现已成功获批国家文化产业示范基地和国家版权示范基地。有计划地推进高端人才公寓建设,真正发挥商务楼宇的产业项目集聚和人气商气集聚作用。

3. 着重在基础设施上下功夫

加快高铁新城基础设施建设步伐,加快推进联系新城与中心城区的轨道交通建设;发展与中心城区联通的大公交系统,建设新城停车换乘枢纽系统,在新城内部形成完善的公共交通体系;着力提高新城社会发展和公共服务水平,完善城市服务功能,提升生活品质。通过优化整合新城与中心城区的教育、卫生、文化、体育等各种资源,为新城居民营造配套齐全、秩序良好、功能完备、安居乐业的生活环境。稳步推进核心商务区项目建设,力促启动区十大重点项目建成投产,把商业集聚区配套建设和人气聚集结合起来,打造北部商业核心圈。加快创意设计街区、创智科技园等大型载体建设。切实把做城、做产业、做环境、做基础、做品位有机地结合起来,加快推进从经营土地到经营城市、从运作资源到运作资产再到运作资本、从项目为主到策划运作城市为主的发展转型,打造人气集聚的硬环境。

4. 切实在配套服务上求实效

积极鼓励和扶持教育、医疗等领域的高端品牌进驻启动区,尽快做好人口导入、产业导入、学校导入等,给予产业信心,给予城市新貌,为产城融合奠定良好的基础。全面推进地理信息系统建设,逐步完善信息化公共服务设施等配套。稳步推进南京师范大学苏州高铁新城实验学校、苏州大学人才商品房、苏州大学实验学校(暂定名)、高铁北站改造等功能配套项目。优化创新创业中心、云电商、游戏公共运营、投融资、版权"五位一体"服务平台建设,完善产学研政孵投体系。探索构建重大项目合作机制,纵深推进投融资体制改革,引导社会资本参与高铁新城的开发建设,务必在以城促产、以产兴城的产城融合发展上求实效。

5. 努力在文化元素挖掘上求突破

高铁新城是苏州市新门户,要积极开发门户经济,应加大力度发展高铁站点经济,加快形成以高铁站点为中心的中高端商业圈,为优质企业入驻提供信心,为入住高铁新城的人才提供新乐园。深度挖掘相城及苏州文化元素,如园林、小桥、流水、堆石等,学习日本、美国等地文化产业开发的先进理念及运作机制,打造隐约苏州特色城市文化,为高铁新城的产业助力。

6. 始终在城市品牌和产业联动上抓特色

苏州高铁新城初期阶段已在相城以及苏州形成良好的城市品牌和形象,但在长三角甚至全国的品牌形象尚未形成。在发展期需要加大对城市品牌的营造和输出,特别加大对推广策略的研究和投入,在更大更广的范围内强势输出苏州高铁新城的品牌形象。目前高铁新城有两大枢纽:创智枢纽和高铁枢纽。创智枢纽主要以生产性服务业为主。高铁新城的生产性服务业要以苏州雄厚的工业基础为依托,充分利用苏州大市的产业联动发展。

7. 积极在加强资源开发上出实招

在今后一段发展期内,新城应利用其良好的生态资源,打造体验式旅游特色,并和苏州全市形成旅游一体化,形成完善的更具吸引力的旅游体系。科学合理运营土地战略资源,以启动区作为试验区,积累土地运营经验,布局未来城市生态。在运用国家、长三角、苏州市和相城区的人才政策上,积极利用财税资源,吸引培育关键领军人才,把资金用在刀刃上。

8. 全力在金融体系职能上求创新

建立和完善支持创新型企业发展的信用担保体系,设立创新型企业担保体系建设专项资金,鼓励各类担保机构支持创新型企业的发展,扩大担保机构业务补贴范围。加快发展创业风险投资,发挥好高新技术风险投资对科技风险领域投入的引导作用,建立有效的资本进入和退出机制。利用获溪创投、太联创投、国发创投、紫光创投等已建平台和新建系列产业基金,创新项目投资经营模式,通过多途径拓宽项目资源渠道。与国发创投、元禾创投、中科招商等产业资本加强合作,引导更多社会资本参与产城一体化建设,全力打造科技金融创新平台,打造产业集聚效应。更注重发挥资本优势,形成良性的创新投资环境。

9. 重点在人力资本上创优势

人力资本是产城融合发展中最重要的要素之一。产业和城市的发展都需要人才的支撑。要加强人才教育和培训,鼓励人才引进,制度落实人才规划,落实专项资金。进一步制定和完善住房优惠、创业扶持和税收减免等人才服务配套政策,切实解决人才创业与人才乐居问题。搭建人才创新创业基地,建立包括互联网、电子商务等服务业的行业组织,为海内外精英搭建沟通交流平台,通过各类优秀人才资源的聚集为高铁新城产城融合提供优质的人力资本。

10. 尽快在多元化投融资机制上争领先

进一步制定和完善支持企业发展的新政策,探索金融资本与产业资本的融合,构建多层次多渠道投融资服务体系。设立产城融合发展专项基金,用于支持产业集群和区域内的基础设施、公共服务平台等项目建设;有效引导银行信贷,鼓励银行业金融机构发展适合产业发展的个性化信贷计划,加强对现代服务业产业基地建设和重大项目建设的信贷资金支持,为产业结构调整提供综合金融服务;设立贷款公司,推动企业上市,培育优质企业,加强推动优质条件的企业到主板、中小板、创业板和境外上市。争取先行先试金融创新政策,建立产业金融控股集团,完善投融资构架,逐步融入国家金融发展支持框架。

(作者系"苏州市年轻干部经济素养提升培训班"学员,苏州高铁新城经济发展局局长)

全新商业模式的认识与尝试

——相城区发展"平台经济"的调研与思考之一

陈楚九　韩承敏　李静会　施瑶瑶

随着全球化、信息化、网络化三大趋势的不断演进,"平台经济"作为一种颠覆式商业创新模式,正成为推动区域经济转型升级和稳定增长的有效抓手与重要引擎,显示出十分积极的效应。作为一种全新的经济形态和商业模式,我们应如何认识和把握"平台经济"?相城区的探索有何积极意义?在新常态大背景下,应如何顺势而为、主动作为?最近,我们就此进行了专题调研,形成了若干思考。

一、如何解读"平台经济"?

一般而言,"平台经济"的说法最早出现于 2000 年前后,随着现代信息技术的飞速发展,尤其是互联网技术的普及应用,平台型企业纷纷涌现,催生了"平台经济"的发展浪潮。比如,以提供人与人建立关系及在线分享与互动为主的社交平台,以提供买卖双方信息沟通和交易为主的电子商务平台,以方便百姓日常生活服务为主的生活服务平台,以提供信息搜索检索服务为主的搜索平台,以提供各类新闻、资讯为主的媒体平台,以提供第三方担保支付服务为主的支付平台,等等。其中一批著名的平台型企业,如国际上的谷歌、苹果、脸谱,以及国内的阿里巴巴、百度、腾讯、淘宝等已逐渐成为人们生活中不可缺少的一部分。目前,对于"平台经济",往往侧重于虚拟网络平台的传统解读,国内外对此尚无统一的、明确的阐述,应该说,这还是一个发展中的、有待丰富和完善的命题。

我们经过初步研究认为,所谓"平台经济",在新常态大背景下,其内涵应包括以下基本点:(1)"平台经济"是一种全新的经济模式,是新技术、新业态、新模式、新产业的集成创新,具有跨界性、渗透性、融合性、动态性与高成长性等显著特征。(2)"平台经济"是一个与时俱进的概念,以往一般以虚拟网络平台为主,但在经济、科技的快速发展下,其内涵与外延不断丰富、扩展,既指虚拟平台,也应该包括实体的、有形的平台。(3)"平台经济"是服务经济中最具活力的一部分,是创造和集聚价值的桥梁与载体,平台的成功建立,可使整个产业经济向平台倾斜,而平台可在产业发展中居龙头地位,具有引领带动作用。(4)"平台经济"是平台企业、平台产业的集合,通过构建平台,使众多分散的信息与资源集聚到平台,使上下游关联方汇聚一起,形成集群,而平台涉及的产业链也不断延伸,进而带动周边产业、相关产业,产生商业流、信息流、物流、人流和现金流,形成辐射带动效应,促进相关产业发展和实体经济活力的增强。

二、推动经济转型升级的重要引擎

作为一种革命性的商业模式,"平台经济"正在成为推动经济转型升级的重要引擎,在构建现代市场体系、推动产业持续创新、引领新兴经济增长、促进制造业与服务业融合、变革消费方式等方面起着重要作用。

经过初步研究和梳理,我们认为,"平台经济"对于推动经济转型升级的引擎意义主要表现在以下方面:一是推动产业持续创新。通过平台整合产业资源、企业资源和市场资源。一方面,为企业拓展提供新的发展空间,驱动企业进行持续创新,巩固竞争优势;另一方面,"平台经济"的形成改变了商业模式和经济形态,使整个经济的微观基础发生变化,带动了产业与业态的创新。二是引领新兴经济增长。"平台经济"某种意义上是创造和聚集价值的桥梁。它的形成需要集聚各种平台资源,而一旦形成规模,又以更大力度吸引各种资源要素加入,推动整个产业向平台倾斜,创造出巨大价值。三是促进制造业与服务业融合发展。"平台经济"通过沟通产业链上下游、生产者与消费者,实现了产品制造链和商品流通链的有效衔接,从生产到运输再至消费,都通过平台得以整合,实现了制造业和服务业的融合,成为加快制造业服务化转型的重要推动力。四是有利于变革消费方式。"平台经济"中所蕴含的新的交流、交易模式,正成为人们日常生活模式和社交结构变革的重要推动力。这种变革直接带来消费方式的改变,使信息消费得到迅猛发展,也使基于信息交换的商务活动、交易活动等成为未来经济活动的主要组成部分。

三、相城发展"平台经济"的基础优势与现实矛盾

基于上述研究,我们感到相城区加快发展"平台经济"具有一定的基础优势,集中表现在三个方面:一是形成了一定的品牌效应。相城区拥有蠡口国际家具城、渭塘珍珠宝石城、元和苏州(中国)婚纱城、生态园农副产品交易市场等一系列实体平台。其中蠡口国际家具城被苏州市政府确定为"特色产业基地"和"服务业重点集聚区",被中国家具协会授予"中国家具商贸之都"称号;渭塘珍珠宝石城是全国百强集贸市场,被认定为中国珠宝玉石首饰特色

产业基地和江苏省首批现代化服务业集聚区。二是崛起了一批电子商务企业。已基本形成家具、大闸蟹、婚纱、农产品、珠宝五大特色鲜明的电子商务垂直细分领域,全区拥有电子商务企业近千家,电子商务平台11个,2015年电商交易额达到300亿元。家具类电商初显规模,"购家居"建成全国首家大型3D网上商城。阳澄湖文创园落户企业"中纸在线"公司2014年产值达到3亿元,打造了全国最大的纸张交易线上平台。三是构建了一批特色载体。相城经济开发区升格为国家级经济技术开发区,相城高新技术产业开发区最近又获江苏省政府批准,二者均具有一定规模与优势。高铁新城交通便利、区位优势明显,主要围绕影视文化产业、"互联网+"、商业商务等"平台经济",呈快速发展态势。先后建成相城经济开发区澄阳产业园、漕湖产业园、潘阳工业园和望亭国际物流园等一批产业基地,优化布局了相城教育园、总部经济园、创业产业园等专业园区,为产业集聚搭建了良好的载体。全区已建成1家国家级科技企业孵化器,全区孵化器累计在孵企业264家。四是培育了一批公共服务平台。围绕"平台经济"发展,金融、物流、科技、信息、商务等配套体系加快完善,已建成公平服务平台13个。

我们认为,相城"平台经济"发展总体上还处于起步阶段,存在的一些差距与不足还是比较明显的。

一是以传统平台为主,尽管起步较早,但总体转型发展相对滞后。相城区的平台型企业基本以传统企业为主,一些企业从改革开放初期起步到20世纪90年代中期,在全国已占有一席之地,如蠡口国际家具城作为相城区乃至苏州市的一张名片,在全国有一定的知名度,素有全国第二、华东第一的美誉。但近年来,由于诸多因素,其产业地位有所下降,被成都家具城和河北廊坊的香河家具城后来居上,排名降至第四。婚纱城受婚庆市场大环境及苏州两个竞争市场出台大幅招商优惠政策的多重影响,在发展过程中也遇到了诸多困难,2015年共有商户151家,实现销售额约0.9个亿,但客流与上年同期相比下降了22%,且商户流失严重。这些传统平台既面临着产业升级的巨大压力,又缺乏转型发展的回旋空间,与周边市场如常熟招商城、吴江东方丝绸市场、浙江义乌小商品市场、南浔建材市场等相比,在交易额、从业户数、管理水平等方面还有差距。

二是以中小平台为主,尽管数量较多,但总体缺乏支柱型、规模型平台企业。相城区尽管有一批平台和平台型企业,但总体规模偏小,缺少具有行业带动力和国际影响力的龙头型平台企业。以专业市场为例,全区共有以蠡口国际家具城、渭塘珍珠宝石城、元和婚纱城等为重点的专业市场18个,年交易额超过200亿元,经营户数超万户,从业人员10万余人。其中年交易额超10亿元的大型专业市场仅有5家,占28%。大部分市场仍处于初级阶段,平台建立尚不成熟,主要反映在:现代化程度不高,管理层次较低,缺乏现代信息管理体系;交易方式落后,品质优势不足,缺乏现代市场功能,大多数专业市场采用的是现货对手交易方式,即使像蠡口国际家具城这样大型的市场也主要是采用现场对手交易;各专业市场的商品大多处在中、低档水平,缺乏展示功能、物流配送功能、电子商务功能、信息处理服务功能和中心结算功能等;传统的交易方式和交易途径成本高、效率低,已经与现代商贸流通发展要求不相适应,限制了专业市场的辐射能力。就电子商务而言,企业对现有的大型电商交易平台依赖性较大,对于自创平台或意识不强或有畏难情绪,企业内生创新动力不足。目前区内只有逛蠡口、龙森、GO家居3个家具电商运行平台,且都处于起步阶段。其他家具电商、珠宝电商、大闸蟹电商等主要集中在淘宝、天猫、京东等第三方平台。

三是以相对分散为主,尽管发展较快,但总体尚未集聚形成合力。相城区的"平台经济"目前处于相对分散阶段,规划布局相对滞后,发展氛围不浓,互补性不强,市场竞争力偏弱,尚未形成主导产业突出、层次水平较高、具有竞争优势的"平台经济"集聚区和"平台经济"产业集群。如电子商务产业集聚度不够,除阳澄湖数字文化创意产业园集聚了近80家电子商务企业,电子商务交易规模达30亿元左右外,其他大部分电子商务企业分散在其他办公楼,集聚效应尚未显现。而在"平台经济"突飞猛进发展的上海浦东已崛起"平台经济"四大集群:大宗商品交易平台、互联网金融服务平台、文化教育与健康生活平台和网上购物平台,这些集群中,每个集群都具有千亿万亿级的交易规模、百亿级的营业收入。此外,在体制机制上也尚未形成合力,目前相城一些初具影响的平台仍局限在街道管理层面,缺少更高层面做大做强"平台经济"的体制机制保障。

(苏州市委党校市情研究中心)

理清发展思路与战略重点
——相城区发展"平台经济"的调研与思考之二

陈楚九　韩承敏　李静会　施瑶瑶

"平台经济"是在现代信息技术迅速发展、互联网应用日益普及背景下快速崛起的新经济形态和新商业模式，随着"互联网+"理念与实践的不断深入，"平台经济"将进入一个蓬勃发展的时期，我们认为，这对于相城经济加快转型升级、实现"弯道超越"，无疑是一种历史性机遇。相城建区15年来，后发崛起、力争后来居上的意识始终比较强，在实践中也取得了引人瞩目的成绩，当前至关重要的是，如何在发展"平台经济"上真正把握住机遇，在转型升级、创新发展中实现率先与领先，这应该成为相城区"十三五"发展的重大任务。

理清发展思路与战略重点，是相城区发展"平台经济"的关键环节。我们感到，有必要把握以下原则：一是坚持上下对接，即必须准确把握与深刻领会国家宏观战略、宏观布局和省、市的决策部署，结合本地实际情况，寻求发展"平台经济"的契机与切入点。二是坚持内外联动，即实现区内区外在重要领域、关键环节的合作互动、一体化发展，实现借梯上楼、借力跃升，从而做大做强"平台经济"的规模与竞争力。三是坚持多元并举，即传统产业平台与新兴产业平台、二产平台与三产平台、实体经济平台与虚拟经济平台，只要有利于做大做强"平台经济"，都要把握一切发展机遇。四是坚持功能互补，即在研发平台、服务平台、金融平台、产业平台之间形成一种互为补充、互相促进的"平台经济"发展格局。五是坚持区镇协同，即在全区一盘棋的大格局下，整体规划、突出重点，以区为主、分级负责，形成发展合力，推进资源整合，寻求重点突破。

根据初步调研，我们提出相城区发展"平台经济"的五大重点领域。

一、传统提升型：依托传统产业优势，加大科学规划、转型跨越力度，加快打造具有"互联网+"创新亮点的"平台经济"。家具、珍珠等传统产业在相城区的发展具有较长历史，这是一种传统优势，从市场前景看也是具备发展潜力的，应该成为相城发展"平台经济"的重点之一。

从家具产业看，蠡口国际家具城作为相城区乃至苏州市的一张名片，在全国有一定的知名度，中国家具协会授予其"中国家具商贸之都"称号，尽管近年来其产业地位有所下降，但仍然具备提升发展的优势。我们建议，一是科学合理制定家具城中心区域改造整体规划。通过推动市场改造提升、优化市场综合秩序、建立市场诚信体系等方法实施全面整顿和改造。在此基础上，依托蠡口国际家具城现有基础，融入家具文化、旅游内涵，延伸和完善家具设计、制造、物流产业链，巩固其"华东家具第一城"的地位。二是积极选址筹建家具配载基地，推动市场功能配套发展。规划建设具有一定规模的家具物流配载基地，引进全国一流的专业物流企业进行管理运作，大力提升市场的物流配送和仓储能力，切实解决家具城及中心城区综合秩序和管理难题。三是增强家具电商的集聚效应，形成平台竞争力。谋划布局电商产业基地，统一作坊式的家具零售商，发展家具电子商务，形成线上家具平台，打造线上品牌。集聚第三方电商企业，集电商办公、体验展示、原创设计、配套产业为一体，委托专业运营商来管理运作，充分利用蠡口家具城这个产业平台，进一步助推整个市场的有序转型发展。四是实现家居产业个性化设计、柔性化制作、网络化营销。广泛集聚各方资源，以模式创新促进传统产业焕发生机。

从珍珠产业看，相城区渭塘素有"中国淡水珍珠之乡"之称，渭塘珍珠宝石城是全国百强集贸市场，被认定为中国珠宝玉石首饰特色产业基地。渭塘在全国拥有40余万亩珍珠养殖水面，占全国珍珠养殖面积的40%以上，形成了丰富的珍珠资源。市场汇聚了近10万人口从事珠宝产业服务及相关工作，一大批实力雄厚的珠宝商为客户提供着高品质的产品和高质量的服务。从目前情况看，渭塘珍珠宝石城不仅具备提档升级的优势，更具有转型发展的紧迫性。为此建议，一是推进珍珠电子商务产业园的建设。集中布局珠宝天猫电商和运行服务商，吸引创新创业人员入驻，由第三方运营。通过外引内培，树立珍珠电商标杆企业。二是重点打造渭塘珍珠旗舰店。加大渭塘珍珠的品牌文化宣传力度，争取在淘宝和京东等平台开设渭塘珍珠馆，吸引知名的本地珍珠品牌入驻。同步对珍珠城网站进行改造升级，完善交易、支付功能，吸引线下商户入驻。三是完善珠宝电商产业链。引进1~2家大师级设计师工作室，开辟个性化定制与标准化加工相结合的珠宝电商发展之路。四是延伸发展互联网珍珠文化旅游。实现电子商务、现代商贸、文化创意等服务业融合发展。通过线上旅游平台，吸引消费者到线下体验珍珠饰品的全过程加工，体验渭塘珍珠的文化，适时启动珍珠文化馆建设。

二、产业集聚型：紧扣特色新兴产业发展重点，加大各类资源要素整合集聚力度，加快打造具有新兴产业特色的"平台经济"。推进特色新兴产业是"平台经济"发展的重要抓手，目前相城已经初具规模，今后应进一步以项目带动、产业推动、创新驱动的发展模式,加速形成产业关联度高、功能互补性强、集聚发展效应明显的各类产业集群。

从宏观趋势、机遇把握和相城区现有基础出发,建议重点发展八大特色新兴产业集群。一是依托高端装备制造产业园,释放精密加工企业集聚优势,在智能装备、航空航海装备、节能与新能源汽车等领域实现突破性发展;二是依托渭塘中国汽车零部件(苏州)产业基地,支持新能源汽车研发,提升动力电池、驱动电机、智能控制和汽车电子等核心技术产业化能力,建成在国内知名度较高的汽车零部件生产基地;三是依托相城生物科技产业园,大力发展化学制药、高端仿制药、特色原料药、新型疫苗、诊断试剂、新型抗感染药物,推进生物医药制造规模化发展;四是依托太平精密加工产业园,构建产业技术创新联盟,围绕"硬件+软件+互联网"智能设计方向,加大3D、激光切割技术应用,培育以精密加工业为产业链的新型电子信息产业园;五是依托阳澄湖新材料产业基地,发展高性能复合材料、先进结构材料、新型功能材料和高性能合金材料,继续建设新材料产业集聚区;六是依托智能电网特色产业基地,积极培育自主创新产品,打造智能电网集聚区,同时加速集聚科技银行、科技保险、天使基金、创投基金及其他股权投资基金等专营机构及中介机构,促进产业与金融、科技与金融的有效融合;七是依托一批电商平台,重点建设"1+1+3+3"电子商务产业集聚区,加快发展国家级阳澄湖数字文化创意产业园综合电子商务集聚区,打造元和、黄桥、度假区三个综合电子商务产业集聚区,发展家具、珠宝、大闸蟹三大电子商务产业示范区;八是依托望亭国际物流园区,推动高铁新城电子商务物流基地和相城综合保税区规划建设,加快物流信息化建设,推进物流业与互联网、物联网融合发展,建成布局合理、技术先进、便捷高效、绿色环保、安全有序的现代物流平台。

三、研发创新型:把握全球科技发展趋势,加大引进和培育研发型平台企业力度,加快发展具有较高附加值和辐射带动力的"平台经济"。尽管相城目前已建成国家级科技企业孵化器1家、省级科技企业孵化器5家、省级创新型孵化器1家,但总体研发创新能力不足、高端全球人才不足的矛盾比较突出,加快发展、做大做强研发创新型"平台经济",应该成为相城"十三五"发展的重中之重。

我们感到,集聚创新资源对于相城而言,在政策优势、层级优势、产业优势、规模优势等方面均有一定落差,这是相城集聚创新要素的明显制约,应当实行差异化、配套型、互动式发展。从现实情况分析,建议重点推进相城经济开发区与相城高新技术产业开发区的发展,形成研发创新"双核"格局。一方面,以与园区共建的苏相合作区为抓手,拓展推进合作的广度与深度,提升带动层次,依托园区更高层面集聚研发创新型企业,打造相城研发创新核心区。

另一方面,以相城高新技术产业开发区获省级批准为契机,加快打造创新资源、产业技术研发、科技创业、创新创业人才"四大高地",形成相城研发创新的又一重大平台。

与此同时,在乡镇层面规划引导和推进镇级研发创新型"平台经济"的发展,比如渭塘镇可立足汽车零部件产业,依托清华大学的品牌效应,打造集技术转移、企业孵化、科技金融为一体的专业孵化器;太平街道可加快创业方舟(C PLUS)载体基建建设,利用环境资源和政策支持为大学生创业提供载体。元和街道可围绕中心城区发展定位,着力打造以电子商务、家具设计等为主要业态的生产性服务业孵化器。望亭镇可围绕现代农业打造"互联网+"现代农业孵化器。

四、产城互动型:坚持新型城镇化发展理念,加大高铁新城高起点建设力度,加快打造具有产、城、人融合互动优势的"平台经济"。我们认为,狭义的"高铁新城"或者说其发展的重点,应该是目前规划的28.9平方千米的高铁新城。高铁新城建设至今,启动区已初具规模,今后应重点围绕以人为本、产业兴城、以城促产、产城融合的理念,打造综合性的、产城互动型的"平台经济"。

根据调研,我们感到,相城高铁新城的发展,可围绕综合性、产城互动型"平台经济"的定位,进一步全面谋划,举全区之力加快推进。一是突出规划引领,全力优化新城功能布局。以"开发一片,成熟一片,成功一片"为原则,以充分体现错位发展、互补优势特色为思路,着力打造以商贸商务、生态休闲、创智文化等功能为主导的现代化商务区。以高铁枢纽为引擎带动现代服务业集聚发展,形成以水网为骨架的生态网络,着力打造具有明显优势的交通枢纽。二是突出产业兴城,全力提升产业发展层次。以构建"文商智旅全产业链体系"为重点,加快集聚高端、重点服务业项目,细化楼宇经济、影视产业发展等五年行动计划,全力加快重大产业载体建设和产业专业服务平台建设。三是突出人气集聚,全力提升共建共享品质。在产业聚人、城市留人、配套育人、环境引人理念下,加大宣传力度,使"苏州新门户"观念深入人心,吸引社会各界投资新城、入住新城。四是突出管理创新,丰富精准服务内涵。不断提升国有公司运营城市、管理城市的综合实力,探索构建绿色建筑、绿色产业、绿色生态系统协调发展的新模式。

五、文旅融合型:把握文化旅游资源优势,加大整合、转型、提升力度,加快打造具有鲜明特色、人气集聚、带动力强的"平台经济"。总体而言,相城的文化旅游资源是比较丰富的,如何通过挖掘、整合、创新,形成"平台经济"优势,大有文章可做。

根据调研,我们建议,一方面可大力发展文化创意产业。争创阳澄湖数字文化创意产业园省重点文化产业示范园区,扶持发展高铁新城创客空间、元和文化创意产业园、渭塘珍珠宝石城等功能区,重点打造电影频道苏州制作基地、苏州(中国)婚纱城,培育一批具有较强市场竞争力的文化创意新兴骨干企业和龙头企业,积极推动文化企业上市。文创园已吸引海云网络、中纸在线、耀盛网络、祥和票务等80余家电商企业入驻,集聚规模效应初现,公共服务平台与配套设施比较完善,形成了良好的电子商务发展生态链。下一步可围绕创建省级电商示范基地,加快电商企业的引进,设立电子商务产业发展基金,推进创业孵化中心建设,带动辐射城区电商产业发展。另一方面,做亮特色旅游品牌。依托相城特色的生态景观、田园乡村、现代农业和历史文化资源,以生态休闲和乡村体验为发展方向,大力发展乡村休闲度假旅游产业,争创省级乡村旅游创新发展示范区,构筑特色旅游产品体系。发挥旅游业的带动融合作用,加快旅游业与生态环境、美丽村庄建设以及现代农业、文化产业的深度融合发展,打造具有相城地域特色的五大旅游产品:以阳澄湖度假区为龙头的"江南水乡、田园风光"休闲度假旅游产品,以中央公园为核心的水乡特色城市生态旅游产品,以牧谷农场为引领的乡村休闲旅游产品,以御窑金砖博物馆为亮点的历史文化旅游产品,以苏州"小外滩"、苏州(中国)婚纱城、珍珠宝石城、家具城为载体的婚庆文化旅游产品。同时,充分利用"互联网+旅游"模式,创新个性化旅游体验项目,推进度假区"智慧旅游2.0"项目,塑造和打响"度假休闲游""绿色生态游""乡村体验游""特色文化游""浪漫婚庆游"五大特色旅游品牌,着力把相城打造成为长三角乡村休闲度假胜地。

(苏州市委党校市情研究中心)

具体工作建议
——相城区发展"平台经济"的调研与思考之三

陈楚九　韩承敏　李静会　施瑶瑶

"平台经济"是全新的发展理念和发展模式。我们在调研中了解到,相城区领导层面的认识相对比较超前、比较到位,而在部门、乡镇(街道)层面则不尽然,有的还不够了解,有的感到无从下手,我们认为这都是正常的,面对新事物总有一个逐步认识、逐步了解的过程,关键在于我们要缩短这一过程,尽快形成共识,在全区上下切实增强加快发展"平台经济"的紧迫感。我们必须清醒看到,在基础较差、资源有限的情况下,相城区15年发展取得的成绩是明显的,也是十分不易的。如果说以往相城的发展保持了一种快速增长,初步实现了"后发崛起",那么在今后的发展过程中,相城必须通过转型升级,实现一种新的跨越:在继续做大总量的同时,实现一种发展质量的提升,而实现这一目标的重要抓手之一,就是加快推进相城"平台经济"的发展,这既是相城各级干部所面临的严峻挑战,也是全区上下亟待把握的一次重大发展机遇。我们必须清醒地看到,当前如何实现区域经济稳增快转是一项紧迫任务,但同时我们又面临资源不足、外需不振、传统的粗放增长方式难以为继等共同难题,而加快发展"平台经济"在某种意义上是破解这一难题的一把"钥匙",我们可以通过发展"平台经济"来高效推进高端资源要素的整合与集聚,产生"1+1＞2"的效应。可以说,在发展"平台经济"方面,大家都站在同一起跑线上,谁认识早、行动快、抓得准、抓得实,谁就能够领先一步,形成先发优势。相城应该争当发展"平台经济"的先行者、探路者,为苏州经济的转型升级提供样本。我们必须清醒地看到,"平台经济"是一种全新的发展模式,这就决定了其发展必然是一场革命,涉及思想观念、发展思路、体制机制的转变与创新,对此往往知易行难,不可能一蹴而就,必须在全区上下倡导并形成一种勇于探索、善于实践、敢于担当的精神和风气,结合当前推进供给侧结构性改革,全面谋划改革创新,通过改革推进"平台经济"发展,形成新供给、新需求。

根据初步调研,我们就相城区加快发展"平台经济"提出以下具体工作建议。

一是强化组织领导。从目前情况看,相城区"平台经济"发展仅是在区级层面有一些思考和设想,在基层有一些实践和探索。尽管相城区行动比较早,但要真正形成快速崛起之势,切实强化组织与领导是重要保障。建议区委区政府对此进行专题研究,进一步理清发展思路和发展重点,做出统一部署和动员。同时,在体制机制上建立全区性的协调推进机制和分级管理机制,尤其对于重大平台、重点平台,要专门建立班子,并由区级层面全力推进。

二是强化规划引导。发展"平台经济",形成全局性的、一体化的规划至关重要。建议围绕形成重点突出、优势明显、功能互补的"平台经济"发展格局这一目标,制订全面系统的发展规划、实施方案和行动计划,明确时序进度和阶段目标,明确各板块、各部门的工作职责,以指导、推进"平台经济"快速、有序发展。同时要筛选确定一批全区性的重大平台、重点平台,制定专项规划,明确具体发展目标、时序进度和责任考核。

三是强化人才支撑。"平台经济"从某种意义上说是一种"人才经济",有了高层次的人才,才可能构建高层次的平台,而有了高层次的平台,就为引进、集聚高层次的、专业化的平台人才提供了重要载体,反过来又可以集聚高层次的人才。发展"平台经济",专业化的平台人才是龙头,建议围绕"平台经济"发展,梳理出平台人才方面的短板,制订专门的人才引进计划和配套优惠政策,切实加大引进、培育力度,以平台人才高地构建相城的"平台经济"高地。

四是强化企业扶持。发展"平台经济",各种平台型企业是基础和主体,决定了"平台经济"的发展活力和发展前景。因此,建议结合重点行业领域、"平台经济"发展重点,通过产学研等方式,积极培育引进一批有市场竞争力的平台企业;围绕重点领域培育发展一批信誉好、实力强的平台企业,择优确定重点企业予以扶持,促进有条件的企业向平台化转型;针对"平台经济"特点和平台型企业发展规律,设计有效的平台型企业扶持政策,比如设立专项资金、拓宽融资渠道等。

五是强化积极向上争取的主动性。建议积极向国家部委和央企争取各种平台型企业在相城区落地,形成高端"平台经济"集聚区,打造"平台经济"的示范工程。更为重要的是,"平台经济"发展的许多领域目前还没有明确的政策规定,要积极向上争取"平台经济"发展试点,充分利用现有优势,努力构建"平台经济"发展的政策洼地,争取各级政策、资源的综合利用,形成可复制的经验和做法。

六是强化配套服务。"平台经济"的发展需要优化配套环境,建议加强信息基础设施建设,加快云计算、物联网、大数据等新技术的发展及在"平台经济"中的应用,为"平台经济"发展提供信息技术支撑;进一步建设物流资源交易平台,健全物流服务功能,提供运输、仓储、加工、配送等服务,降低企业物流成本;设立转贷资金池、天使投资引导资金和产业引导基金,出台相关的管理办法,形成制度保障;提供供应链融资、贸易融资、仓单质押等服务,提高流通效率;强化大数据采集、开发、分析、利用,开展信息咨询服务,增强各类平台的辐射力和影响力。

(苏州市委党校市情研究中心)

苏州靠什么发挥示范引领作用？
——深圳经济成功转型的六点启示

沈 康

2016年7月6日，省委书记李强来苏调研，明确要求苏州在新的发展阶段，要肩负起新的历史使命和责任，在全省转型升级中发挥示范引领作用。面对省委对苏州发展的新要求，我们感到，有必要学习借鉴深圳经济成功转型的经验做法，以便更强定力、更大力度、更具效率地推进我市产业转型升级。事实上，2015年深圳之所以能在全国绝大多数城市 GDP 增速普遍下滑的情况下逆势提速 0.1 个百分点，2016年一季度继续同比提高 0.6 个百分点，关键是收获了经济转型红利。综合有关材料，以下"六个突出、六个注重"对苏州不无启迪意义。

一是突出以产业政策为纲，注重发挥政府的关键作用。以"十年磨一剑"的精神，坚定不移推进转型升级，是深圳市委、市政府的一贯态度和做法。无论是在政策优势殆尽、资源劣势凸显、窗口标杆地区风光不再的 20 世纪末 21 世纪初，还是在国际金融危机深度发展、经济增速一度大幅下滑的情况下，深圳市委、市政府都始终坚持在转型中谋发展，坚持转型升级目标不变、力度不减、步伐不停，大力推动增量优质、存量优化，仅"十二五"期间就转型低端企业超过 1.7 万家。与此同时，深圳市委、市政府坚持"有为有不为，不缺位不越位"，坚持以产业政策为纲，大力引导和支持产业升级。从着力发展以电子信息产业为龙头的高新技术产业，到致力打造高新技术产业、金融业、物流业、文化产业"四大支柱"，再到推动战略性新兴产业规模化、高技术产业高端化、优势传统产业品牌化，构建以"高、新、软、优"为特征的现代产业体系，进而进一步提出构建优势传统产业、先进制造业、战略性新兴产业、未来产业"四路纵队"的梯次现代产业体系，深圳不断在自身实际与全球产业发展趋势的结合点上正确定位产业发展方向，并配套以系统化、集成化的政策措施，仅 2015 年支持的产业升级项目就多达 2350 个，进而形成了经济增量以战略性新兴产业为主、工业以先进制造业为主、第三产业以现代服务业为主的"三个为主"格局。2015 年，深圳七大战略性新兴产业增加值增长 16.1%，并全部实现两位数增长。生命健康、机器人等五大未来产业规模超过4000亿元,先进制造业增加值增长11.5%,从而实现了深圳经济逆势上扬。当前,苏州经济仍面临着较大的下行压力,但越是在困难和挑战面前,我们越是要像深圳那样坚持转型升级战略定力不动摇,切实将稳增长的战略基点转变到以"新"求"进"、以"进"固"稳"上来,努力实现更高质量的转型性增长。同时,要坚持以产业政策为纲,对"十三五"规划确定的发展方向动态化进行再调整、再细化,并分类梳理、完善相关政策,提升政策供给的有效性、针对性,加快培育结构性增长点,加快产业有机更新,加快形成梯次产业结构,确保苏州经济行稳致远。

二是突出提升科技创新供给能力,注重发挥创新驱动的核心作用。以创新求变是深圳转型升级的关键密码。历年来,深圳市秉承抓创新就是抓发展、谋创新就是谋未来的理念,坚持把创新驱动作为加快转型升级的不二选择,坚持以创新打造新动能、发展新经济、创造新供给、催生新需求,着力推进创新从"追跑跟跑"向"并跑领跑"迈进,加快建设国际化科技、产业创新中心,形成了以创新为引领的转型特征和升级优势。具体实践中,深圳十分注重科技创新与产业升级的紧密结合,着力提升科技创新对产业转型的供给能力和水平。比如,聚焦产业升级战略需求,在未来网络、超材料、光传输等领域规划建设重大科技基础设施,在生物、材料、无人机等领域布局建设一批领军型研发机构,推进创新要素集聚集约,从而使4G及5G通信、超材料、新能源汽车、基因测序等领域产业技术跻身世界前列。再比如,大力培育发展直接为企业高科技发展服务、直接与市场对接的新型研发机构,近几年来在基因组学、超材料、智能机器人、大数据、石墨烯等前沿技术领域,培育了70多家产学研一体的新型研发机构,成为新技术产业源头创新的重要力量。经过持续不断的努力,深圳不仅培育了支撑区域经济发展的战略性新兴产业和未来产业两在"新贵",而且已悄然渡过了从要素驱动向创新驱动转型的艰难时期,2015年深圳以高达700多亿元的R&D投入和不足3300亿元固定资产投资,实现了高于全国2个百分点的GDP增长。而反观苏州,尽管近几年来科技进步有所加快,但动力转换仍显相对滞后,去年苏州R&D投入不足深圳的2/3,而固定资产投资却是深圳市的近1.9倍。更为突出的是,"十二五"期间我市战略性新兴产业产值增幅回落幅度远大于规模以上工业,其比重提高一定程度上并不缘由"此涨",而是"彼消"的结果。这就要求我们,不仅要将创新驱动作为决定苏州未来发展命运的关键一着,更要按照产业链部署创新链,将各类创新要素尤其是高端要素在产业、行业的相对集聚作为重中之重,致力于在事关产业转型升级的重点领域形成决定性优势,切实增强科技创新对产业升级需求的供给能力,实现更高水平的科技与经济紧密结合。

三是突出增强"头雁"引领效应,注重发挥企业的根本作用。拥有强大而高素质的民营企业尤其是科技型企业,形成"头雁"引领的大中小企业竞相发展的"雁阵式"布局,是深圳经济得以成功转型的重要因素。事实上,近几年来深圳在实施中小企业创新帮扶行动计划,着力培育壮大中小微企业队伍的同时,始终将鼓励、引导、支持高成长性创新型企业尤其是龙头骨干企业转型发展作为事关全局的一项重要任务,对华为、中兴、比亚迪、华大基因等企业给予了超常规支持,从而有力地带动了行业内企业的整体转型升级。据了解,目前深圳共拥有世界500强企业4家,中国500强企业30家,主营收入超百亿元企业65家,超千亿元企业8家。尤为突出的是,科技型大型企业已成为深圳经济的中坚力量。目前,深圳已拥有产值超千亿元的科技企业3家、超百亿元的17家、超亿元的1200多家,进而带动科技型企业突破3万家。在这样的格局下,深圳形成了90%的创新型企业为本土企业、90%的研发人员在企业、90%的研发投入源自企业、90%的专利产自企业、90%的研发机构建在企业、90%以上的重大科技项目由龙头企业承担的"六个90%"的局面,全市60%以上的高技术产业和战略性新兴产业产值拥有自主知识产权。而对照我市,目前规模以上工业企业研发经费支出占主营业务收入的比重仅略高于1%,即使是规模以上内资企业也仅为1.3%左右,即使与深圳70%的优势传统产业企业这一比重超过5%也相去甚远,造成我市大中型工业企业对外技术依存度高达60%左右,战略性新兴产业中拥有自主知识产权的产值比重仅为30%左右。这种现象表明,企业尚未成为我市创新发展的主体,必须借鉴深圳的做法,切实做好固本强基这篇大文章。尤其要将培育地标型企业与科技型企业、高新技术企业等很好地结合起来,切实增强大型骨干企业的"头雁"引领示范带动作用。

四是突出服务实体经济,注重发挥金融体系的资本作用。近几年来,深圳市在继续把金融业放在优先发展的战略地位、加大对金融业发展扶持力度的同时,围绕不断增强资本市场对产业转型升级的支撑力,制定实施了诸如"关于利用资本市场促进深圳产业转型升级的意见"等一大批政策措施,旨在深层次拓展金融服务实体经济尤其是产业转型发展的广度和深度。比如,推进国家科技金融试点城市建设,探索建立由政府、银行、股权投资公司等机构组成的新兴产业投融资体系,优化产学研资对接机制,至2015年年底全市VC/PE机构达到4.6万家,注册资本超过2.7万亿元,并组建了高水平产学研资联盟45个,为新兴产业发展和中小微创新企业成长创造了优质环境。再比如,建立各部门紧密结合的上市协调机制,统筹做好企业尤其是新兴产业企业进入资本市场的服务工作,仅"十二五"期间深圳新增境内外上市企业83家,累计321家,本地企业中小板和创业板上市总量连续9年居全国大中城市首位,挂牌新三板企业中超过75%为高技术企业,上市企业已成为深圳转型发展的主体力量。还比如,加快推进金融要素交易平台建设,目前开业运转或取得业务资格的要素市场平台达23家,仅前海股权交易中心挂职牌企业就达7000多家,并正在成为深圳本地企业转型升级的重要通道。近年来,我市建设区域性金融中心也取得了明显进展,尤其是2015年9月出台了"金融支持企业自主创新行动计划",可以讲抓住了金融促进产业转型升级的核心环节。但客观讲,其支持促进的广度和深度还有待拓展,建议在进一步梳理产业转型升级对金融发展战略需求的基础上,制订出台金融促进产业转型升级的实施意见,切实将金融的促进作用有效覆盖到我市产业转型升级的全方位、全过程。

五是突出推进营商环境建设,注重发挥法治的保障作用。坚持把法治作为最重要的无形的"基础设施",作为最好的营商环境,努力为加快转变经济发展方式、推进产业转型升级提供全方位的法治保障,是深圳的一条重要经验。比如,深圳坚持以法治加强知识产权保护和运用,设立全国第一个知识产权法庭,出台"加强知识产权保护工作若干规定",连年发布"知识产权十大案例"。"十二五"期间,深圳累计获得国家科技奖励56项,中国专利金奖和优秀奖130项,PCT国际专利申请量超过5万件,分别是"十一五"的1.8倍、4.5倍和3.2倍,并实现国家技术发明一等奖"零"的突破。据统计,2015年深圳PCT国际专利申请量占全国的近1/2,中国专利金奖占全国1/5,目前累计有效发明专利占全国的1/10。比如,坚持以法治激活转型升级的"源头活水",在大力推行政府"大部门制"改革、加快转变政府职能的同时,积极稳步推进51项商事登记制度改革,率先实施"多证合一、一照一码",并积极构建多元化、国际化的纠纷仲裁和调解机制,率先推进社会信用体系和市场监督体系建设,切实强化事中事后监管。据了解,至2015年年底,深圳行政许可事项由2011年的487项减少到234项,社会投资项目核准事项压缩90%,从而为产业转型升级激活了量质并举的"源头活水"。目前,深圳商事主体累计达220多家,居全国城市首位,"十二五"期间仅新增注册股权投资企业就超过2万家,微软、英特尔等58个具有较强转型升级带动作用的世界500强项目落户深圳。我们感到,当前苏州正处于由赶超型经济向成熟型经济迈进的关键时期,实现这一经济形态向更高级的阶段转型,至关重要的是要打造法治经济。为此,应根据市委构建"三化一机制"的目标要求,坚持用法治眼光审视转型升级问题,用法治思维规划转型升级路径,用法治手段破解转型升级瓶颈,更具针对性地制定和完善有利于产业转型升级的地方性法规,切实做到依靠法治推进"四新经济"培育和低端低效企业淘汰、自主创新能力提升和科技成果转化应用、资源优化配置和高端要素集聚、绿色低碳发展和环保倒逼、三次产业融合和产城融合、市场主体壮大和内在升级动力激发等,将产业转型升级纳入法治化轨道。

六是突出提升融合集成功能,注重发挥"深圳文化"的催生推动作用。改革开放以来,深圳在渐趋成为全国改革开放前沿窗口、投资创业热土的同时,也催生了以开放包容、崇尚创新、宽容失败为主要特征的"深圳文化",而深圳更是将这种文化软实力转化成了融合集成各种创新要素、推进产业转型升级的巧实力、硬实力。近几年来,深圳注重催生整体社会的创新精神和创新行为。一方面,不断为创新文化"加力"。比如,制定出台促进科技创新、支持企业提升竞争力、促进人才优化发展的"三大政策",将科技人员成果转化收益比例提高到70%以上,将创新型中小微企业不良贷款容忍率放大到5%,从而实现了在更高水平上开放集聚全球创新能量。至2015年年底,深圳累计引进国际一流创新团队64个、"海归"人才约6万人,仅"十二五"期间新增境外投资超1000万元的研发机构达255家。另一方面,大力推进大众创业、万众创新。围绕打造国际创客中心,制定支持创客发展的政策措施和三年行动计划,建立创客学院,推进创新、创业、创投、创客"四创联运",构建全链条创客服务体系和综合创新生态体系。目前,深圳拥有各类孵化载体超过120家、孵化面积达460万平方米,在孵企业接近6000家,从业人员超过20万人,其中以柴火空间、创客工场为代表的一批众创空间已在国内外具有较大影响力。我市"十三五"规划明确提出,要着力打造"文化苏州",建立特色鲜明的软实力发展体系,这是新时期苏州发展的必然要求。但我们同时认为,只有将其与建设具有国际竞争力的先进制造业基地、具有全球影响力的产业科技创新高地紧密结合,充分发挥苏州文化在产业转型升级中的催生推动作用,才能真正体现苏州文化的价值所在,而在这方面尚需进一步破题。

找准转型切入点　打好升级组合拳
为加快建设"一基地"做出新的努力

周　伟

最近召开的中共苏州市委十一届十二次全会,就贯彻落实省委李强书记调研苏州时的讲话精神、做好下半年工作做出了全面部署,作为全市经济和信息化工作的主管部门,我们深受鼓舞,备感责任重大。我们必须全面贯彻落实会议精神,尽责履职找准工业经济转型切入点,创新实干打好制造业升级组合拳,为加快建设"具有国际竞争力的先进制造业基地"做出新的努力。我们将主要把握以下环节。

一是着力推进制造业智能化发展。智能制造是《中国制造2025》确定的主攻方向,也是我市构建新型工业体系、建设制造业强市的关键所在。我们将以创建"中国制造2025"苏南城市群试点示范为契机,突出抓好以下三方面工作。一是实施智能制造"十百千万"工程。部署启动"十家智能工厂培育计划""百家智能车间建设计划""千家企业智能装备升级计划"和"万台机器人运用计划",以点带面促进智能技术广泛集成应用,制造装备向数字化、智能化提升。二是组建智能制造产业联盟。集聚行业协会、智能装备制造基地、大院大所和龙头企业,搭建集智能装备和产品研发设计、生产制造、系统集成等机构和企业一体的公共服务和合作平台,推进智能制造关键技术协作攻关和产业化,培育一批提供智能制造整体解决方案的服务商,促进智能装备和产品跨越发展。三是加大组织推进力度。2016年下半年,专题召开全市智能制造推进工作会议,配套出台《苏州市企业智能装备升级实施方案》,力争使智能制造在全省率先见效。

二是大力推进制造业与互联网融合化发展。当前,我市正处于推动制造业与互联网融合发展的重要窗口期,我们将以产业创新、业态创新、商业模式创新为切入点,深入落实"互联网+"战略。一是实施企业家互联网思维提升计划。紧紧抓住企业家这个关键少数,采取组织培训、考察研学、典型示范等多种形式,引导企业家以互联网思维分析形势、解剖问题、谋划发展,切实增强企业以互联网求创新、促转型的思想自觉和行动自觉。在大中型企业普及首席信息官（CIO）制度，培养一批推动企业互联网融合发展的骨干队伍，打牢制造业与互联网融合发展的微观基础。二是实施企业互联网融合提升计划。围绕推进研发设计协同化、生产管控集成化、购销经营平台化、制造服务网络化，支持生产企业与互联网企业跨界融合，在重点行业选择一批重点企业示范利用互联网技术进行在线化、数据化、智能化改造和发展电子商务，三年内重点培育200家省级互联网融合创新示范企业、100家国家级两化融合贯标企业，打造一批具有苏州品牌的互联网领域"独角兽企业"。三是实施信息通讯基础设施提升计划。放大国家首批"宽带中国"试点城市效应，加快"无线城市""高清互动"建设，积极推进"三网"融合和企业宽带"企企通"工程，加快完善"网+云+端"工业信息基础设施体系，构建支撑两化融合的服务体系。

　　三是强力推进产业高端化发展。围绕推进供给侧结构性改革，结合苏州产业发展的实际，我们将聚焦产业的高端化发展和产品的高端化供给，在着力构建"四三二"格局上下功夫。一是全力实施"四项行动"。组织实施好新兴产业跨越、传统产业质效提升、生产性服务业振兴和绿色低碳四项行动，重点布局新一代显示、集成电路、云计算大数据和物联网、智能装备等战略性新兴产业创新发展。编制和组织实施好我市集成电路、智能制造产业发展规划。二是整体打造"三大品牌"建设。对接国家工业质量品牌创新专项行动，分层分级实施区域品牌培育工程，鼓励百强企业塑造国际知名企业品牌，支持中小企业塑造"专精特新"特色品牌，加快建设工业品牌强市。三是突出打造两大技术高地。围绕发挥产业高端化发展的先发优势，集成支持纳米技术产业化应用和生物医药（医疗器械）创新发展两大高地建设，积极建设国家级微纳制造创新中心和国际知名的生物医药（医疗器械）产业园区。

　　四是合力推进转型升级保障机制建设。推进我市工业经济转型升级必须久久为功，构建长效保障机制尤为重要和迫切。我们将按照激励和倒逼一道发力、制度和作风一体建设的要求，强化三大保障。一是政策保障。围绕建立健全加快转型发展的激励机制、倒逼机制，联合相关部门全面梳理已有政策，对标上海、深圳等地的先进经验，出台我市《打造具有国际竞争力先进制造基地的若干措施》，切实提高政策的针对性、有效性，切实增强企业做强做大、跨越发展的自觉意识。二是人才保障。实施新一轮企业经营管理人才素质提升工程，推进"中青年企业家培优计划"和"中青年职业经理人培育计划"。按照产业集聚人才、人才引领产业发展工作思路，积极构建高端创新创业人才与高端产业的有效对接机制，提升高端人才的供给水平。三是服务保障。以推进转型升级为实践平台和检验标准，大力弘扬

"主动服务、创新服务、尽责服务、高效服务、廉政服务"的工作作风,提高"服务板块、服务企业、服务企业家"三服务的能力和水平,以钉钉子精神打好工业经济转型升级组合拳,努力为我市在全省转型升级中发挥示范引领作用勇挑重担、再创业绩。

(作者系市经信委主任)

苏州部分经济指标的比较分析

李静会 朱 琳

最近,我们就苏州的部分经济指标与上海、杭州、宁波、深圳、广州、东莞、重庆等城市进行了比较,现综述如下。

一、苏州地区生产总值规模较大,但增速趋缓值得重视

从2015年看,苏州地区生产总值为1.45万亿元,居上海(2.5万亿元)、广州(1.81万亿元)、深圳(1.75万亿元)、重庆(1.57万亿元)之后,增速为7.5%,超过全国平均水平(6.9%)0.6个百分点,仅略快于上海(6.9%),和重庆(11%)相差3.5个百分点,和杭州(10.2%)相差2.7个百分点,和深圳(8.9%)相差1.4个百分点。从2016年上半年看,苏州地区生产总值为0.76万亿元,增速为8%,比2015年提高了0.5个百分点,增速高于全国平均水平(6.7%)1.3个百分点,但仍和深圳(14.02%)相差6.02个百分点,和杭州(10.8%)相差2.8个百分点,和重庆(10.6%)相差2.6个百分点(具体见表1)。

表1 地区生产总值和增幅比较   单位:万亿元,%

年份	项目\城市名	苏州	上海	杭州	宁波	深圳	广州	东莞	重庆
2015年12月	GDP	1.45	2.5	1.005	0.8	1.75	1.81	0.63	1.57
	同比增长	7.50	6.90	10.20	8	8.90	8.40	8	11
2016年6月	GDP	0.76	1.3	0.5	0.39	0.86	0.88	0.31	0.8
	同比增长	8	6.70	10.80	6.80	14.02	8	7.80	10.60

二、苏州一般公共预算收入结构较优,但增速优势不尽明显

2015年,苏州一般公共预算收入为1560.8亿元,居上海(5519.5亿元)、深圳(2727.06亿元)、重庆(2155.1亿元)之后。其中税收占比优势凸显,从可收集到的数据看,苏州占比达85.8%、深圳83.3%、上海74.1%、重庆

67.3%。2016年上半年,苏州一般公共预算收入中税收占比达89.09%,杭州94.1%,上海70.4%。2015年苏州一般公共预算收入增速是8.1%,和深圳(30.9%)相差22.8个百分点,和上海(13.3%)相差5.2个百分点,和重庆(12.1%)相差4个百分点。苏州税收收入的增速是7.6%,但是和深圳(29.5%)相差21.9个百分点,和上海(15.7%)相差8.1个百分点,和重庆(13.2%)相差5.6个百分点。2016年上半年,苏州一般公共预算收入是898亿元,增速是11%,比2015年提高2.9个百分点,增速和上海(30.6%)相比差19.6个百分点,和深圳(24.4%)相差13.4个百分点,和杭州(17.4%)相差6.4个百分点。税收收入为800亿元,增速是16.3%,比2015年提高8.7个百分点,和上海(30.76%)相差14.46个百分点,和杭州(21.8%)相差5.5个百分点,和东莞(19.4%)相差3.1个百分点(具体见表2)。

表2 一般公共预算收入比较表　　　　单位:亿元,%

年份	城市名\项目	苏州	上海	杭州	宁波	深圳	广州	东莞	重庆
2015年12月	一般公共预算收入	1560.8	5519.5	1233.88	1006.4	2727.06	1349.1	517.97	2155.1
	同比增长	8.10	13.30	9.80	8.20	30.90	8.50	10.20	12.10
	税收收入	1338.6	4090.97	—	—	2272.09	—	—	1450.88
	同比增长	7.60	15.70	—	—	29.50	—	—	13.20
	税收收入占公共财政预算收入比重	85.80	74.10	—	—	83.30	—	—	67.30
2016年6月	一般公共预算收入	898	4196	818.21	639.9	1754	690.03	283.13	—
	同比增长	11	30.60	17.40	10.10	24.40	9.80	11.50	—
	税收收入	800	2953.87	769.93	—	—	—	—	—
	同比增长	16.30	30.76	21.80	—	—	—	19.40	—
	税收收入占公共财政预算比重	89.09	70.40	94.10	—	—	—	—	—

三、苏州全社会固定资产投资规模靠前,但增速下滑明显

从2015年的情况看,苏州全社会固定资产投资为6124亿元,居重庆(15480.33亿元)、上海(6352.7亿元)之后;2016年上半年,苏州全社会固定资产投资2980.1亿元,其中工业投资1077亿元,均居重庆(分别为7089.34亿元和2370.72亿元)之后。总量位次苏州总体比较靠前,但增长速度呈明显下滑之势。2015年苏州全社会固定资产投资的增速为-1.7%,在8个城市

中居于末位,增速远远低于全国平均水平(9.8%)11.5个百分点。其中工业投资额的增速为-4.6%,增速在8个城市中排名第7,低于全国平均水平12.6个百分点。2016年上半年情况有所好转,苏州全社会固定资产投资的增速为2.2%,比2015年提高3.9个百分点,但增速不仅低于深圳(24.3%)22.1个百分点,更低于全国平均水平(9%)6.8个百分点。其中,苏州工业投资额的增速为-0.7%,比上年提高3.9个百分点,低于第一名重庆(16.3%)17个百分点(具体见表3)。

表3 全社会固定资产投资和工业投资额比较　　单位:亿元,%

年份	项目 城市名	苏州	上海	杭州	宁波	深圳	广州	东莞	重庆
2015年12月	全社会固定资产投资	6124	6352.7	5556.3	4506.6	3298.31	5405.95	1446.52	15480.33
	同比增长	-1.7	5.60	12.20	13	21.40	10.60	3.30	17.10
	其中,工业投资额	2200.5	957.17	930.01	1499.9	590.8	751.73	502.84	4990.09
	同比增长	-4.6	-17.2	1.80	18.70	13.50	10.50	26.60	19.80
	工业投资占全社会固定资产投资的比重	35.93	15.07	16.74	33.28	17.90	13.90	34.76	32.20
2016年6月	全社会固定资产投资	2980.1	2810.53	2519.67	2593.3	1609.55	2228.24	669.23	7089.34
	同比增长	2.20	7.90	9.10	11.60	24.30	13.40	13.70	12.50
	工业投资额	1077	394.52	378.26	735.6	—	—	—	2370.72
	同比增长	-0.7	-2.3	4.30	5.30	—	—	11.70	16.30
	工业投资占全社会固定资产投资的比重	36.19	14.04	15	28.37	—	—	—	33.44

四、苏州工业经济具有较大的规模优势,但增速下降趋势明显

苏州2015年规模以上工业增加值为6262.0亿元,仅次于上海(7177.33亿元)和深圳(6785.01亿元)。但同比增速仅为0.2%,低于全国水平(6.1%)和全省水平(8.3%),远低于重庆(10.8%)、深圳(7.7%)、广州(7.2%)、杭州(5.4%)和东莞(5.3%)等城市(具体见表4)。

表4 规模以上工业增加值比较　　　　　　　单位：亿元，%

城市名 项目	苏州	上海	杭州	宁波	深圳	广州	东莞	重庆
规模以上工业增加值	6262.0	7177.33	2903.30	2575.4	6785.01	4840.42	2711.09	—
同比增长	0.2	0.2	5.4	3.8	7.7	7.2	5.3	10.8

2015年苏州规模以上工业利润总额为1510.0亿元,仅次于上海(2650.59亿元)和广州(1997.45亿元)。但规模以上工业利润同比增长仅为2.0%,在所列城市中排名倒数第2,低于东莞(18.6%)、重庆(16.5%)、宁波(14.6%)、深圳(9.6%)、广州(5.9%)、杭州(2.4%)等城市,其中东莞、重庆、宁波、深圳分别是我市的9.3倍、8.25倍、7.3倍和4.8倍(具体见表5)。

表5 规模以上工业利润比较　　　　　　　单位：亿元，%

城市名 项目	苏州	上海	杭州	宁波	深圳	广州	东莞	重庆
规模以上工业利润总额	1510.0	2650.59	882.63	753.4	—	1997.45	393.57	1393.80
同比增长	2.0	-0.9	2.4	14.6	9.6	5.9	18.6	16.5

五、苏州科技创新能力逐步提升,但尚未形成比较优势

近年来,苏州科技创新综合能力有了显著的提升,但尚未形成比较优势。一方面,在创新投入指标上,苏州R&D占GDP比重并不突出。R&D经费占GDP的比重是一个国家或地区创新实力和潜力的标志,在国际上,R&D经费投入强度达2.5%,标志着创新能力基本达到或接近发达国家水平。苏州2015年R&D占GDP比重为2.68%,高于全国平均水平(2.10%),也高于全省平均水平(2.55%),但从纵向看,低于2014年(2.7%),同比全国增加了0.48%,全省提升了2%。横向看,与创新能力较强的深圳(4%)、上海(3.7%)有较大差距,也低于杭州(3%)。另一方面,在创新成果指标上,截至2015年年底,苏州入选"国家千人计划"共187人,到目前为止,累计219人,仅次于上海(771人),但高于深圳(208人)、杭州(138人)、宁波(120人)、重庆(85人)、东莞(21人)(具体见表6)。

表6 创新能力相关指标比较　　　　　　　　　　单位：%，人

		苏州	上海	杭州	宁波	深圳	广州	东莞	重庆
R&D占地区生产总值比		2.68	3.7	3	2.4	4	—	2.3	1.53
入选国家千人计划人数	截至2015年年底	187	671	104	118	182	—	—	74
	截至目前	219	771	138	120	208	—	21	85

六、苏州企业发展数量较多，但缺少地标型企业

苏州企业总量较大，但一个比较突出的问题是缺乏地标型企业。以中国企业联合会、中国企业家协会评选的"2015中国企业500强"榜单为例，苏州有11家企业入围，比2014年多了2家，上榜企业更多，排名总体提升。但入围企业数量仍远低于上海（27家）、深圳（21家）、杭州（20家）、广州（20家），略高于重庆（10家）、宁波（9家）。进一步分析我们还发现，11家入围企业均未进入前50强，其他城市入围前50强的企业数量为深圳5家，上海4家，广州1家。苏州11家入围企业的年平均营业收入为748.4亿元，比2014年（653.8亿元）提高了14.46%，增速高于500强平均水平（4.98%）近10个百分点，但体量仍不足500强平均水平（1190.0亿元）的2/3，与深圳（1516.48亿元）、上海（1393.21亿元）有较大差距（具体见表7）。

表7 入围中国企业500强相关指标比较　　单位：个，亿元，%

项目＼城市名	苏州	上海	杭州	宁波	深圳	广州	东莞*	重庆
入围企业数量	11	27	20	9	21	20	—	10
其中入围前50强企业数量	0	4	0	0	5	1	—	0
平均营业收入	748.40	1393.21	665.17	411.60	1516.48	810.63	—	371.83
企业营业收入占GDP比重	56.78	150.47	132.37	46.31	181.98	89.57	—	23.68

注：* 无企业入围。

从"2015中国制造业企业500强"榜单分析，苏州有10家企业入围，比2014年（9家）多了1家，但入围企业数量远低于杭州（37家）、上海（19家）、宁波（18家）、重庆（13家），略高于深圳和广州（均为8家）。其中，入围前50强企业数量有2家，比上海少3家，与深圳、杭州相同，但入围企业排名在深圳之后。入围企业的年平均营业收入为655.96亿元，是500强平均水平（538亿元）的1.22倍，次于深圳（1041.05亿元）、上海（974.88亿元）（具体见表8）。

表8 入围制造业企业500强相关指标比较　　　单位:个,亿元

项目\城市名	苏州	上海	杭州	宁波	深圳	广州	东莞*	重庆
入围企业数量	10	19	37	18	8	8	—	13
其中入围前50强企业数量	2	5	2	0	2	1	—	0
平均营业收入	655.96	974.88	324.86	200.89	1041.05	516.89	—	208.94

注:*无企业入围。

(苏州市委党校)

借鉴台湾地区经济发展理念 拓宽新常态下吴江经济转型升级路径

季小峰

当前,宏观经济在经历了过去三十多年近10%的高速增长后,开始步入增速换挡和结构调整的新常态。据统计,二战后连续25年以上保持7%以上高增长的经济体只有13个,除去博茨瓦纳、马耳他、阿曼之类的小国,其余10个经济体基本都从第三个十年开始减速,只有台湾地区在第四个十年保持了7%以上的增速。

作为大陆重要的台资企业集聚区,吴江台资企业的总量已达到1000多家,台资主要投向的电子信息产业产值超过1000亿元,连续多年成为吴江的第一大主导产业。多年来,以企业和产业为纽带,吴江与台湾地区在经济、文化等方面的交流合作一直比较密切。基于此,分析台湾地区经济发展历程和现状,借鉴一些实践证明比较成功的理念,了解台湾地区当前发展的一些重点,在一些有条件的领域加强新的合作,进而立足吴江实际和发展大势,以更宽的视野开拓发展空间,对促进吴江顺应新常态、积聚新动能、增创新优势,具有一定的意义和价值。

一、台湾地区经济发展的理念借鉴

1949年以来,台湾地区经济发展大致经历4个时期:经济恢复期(1949—1952年)、以农养工发展期(1952—1960年)、出口导向经济发展期(1960—1986中)、经济转型期(1986年至今)。从20世纪中后期开始,台湾地区的经济确立了比较清晰的发展计划,核心就是一步一步升级产业结构。这个过程中,台湾地区对经济增长和产业升级的组织方式、核心抓手,现在来看都已十分清晰,也有较强的借鉴意义。

一是务实的追求。在日本殖民时代,台湾地区经济主要依靠自身的农业和日本的工业互补。第二次世界大战结束后,台湾地区和日本联系中断,与内地也断绝联系,加上太平洋战争时蒙受的损失,导致台湾地区经济濒临衰竭。基于这种状况,台湾地区开始了一系列的改革,从70年代开始全心全力发展经济，把追求经济发展的实际效果放到了核心的位置，这是台湾地区经济崛起的根本导向所在。从吴江来看，改革开放三十多年来，坚持发展经济不放松，也取得了长足的进步，但经济结构和运行质量还不够优，粗放式发展的制约因素日趋凸显。因此，在现阶段不管宏观环境如何变化，我们无疑更要立足经济进入新常态的客观实际，不好高骛远、不瞻前顾后，毫不动摇坚持以提高经济发展的质量和效益为中心，把转方式、调结构放到更加重要位置，全力推动经济建设迈上新台阶。

二是人才的支撑。台湾地区经济的崛起，得益于集聚了一批能干的人士，特别是有着世界眼光，以及金融、实业背景的实务型专家；在工程、金融、管理等领域培育了一批有专业能力的技术官员；高度重视技术职业中等教育和实用型大学教育，培育了大批优质技工和专业人员。以人才为支撑，形成了强烈的"工具性的理性"，特别强调为了达成一项任务，必须从实际的数据来把握问题，凭借已有的资源取得最合理的效果。对吴江而言，政府一直对人才工作高度重视，但人才队伍的结构还比较松散，人才的引进培育还不够聚焦，人才的实际效用还不够高。因此，我们要毫不动摇坚持人才强区发展战略，坚持实施人才创新创业"55352"工程和人才"生根计划"，大力引进发展急需的各类高层次人才，特别是经济管理方面的人才。充分利用区域内外的高校和职业院校资源，培养一批适应需求的实用型技能人才，同时为人才创造优越的工作环境和生活条件，以人才集聚引领产业转型升级。

三是次第的规划。70年代初期，台湾地区开始推行"十大建设"，作为经济发展的配套措施。在经济发展方面，台湾地区的发展模式曾经既不是完全放开，也不是完全由当局执行计划，而是由当局研究拟订发展的项目及顺序，再以有效的手段促进发展，一次工业的发展高潮过去，即开始发动另一项工业，从而保持持续的动力。台湾地区产业结构的重心，相继由水果、茶等农产品及糖烟酒等产品加工，转变为纺织、家用电器等日用品生产，再转变为精密机械、造船、汽车等工业用品及交通工具生产，再转变为石化塑料，再转变为信息工业。对吴江而言，多年来产业的发展也是呈递进状态，但规划引领作用的发挥还不够充分。因而当前我们要秉持先进制造业立区、现代服务业兴区的发展理念，全力促进制造业向高端化发展，促进资源配置向服务业转移。继丝绸纺织、电子信息、光电缆之后，全力推动装备制造业和现代服务业加速崛起，力争"十三五"时期装备制造业规模达到千亿、服务业增加值达到千亿。

四是高效的组织。台湾地区在经济发展过程中，组织了一系列推动某一专门产业的机构，集合公私官民人力物力，引进新兴知识，组织研究团队，再将可行的技术转让给民间投资的厂商。70年代，组织"纺拓会"推广发展纺织工业，组织"资策会"开设新竹科学园区，设立工业技术研究院开发有用的技术,由"国科会"和"经建会"推动研究工作,实现了产业、技术和人才的同步提升。对吴江而言,这方面还很欠缺。因而我们要在重点行业和领域加快建设一批共性技术平台和检验检测平台,支持企业参与研发平台建设,推进企业主导产学研协同创新,持续增加科技积累,特别要充分发挥盛泽纺织研究院、开发区清华汽车研究院等现有研发平台对科技创新的引领与推动作用,加大资源开放共享力度,进一步提升区域自主创新能力,为加快经济发展方式转变提供有力支撑。

五是协同的力量。台湾地区非常重视发展民间工业,推动许多农业资本转化为工业资本,且注重政企密切合作,包括在吴江有投资的"大同"等企业都是从生产日用电器开始拓展世界市场的。台湾地区重视由公权力创造发展的条件,集合民间的财智,促进了经济的快速发展,石化工业、电子信息产业的发展很多都是由政府投资配合,在筹建的工业预置能源输送、材料以及成品运输、安全与环境保护等配套设施,集中有关工厂投入生产,再以一些政策措施促使成品外销,在短期之内迅速建立一定的工业规模。对吴江而言,我们要充分发挥民营经济体量大、活力足的优势,着力加强政府在重点发展的装备制造业、现代服务业等方面的引导服务,促进新一轮重点产业的加速壮大;同时要加快转变政府职能,进一步激发市场活力,打造良好的创新创业生态环境,充分激发社会力量在大众创业、万众创新中的主力军作用,打造新常态下经济发展的新引擎。

六是创新的驱动。在创新方面的努力,让台湾地区的计算机主板及汽车计算机控制系统,在相当一段时间里,几乎占据了全球的大部分市场。在信息工业之后,20世纪80年代后期台湾地区曾规划发展纳米、光学、生物技术等高新技术产业。从现在的情况看,台湾地区当时发展经济的规划不可谓不远大、眼光不可谓不敏锐。但由于种种原因,这三方面的发展并未达到目的,以致经济的主导产业长期停留在信息工业阶段。对吴江而言,创新资源的集聚和创新资源的转化还是短板。因而在创新方面要毫不动摇地持续强化,除了技术之外,在管理、模式等方面也要同步推进,特别要坚持以"科技+品牌+模式"为抓手,强化企业家加科学家、资金加技术、项目加市场的运作模式,让创新成为推动吴江经济发展的决定性力量。

二、拓展新形势下对台合作的空间

在技术和产业方面发展不断推陈出新的形势下,台湾地区布局的新兴产业,不少与吴江目标培育的新兴产业相似。吴江有基础、有条件,在继制造业和普通贸易之外,拓展与台湾地区合作的广阔空间。

一是智能工业合作。台湾地区的电子信息制造业、精密机械产业技术研发优势突出、高端生产经验丰富,其电子产品、机械产品是国际上主要客户重要的采购对象之一。台湾地区已将机器人产业列为重点发展产业,并纳入扩大投资新兴产业推动方案,目前已辅导167家厂商执行185家产品或零组件开发,在工业用机器人、教育、娱乐、照护等原型机器人方面积极布局。而智能工业是吴江未来发展的重要一极,已经专门制定出台的《关于加快全区智能工业发展的实施意见》,明确了智能工业发展方向、目标及措施等,并着力打造智能装备产业园,加快建立比较完善的产业发展环境和服务体系。因此,吴江可以围绕智能制造领域,搭建与台湾地区在产业、行业和企业等多层面的合作平台,推动从共性技术研发、标准制定、生产制造到市场拓展等多层面的合作;可以主动开展与台湾地区的技术交流,从面上的考察参访、情况交流,向实质性解决合作项目中的实际问题迈进,提升交流合作的整体水平。

二是网络经济合作。早在2001年,台湾地区便出台《资讯通信发展推动方案》,整合商流、资讯流、物流、现金流等推动商业的自动化与信息化。2014年,台湾地区成立"电子商务产业发展指导小组",发布"电子商务发展纲领(草案)",进一步整合市场、规章及人才等机制,目标是把台湾地区建成亚太电子商务创新及集资基地,把电子商务产业打造成进军国际市场的动力。近年来,吴江也逐步形成了以一些知名电商和盛泽纺织、横扇羊毛衫、震泽蚕丝等优势集群为主导的电子商务格局。围绕打造国内领先的电子商务集聚区的目标,吴江可以依托产业基础,探索建立工业互联网行业协同平台,吸引台湾地区技术力量,推进台企在吴江的两化深度融合,推动基于互联网的全流程生产协同和综合集成;同时依托现有的金融机构基础,探索建立以B2B电子商务为核心的吴台电子商务平台和两地互联网金融服务平台。

三是文化创意合作。台湾地区创意发轫于2002年,现在已逐渐摸索出自己的特色,而且正成为一个新的经济动力和文化输出内容。台湾地区既有专门培育创意能力的民间育成机构,也有产学结合的育成中心等。台湾地区的创意已贯彻到衣食住行娱乐各个层面,不仅在城市的街角、老旧巷子、独立书店、街头咖啡店、文创商品小铺等随处可见,而且不少老工业企业通过创意注入文化,产生了新的经济效益和社会效益。近期公布的"创意台湾——文化创意产业发展方案",进一步明确了立足台湾地区、开拓大陆市场、进军国际的发展战略,努力把台湾地区打造成亚太文化创意产业汇流中心。伴随着阿里巴巴、小米创始人均表示要投入资金鼓励台湾地区青年赴大陆创业,2015年正掀起台湾地区青年在大陆创业的高潮。吴江可以把握机遇,探索建立两岸青年创业园区,搭建两地青年互联互通的创业服务平台,加大对台湾地区文创人才的引进力度,加强交流与合作;建立多层次的创新合作伙伴关系,鼓励吴江社会力量参与台湾地区青年创业平台的教育、文化、卫生等公共产品和服务供给,与企业、大学、社会组织合作为创客平台提供常态化的创新创业培训,为初创者识别机会、整合资源、建设团队和开发运营项目提供全程辅导。

四是中小企业合作。台湾地区素有"中小企业王国"的美誉,是中小企业较为发达的地区,也是中小企业发展的典型范例。在台湾地区产业结构转型时期,为促进中小企业突破困境、蓬勃发展,台湾地区中小企业融资辅导制度,特别是信用保证基金在协助中小企业获得金融机构融资方面发挥了积极作用。特别是通过中小企业创新育成中心,打造了拥有许多专注发展单一技术的"隐形冠军"。吴江有1万多家中小企业,其中不少都具备做强做优的基础,而且他们中的很多企业是和20年来台资在吴江的发展同步的,因而对台湾地区经济也比较认同。吴江可以探索成立与台湾地区中小企业交流合作的基地,鼓励中小企业进行策略联盟、同业合作、异业交流等,努力构建中小企业创业育成(孵化及协同合作)体系;同时可以学习台湾地区建立科技成果转化的长效机制,为中小企业创新发展提供理想的创业成长环境。

五是现代农业合作。台湾地区于1984年明确提出"精致农业"的口号,即发展以"经营方式的细腻化、生产技术的科学化以及产品品质的高级化"为特征的农业生产。如今,台湾地区精致农业逐渐形成体系,并跨入世界先进农业行列。据5月7日通过的《精致农业健康卓越方案》,精致农业的发展主要围绕三大主轴:"全民共享的健康农业""科技领先的卓越农业"和"安适时尚的乐活农业"。吴江既是苏州城市发展的重要板块,也是国家级现代农业示范区,农业发展无疑也应该着力彰显多功能价值,使其不仅创造经济价值,更注重实现生态环境保护等目标。因此,吴江可以加强与台湾地区农业科研机构、企业的双边和多边合作,促进良种繁育,农产品生产、加工、储藏、保鲜、运销等关键技术的交流与共享。可以借鉴台湾地区农业发展机制和经营模式:对内重点支持上下联通、功能齐全的产销流通网络建设,上联超市、经销商、贸易机构,下联中介机构、合作组织、农户,并支持探索农产品网上浏览、交易和配送等电子商务模式的构建;对外开展农业策略联盟,开拓农产品现代化、国际化通道。

三、顺势借力深化开放布局

台湾地区经济的发展过程,就是其不断全球化的过程。吴江在引进台资企业和与台湾地区经济交往的过程中,经济的开放度和全球化水平也得以大幅度提升。当前,我们在巩固和深化与台湾地区合作的同时,也应该学习借鉴台湾地区在海外投资和海外生产贸易方面的经验,做到引进来和走出去相结合,更加积极主动地融入全球经济发展。

一是着力拓展全球市场。吴江除了台资企业生产的电子信息产品之外,这些年在化学纤维、光电缆、电梯等领域,已形成了一批处于国际同行业领先水准的企业和产品,特别是已经成为世界级化纤纺织基地,在国际市场具有了一定的影响力和话语权。下一步应进一步支持和服务企业加大国际市场开拓力度,注重自主创新和自主品牌、自主知识产权建设,勇于拓展市场"蓝海",大力推进加工贸易转型升级,由原先的加工制造向研发、检测、维修、销售等高附加值环节延伸,重点打造好11个江苏重点培育和发展的国际知名品牌,全方位提升"吴江制造"和"吴江智造"的影响力。

二是着力优化外资结构。台资是吴江现有外资的主体,为吴江开放型经济的大发展奠定了坚实的基础,但在新一轮全球资本配置结构大调整的重要机遇期中,台资所承载的产业发展的局限性也逐渐显现。因此,吴江要在继续引进台资,促进台资企业转型和产业升级的同时,着力调整资本来源结构,重点加大对欧美资本的吸引力,以全球细分行业领军企业为主攻目标,打造单位产出高、增长后劲强、政府投入小、科技含量高的欧美先进装备制造业项目集群,在目前已有百家规模百亿产出的基础上,通过"十三五"期间的努力,形成500亿左右的产能。

三是着力推进海外投资。2014年,吴江新核准境外企业19家,增资项目1个,中方境外协议投资额3.7亿美元,实现苏州大市"三连冠",2015年更是多家企业连续在海外落子大单。在抢抓"一带一路"机遇的过程中,吴江要学习台资企业处理国际业务的经验,打响永鼎、亨通、东方恒信等吴江企业在海外投资的影响力,深化领军企业在全球的产业布局,提高在全球产业链上的优势;同时要加强对金融服务的创新研究,加强公共服务平台、法律服务平台、公共技术平台、人才培养平台的建设,充分发挥行业协会等优势,推动企业"抱团走出去",以解决遇到的共性问题和困难,并推动中小微企业抓住市场机遇,更好地"走出去"。

四是着力构建国际化环境。必须牢固强化"服务好才能发展好"的意识,确保市场在资源配置中起决定性作用,把更好发挥政府作用主要体现到构建良好发展环境上,要确立国际化的视野,注重学习国际化规则,加强对产业与产品、宏观政策、金融服务以及产业规划的研究,提高在不同领域、对不同对象,提供政府服务的匹配度。同时,特别要加大对吴江的交通、学校、医院等公共服务水平提升力度,优化城市商务功能,提升城市品质,增强文化内涵和包容性,打造让包括台商在内的海内外客商乐居乐业的环境。

(作者系"苏州市年轻干部经济素养提升培训班"学员,吴江区委办公室副主任、研究室主任)

积极探索监管模式创新
推动海关特殊监管区域多元化发展

海关特殊监管区域,是参照海关合作理事会《京都公约》并结合中国国情进行制度创新的产物,包括保税区、出口加工区、保税物流园区、跨境工业园区、保税港区、综合保税区6种形态。自1990年我国设立第一个保税区以来,经过二十多年发展,我国海关特殊监管区域数量已经达到115个。苏州地区海关特殊监管区域密集,有保税港区、综合保税区、出口加工区3种类型8个特殊区域,是苏州开放型经济的重要特色和最大优势,对提升工业产业规模、调整产业整体结构、促进外贸增长、拉动财政税收、增加社会就业机会都发挥了重要作用。新常态下,苏州特殊区域发展也面临一些困难和挑战,进一步促进特殊区域整合优化、发挥引擎和带动作用,意义重大。

一、苏州地区特殊监管区域基本情况

苏州地区共有保税港区、综合保税区、出口加工区等3种类型的海关特殊监管区域8个,面积24.89平方千米。具体情况是:

保税港区1个:张家港保税港区,2008年11月设立,规划面积4.1平方千米。

综合保税区4个:苏州高新区综合保税区、苏州工业园区综合保税区、昆山综合保税区、太仓港综合保税区。苏州高新区综合保税区于2010年8月设立,规划面积3.51平方千米;苏州工业园区综合保税区于2006年12月设立,规划面积5.28平方千米;昆山综合保税区于2010年6月设立,规划面积5.86平方千米;太仓港综合保税区于2014年11月设立,一期面积0.85平方千米,目前该综保区已通过验收,尚未封关运作。

出口加工区3个:分别是常熟出口加工区、吴江出口加工区、吴中出口加工区。常熟出口加工区于2005年6月设立,规划面积1.29平方千米;吴江出口加工区于2005年6月设立,规划面积1平方千米;吴中出口加工区于2005年6月设立,规划面积3平方千米。上述3个出口加工区,近期已批复同意整合优化为综合保税区。

苏州特殊监管区域近年来进出口总体呈上升趋势,始终稳定在1000亿美元以上,占全市进出口总额的1/3左右。2011年以来,受国际市场需求不足、部分IT类代工企业产能西移外迁等不利因素影响,增幅逐步放缓、甚至下降。这与经济新常态下全国特殊区域进出口总量增速回落大趋势一致,全国特殊区域进出口增速,由十年前30%的增幅回落至2013年14.9%的增幅;2014年则大幅下降,同比下降15.5%。

从海关业务统计来看(业务数据:不论企业属地的海关特殊监管区域进出口业务数据,不含张家港、园区两关的业务数据),2010年以前苏州海关辖区内海关特殊监管区域的监管货值呈较快速增长,2011年开始则呈现出增速放缓的回调态势。

2010—2014年苏州地区特殊监管区域进出口总值

2014年,苏州特殊区域进出口总额为1004.5亿美元(贸易统计口径,区内注册企业进出口数据),同比下降6.24%,占全市进出口总额的32.27%。2014年,已封关运作的7个海关特殊监管区域的进出口总额分别是:

苏州海关辖区海关特殊监管区域监管货值(亿美元)

二、苏州地区海关特殊监管区域发展中存在的主要困难

当前,苏州地区特殊区域在发展中面临一些困难和挑战,其中既有全国各地特殊区域的共性问题,如"两头在外"监管模式已经不能完全适应市场发展需要;也有个性问题,如企业创新动力不足、同质竞争现象明显等。具体表现在:

一是延续出口导向政策模式,不利于利用好两个市场。

目前大部分特殊区域都是从出口加工区转型发展而成,其适用的政策主要由出口加工区、保税物流中心的政策叠加组成,仍然延续了改革开放以来以出口为导向的制度和政策模式。在当前外需不振、贸易摩擦加剧、国内产业配套环境逐步优化的情况下,国内市场对特殊区域内企业的吸引力增加,不少企业内销货物意愿和需求越来越旺盛,而特殊区域有关便利企业内销、开拓国内市场的配套制度还没有完全跟上,不利于企业充分利用国内市场资源,使得特殊区域出现"特区不特"的尴尬局面。

二是制度设计不够协调统一,贸易便利化程度不高。除了海关之外,特殊区域监管涉及其他多个部门,各监管部门对特殊区域"境内关外"的认识尚未完全统一,形成了"货物按照'关外'监管、企业按照'境内'管理"的二元结构。比如:各监管部门对货物进出区所施加的监管措施较多,重视物理围网,货物进出区手续相对复杂,贸易便利化程度还有提升空间;企业主体身份不明,区内货物不纳入国内流转税(如增值税)管理体系;区内企业不具备一般纳税人资格,但所得税则按照境内企业标准征收。

三是技术溢出效应不明显,传统制造业占较大比例。苏州地区虽然已具有相对完整的 IT 业供应链及生产链,区内部分企业以 ODM(设计制造)方式开展研发生产,但大部分区内企业主要从事 OEM(贴牌加工)或者物流配送业务,在产业分工链条中处于不利地位。虽然有一些跨国企业研发中心进驻苏州,从事部分成品的研发设计,但与区内制造和物流企业的数量相比,占比总体偏低。大多数区内企业为外商投资企业,在核心技术、产品设计、软件支持、关键零部件配套、模具开发以及品牌培育等环节上,多数被境外母公司所控制。一些企业所从事的研发活动,主要服务于生产加工活动,所获取的技术专利大多是实用新型和外观设计专利,缺乏原创性的、涉及核心技术的发明专利。另外,期货保税交割、跨境电子商务、融资租赁、文化贸易等新型贸易业态发展缓慢,导致特殊区域发展后劲不足。

四是区域之间同质竞争激烈,发展上存在不均衡问题。苏州 8 个特殊区域,除 1 个为保税港区以外,其余 7 个均是或即将是综合保税区,密度之高,全国少见。特殊区域分布密集,一方面显示出苏州外向型经济高度发达,另一

方面也反映了一些问题,如各区域同质化明显,区内企业绝大多数属于电子信息行业,各区域发展不平衡,有的特殊区域所引进的项目偏少,实际开发利用程度不高等,这对我们如何整合优化、发挥整体优势提出了更高要求。

三、下一步海关特殊监管区域发展的建议

2012年10月,国务院出台《关于促进特殊监管区域科学发展的指导意见》(国发〔2012〕58号),就完善政策功能、拓展业务类型、发挥辐射带动作用、强化监管服务等工作,提出指导性要求。党的十八届三中全会将特殊区域整合优化作为改革项目之一,明确由海关总署来牵头国务院各部委完成。我们认为,对于苏州地区各特殊区域,今后需要围绕"整合优化"做好文章。所谓"整合",重点是叠加各种政策功能,确保特殊区域能够适应贸易多元化发展需要;所谓"优化",重点是改进监管和服务,促进特殊区域贸易便利化。

1. 借鉴经验,探索推进特殊区域物理整合。加快存量升级,尽快推动常熟、吴江、吴中综合保税区封关运作。在此基础上,借鉴上海、广东等地自贸区建设经验,对苏州城区各综保区进行合并运作,建立一体化管理模式;对各特殊区域功能布局进行系统设计规划,实现错位发展。建立市区统一的特殊监管区域领导协调机构,各级政府、各管委会和各监管部门在初期可以通过联席会议方式,协调解决各种问题和困难。

2. 重点突破,积极拓展优化特殊区域功能。找准提升特殊区域效能的突破口,重点破除影响特殊区域向高端制造、销售、结算、物流、研发、维修转型的政策障碍。一是推进贸易多元化。苏州海关正在推进特殊区域监管改革,尝试建立不同类型的管理账册,对生产型、物流型、贸易型等企业实施分类监管,方便企业开展生产加工、物流、贸易等业务。该项改革争取年内见成效并向其他区域复制推广。二是争取选择性征收关税试点。吸引更多的企业入驻,改变只有产品全部出口或成品税率低于料件税率的企业才适合在区内发展的局面。目前,苏州海关已经在H2010系统中完成了相关测试,总署批准推广试点后即可操作。三是利用特殊区域发展跨境电子商务。学习借鉴上海、杭州等地特殊区域开展跨境电子商务试点经验,搭建电子商务平台,引进和培育跨境电商,在特殊区域开展跨境电子商务。海关采用保税跨境贸易电子商务监管代码实施监管。目前,苏州海关已经着手协助高新区搭建跨境电子商务监管服务平台,正同步研究细化特殊区域内跨境电子商务的监管模式。四是支持发展保税展示展销业务。采取"线上+线下"营销模式,通过"苏州造"加工贸易产品内外贸一体化销售平台及线下各个实体店,拓展特殊区域内生产产品及境外入区产品的销售渠道。另外,委内加工、境内外维修等业务已经在各特殊区域内开展,苏州海关已经建立与之相配套的监管方

式,有利于进一步延伸产业链条。

3. 彰显特色,推进特殊区域管理制度创新。推动特殊监管区域科学发展是一项系统工程,需要各部门加强协同配合,共同推进特殊区域管理创新和制度创新。一是深化行政审批制度改革,率先在特殊区域开展以"准入前国民待遇+负面清单"为特征的外资准入管理改革,同时进一步降低内资企业准入门槛,有重点地引进一批先进制造业和现代服务业项目,进一步激发特殊区域发展活力。二是在现有关检合作"三个一"基础上,以企业信用平台为依托,推进商务、海关、国检、外管、国税等部门间"三互"和"单一窗口"建设,开展"一站式作业",实施联合监管,切实提升贸易便利化水平。

四、进一步创新海关特殊监管区域监管模式

面对新的形势要求,苏州海关将坚持问题导向和需求导向,针对海关特殊监管区域发展面临的瓶颈问题,紧紧抓住中央对海关特殊监管区域发展提出的整合优化机遇,以货物分类监管为突破口、以账册管理和实货监管为基础、以风险管理和企业自律管理为依托、以科技应用为支撑,在现有政策法规框架内,围绕"管、减、简、便"目标,管精物流、管少单证、管好信息流,完善特殊监管区域的海关监管与服务,引导特殊监管区域向功能多样化、产业链高端化方向发展。这既是我们对上级海关整合优化特殊区域、促进外贸稳定增长要求的积极贯彻落实,也是苏州海关靠前站位、服务地方经济发展的实际举措。当前,苏州海关对海关特殊监管区域的监管模式创新主要从以下四个方面进行探索。

一是进一步拓宽特殊区域海关监管内容。全球经济一体化已是基本的经济格局,无论国际还是国内市场都是全球统一市场的重要组成部分,海关特殊监管区域是吸引跨国公司的重要平台,在国际、国内两个市场的资源配置中有强烈的内在需求,这就需要我们改变传统的以国界考虑经济活动的思维模式,转变区内传统保税监管理念,尊重区内企业独立经营主体身份,支持区内企业在享受区域现行功能和政策优势的前提下,从原先单一保税经营方式向内外贸自主经营、多元业态并存方向全面拓展。海关在对区内保税业务有效监管的基础上,进一步扩充管理内容,为企业在区内从事内贸经营、产业链国内延伸等非保业务设计提供相应监管模式,提供功能实现载体和路径,满足区内企业经营发展客观需求,为吸引区外加工贸易业务入区集约发展预留空间。

二是进一步优化特殊区域海关监管机制。以风险管理为统领,在风险可防可控的前提下,创新货物分类监管模式,对区内货物按性质和流向进行分类管理,并建立统一信息化管理平台,围绕企业收、发、转、存、销作业时点,整合采集监管数据信息,实现区内企业账册监管和实货进出"两管"并轨。科学设置区内风险甄别指标,实现事前、事中、事后的全过程风险监控,防范宏观、中观、微观风险。推动区内企业诚信管理,从鼓励企业自律管理和实施"负面清单"管理方式入手,进一步优化海关对特殊区域高资信企业的后续稽核查工作模式。

三是进一步完善特殊区域信息化管理系统。立足现有特殊监管区域信息化管理系统、物流监控系统的管理基础,相应增加满足区内企业内外贸一体化业务的监管模块,以企业为单元在信息化系统中分别建立数据库,对企业各类内贸业务的单证流、货物流进行分类管控。建立卡口新型联动申报机制,将重点企业、重点货物的库位信息与信息化系统内相应业务模块进行对接,企业预先将进出货物信息向卡口进行发送,卡口验放完毕后数据自动写入信息化系统予以保存。预留企业、海关、特殊区域管理部门三方联网接口,预留关检合一数据展示通道,为下一步对特殊区域企业相关业务进行无纸审批传递、宣讲信息沟通以及加强关企、关检、关地深度协作打下基础。

四是进一步简化海关监管手续。简化备案审批手续,区内企业外发加工、先出后进等业务从审批备案制改为登记申报制,保税加工 H 账册允许归并,信息化系统中二级子账册在风险参数控制下实现系统自动审批,内贸账册设立及变更业务待海关、企业、管委会实现三方联网后全部实现电子审批。简化通关申报手续,试点随附单证第三方存储模式,允许区内企业将数据导入第三方平台,建立报关单与数据对应关系,解决目前单证传输瓶颈问题。在现有基础上继续扩大适用集中汇总征税范围,区内企业在提供有效担保的前提下均可适用。简化货物监管手续,允许同一关别代码下跨不同物理区域间货物自由流转,取消分送集报要求,采用途中监管方式管理。

(苏州海关)

震泽创建"丝绸小镇"的实践与思考

陆 斌

自20世纪国家"东桑西移"工程启动以来,江苏丝绸产业经历了从极盛到萎缩的过程。以苏州昔日的"丝绸之府"吴江为例,20世纪90年代初,吴江一带蚕桑种植面积达15万亩,拥有缫丝企业17家,年产真丝绸5300多万米,织造量占全国总量的六分之一;到2010年后锐减到不足1万亩,仅剩1家缫丝厂,产量下降到1600万米。近年来,吴江春蚕发种、蚕茧总产量和春茧收购价更是持续下降。这表明在原来较为发达的区域,丝绸产业也日渐萎缩。这其中固然有政策指导、产业结构调整等因素,主要还是因为一段时期内丝绸产业经济效益不高,品牌不强,设备陈旧,桑蚕生态恶化。但震泽丝绸人却一直在默默坚守,抱团过冬,传承文化,创新发展,在逆境中异军突起,形成了丝绸业界的"震泽现象"。

一、创新中奋起的震泽丝绸

近年来,在"榜单引领强发展、文化创新促转型、生态优先惠民生"的发展理念下,震泽以单位资源和能耗论英雄,立足文化生态促进社会和经济效益双赢。丝绸正是能实现这种理想的产业之一。经过十多年的坚守和发展,当前已经集聚了百余家丝绸企业,仅蚕丝被年产量就达300万条,形成了一个年产值超12亿元,年增长率近30%的产业集群,呈现"衣被天下,情暖万家"的盛景。

在丝绸产业行情遇冷时期,创新成为震泽丝绸转型的契机,政府和企业两端发力,共同破局。政府层面着力做了四项工作。一是设立高端行业标准。早在2009年,震泽发布了全省首个《蚕丝被联盟标准》,明确规定震泽蚕丝被必须为100%的桑蚕丝,此标准远高于蚕丝被50%蚕丝填充量的国家标准。此外还制定了蚕丝被联盟标识,只有符合该条件的企业才能使用。二是建立丝绸检测平台。"国家丝绸及服装产品质量监督检验中心"于2013年在震泽设立办事处,成为其在乡镇一级唯一单独设立的派出机构,免费为企业提供从蚕丝原料到出厂成品的质量检测,对不合格的产品原因进行系统分析,形成预警,维护好震泽"中国蚕丝之乡"的金字招牌。三是扩大丝绸品牌效应。建设成为首个省级丝绸优质产品生产示范区,江苏省区域名牌。近年来,政府积极组织本地丝绸企业抱团参展家纺会、中丝会、江苏服装节等业界重大活动,着力扩大本地品牌在业内的影响力。已上榜"中国驰名商标"2个、江苏省著名商标4个、江苏省名牌4个。2015年13个"中国优秀丝绸创新品牌"中,震泽独占5席。四是加大政策扶持力度。出台了《震泽镇丝绸文化及产业提升发展引导资金使用管理办法》,对本地丝绸企业在转型升级、人才引进等方面给予专项补贴;并对蚕农发放600元/亩的蚕桑生态补贴。

同时企业也在生产、市场和科技创新三方面发力。一是创新产品工艺。丝立方家纺引进数码印花设备,开发出真丝画等"国礼"新品,多次用于"16+1"会议等国家重大外事活动。二是拓展营销渠道。太湖雪丝绸紧跟"互联网+"战略,创新"一城、一店、一网、2000万元"的微营销模式,将入驻新三板,成为"苏州丝绸家纺第一股"。三是推进产学研结合。慈云蚕丝与江苏丝绸科学研究所合作,开发国内首款中草药抑菌蚕丝被,获国家实用新型专利。山水丝绸建立缂丝文化园及研发中心。

当前,震泽丝绸产业呈现"金花领衔、小花紧跟、百花齐放"的发展势头。太湖雪、丝立方、慈云蚕丝、山水丝绸、辑里蚕丝等丝绸产业的"五朵金花"全部进入规模以上企业行列,一举打破"丝绸企业做不大"的固有观念。2015年太湖雪亩均税收达到120万元,每度电贡献税收40元,两项成绩位居全镇第一,超过了通鼎光缆、帝奥电梯等龙头企业。

二、传承中发扬的文化因子

传承至今的丝绸文化因子,正是激励震泽丝绸人在萧条中坚守、在蓬勃中创新的动力来源。作为历史蚕桑重镇,明清时期震泽一亩桑田的收益抵得上十亩稻田。鼎盛时期震泽一镇出口的生丝占全国出口总量的1/15。近年来,震泽镇恢复举办蚕花节等传统民俗活动,赢得本地居民的广泛好评和积极参与。这说明丝绸文化的根还在。这也是"丝绸小镇"能逆势生存、发展壮大的深层原因。

文化因子深植在震泽丝绸人的血脉中。慈云蚕丝的创立者沈福珍,早年师承"中国蚕丝之母"费达生,成为苏州蚕丝被制作技艺"非遗"传承人;山水丝绸董事长刘瑛,原本就是从集体缫丝厂走出来的"湖丝阿姐"。这些企业家太熟悉、太专注于丝绸,没有一个想过改行或者跨界从事其他产业。

文化因子紧密联系着震泽人的生活。丝绸产业虽然传统,实际经营的难度却不小。首先打造品牌就不是一朝一夕的事情;其次,丝绸的工艺特性决定了生产机械化水平不会太高,必须依靠一批具备专业技能的熟练工人。因此，丝绸产业的"乡土情结"很重，催生了震泽丝绸人极强的自律精神，珍惜每一个经营起来的品牌。还产生了震泽特有的"四个5现象"：一个小微丝绸企业的老板自己挣了50万元，员工工资发掉50万元，再缴纳五六万元的税，最难能可贵的是解决了一批50岁左右本地"蚕娘"的就业问题，形成共富共享。

文化因子在实践中不断进化。从莘莘学子到业界大咖，震泽镇努力让丝绸文化在传承中保持温度。近年来，震泽镇开展"蚕丝文化进校园"等活动，在中小学建立蚕丝文化园，树立"做丝绸从娃娃抓起"的理念。在苏州创博会期间举办"震泽丝绸小镇·国际丝绸论坛"，邀请到来自国内外丝绸业界300多位嘉宾，拓宽震泽丝绸文化的国际视野。还与中国家纺协会联合启动首届"震泽丝绸杯"创意设计大赛，赋予震泽丝绸丰富的流行时尚元素，推动丝绸文化保持活力，不断推陈出新。

三、坚守中成型的"丝绸小镇"

有成熟的产业集群，有传承的文化因子，震泽"丝绸小镇"就不是从平地建起的，而是基于现存的历史文脉有机串联而成的。一根蚕丝，源于农业，成于工业，带动文化旅游业，只有"根"植得越深，在产业链各端才能绽放得更绚丽。因此震泽适时提出了"一丝兴三业，三产绕一丝"的发展思路，推进"文商旅农"协调发展。

丝绸是串联历史与现代社区生活的纽带。因为探索"一根丝"的传承发展与创新实践这项工作的价值，震泽跻身90个国家建制镇示范试点，获国家发改委专家高度认可。因为丝绸在震泽不仅是一个产业，而且已经融入建设、文化和民生等各方面。震泽古镇是中国历史文化名镇，也是国家4A级景区。与周边众多水乡古镇不同的是，古镇上大量文保文控单位都带着鲜明的丝绸印记，还有许多本地居民在其中从事生产生活。震泽古镇上有一条银行弄，因民国时期专事服务丝商蚕农的江丰银行而得名。近年来通过简单的内部修缮，江丰银行旧址重新对外开放成为旅游景点，对内是服务古镇居民的便民窗口，居民也乐于看到曾经的乡愁回到现实。一个个"江丰银行"的开放、串联，形成了震泽特有的"丝绸生活"。在农村，喂蚕煮茧缫丝的生态，吸引大量城市人群的涌入，游人客商竞相观摩、交流，催生了震泽农家特有的"丝绸之旅"，让农村既保持了原生态又不闭塞，还给予年轻人在田间创业的天地。震泽还与浙江省南浔镇建立合作，共同恢复水上"丝绸之路"。2015年全国人大原委员长吴邦国考察震泽时，对震泽坚守蚕丝文化发展给予较高评价，肯定了蚕丝生产、生活、生态"三生融合"的发展模式。

丝绸是培育震泽优质生态的载体。蚕在震泽的方言中叫"蚕宝宝"，因为蚕十分娇嫩，对空气和水土都很敏感，所以能否种桑养蚕，成为检验一个地区生态优劣的"晴雨表"。震泽规划利用太湖沿岸优越的自然条件,恢复千亩桑园基地,此举得到本土丝绸企业的积极响应和参与。企业还主动和高校联系合作,在基地内试验蚕种培育。基地生产主要依靠本镇经验丰富的蚕农,农民也乐意以企业工人的身份来种桑养蚕,即将形成超2000亩的优质生态桑林。

丝绸是描绘震泽新型城镇化的主线。当前震泽除了修复"新丝路",恢复桑园种植,还在加快推进吴江丝绸文化创意产业园等关键节点建设,进一步连接整合古镇、湖泊等资源,在镇域中心形成"一路两园三中心"的布局,推进产城融合,让震泽市民全面置身于"丝绸生态社区"。还将进一步开放发展格局,提高丝绸文化产业的广度与高度,加快发掘桑果酒、蚕丝面膜等衍生药膳产品,培育立体产业集群。2015年,国家茧丝办主任陈国凯调研震泽时说:"一个小乡镇,打造了一条丝绸的完整产业链,这在全国绝无仅有。更难能可贵的是,这条产业链上的每一个环节都做出了特色和亮点,让我们看到了震泽人对这根丝的情感与状态。"正是因为震泽丝绸生根于土地,完善于产业,绽放于文化,我们更有信心建设一个产业创新、三产协调、生态绿色、格局开放、发展共享的"丝绸小镇"。

四、发展中面临的困难与思考

震泽在努力"做精一根丝,做强一根丝,做美一根丝"的发展过程中也面临一定的困难。

1. **需要更高标准推进"丝绸小镇"建设。**一是鼓励丝绸企业"走出去,引进来",大力推进"西茧东输"。震泽及其周边的原料供给与潜在产能需求之间已经不匹配,需要倡导丝绸企业"走出去"。2015年吴江蚕茧总产量约300吨,震泽每年消耗蚕茧3000吨。许多丝绸企业由于原料供给不足,一直无法进一步扩大产能。近期蚕茧重镇云南省陆良县等地向震泽表达合作意向,希望共同推进"西茧东输"。陆良全县拥有优质蚕桑基地16万亩,年产鲜茧1.2万吨。如果能达成合作将会实现优势互补。二是要加快完善小镇形态。当前震泽通过"三优三保"政策,立足产业、生活、古镇和农业的协调,实现多规融合,进一步优化"丝绸小镇"整体布局。已经形成3年完成2000亩的任务目标。希望省国土部门开辟"绿色通道",加快规划落地。三是加快"苏州丝绸"地理标志的申办。强化苏州丝绸产品的区域特色和整体影响力。

2. **需要更新举措吸引社会资本进入。**震泽"丝绸小镇"建设需要更多的社会资本参与,用企业的效率来推动园区建设。震泽现代蚕桑科技园依托太湖雪优良团队,投资2000多万元,用市场化机制推动生态桑林、现代科技蚕房等设施建设。水岸寒舍酒店投资1000多万元建设首个丝绸精品酒店项目。

丝绸产业作为需要长线投资的文化产业,不能仅依靠企业家们的一腔热情支撑。希望我省出台专项优惠鼓励政策。一是把丝绸产业从纺织业中分离出来,作为文化产业培育和发展。二是希望能充分发挥转型升级产业基金的引导作用。扶持丝绸产业的创新创业项目,鼓励金融机构根据丝绸产业的特点,创新金融产品和服务。

3. 需要更有针对性地建立人才体系。一是强化人才服务。有针对性地开展院士工作站、人才柔性进企业等服务,助推丝绸产业发展。二是更加普及丝绸人才培育。建议在有条件的高校,围绕丝绸产业的发展,开辟丝绸专业,培养专门人才;设立丝绸职校,培养产业工人。三是鼓励企业与学校对接;鼓励企业到高校设立奖学金、助学金和创新创业基金。

4. 需要更大力度培育湖丝品牌。丝绸产业链也是价值链。震泽有着日益壮大的产业集群,但是缺乏业内的核心品牌。品牌能够有力提升终端产品价值,从而带动起微笑曲线两端,进一步理顺产业链条。因此迫切需要我省更大力度地推介丝绸产业,打造出江苏丝绸在国际、国内市场的地标品牌。还可以进一步拓展与浙江丝绸业界的合作,重现"百年湖丝"的辉煌,努力把震泽建设成为丝绸品牌的集聚地,成为名副其实的"丝绸小镇"。

(作者系吴江区震泽镇党委书记)

金香溢：一个成长中的农业品牌

陈楚九　韩承敏　施瑶瑶

苏南历来是"天下粮仓"，素有"苏湖熟、天下足"之美誉，农业的发展在全国始终处于举足轻重的地位。尤为值得关注的是，苏州作为"鱼米之乡"，经过改革开放三十多年的发展，已然成为一座充满活力的新兴工业化城市，工业经济总量在全国位列第二，然而在工业化、城镇化快速推进过程中，各级党委、政府始终没有忽视和放松"三农"工作，一直把农业农村农民工作放到重要位置，每年在年初发出"一号文件"进行全面部署，激发农民创业创新活力，培育新产业新业态，不断拓展农业农村发展新空间、农民增收致富新渠道，苏州的现代农业快速发展，农产品供给数量充足，品种和质量不断契合消费者需求，在苏州大地涌现出了众多具有市场竞争力的农业品牌，而"金香溢"就是日益受到千家万户喜爱的一个粮食品牌。

"金香溢"是苏州市迎湖农业科技发展有限公司生产的地产优质大米品牌。这家创建于2008年的民营企业，位于风景绮丽、环境优美的太湖之滨——相城区望亭镇迎湖村。企业建立近8年来，紧紧围绕打造"绿色、生态、有机"大米，不断开拓奋进，创新出了"企业＋合作社＋种植大户"的优质大米产业化新模式，同时发挥龙头企业优势，成立了苏州市相城区金香溢农机服务专业合作社，成为集贸、工、农、产、加、销于一体的民营企业，多年来，企业先后荣获"苏州市农业产业化龙头企业""苏州市品牌建设十佳企业""苏州市菜篮子工程直供基地""2011年苏州市民最喜爱的地产大米金奖""2012年第十一届中国优质稻米博览会优质产品"等称号。公司董事长、合作社理事长、苏州市大米协会副会长朱伟琪，也先后获得了"2009年全国粮食生产大户""2011年全国种粮售粮大户""江苏省劳动模范"等光荣称号，成了一个地地道道的鱼米之乡守护者。

一、摸索起步　奋力前行

1966年出生的朱伟琪曾是一家国有企业的财务科长，1998年工厂倒闭下岗后，由于父母曾经营一家小型粮店，有着一定企业管理经验的他，依靠对粮食作物品种、生产技术以及产品销售和市场行情的了解，在望亭镇迎湖村尝试经营粮田,开始了新的探索。

起步阶段的他雄心勃勃,积极摸索粮食等农产品的再加工,并进行试点经营生产。1998 年至 2000 年期间,正赶上了国家出台放开粮食经营政策,一时间,粮食市场竞争激烈、利润下降,但朱伟琪咬紧牙关,通过做零售商,经销农用物资等方法补缺渡过难关。他的坚持赢来了收获,2000 年销售粮食产品 4000 多吨,这极大地增强了他的信心。2007 年他相继考察了无锡的常阴沙农场、南通的江心沙农场、苏州的大成农场等,他敏锐地认识到:优质的粮油,特别是本地粮油,市场需求会越来越大。于是,他决心进一步把粮食经营做大做强。

2008 年,朱伟琪在相城区望亭镇迎湖村承包粮田 860 亩,2009 年增至 2086 亩。承包之初,面临着一系列的困难,缺资金、缺经验、缺人手,一切都举步维艰,但他坚信:"宝剑锋从磨砺出,梅花香自苦寒来。"他一心扑在这片农田里,天天到田头,一天起码两次,一年到田里去 1000 多次。每年鞋子都要穿坏好几双。每年秋收后需要把稻谷拿到柏油马路上去晒谷,放在大马路上的谷需要看管好,农忙时一个月里只能睡三四个小时。

然而种田并不是纯粹的体力活,他清晰地记得 2009 年的惨痛教训。他回忆说,由于缺乏经验,当时天气预报 11 月 6 日下雨,预想雨后收割,结果这场雨连绵到了 25 日,雪上加霜的是 16 日下了一场雪,导致 500 亩水稻倒伏,大幅减产约 3 成,当时由于缺乏粮食储备场地,租用镇里老粮库仓库,几十年房龄的老仓库仓储条件非常差,屋顶还漏雨,更因为缺乏保管经验,辛辛苦苦种出的粮食霉烂损失非常严重,这让他十分的心痛,也给了他新的启示。古代靠天吃饭的农业,在现代大规模种植基地的现实面前,落后的传统观念必须打破。发展农业机械化,利用现代技术提高农业发展水平,是农业现代化的必由之路。

二、瞄准目标 闯出新路

经过多年的不断摸索和苦心经营,"金香溢"这个品牌终于逐渐占领了市场并站稳了脚跟。截至 2015 年,公司经营的"金香溢"品牌大米达 2000 万吨,市场销售立足苏州、辐射苏南,正加快覆盖江苏、走出江苏。

"金香溢"在短短七八年的时间里,成为姑苏大地上引人瞩目的农业品牌,其成功经验告诉我们,推进农业现代化,打造具有市场竞争力的品牌,需要各级党委、政府的扶持,同时也需要经营者自身的努力与创新,而朱伟琪正是如此才使"金香溢"成了市场经济条件下粮食生产经营的成功样本。"金香溢"成功的经验主要有:

一是准确定位市场,致力品牌经营。"金香溢"一步步在苏州扎稳脚跟,这与朱伟琪洞察市场需求、准确定位市场分不开的。他坚持认真学习国家出台的农业文件、经济发展政策,主动研究并按照市场需求调整自身的经营策略,瞄准粮食的中高端市场,致力于"金香溢"的品牌经营,实现了两大跨越。一方面,实现从做农民到做泥腿子 CEO。利用自身优势,以种植精品有机稻为主导,着力延伸产业链建设,实行生产、加工、销售有机结合,集成优化资源配置,拓展生存空间,推进产业化快速健康发展。实现了从单一种田到生产、加工、销售一体化模式的转变。另一方面,实现从做品质到做品牌的跨越。朱伟琪认为,除了品质,就是品牌。早在 2008 年刚承包耕地时,他就注册成立了公司,并为自己生产的稻米创立了"金香溢"品牌。依托基地紧临太湖,远离工业区,空气清新,土壤肥沃,水稻引用太湖水灌溉的得天独厚的优越条件,农场(水、空气、土壤)没有任何污染,特别适合绿色生态农业,尤其是大米种植。2009—2012 年,"金香溢"大米获"绿色食品 A 级产品"称号和"苏州市名牌产品"称号;2011 年,"金香溢"获"最受苏州老百姓喜爱的地产大米"第一名,获"金奖";2012 年 12 月,获第十届中国优质稻米博览会交易会优质产品;2012 年获"有机转换产品认证证书"(中绿华夏有机食品认证中心);2013 年 1 月,"金香溢"大米获"江苏名牌农产品"称号。目前"金香溢"的销售网络已覆盖苏州市各区。

二是拓展技术应用,实行科技种田。科技种田才是农民发家致富的"金钥匙"。提高种田科技含金量,"金香溢"人有着自己的做法。一是积极参加市、区举办的技术培训班。坚持科学种田,刻苦钻研,在实践中学技术、学管理,技术水平和管理能力不断提高。二是加强与省市育种科研单位的合作。积极引进适合苏州市民口味、适宜产业化开发的新品种。应用新品种、新技术,种植品种全部采用大面积主栽优质水稻品种南粳 46、软粳 1176、和苏 05—100 等品种,积极引进优质水稻新品种南粳 9108、南粳 5055 和苏 12—130 等进行试种。并致力于提高粮食单产,探索水稻高产的一系列栽培配套技术。2012 年,农业部专家对他所种超高产水稻示范方进行验收,百亩示范方平均亩产 855.4 千克,创太湖稻区百亩方最高纪录;单个田块亩产 955.4 千克,创江苏省高产纪录。三是加强与农技、农机推广部门合作。农机农艺融合,初步尝试一二三产业融合之路,统一采用育秧流水线播种、无纺布覆盖、机械化栽插、机械化防病治虫、机械化收割等集成技术,全面实现优质水稻生产的全程机械化与标准化。四是积极开展工厂化集中育秧的探索实践。打出区域性服务品牌,近三年为周边大户代育秧苗 2000 余亩。五是用地与养地结合。从保护耕地质量、提升主产品品质角度出发,积极推进大稻—油菜、稻—西瓜、稻—绿肥等轮作模式的合理布局和综合应用,测土配方施肥、病虫害综合防控、精确定量栽培等先进适用技术,起到了良好的辐射带动作用,得到了区、市农业主管部门的认可。六是主动承担江苏省水稻高产创建万亩示范片核心区建设任务。积极参加水稻高产创建活动,近三年来经省市高产创建领导小组专家组测产验收,亩产均超过650千克。其中千亩核心示范方平均亩产达到800千克左右,比大面积稻田增产20%以上。2014年稻谷总产240万千克,小麦20万千克,油菜籽40万千克,为全区乃至全市粮食生产发挥了良好的示范带动作用,受到了苏州市农委的表彰。与市农技推广中心合作,积极参与探索水稻超高产栽培技术研究,2012年百亩超高产核心示范方经农业部专家验收,亩均产量855.4千克,单个田块亩产955.4千克,创当年太湖稻区高产纪录。

三是发展农业机械,提升服务功能。朱伟琪深刻认识到农业科技创新已成为推动传统农业向现代农业转变的强大动力。"金香溢"把农机化发展作为产业发展的内生动力,专门成立农机专业合作社,自觉加大农机装备投入。近年来,公司机械投入达到一千万,占公司资产规模的一半。先后建设了大型农机仓库和维修中心,购置久保田插秧机9台,水稻育秧流水线2套,久保田688收割机4台、久保田888收割机1台、洋马AG600收割机1台,井关植保机2台、大中型拖拉机6台,撒肥机3台,实现了种植环节全程机械化。此外还有大量配套治虫机械、施肥机、大型农机具等。在大米深加工与储藏方面,先后投资建成厂房总面积8000多平方米、现代化仓储中心3000多平方米,日产70吨大米加工流水线1套,新建成150吨/天烘干能力的稻谷烘干中心、4000立方米的低温冷藏库。合作社在为自己服务的同时,还为周边地区的种粮大户提供包括从播种育秧、机耕机插到烘干加工的全程机械化服务,探索形成了订单式服务、托管式服务和复制家庭农场,提供全方位、低成本、高效便利的生产经营服务三种服务模式,带动了望亭镇及周边地区乃至相城区的农业机械化和现代化发展,使相城区农业机械化率由85%提升至95%,成为农业机械化和现代化示范区,也有效推动了周边种粮大户的产业化发展,极大地提高了农业劳动生产力。

四是尝试绩效管理,增强凝聚合力。"金香溢"在农业生产的产前、产中、产后管理方面形成了比较完整的紧密联系、有机衔接的产业链条,规模化管理具有较高的组织化程度,通过绩效留人,凝聚人心,形成了高效率的现代农业管理体系。一是实行规模化经营管理。产业化开发,市场化运作,除了完成订单任务以外,优质稻谷生产,优质加工,注册"金香溢"牌大米商标,实行统一包装,品牌销售,并通过了绿色食品认证,其中200多亩通过了有机食品认证,年销售优质品牌大米超过1000吨。产品在苏州国际农产品展销中心、苏州市农产品展销会和直销门店等销售。这种经营模式,使产业链得到了延长,产品在加工和销售中得到了增值,有效提高了经济和社会效益。二是实行有效的薪酬设计。公司员工平均年收入在 7~8 万元。公司根据稻田的特点,将薪酬进行季度划分,分为农忙和农闲,农忙再根据不同的机器进行计件工资,层层细化,有效保障员工的利益,同时实行一定的职务津贴,以调动员工的积极性。三是吸纳员工成为股东。职工按中层入股 10 万元,年末分红 2 万元(分红再入股),一般人员 5 万元,年末分红 1 万元(分红再入股),达到资源共享,形成利益共同体,使员工真正找到归属感和责任感。

五是培育新型农民,寻求人才保障。"金香溢"的领头人朱伟琪深切感受到新型职业农民对于发展现代农业的重要。一方面,切实提升自身的知识素质。朱伟琪以"360 行行行出状元,决心干出一番事业来"的决心和信心,开创了"金香溢"品牌,他说,自己是一个农民,对种地有与生俱来的亲切感。他每天都四点多起床,进入田间,观察自己的稻田,准确把握稻子的生长情况,第一时间掌握一手资料,奋斗在第一线。除此以外,坚持科学种田,他认识到,光有设备"硬件"不行,种田还得有科技人才这个"软件"支撑。他刻苦钻研技术,书里田头认真探索,努力运用先进的专业知识武装自己;虚心向农技站讨教,业余参加电大教育,拿到了农艺师的资格证书。同时,积极争取高校与科研院所的帮助与支持。采用"水稻精确定量栽培技术""测土配方施肥技术"等技术,并与江苏太湖地区农业科学研究所合作了"环境友好的集约化农田高效循环生产技术集成与示范"项目。他描述了自己的一段经历。2009 年 6 月,他和农场工人一起参与田间拔草,不小心踩到一只碎啤酒瓶,锋利的碎玻璃片刺进了他的脚板里,回到田边,他请求边上的阿姨帮他把玻璃从脚板里拔出来,她们见状,唏嘘不已却又不敢帮忙,无奈之下他自己把碎玻璃片拔了出来,钻心的疼痛没有阻挡他前进的步伐。第二天听说有一位扬州大学教授进行农业讲座,他支撑着骑自行车去听课,听完课发现受伤那只脚的鞋子里全是血。功夫不负苦心人,倾其心血,他一步步成为太湖边上稻田里的守护者。另一方面,切实加强农业人才的培育。朱伟琪鼓励儿子成为掌握实际技能、科学知识、营销管理的全能型农业人才。儿子报考了扬州大学农学专业,毕业后子承父业,一边在农场实践,一边继续攻读农学专业的研究生。他还充分吸纳各类人才,培养有文化、懂技术、善经营、高素质的新型职业农民,先后引进南农大研究生、扬大农科毕业生以及农机维修人才,在经验丰富的农业专家言传身教下,传、帮、带,与科研单位合作"走出去、引进来"相结合,开展各类技术培训与业务交流,同时每年还招收农业院校的实力生到公司实习。

三、百尺竿头 再谋新篇

朱伟琪没有满足已经取得的成绩,在"金香溢"不断成长壮大的今天,他仍然保持着清醒的头脑,仍然保持着对市场变化的敏锐性。他认为,粮食生产经营始终是弱势产业、弱势行业,当前种粮存在"三个增加、两个下降"态势,"三个增加"是:土地流转成本增加,2015年比2008年翻了近3番,2008年每亩租金在200至300元,而现在达700至1000元;人工成本增加,2008年女劳动力一天30元、男劳动力一天50元,而2015年一个强劳力一天在200至300元;农业生产资料成本增加,现在农药化肥价格都呈上涨态势,仓储成本也在提升。"两个下降"是:国内粮食销售量和销售价格呈下行态势,而进口粮食反而比国内的便宜。"金香溢"品牌要进一步做大做强,提升品牌竞争力,必须进一步创新思路和举措,更好谋划新的起步。

站在"十三五"发展的新起点,农业企业该向何处去?农业品牌应如何迎接挑战、把握机遇?朱伟琪没有停止思考。他认为,随着国家"十三五"布局的全面展开、随着全面建成小康社会进程的全面加快、随着中央农村工作会议的召开,一个充满新的发展机遇的时期已经到来。朱伟琪感到:必须切实增强发展的主动性、超前性、创新性,才能使企业立于不败之地;必须牢牢把握发展机遇,才能更好迎接挑战、增创农业品牌的新优势;必须实施企业转型、多元经营、以副补主,才能使"金香溢"香飘万里。服务周边农民田地,如何完善机械一体化,这将成为公司转型发展的新重点。为此,一是在产品经营一体化的前提下,加快发展农机服务业,为农户提供全程化服务,促使一二三产业融合发展;二是加快转变农业发展方式,尽快转到数量质量效益的统一;三是加快提高品牌竞争力,注重农业技术创新、发展生态农业和农业可持续的集约发展,促使企业构建未来发展新格局。

我们相信,"金香溢"定将迎来一个更加美好的明天。

(苏州市委党校市情研究中心)

第三篇

协调发展与社会建设

加快推进城镇化的积极实践
——关于苏州市被撤并镇优化发展的调研报告之一

陈楚九　韩承敏　李静会　秦天程

根据市委市政府领导指示要求和具体部署,我们从3月底启动了"苏州市被撤并镇优化发展"专题调研,先后赴张家港、常熟、太仓和昆山市,以及吴江、吴中、相城区进行专题调研,并同市委农办、编办、规划、民政、国土及住建等部门进行了较为深入的座谈。为准确分析被撤并镇现状,我们制作了七大类表格,直接发放到县市区和乡镇,收集了大量第一手数据,尽管个别数据可能存在一定偏差,但不会影响对整体情况的分析、判断。经过调研,我们深切地感受到,苏州城镇化经过了30多年的发展,应该说取得了很大成绩,然而被撤并镇存在的种种问题,同样不容忽视,如何一分为二地看待,并切实解决这些问题,是苏州更高起点推进城乡一体化发展、全面建成小康社会的关键环节。

纵观苏州城镇化的发展历程,乡镇撤并总体经过了两个阶段。第一阶段,从20世纪80年代中期到90年代中期,是以撤乡建镇为主、部分整合为辅的重要阶段。这一时期,随着我市乡镇企业异军突起,农村工业化快速推进,带动了农村城镇化的快速发展,撤乡建镇掀起高潮。20世纪80年代中期,我市共有183个乡镇,其中165个乡、18个镇,在大致10年的时间内,共撤乡建镇161个,新建镇1个,期间也整合了部分乡镇,共合并22个,到1995年年底,我市共有162个乡镇,其中158个镇、4个乡(具体见表1)。

表1　苏州市撤乡建镇情况表　　　　单位：个

	撤并前乡镇总数	其中乡变化情况				其中镇变化情况			撤并后乡镇总数
		撤并前总乡数	乡改镇	乡镇合并	保留乡	撤并前总镇数	乡改镇	撤并后总镇数	
合计	183	165	139	22	4	18	140,其中新增1镇	158	162
张家港市	27	25	23	2	0	2	24,其中新增1镇	26	26
常熟市	34	33	31	2	0	1	31	32	32
太仓市	25	22	19	3	0	1	19	20	22
昆山市	24	21	17	4	0	3	17	20	20
吴江区	30	23	16	7	0	3	16	19	23
吴中区	20	19	15	4	0	7	15	22	16
相城区	11	11	11	0	0	1	11	12	11
工业园区	5	5	4	0	1	0	4	4	5
高新区	7	6	3	0	3	0	3	3	7

第二阶段，从20世纪90年代中期到2015年，是以乡镇合并为主、撤镇改街为辅的重要阶段。这一时期，我市大规模推进乡镇整合，从158个镇、4个乡减少到55个镇，在大致20年的时间里，主要经历了三轮并镇调整。

第一轮调整：1996年至2000年。20世纪90年代初期，随着小平同志视察南方重要谈话发表和上海浦东开发开放的推进，我市各级各类开发区快速崛起，城镇化发展面临重大历史机遇。苏州市委、市政府乘势而上、顺势而为，做出了"扩大县城镇、发展中心镇、保持特色镇、撤并小乡镇"的重大决策，苏州各县以撤县建市为契机，启动了乡镇的大规模整合，至2000年年底，全市共撤并乡镇34个，建制镇由162个减至128个（期间4个乡改为镇）。

第二轮调整：2001年至2006年。新世纪初，省委省政府两次召开会议部署镇村行政区划调整合并工作，苏州市委市政府在2003年6月召开城市化工作会议，出台了《关于加快城市化进程的决定》和《关于进一步调整优化镇（街道）、村（社区）行政区划的意见》，进一步推进乡镇的调整合并。这次调整共撤并乡镇57个，镇改设街道办事处10个，全市建制镇由128个减至61个。

第三轮调整：2007年至2015年。这一时期，我市城乡一体化综合配套改革列为全省唯一试点，之后又上升为国家级试点，我市城乡一体化、城市现代化水平不断提升，在这一进程中，我市合并镇1个，镇改街道办事处5个。至

2015年年底,全市从61个建制镇减至55个(具体见表2)。

表2　苏州市三轮并镇调整情况表　　　　　单位:个

乡镇	乡镇总数	第一轮(1996—2000年)			第二轮(2001—2006年)			第三轮(2007—2015年)		
		合并镇	镇改街	保留	合并镇	镇改街	保留	合并镇	镇改街	保留
全市	162	34	0	128	57	10	61	1	5	55
张家港市	26	6	0	20	12	0	8	0	0	8
常熟市	32	8	0	24	14	0	10	0	1	9
太仓市	22	10	0	12	5	0	7	0	1	6
昆山市	20	5	0	15	5	0	10	0	0	10
吴江区	23	2	0	21	12	0	9	1	0	8
吴中区	15	1	0	14	4	3	7	0	0	7
相城区	11	0	0	11	3	4	4	0	0	4
高新区	8	2	0	6	0	3	3	0	0	3
工业园区	5	0	0	5	2	0	3	0	3*	0

(注:工业园区系3个镇改为4个街道办事处。)

总体上分析,我市原有183个乡镇,在撤乡并镇改街进程中,新建镇1个,总数为184个乡镇,其中并镇114个(第一阶段22个,第二阶段92个),镇改街道办事处15个,目前有建制镇55个。需要说明的是,目前各有关部门调研统计反映的被撤并镇数均不一致。我们以第二阶段92个被撤并镇为重点,与市民政局相关处室进行了逐一核实、验证,其中有8个镇合并之后又改为街道办事处,因此,目前实际被撤并镇数为84个(具体见表3)。

表3　苏州市被撤并镇一览表

	数量	名称
苏州市	84	
张家港市	18	塘市、乘航、泗港、晨阳、东莱、南沙、后塍、德积、中兴、双山、三兴、合兴、鹿苑、妙桥、兆丰、东沙、港口、凤凰
常熟市	19	虞山、兴隆、莫城、谢桥、大义、练塘、王庄、徐市、周行、福山、杨园、张桥、赵市、珍门、森泉、白茆、任阳、何市、沙家浜
太仓市	15	新毛、板桥、南郊、茜泾、牌楼、时思、老闸、九曲、新塘、直塘、归庄、岳王、新湖、王秀、鹿河

续表

	数量	名称
昆山市	10	正仪、陆杨、兵希、城北、大市、南港、新镇、石浦、石牌、蓬朗
吴江区	15	八坼、菀坪、横扇、屯村、梅堰、庙港、八都、莘塔、北库、金家坝、芦墟、坛丘、南麻、青云、铜罗
吴中区	4	浦庄、车坊、藏书、太湖
相城区	2	阳澄湖、东桥
高新区	1	镇湖

改革开放 30 多年来，我市乡镇撤并取得了十分明显的成效，主要表现在这样几方面：

一是大大加快了县城镇城市化进程，极大增强了其在区域经济发展中的辐射带动功能。撤乡建镇、镇镇合并，直接扩大了县城镇的规模，5 个县城镇（含吴江区松陵镇）共并入 20 个镇，县城镇平均规模从整合前的 54.75 平方千米、2.87 万人，扩大到目前的 142.61 平方千米、常住人口 35.02 万人，2015 年 5 个县城镇实现地区生产总值 2528.87 亿元，地方财政收入 217.92 亿元，平均分别达 505.77 亿元、43.58 亿元（具体见表 4）。与此同时，功能齐备、综合配套的城市基础设施体系全面构建，城市现代化水平不断提升，中等城市规模格局初具雏形，在区域经济发展中的龙头地位全面确立。

表 4　苏州市县城镇基本情况表

	县城镇	并入镇数（个）	镇区面积（平方千米）	人口		地区生产总值（万元）	占该市比重（%）	地方财政收入（万元）	占该市比重（%）
				常住人口（万人）	其中户籍人口（万人）				
全市合计		20	713.04	175.12	94.89	25288672	—	2179200	—
张家港市	杨舍镇	5	153.09	51.69	28.27	6507000	29.18	418600	24.03
常熟市	虞山镇	5	189.00	31.06	20.82	8516621	41.65	812978	51.55
太仓市	城厢镇	3	52.95	15.40	8.10	1380000	12.55	90000	7.86
昆山市	玉山镇	4	118.00	56.43	22.24	6380768	20.72	573902	20.15
吴江市	松陵镇	3	200.00	20.54	15.46	2504283	16.26	283720	19.25

二是快速做大做强了镇级经济规模，成为全市经济发展的重要增长极。通过强强联合、以强带弱、多镇合一等途径，我市乡镇资源得到有效整合并迅速做大，据统计，全市镇区平均规模由 41.9 平方千米、2.8 万人，扩大到目前

的90.76平方千米、13.66万人。2015年55个建制镇完成地区生产总值8697.54亿元,财政收入732.56亿元,分别占全市总量的59.97%、46.94%,建制镇的常住人口达751.30万人,其中户籍人口416.09万人,分别占全市总量的70.77%、62.38%。尤为引人瞩目的是,打造了一批在全省乃至全国位居前列的经济和社会发展综合实力强镇。据全市55个建制镇的统计数据,2015年年底,共有26个建制镇地区生产总值超百亿元,5个建制镇地区生产总值达到500亿元以上;人均GDP 10万元以上的镇16个,最高为张家港市锦丰镇,人均GDP达到31.18万元(具体见表5)。

表5 苏州市55个建制镇基本情况表

	建制镇名称	镇区面积(平方千米)	人口		并入镇数量(个)	地区生产总值(万元)	占全市(区)比重(%)	地方财政收入(万元)	占全市(区)比重(%)
			常住人口(万人)	其中户籍人口(万人)					
苏州市	总计	4991.89	751.30	416.09	84	86975415	—	7325556	—
张家港市	合计	748.03	150.91	90.26	18	22298200	—	1742200	—
1	杨舍镇	153.09	51.69	28.27	5	6507000	29.18	418600	24.03
2	金港镇	125.98	30.94	17.93	5	6024400	27.02	376600	21.62
3	锦丰镇	114.34	16.9	11.45	2	5271000	23.64	217700	12.5
4	塘桥镇	94.27	17.26	9.2	2	1597500	7.16	66600	3.82
5	乐余镇	78.61	8.74	7.19	2	406300	1.82	28900	1.66
6	凤凰镇	78.77	11.34	6.64	2	950100	4.26	70600	4.05
7	南丰镇	62.49	7.61	5.75	0	1118500	5.02	58600	3.36
8	大新镇	40.48	6.43	3.83	0	332600	1.49	20900	1.2
常熟市	合计	902.75	117.13	76.13	19	15529608	—	1265351	—
9	虞山镇	189	31.06	20.82	5	8516621	41.62	812978	51.56
10	尚湖镇	112	12.53	7.93	2	820050	4.01	37217	2.36
11	董浜镇	62.61	6.39	5.22	1	337200	1.64	18400	1.17
12	海虞镇	109.97	12.96	8.92	2	858523	4.2	75791	4.81
13	辛庄镇	104.08	13.16	7.58	2	968145	4.7	51833	3.3
14	梅李镇	80.84	14	8	2	845700	1.1	58500	3.7
15	古里镇	116.6	10.64	6.64	2	1486068	7.27	117179	3.17
16	支塘镇	47.25	8.9	7.03	2	725101	3.55	43153	—
17	沙家浜镇	80.4	7.5	4	1	972000	4.75	50300	3.19

续表

	建制镇名称	镇区面积（平方千米）	人口		并入镇数量（个）	地区生产总值（万元）	占全市（区）比重(%)	地方财政收入（万元）	占全市（区）比重(%)
			常住人口（万人）	其中户籍人口（万人）					
	合计	543.73	66.67	36.75	15	5476492	—	281284	—
18	城厢镇	52.95	15.4	8.1	3	1380000	—	90000	—
19	浮桥镇	144.44	13.24	7.44	5	577519	5.25	33740	2.95
20	浏河镇（太仓市）	68	9.25	4.87	1	847700	8.19	45770	4.68
21	沙溪镇	132.4	14.55	8.36	3	1232828	11.9	57808	5.91
22	双凤镇	62.5	5.7	3.3	1	344504	3.3	24660	2.7
23	璜泾镇	83.44	8.53	4.68	2	1093941	9.94	29306	2.56
	合计	827.74	154.85	65.26	10	19184156	—	1853356	—
24	玉山镇	118	56.43	22.24	4	6380768	20.7	573902	20.2
25	张浦镇	110	14.08	7.49	2	2105014	6.8	168587	5.92
26	周市镇	81.56	14.25	6.65	1	2122597	6.9	208040	7.3
27	千灯镇	80	20	6	1	1680000	5.5	135000	4.74
28	巴城镇（昆山市）	157	10.57	6.53	1	1455438	4.73	151471	5.32
29	锦溪镇	90.69	10	4.3	0	643000	2.09	54000	1.9
30	陆家镇	35.6	11.1	3.5	0	1390000	4.5	132000	4.6
31	花桥镇	50.09	10.45	3.78	1	2136839	6.9	318098	11.2
32	淀山湖镇	65.84	5.07	2.58	0	833500	2.71	91958	3.23
33	周庄镇	38.96	2.9	2.2	0	437000	1.4	20300	0.7
	合计	1201	129.68	81.86	15	15627551	—	1273635	—
34	松陵镇	200	20.54	15.46	3	2504283	16	283720	22
35	同里镇	176	29.78	10.2	1	3524000	23	366050	29
36	平望镇（吴江区）	133	9.5	8.2	1	1131000	7	64139	5
37	七都镇	102	7.94	6.2	1	910000	6	48388	4
38	震泽镇	95	9.17	6.7	1	1126167	7	48552	4
39	黎里镇	258	19.92	14.3	4	2301701	15	200387	16
40	盛泽镇	147	25.17	13.6	2	3490104	22	232250	18
41	桃源镇	90	7.66	7.2	2	640836	4	30149	2

续表

		建制镇名称	镇区面积（平方千米）	人口		并入镇数量（个）	地区生产总值（万元）	占全市（区）比重(%)	地方财政收入（万元）	占全市（区）比重(%)
				常住人口（万人）	其中户籍人口（万人）					
		合计	461.14	75.89	37.65	4	4798328	—	571658	—
42	吴中区	临湖镇	55.6	10.98	4.42	1	556300	5.86	32800	2.71
43		甪直镇	97.99	16.06	6.72	1	1009235	10.62	83143	6.87
44		木渎镇	62.28	25	8.8	1	1469705	15.47	220522	19.27
45		光福镇	61.56	4.89	4.7	1	295032	3.1	17106	1.49
46		胥口镇	36.5	8.9	3.2	0	1030700	10.85	189400	15.64
47		东山镇	63	5.75	5.33	0	241756	2.54	19225	1.59
48		金庭镇	84.22	4.31	4.48	0	195600	2.05	9462	0.78
		合计	202.3	37.84	16.43	2	316	—	21	—
52	相城区	阳澄湖镇	62.8	6.58	3.47	1	55	9.1	2	3.25
50		黄埭镇	56	14.66	5.86	1	152	25.05	10	13.8
51		渭塘镇	39.4	8.92	3.37	0	65	10.74	5	6.69
49		望亭镇	44.1	7.68	3.73	0	44	7.26	4	5.84
		合计	105.2	18.34	11.75	1	905000	—	130900	—
53	高新区	浒墅关镇	30	7.2	3.7	0	610000	6.1	84000	7.6
54		通安镇	38	6.9	4.77	0	217000	2.2	35600	3.24
55		东渚镇	37.2	4.24	3.28	1	78000	0.77	11300	1.03

中国城市经济学会推出的2015年度全国综合实力百强镇排名中，昆山玉山镇、常熟虞山镇、张家港杨舍镇和金港镇进入前十，分列第一、第二、第六和第十（具体见表6）。镇级经济已成为苏州区域经济发展的重要增长极。

表6　2015年度全国综合实力百强镇前十强

排名	镇	排名	镇
1	江苏昆山市玉山镇	6	江苏张家港市杨舍镇
2	江苏常熟市虞山镇	7	广东东莞市虎门镇
3	广东佛山市南海区狮山镇	8	广东佛山市顺德区北滘镇
4	广东广州市增城区新塘镇	9	广东东莞市长安镇
5	广东佛山市南海区大沥镇	10	江苏张家港市金港镇

三是加快推进了产业集聚，一批具有竞争力的特色经济板块快速崛起。通过撤并乡镇，我市推进了乡镇经济的集聚集约和转型升级。如张家港杨舍

镇并入5镇,与开发区实现"区镇一体化",现已形成再制造、机器人、电力电子三大新兴产业基地,新兴产业产值占全区规模以上工业产值75%以上;昆山市乡镇撤并之后形成了"三区八镇"格局,三区即中心镇发展为核心城区、现代服务业和高新技术产业为主导的综合性功能区,外围镇则结合各自资源优势,以文化创意产业、水乡古镇特色旅游为主要载体,并拓展传感器、航空、软件、先进制造业等高新技术产业。常熟市合并原唐市镇后建立新的沙家浜镇,原唐市镇的轻工纺织业等实现了向新能源、高端装备制造业等新兴产业升级;原沙家浜镇的旅游资源进一步得到开发,2015年高品位的旅游业产品带动全镇实现服务业增加值达到20.27亿元。新的沙家浜镇经济也借助新兴产业和旅游业的双轮驱动而上了新台阶。太仓璜泾镇与地缘相连、产业相似的玉秀、鹿河合并后,资源得到有效整合,产业特色更加鲜明,形成了加弹、棉纺、服装三大产业板块。吴江区芦墟、黎里两镇合并后,做大了接受上海辐射带动的重要板块,加快培育先进制造业,打造物流集中区。

四是积极启动了建制镇体制改革试点,为进一步深化改革打下一定基础。随着乡镇整合的不断推进,尤其是进入新世纪之后,我市积极开展了建制镇行政体制改革的探索。主要有两类,一类是开展"区镇合一"改革,对于各种类型开发区与所在地乡镇,按照"事权集中、管理统一"原则,经济发展职能主要由开发区负责,社会管理职能主要由镇负责,主要在张家港金港镇、杨舍镇、锦丰镇,常熟沙家浜镇,昆山玉山镇、花桥镇,太仓浏河镇,吴江同里镇、盛泽镇、黎里镇、松陵镇,吴中金庭镇、长桥镇(后改为街道)等13个镇开展。另一类是根据国家、省、市统一部署,在部分经济发达镇开展"扩权强镇"试点,赋予部分县级经济管理权限。共有7个镇,分别为:国家级试点昆山张浦镇、吴江盛泽镇,省级试点张家港凤凰镇、常熟梅李镇、太仓沙溪镇,苏州市试点吴中木渎镇、相城黄埭镇。这些探索试点有效促进了建制镇的发展,也为进一步深化整合后的乡镇体制改革打下了一定的基础。

(苏州市委党校市情研究中心)

"短板"现象亟待重视
——关于我市被撤并镇优化发展的调研报告之二

陈楚九　韩承敏　李静会　秦天程

我们感到,对于被撤并镇现状的分析,必须坚持客观、全面的角度,以事实说话,用数据来证明。为此,我们专门设计了被撤并镇人口、经济和社会事业前后对比的表格,其中由于部分县市被撤并镇的经济指标合并后没有单独统计,给全面分析带来一定难度,但并不影响整体的判断。从人口变化看,总量有所增长,且以常住外来人口为主,户籍人口有增有减。从张家港看,16个镇撤并前常住人口55.04万人,撤并后为77.77万人,增长41.3%,其中户籍人口撤并前为46.24万人,撤并后为46.05万人,略有减少,因此增加的近23万人主要以外来常住人口为主。从经济发展看,总体呈增长之势,但出现分化、衰退趋向,部分被撤并镇问题突出。由于大部分县市缺少并镇后单独统计数据,难以对被撤并镇进行全面分析,但部分县市填报数据较为完整,为我们的分析提供了重要依据。我们以张家港、昆山为例。张家港16个镇撤并前实现GDP 7.53亿,撤并后56.8亿,10多年时间增加近7倍;撤并前地方财政收入4.76亿元,撤并后40.47亿元,增加近8倍。昆山7个镇撤并前GDP 33.66亿元,撤并后344.7亿元,10多年时间增加9倍;撤并前地方财政收入2.52亿元,撤并后32.7亿元,增加近12倍(具体见附表1)。对于被撤并镇整体发展现状,我们感到市规划部门2012年的调研比较全面,有一定的说服力。该研究报告对78个被撤并镇的发展状态分析认为,属繁荣型有9个镇,属稳定型有56个镇,属衰落型有13个镇(分别是:张家港的东沙、三兴、双山,常熟的珍门、王庄,太仓的新塘、牌楼、王秀、老闸,吴江的青云、屯村、北厍,吴中的太湖,具体见附表2)。我们在调研中发现,有的县市被撤并镇经济萎缩比较明显,有的县市这方面的问题并不十分突出。我们的一个总体判断是,镇行政中心的迁移导致被撤并镇一定程度的边缘化,对经济发展有消极影响,是被撤并镇经济发展出现分化、局部衰退的原因之一,但我们同时必须看到另外两个客观因素。其一,当时撤并乡镇的一个重要动因,就是这部分乡镇经济规模偏小,发展后劲不足,或区位条件较差,难以做大做强,而撤并后一定程度上助推了经济衰退的趋势。其二,近年来宏观经济总体呈下行之势,发展难度增大,在这些原本自身条件相对较差的被撤并镇必然表现得更为突出。

然而,被撤并镇也不可忽视地存在许多突出的矛盾问题。我们认为,这已经成为我市城乡一体化发展和全面建成小康社会的一块"短板",集中反映在这样几方面。

1. 资金投入明显不足,镇区设施趋向老化。这是一个比较直观也是比较突出的问题,主镇区与被撤并镇的反差极大,而老百姓的意见也比较集中。我们在座谈中要求做出对比判断,他们反映,镇区建设两者至少相差10年,我们分析,也就是说,乡镇撤并后,镇区建设基本停止,处于维护现状状态。客观上囿于乡镇有限的财力,一般以集中投向主镇区建设为主,被撤并镇基本以零星修补为主,部分镇还存在大量危旧房、老小区,以及断头河、臭水沟,环境脏乱差问题突出。从全市情况看,基本分为两种,一种是两镇合并的,情况相对好些。如常熟的沙家浜镇与唐市镇、昆山的千灯镇与石浦镇合并后,主镇区与被撤并镇建设投入基本可达到5∶5。另一种是多镇合并的,往往以建设主镇区为主,被撤并镇则以维持现状为主。在吴江区,情况最好的被撤并镇年建设投入达2亿元,而最差的全年仅20万元。我们在座谈中要求县市和镇进行建设资金投入比例的测算,大致用于被撤并镇的资金占全镇总量的5%~10%之间。镇区建设破旧,不仅给当地居民带来很强的失落感,有的镇更因破旧而居民外迁、引不进人,镇区因缺少人气进一步导致商贸服务业趋向衰落。

2. 公共设施全面缩减,社会建设相对薄弱。随着被撤并镇行政功能的转移,原来在镇上的"七站八所"也都随之撤走,有的或降格设置,如公安局原来按"一镇一所"设置,乡镇撤并后按每镇"一所多站"设置,在被撤并镇改设警务站,据了解,派出所设置一般为20人左右,原本力量不足,改设警务站后多则7、8人,少则5人,管理力量极为薄弱。有的镇撤并后外来人口聚居,治安问题极大,更加剧了管理力量不足的矛盾。据了解,昆山的被撤并镇正仪、石浦2003年撤并改站后,因问题突出不得不于2008年恢复了派出所设置。比如,有的被撤并镇原来设置的医院,有的并入主镇区医院,即使保留的也改成了卫生服务中心;有的学校也进行撤并,或由高中降格为初中。这样不仅引不进人才,也留不住人才,医生、教师不愿留在当地而都想往主镇区单位跑,有的学校因此只能聘用代课教师。最为典型的是,昆山南港镇并入张浦镇后,原镇医院的B超机近10年没有更换,也无人操作。我们为此就文化、教育、卫生等机构设置对77个被撤并镇进行了表格调查,发现呈全面减少状态,中学从撤并前的76所,减少至2015年的62所;小学从148所减少至101所;幼儿园从137所减少至111所;养老设施从69个减少至37个;医院从69所减少至 65 所;文化馆从 59 所减少至 19 所;电影院从 50 所减少至 8 所;仅图书馆是增加的,从撤并前的 60 所增加至 2015 年的 87 所。在调查的 77 个被撤并镇中,有 13 个镇取消中学,有 1 个镇取消小学,32 个镇取消养老机构,6 个镇取消医院,36 个镇取消文化馆,21 个镇取消图书馆,42 个镇取消电影院(具体见附表 3、附表 4)。

3. 服务功能有所弱化,居民办事难度增加。被撤并镇虽然大部分设置了社区服务中心,但由于受制于一定的行政权限,只能办理社保、医疗、计生、民政等公共事务的材料受理、政策咨询等前道服务,最终审核确认还需到主镇区办理。据市规划部门调研反映,我市被撤并镇与主镇区空间距离在 1 千米以内的仅 9 个,大部分被撤并镇与主镇区相距较远,据统计,5 千米以内的 41 个,10 千米以内的 23 个,超过 10 千米的有 5 个。这与原来可在本镇区办理相关事务比较,无疑大大增加了居民的办事难度和办事成本。

4. 人文资源管理缺位,历史遗存亟待保护。值得重视的是,我市很多被撤并镇具有非常悠久的历史,拥有独特的历史文化遗存,既包括物质和非物质文化遗存,也包乡镇地名资源,但部分镇在被撤并后历史文化资源的保护挖掘不到位,基本处于自生自灭的自然状态,许多有价值的小镇地名资源流失、消失,因此埋下了令人遗憾的乡土文化的断裂危机。从总体上看,我市被撤并镇在这方面基本处于管理盲区。我们在常熟了解到,许多乡镇都各有特色,具有丰富的历史遗存、文化习俗,但撤并后大多没有得到有效的发掘、保护与弘扬。

5. 分散布局依然存在,集聚集约任重道远。乡镇整合的重要目的之一,是推进生产力布局、城镇建设布局的集聚集约、合理配置。我市撤乡并镇以来尤其是大规模并镇以来,客观上很大部分被撤并镇仍处于独立发展的状态,空间分散的状况依旧存在,功能集聚未带来空间集约。个别镇空间分散的局面不但没有改变,一定程度上蔓延发展的态势还有所加剧;有的被撤并镇各类产业园区、工业小区依然延续原有分散格局,继续就地发展。可以说,在乡镇撤并过程中,虽然镇的行政建制密度有所下降,但是村镇建设用地与撤并前相比变化不大,建设空间的分散化、碎片化问题依然不同程度存在。

我们认为,产生上述问题有其一定的客观必然性,调研座谈中,大家也有所反映,经过综合分析主要是:其一,乡镇合并的目的之一就是为了突出发展重点,在财力有限的情况下,往往会优先投向主镇区建设,从而导致被撤并镇不同程度的边缘化。其二,被撤并镇行政功能的转移,镇政府"七站八所"的撤离,必然在一定程度带来镇区繁荣程度下降、发展放缓等问题。其三,当前各类社会矛盾的存在带有普遍性,如老百姓日益增长的精神物质需求与公共服务提供相对不足、外来人口增长与社会管理力量相对不足等矛盾,在被撤并镇这一薄弱环节,矛盾往往更加突出。其四,我们在调研中了解到,也不排除个别镇的合并不完全符合客观发展规律,反而造成了新的体制障碍。但我们认为,这种客观性不是"短板"现象产生的主因,深层次原因在于我们主观上的问题,经过调研,我们认为集中表现在以下方面:

一是思想认识存在偏差。座谈中大家普遍反映,从问题根源分析,在各级领导层面是存在一定认识偏差的。当初撤并乡镇时急于做大、做强建制镇,而且侧重于经济资源要素的整合。而在撤并后的发展中,又未确立统筹协调发展的理念,没有从整体上考虑被撤并镇的发展问题、建设问题和管理问题,工作重心往往偏重于主镇区,偏重于经济发展。

二是规划定位严重缺失。应该说,无论在撤并初期,还是进入新世纪以来大规模撤并之时,对于被撤并镇的规划定位都是缺失的。据市规划部门的调研反映,有的镇做了全镇域的规划,但重点关注的是主镇区的发展,对于被撤并镇往往是一笔带过,轻描淡写;而控制性详细规划往往只做主镇区,被撤并镇基本不做。可以说,我市被撤并镇的发展某种程度处于"自发"状态。

三是管理体制不相适应。我市乡镇合并大多以多镇合一为主,整合多达5镇的有4个镇,再加上有的主镇区与被撤并镇相距甚远,客观上增加了管理难度。为此各市在被撤并镇大都设立了相应的管理机构,据对74个被撤并镇的情况汇总,基本上有4种类型:办事处(51个)、名为管理区实为办事处(11个)、管委会(1个)和社区(11个)。前两类作为镇政府的派出机构,副科级建制。这些管理机构共有工作人员1528人,其中行政编制310人,事业编制470人,集体编制655人,聘用等其他类93人(具体见附表5)。但是这些机构尤其是办事处(尽管在名称前没有"街道"二字)的设置在法律上缺少依据,更在于其管理职能上也存在矛盾。有的办事处是名副其实的"留守机构",根本不具备管理职能,大多数办事处在20~30人,但不具备人事权、财政权、审批权、决策权,成为行政管理中的"二传手"。从现实情况看,这类办事处实际承担着镇区的管理职能,但又缺乏相应的行政权限,协调力度有限,如果过于放权到办事处,又在镇下面多了一个管理层级,使得被撤并镇的机构设置处于两难的尴尬境地。

附表1 苏州市84个被撤并镇基本情况表

序号		被撤并镇名称	镇区面积（平方千米）	人口（万人）				地区生产总值（万元）		地方财政收入（万元）	
				撤并前常住人口	其中户籍人口	撤并后常住人口	其中户籍人口	撤并前	撤并后	撤并前	撤并后
1	张家港市	泗港	29.27	3.48	3.04	6.27	3.73	65985	258700	5059	27318
2		乘航	23.69	2.52	2.14	4.77	2.49	36604	330068	2770	40900
3		塘市	21.64	2.54	2.17	6.22	2.35	37396	454400	1384	49884
4		东沙	34.85	0.77	0.73	0.78	0.78	11481	85000	549	4100
5		南沙	23.29	3.61	3.00	6.70	3.34	45435	441907	2732	27624
6		三兴	33.67	3.67	3.42	4.30	3.48	76979	526200	3350	21732
7		东莱	36.63	4.03	3.34	6.98	3.14	41366	180900	3049	16509
8		晨阳	32.99	3.29	2.91	2.63	1.34	20821	115200	2200	10649
9		后塍	29.84	4.96	4.14	7.95	5.30	62000	459824	7493	26445
10		德积	35.02	4.47	3.84	6.66	4.10	74167	473489	3955	27231
11		妙桥	38.48	4.23	3.18	5.62	3.35	48050	415400	2408	33401
12		鹿苑	30.56	3.91	2.65	4.73	2.74	53835	479300	2379	37666
13		合兴	38.00	3.77	3.36	4.41	2.92	48299	791550	2487	32692
14		兆丰	29.39	3.49	3.22	3.45	2.83	68007	162520	3751	11000
15		港口	24.43	2.86	2.06	3.42	2.10	36800	294100	2969	21854
16		凤凰	29.23	2.48	2.11	2.89	2.05	25928	211000	1056	15679
17		中兴		因实施整体拆迁已完全融入并入乡镇，无法统计相关数据								
18		双山		2002.08双山被撤并，2012.07成立双山岛旅游度假区								
19	常熟市	兴隆	23.00	2.38	2.02	2.81	2.71	29462	98100	1372	26831
20		谢桥	38.60	3.85	3.42	3.64	3.64	72089	193000	2063	—
21		莫城	37.10	8.93	2.60	2.81	10.41	83588	—	4052	—
22		大义	44.76	3.43	3.37	3.43	3.40	123585	—	2347	—
23		福山	47.35	—	4.06	4.45	3.89	50339	—	3760	—
24		周行	20.40	—	2.37	3.76	2.34	18038	—	1518	—
25		赵市	24.38	—	2.67	4.24	2.55	32800	—	1207	—
26		珍门	25.69	—	2.18	2.58	1.97	12320	—	494	—
27		杨园	32.50	—	2.45	4.25	2.47	45408	—	2485	—
28		张桥	34.19	—	2.60	4.38	2.60	47318	—	1355	—
29		森泉	—	4.03	2.01	4.03	2.01	137597	137597	12732	12732
30		白茆	—	2.80	2.30	2.80	2.30	900131	900131	70075	70075
31		任阳	46.20	2.44	2.00	2.32	1.89	47508	232032	2673	15103
32		何市	35.40	2.30	1.87	2.17	1.83	31791	116773	1986	11219
33		沙家浜	33.10	2.30	1.80	3.50	1.80	70000	272000	2000	10300
34		徐市	34.00	3.25	—	—	5.68	—	—	2863	—
35		王庄	25.47	4.70	2.12	2.92	2.06	67800	—	2578	—
36		练塘	45.89	3.47	3.21	5.77	3.21	58000	—	2072	—
37		虞山		原虞山镇经多次合并，无法统计相关数据								

续表

序号	被撤并镇名称	镇区面积(平方千米)	人口(万人)				地区生产总值(万元)		地方财政收入(万元)	
			撤并前常住人口	其中户籍人口	撤并后常住人口	其中户籍人口	撤并前	撤并后	撤并前	撤并后
38	新毛	26.00	—	1.42	—	—	23075	—	411	—
39	茜泾	23.90	1.98	1.55	2.39	1.30	—	—	—	—
40	牌楼	20.40	1.29	1.08	1.95	1.25	—	—	—	—
41	九曲	19.70	1.17	1.00	1.60	0.75	—	—	—	—
42	老闸	19.20	0.87	0.78	1.29	0.79	—	—	—	—
43	时思	20.12	1.20	0.98	1.49	0.82	—	—	—	—
44	新塘		1.42	—	—	—	30615			
45	直塘	26.25	—	1.68		1.54	22238		1495	
46	归庄	30.00		1.65		1.61	54115		3187	
47	岳王	33.66		1.68		1.35	40267		2197	
48	新湖	28.50	2.10	1.20	2.90	1.60				
49	王秀	23.79		1.54		3.59	13840			
50	鹿河	25.04		1.58		5.08	61759			
51	板桥		已整体划入太仓港经济技术开发区							
52	南郊		大部分镇区已划入太仓科教新城							
53	新镇	27.22	1.45	1.29	7.32	3.69	27027	1090346	2181	106100
54	陆杨	22.90	1.10	1.02	2.62	1.21	45449	390258	2501	39528
55	正仪	72.19	3.15	3.15	3.37	2.08	70000	445000	7000	46300
56	石碑	52.90	2.00	2.00	3.44	2.12	43000	495400	3800	51500
57	石浦	29.00	3.30	2.20	6.54	1.44	102000	600000	8500	50000
58	大市	36.15	1.76	1.61	1.78	1.45	18058	92060	597	8400
59	南港	31.00	2.82	1.92	3.62	2.00	31038	333913	618	25200
60	兵希		已划入昆山高新技术产业开发区							
61	城北		大部分镇区划入昆山高新技术产业开发区							
62	蓬朗		大部分镇区划入昆山花桥经济开发区							
63	八坼	67.18	—	3.10	4.00	2.60	69200	—	2526	
64	横扇	49.97	4.20	2.00	4.50	2.80	646100		20700	
65	菀坪	32.63		1.50	3.20	1.70	27107		6061	
66	屯村	69.00		—	3.40	2.10	670200		38300	
67	金家坝	49.24		2.51	3.37	2.53	65495		—	
68	北库	48.75		2.73	5.33	2.74	61400		—	
69	莘塔	47.13		2.18	4.24	2.15	23761		—	
70	芦墟	52.78		3.25	5.71	3.31	82610		—	
71	梅堰	52.78	2.90	2.80	0.60	0.48	82580		—	
72	坛丘	47.00		2.80	—	3.30	35142		—	
73	南麻	31.48		2.10	—	2.30	48022		—	
74	八都	38.61	2.50	2.50	3.10	2.50	53800		7632	
75	庙港	53.30	3.60	2.80	3.70	2.80	49994		1225	
76	青云	31.51	2.60	2.40	3.00	2.40	30950		2061	
77	铜罗	29.06	3.00	2.50	3.50	4.00	46760		3511	
78	藏书	24.08	—	2.79	2.90	1.80	110286		4178	
79	车坊	25.00	—	1.97	2.45	2.14	13339		471	
80	浦庄	26.00	2.87	2.17	5.27	1.83	97809		5299	
81	渡村	29.60	2.71	2.42	5.72	2.59	101042		4108	
82	东桥	34.40		2.60	—	—	76933		3643	
83	阳澄湖	37.29	2.87	2.03	1.70	1.39	48800	54625	2361	22333
84	镇湖	20.20	—	—	2.50	2.30	30100		12300	

200

附表2　苏州市被撤并镇发展状态情况表

类型	衰落型	稳定型	繁荣型
张家港市	东沙、三兴、双山	兆丰、泗港、东莱、晨阳、南沙、后塍、德积、合兴、鹿苑、妙桥、凤凰、港口	塘市、乘航
常熟市	珍门、王庄	福山、谢桥、徐市、周行、杨园、张桥、练塘、赵市、任阳、何市、森泉、白茆、唐市	莫城、大义
太仓市	新塘、牌楼、王秀、老闸	时思、板桥、鹿河、新湖、新毛、归庄、岳王、九曲、浏家港、直塘	南郊
昆山市	—	陆杨、石牌、正仪、南港、大市	城北、石浦、新镇、蓬朗
吴江区	青云、屯村、北厍	横扇、菀坪、庙港、八坼、南麻、坛丘、铜罗、梅堰、八都、金家坝、莘塔、黎里	—
吴中区	太湖	浦庄、藏书	—
相城区	—	东桥、阳澄湖	—
合计	13个	56个	9个

附表3　苏州市被撤并镇文教卫等机构情况表　　单位：所，个

	中学		小学		幼儿园		养老设施		医院		文化馆		图书馆		电影院	
	撤并前	目前	撤并前	目前	撤并前	目前	撤并前	目前	撤并前	目前	撤并前	目前	撤并前	目前	撤并前	目前
全市	76	62	148	101	137	111	69	37	69	65	59	19	60	87	50	8
张家港市	19	16	29	21	21	23	13	13	14	15	15	11	15	13	15	2
常熟市	23	21	76	34	73	33	24	9	20	18	25	3	17	23	10	0
太仓市	10	5	13	13	13	13	10	0	12	12	11	1	11	2	10	0
昆山市	7	4	7	10	8	19	7	3	7	3	8	1	6	4	5	3
吴江区	11	13	14	16	14	16	13	9	10	12	5	2	8	43	8	3
吴中区	3	2	5	3	5	3	1	2	4	4	1	1	3	2	1	0
相城区	2	1	3	3	2	3	1	0	2	2	1	0	0	0	0	0
高新区	1	0	1	1	1	1	1	1	0	0	0	0	0	0	0	0

附表4 苏州市全面取消文教卫等机构的被撤并镇数　　　　单位:个

	苏州市	张家港市	常熟市	太仓市	昆山市	吴江区	吴中区	相城区	高新区
填报撤并镇	77	16	19	13	7	15	4	2	1
中学	13	1	1	5	3	0	1	1	1
小学	1	1	0	0	0	0	0	0	0
幼儿园	2	0	0	0	0	2	0	0	0
养老设施	32	4	8	10	6	1	2	1	0
医院	6	0	1	0	4	0	1	0	0
文化馆	36	4	8	10	6	5	2	1	0
图书馆	21	3	4	9	1	3	1	0	0
电影院	42	13	9	10	3	5	2	0	0

附表5 苏州市被撤并镇机构设置情况表　　　　单位:个

	设置名称	数量	人员数量与结构					党政主要负责人行政级别			是否管行政村		下属社区
			小计	行政	事业	集体	其他	正科	副科	正股	是	否	
全市	总计	74	1528	310	470	655	93	8	120	3	42	32	256
	办事处	51	939	189	289	404	57	6	94	0	33	18	182
	管理区	11	382	118	175	89	0	1	26	0	9	2	70
	管委会	1	109	2	3	104	0	1	0	0	0	1	4
	社区	11	98	1	3	58	36	0	0	3	0	11	0
张家港市	办事处	16	432	72	112	233	15	0	25	0	16	0	124
常熟市	办事处	15	140	40	68	42	0	0	23	0	9	6	18
	管理区	7	348	107	166	75	0	0	21	0	7	0	68
	社区	4	41	0	0	41	0	0	0	0	0	4	0
太仓市	办事处	3	19	8	3	8	0	3	4	0	0	3	0
	管理区	4	34	11	9	14	0	1	5	0	2	2	2
	社区	3	5	0	0	5	0	0	0	3	0	3	0
昆山市	办事处	3	52	7	7	38	0	0	6	0	0	3	18
	社区	2	38	1	3	12	22	0	0	0	0	2	0
吴江市	办事处	13	191	53	78	18	42	2	28	0	7	6	15
	社区	2	14	0	0	0	14	0	0	0	0	2	0
吴中区	办事处	1	95	9	21	65	0	1	8	0	1	0	7
	管委会	1	109	2	3	104	0	1	0	0	0	1	4

(苏州市委党校市情研究中心)

加快形成共识　科学合理定位
——关于我市被撤并镇优化发展的调研报告之三

陈楚九　韩承敏　李静会　秦天程

我们认为,在苏州发展的关键时期,市委、市政府提出被撤并镇优化发展这一重大命题,具有很强的现实针对性和深远的战略意义。对此,我们必须从这样几方面来认识和把握。一是要充分认识和把握被撤并镇优化发展的紧迫性。改革开放以来,特别是进入21世纪以来,我市乡镇撤并快速推进,应该说成绩是主要的,但所反映出来的问题也是不容忽视的。我们应该看主流,看到这是发展中的问题,不能以偏概全。但我们同时也应该看到问题的严峻性,当前被撤并镇社会建设相对滞后已经成为一块"短板",所反映的如公共服务、镇区环境、社会管理等问题,最核心的是民生问题,这些问题如不尽快妥善解决,我们的城乡一体化水平、全面小康社会的质量都会大打折扣,也必将会制约苏州全面协调可持续发展进程。我们必须以提升城乡居民幸福感为标尺,扎扎实实"补短板",努力争取走在建设"强富美高"新江苏的前列。二是要充分认识和把握被撤并镇优化发展的系统性。被撤并镇的优化发展,绝不是单一的、狭义的"小城镇"建设问题,涉及民生改善、公共服务、城镇建设、产业发展、体制创新等方方面面,涉及被撤并镇与主镇区、与县城镇的关系协调,涉及城镇化发展的当前与长远目标的衔接,无疑是一项系统工程,说到底是以人为本的城镇化问题。我们必须抓住关键、系统运作,不断取得阶段性成果,使被撤并镇的优化发展成为民生工程、民心工程。三是要充分认识和把握被撤并镇优化发展的机遇性。2015年年底召开的中央城市工作会议,就我国城市发展、推进新型城镇化做出了全面部署,我国"十三五"规划纲要明确指出要因地制宜发展特色鲜明、产城融合、充满魅力的小城镇,新一轮新型城镇化发展机遇正在到来。如果说苏州的城镇化已经经历了撤乡建镇、乡镇合并两大阶段,那么,当前正进入到优化提升的重要阶段。我们必须牢牢把握机遇,以全面贯彻落实中央精神为切入点,以被撤并镇的优化发展为抓手,主动作为、积极创新,努力开创苏州新型城镇化发展的新局面。

近年来,国内许多地方在城镇化建设方面有许多探索,值得我们学习借鉴。大致可分为两类。一种是对被撤并镇进行分类指导、改造提升。比如南京六合区,历经数次乡镇撤并整合,被撤并镇不同程度存在功能萎缩、土地闲置、设施荒废、人居环境恶化等问题。经过比较深入的调研论证,六合区采取了这样几种方法:① 对位于南京中心城区边缘的被撤并镇,立足融入都市区,作为都市组团加以提升,挖掘已开发土地资源的潜力,整合零星工业用地,高起点培育城市功能。② 对位于主镇区附近的被撤并镇,规划作为新市镇重要组团加以建设。③ 对撤并后以居住为主的集镇,则以建设乡村一级新社区和片区公共服务中心为主,形成比较完备的基础设施和社会化公共服务设施。④ 对重化工污染等已不适宜开发建设的区域,实施拆迁,引导人口向新城及中心城区集聚。还有一种是规划建设特色小镇。比如浙江省,2015年1月首次提出规划建设特色小镇的战略设想,所谓特色小镇,不是真正的镇的行政区划单元,不具有镇一级行政管理职能,而是在3平方千米左右范围内,按照创新、协调、绿色、开放、共享的发展理念,打造具有明确产业定位、文化内涵、旅游特征和一定社区功能的高端要素集聚的创新创业平台。近一年来,已形成了基金小镇、梦想小镇、跨贸小镇、云栖小镇等一批特色小镇,成为"新经济"的发动机。据了解,浙江首批37个特色小镇2015年新入驻企业3207家,其中21家为新引进的500强企业,新增就业人员4.6万人,当年新增税收21.3亿元。

我们感到,被撤并镇优化发展,首要环节是实施科学合理定位,我们认为总体应坚持以下原则:一是因地制宜、形成特色。必须从实际出发,充分考虑被撤并镇的资源禀赋、区位条件、产业优势、发展基础等,实行差别化定位,打造"一镇一主业、一镇一特色",形成"小而美""聚而合""特而强"的优化发展格局。二是立足全局、整体谋划。对被撤并镇的发展定位必须立足全局、整体谋划,充分考虑其产业、功能和形态的协调性,人口规模、产业规模、土地规模和镇区规模的配套性,县城镇、主镇区与被撤并镇在布局、功能等方面的互补性。三是规划先导、持续推进。实施发展定位,某种意义上是基于现状和未来发展需要,在更高层面、更大范围做出一种合理布局,实现这一目标不可能一蹴而就,必须通过规划在整体上明确方向,以规划引导被撤并镇发展。四是上下结合、加强指导。被撤并镇的发展定位是一项全局性工作,我们既要发挥县、镇层面的积极性和优势,更要注重市级层面的总体协调、指导和掌控。

基于上述分析,我们初步提出被撤并镇以下六种定位类型。

一、融合发展型:对于在空间距离上与主城(镇)相邻或较近的被撤并镇,可融入主城(镇)区,实现一体化发展。我们感到,这类被撤并镇客观上已经与主城(镇)区基本融为一体,因此在基础设施、服务功能等方面应作为城

(镇)组团加以提升,按照城(镇)区规划标准统一布局、统一建设、统一配套、统一管理。尤其是要与主城(镇)区统筹考虑产业发展,加强对存量土地的再开发,整合现有零散的工业用地,引导工业向园区集中、人口向社区集中,提高地均产出效益,集约利用土地资源。这方面我市已有比较成功的案例,如张家港杨舍镇已将塘市、乘航、泗港等被撤并镇区规划建设成为商务、生态、科技、文化四大新城区,与中心城区融合对接,初步显现"1+1>2"的优势。昆山千灯镇与石浦合并后,将西部千灯古镇区、中部城市新镇区、东部石浦集镇区三位一体,连成一线,古镇新城呈现融合发展态势。

二、功能互补型:对于相对独立、基础较好、优势明显的被撤并镇,可与主镇区形成功能互补发展格局。我们在调研中发现,在撤并乡镇中,也有一部分属于强强联合的,对于这类被撤并镇,我们不能因合并而削弱了被撤并镇的发展,应定位为主镇区的副中心,形成"双核"、互补发展格局。比如常熟唐市镇与沙家浜镇合并,主镇区设在唐市而称沙家浜镇,原沙家浜镇作为风景区且靠近主城区而具有明显发展优势,应该在统一规划定位下谋求更好更快发展。

三、产业特色型:对于基础条件好、产业优势明显、发展潜力大的被撤并镇,可进一步精准定位,打造竞争力强的特色小镇。我市有一批产业优势明显的被撤并镇,尽管镇的行政功能转移了,但其产业功能依然存在,可充分借鉴浙江打造特色小镇的做法,进一步精准定位、精心包装,形成核雕小镇、工艺小镇、刺绣小镇、水产小镇、商贸小镇、工业小镇、金融小镇等特色小镇。比如并入木渎的藏书镇,羊肉的品牌资源优势明显,具备了打造羊肉美食小镇的条件,围绕这一定位,我们在镇区建设、功能提升、品牌打造等方面均大有文章可做。

四、文化保护型:对于历史遗存丰富或位于生态保护区的被撤并镇,可结合其历史、文化、生态等方面的特色优势,在保护中寻求发展。我市被撤并镇中这方面具有丰富的资源优势,应在水乡风貌、传统建筑、名人故居、古镇古桥、传统习俗等方面进一步挖掘其人文历史价值,不仅要保护实物资产,还要保护镇名、村名、地名等无形资产,充分发挥品牌效应。比如并入七都镇的庙港镇,具有靠近太湖的区位优势以及费孝通的江村文化、南怀瑾的国学文化等资源优势,可以主打生态牌、文化牌,实现经济发展、文化内涵与生态环境的有机统一。又如并入桃源镇的铜罗镇,是具有悠久历史的江南古镇,铜罗历史街区可作为历史文化名镇来规划建设,提升知名度,为其发展注入鲜活的生命力。

五、社区居住型:对于空间上与主镇区呈现分离状态、又比较适宜居住的被撤并镇,可在未来发展中打造为新型社区。此类被撤并镇应按照新型社区的标准着重完善各类服务功能和配套设施,形成现代化的城乡居民聚居区、农民迁移区,在满足现有集镇居民生活服务需求的同时,承担周边乡村地区居民点的基本公共服务职能,重点发展镇域片区级别的服务业、休闲都市农业、农业观光旅游等产业,形成城乡一体化发展新格局。

六、控制发展型:对于因产业基础或生态廊道建设等特定因素制约而必须拆除的被撤并镇,可引导人口与产业逐步向其他镇区迁移,控制其发展。此类被撤并镇经济条件、产业基础薄弱,或属于生态和基本农田保护区的特殊地区,不宜进行开发建设,在未来发展中,人口应逐步实行搬迁,用地格局通过置换逐步调整。

(苏州市委党校市情研究中心)

坚持五大理念　创新工作举措
——关于我市被撤并镇优化发展的调研报告之四

陈楚九　韩承敏　李静会　秦天程

当前,苏州的发展正处于全面建成小康社会的关键时期,如何紧紧抓住被撤并镇优化发展这一重要环节,努力取得实实在在的成果至关重要。根据初步调研,提出以下对策建议。

一、以"五大理念"指导被撤并镇优化发展

习近平总书记在党的十八大提出了创新、协调、绿色、开放、共享五大发展理念,我们必须全面贯彻落实,以此为指导,推进我市的被撤并镇优化发展。具体而言,要体现"四个坚持"。

一是坚持民生为本。在被撤并镇优化发展中,必须力求公共服务均等化,不断优化主镇区与被撤并镇公共设施的布局,尽快缩小落差,尤其要注重提升教育、医疗、养老、文化等基本公共服务能力,让广大群众在新型城镇化进程中有更多获得感。

二是坚持改革创新。被撤并镇优化发展,说到底是一种体制改革创新、利益格局调整,我们必须以改革创新拓宽工作视野和工作思路,以改革创新解决优化发展中的难题,以改革创新推进资源优化配置,以改革创新加快城乡一体化发展进程。

三是坚持规划引领。在实践中必须讲究党委、政府决策的科学化、民主化,讲究科学规划和政府推动的有机结合,以规划为龙头,指导、引导我市被撤并镇的优化发展、有序发展、协调发展。

四是坚持统筹发展。在被撤并镇优化发展中,要努力做到主镇区与被撤并镇一起规划,经济发展与民生建设均衡协调,城镇建设水平与社会管理水平同步提升。

二、积极创新体制机制

从现实情况看,作为过渡时期,在被撤并镇设置相应的管理机构是必要

的,简单从"于法无据"角度取消目前的办事处等管理机构,是不利于被撤并镇优化发展的。关键在于创新被撤并镇的管理机构设置,理顺其与主镇区的体制关系。这一改革应把握以下原则。一是坚持从实际出发,既于法有据,又体现探索创新。二是通盘考虑建制镇与被撤并镇的体制机制创新,建制镇适当下放部分管理权限。三是被撤并镇的管理机构以管理镇区为主,村由镇管。我们感到,全市可根据被撤并镇的区域面积、经济总量、人口规模与结构等,提出相应的几种设置类型,实行分类指导。或者选择一个县或部分被撤并镇进行试点,取得经验后再全面推开。根据调研,我们提出以下改革路径。

第一类,经济总量较大、产业优势明显、管理任务较重的被撤并镇,尝试设立"管理区",切实承担起发展与管理的职能。这一名称回避了"办事处"容易产生歧义的问题,座谈中大家也比较倾向这一设置。这是一种类似于"开发区"的管理机构,建制镇赋予其相应权限,不作为一级政府。目前我市在有些被撤并镇中有初步探索,需要在职能、定位上进一步完善,建制镇部分社会管理职能下放,提升其经济、社会管理功能和履职权威。管理区书记可由镇党委书记兼任,管理区主任副科级建制。管理区以管理被撤并镇镇区为主,被撤并镇的村由镇直接管理。

第二类,已并入县城镇和区镇合一、扩权强镇试点的被撤并镇,争取设立真正意义上的街道办事处,为经济强镇升格奠定体制基础。目前我市5个县城镇共有被撤并镇20个,县城镇下面已经设立了副科级的办事处,镇的体制已基本分解(具体见附表1)。实行区镇合一改革的有13个镇(其中杨舍镇、玉山镇、松陵镇与县城镇重复,长桥镇已改街道办事处),按9个镇计,共有被撤并镇17个,这类镇已实行区镇合一,镇的社会管理职能已基本归并为开发区社会事业局(具体见附表2)。扩权强镇试点镇,我市共有7个镇(盛泽镇与区镇合一试点重复),按6个镇计,共有被撤并镇11个,这类镇已赋予部分县级经济管理权限(具体见附表3)。据了解,国务院出台的《关于深入推进新型城镇化建设若干意见》表明,国家正考虑加快中小城市培育、特大镇功能拓展和行政管理体制改革;国家发改委正研究将符合条件的特大镇设立为中小城市的标准;2016年6月初,国家发改委又专题举办"新生中小城市培育"专题研讨会。种种迹象表明,特大镇升格为中小城市将进入国家决策层面,这对于我们破解体制障碍是一个机遇。我们认为,上述三类建制镇经济总量、人口规模都较大,初具中小城市格局,在建制镇下面尤其在被撤并镇设立街道办事处的基础条件比较具备,也有这种体制改革的需求,我们应积极向上争取设置街道办事处,做好体制上的实践准备。

第三类,人口规模较大、社会管理任务较重的被撤并镇,探索设立社会事务管理服务中心,履行好相应的管理与服务职能。2013年初,工业园区在撤镇改街过程中,市编办曾批复在原镇农业服务中心基础上,同时增挂社会事务服务中心,但实践中这一改革并未到位。我们感到,探索这一做法,强化区域的社会管理、公共服务功能,具有十分积极的意义,也可为今后其他被撤并镇理顺体制关系、创新机构设置积累经验。在名称中可增加"管理"二字,设立"社会事务管理服务中心"。这一中心的职能以管理、服务为主,下面可设置若干社区,村由镇管理。

第四类,已经融入主城(镇)区的被撤并镇,可划分若干社区,强化社区网格化管理功能。应该说,这类被撤并镇无论在形态上还是在功能上已经完全融入主城(镇)区,设置相应社区是水到渠成的。

需要指出的是,对于经过实践证明当初撤并不尽合理的镇,建议进行充分调研、论证,按照实事求是原则争取恢复镇级设置或进行新的区划调整。我们在座谈中也听到这类反映。比如,并入张浦镇的南港,经济总量大、外来人口多、管理服务任务重,但并入张浦镇后仅设立了2个社区,引发很多矛盾,一定程度地影响到南港的发展。我们感到,客观上南港与张浦相距较远而与甪直在地理位置上紧密相连,而且列入中国历史文化名镇保护区域的又分属两地(甪直13.5公顷,南港1.5公顷),如果将南港并入甪直镇,不仅有利于南港的发展、有利于两地历史文化遗存的一体化保护,也有利于强化管理,为甪直镇升格为中小城市创造条件。

三、相关工作建议

1. 切实加强组织领导。就这一工作具体牵头部门来看,目前各县市不尽相同,有的由住建部门负责,但是更多的县市这项工作没有具体负责部门,某种程度上成为管理盲区。调研中我们广泛征求意见,住建部门基本都反映对这一工作牵不了头。意见比较集中的认为,由农办牵头比较适宜。我们感到,被撤并镇优化发展并非狭义的城镇建设工作,应该放到城乡一体化综合配套改革工作层面来谋划、部署和推进。相比而言,由农办牵头比住建部门更具有优势,但也存在其具体职能的局限性。我市在前几年推进城乡一体化改革试点时,曾组建以农办为主体,其他相关部门参与的"一体办"。被撤并镇优化发展作为当前一项综合性很强的重要工作,需要有这样一个部门担此重任。为此建议参照这一做法,以农办为主体,抽调规划、住建、国土等部门力量,组成新的"一体办",具体负责相关的统筹、协调、推进以及情况汇总等工作。与此同时,切实加强考核评估,把被撤并镇优化发展工作纳入城乡一体化综合配套改革内容和各县市区、镇及相关部门年度工作目标考核体系,一起部署、一起考核。

2. 加快制定全局性优化发展规划。推进被撤并镇优化发展,制定一个全局性规划是龙头。一方面,要强化规划的市级指导、协调。据了解,"规划法"明确乡镇一级的规划以乡镇制定为主,但我们感到,被撤并镇优化发展规划并非传统概念上的城镇规划,以乡镇为主制定带有很大局限性,必须在全市层面对所有被撤并镇有一个科学合理的定位与布局,因此建议由市规划部门牵头,制定我市被撤并镇优化发展的规划。各县市可负责形成初步方案,由市规划部门组织专家进行充分论证,形成总规和各县市分规。另一方面,要尽可能实现"多规合一"。"多规合一"决定了规划的可落地性,目前主要是以产业发展规划、生态发展规划、城乡建设规划和土地利用规划为主的"四规合一"。但事实上并未全面到位,尤其是城乡建设规划和土地利用规划,在规划年限上存在差别,往往不相衔接、配套。建议在被撤并镇优化发展规划的制定中探索"四规合一"的机制与途径,使其真正发挥应有的规划效应。

3. 积极拓宽多元化投入渠道。加强被撤并镇基础设施建设,提升公共服务均等化水平,保障资金投入是重要环节。建议从以下方面探索。一是构建各级政府财政投入保障机制。切实改变目前投入"一边倒"的状况,对被撤并镇按人口规模、镇区面积、建造项目,县级财政每年安排一定的资金支持被撤并镇建设,建制镇应明确相应配套资金,定向用于市政设施、文化、教育、卫生、体育、养老等公共服务设施的维护和配套建设。同时,在苏州市层面,以市级财政为主,设立被撤并镇优化发展资金,重点用于被撤并镇优化发展的重点项目、引导资金、融资贴息和项目补贴等。二是积极引入社会投资。探索多渠道筹措建设资金,专项用于被撤并镇基础设施建设、公共服务设施完善等。可制定政策措施,积极鼓励民资参与被撤并镇建设改造,吸引社会资金多元投资。尝试推进投融资体制改革,积极创新开发模式,科学运用 ppp 模式,实行组团式、综合性开发建设,减轻建设资金需求压力。三是积极争取国家棚户区改造试点政策。近年来国家推进了棚户区改造试点,按照"政府主导、市场运作"原则实施,在财政收入、建设用地、税费和信贷等方面均给予支持。我们可选择一批基础设施破旧、危房旧房多的被撤并镇,争取列入国家棚户区改造计划。

4. 多渠道盘活、整合土地资源。市委农办 2011 年曾对 1998 年以来 86 个被撤并镇开展调研,初步测算,按平均每个镇区面积 2.3 平方千米,通过资源整合预计可腾出建设用地约 15 万亩,其中未利用废地、荒地 6.8 万亩,工业企业集中后可节约建设用地 2.3 万亩,镇区居民集中居住后可节约建设用地 4.3 万亩,荒废的文化、教育、街面道路、广场等可利用地 1.4 万亩。市委农办分析,整合好这些被撤并镇的土地资源,可缓解苏州全市 3~4 年建设用地指标。我们据此也同市国土部门进行了探讨,他们认为这是一个理论测算的数据,实际如果按我市被撤并镇的情况,盘活的土地资源可能要大于这一数字,关键在于盘活土地资源是一个长期的过程,而且前期需要大量的资金投入。据市国土局2016年在常熟市辛庄镇开展的"三优三保"试点,到2020年,该镇可形成土地规划空间指标规模为269.15公顷,累计投资估算高达75.15亿元。为此,我们建议,一是在有条件的地方,积极稳妥、有效引导工业布局向产业园区集中、农民居住向新型社区集中、耕地向规模经营集中。二是继续推进落实城乡建设用地增减挂钩政策,形成新增建设用地,优先由被撤并镇用于发展商贸服务业。三是积极部署开展"三优三保"试点。这是一项推进土地整合、提高节约集约利用水平的重大改革,苏州作为全国唯一试点,要用足用活用好这一机遇。尽管这是一个渐进的、长期的过程,但其积极意义是十分明显的,建议市级层面积极部署,鼓励引导乡镇尤其在被撤并镇开展"三优三保"试点,出让所得应明确一定比例用于被撤并镇基础设施和公共服务设施建设,以充分调动县、镇参与这一改革的积极性。

附表1　苏州市5个县城镇并镇情况表　　　　单位:个

县城镇		并入镇数量	并入镇名称
合计		20	—
张家港市	杨舍镇	5	塘市、乘航、泗港、晨阳、东莱
常熟市	虞山镇	5	虞山*、兴隆、莫城、谢桥、大义
太仓市	城厢镇	3	新毛、板桥、南郊
昆山市	玉山镇	4	正仪、陆杨、兵希、城北
吴江区	松陵镇	3	八坼、菀坪、横扇

(注:虞山镇并镇后建制在藕渠,原虞山镇被撤并。)

附表2　苏州市实行"区镇合一"镇并镇情况表　　　　单位:个

区镇合一镇		并入镇数量	并入镇名称
合计		33	—
张家港市	杨舍镇	5	塘市、乘航、泗港、晨阳、东莱
张家港市	金港镇	5	南沙、后塍、德积、中兴、双山
张家港市	锦丰镇	2	三兴、合兴
常熟市	沙家浜镇	1	沙家浜*
太仓市	城厢镇	3	新毛、板桥、南郊
昆山市	玉山镇	4	正仪、陆杨、兵希、城北
昆山市	花桥镇	1	蓬朗

续表

	区镇合一镇	并入镇数量	并入镇名称
太仓市	浏河镇	1	新塘
吴江区	松陵镇	3	八坼、菀坪、横扇
	同里镇	1	屯村
	盛泽镇	2	坛丘、南麻
	黎里镇	4	莘塔、北厍、金家坝、芦墟
吴中区	金庭镇	0	—
	长桥街道	1	越溪

（注：沙家浜镇并镇后建制在唐市，原沙家浜镇被撤并。）

附表3 苏州市"扩权强镇"试点镇并镇情况表　　　　单位：个

级别		试点镇	并入镇数量	并入镇名称
合计			13	—
国家级	昆山市	张浦镇	2	大市、南港
	吴江区	盛泽镇	2	坛丘、南麻
省级	张家港市	凤凰镇	2	港口、凤凰*
	常熟市	梅李镇	2	赵市、珍门
	太仓市	沙溪镇	3	直塘、归庄、岳王
市级	吴中区	木渎镇	1	藏书
	相城区	黄埭镇	1	东桥

（注：凤凰镇并镇后建制在西张，原凤凰镇被撤并。）

（苏州市委党校市情研究中心）

关于继续稳妥推进虎丘地区综合改造的思考与建议

黄 慧

虎丘素有"吴中第一名胜"的美誉。虎丘景区地处城乡接合部,东临平江新城,南至沪宁城铁,西靠金阊新城,北连三角咀生态公园。长期以来,这一地区城市建设相对滞后,功能布局混乱,市政基础设施和公建配套设施明显不足,外来人员集聚,安全隐患较多,整体环境与虎丘形象极不相称。为此,2009年9月,苏州市委、市政府启动了虎丘地区综合改造工程。整个工程北起312国道,南到沪宁铁路,西至苏虞张连接线,东至十字洋河,面积约3.5平方千米,预计总投资175亿元。《虎丘地区综合改造工程实施意见》明确,力争用3到5年的时间,彻底改观城乡接合部的落后面貌,使虎区地区成为苏州的"城市客厅"和吴文化核心区域,成为生态友好、环境优美、低碳绿色、适宜人居和旅游休闲、高端服务集聚的城市现代化综合功能区。截至目前,各类规划已基本稳定,征收任务完成过半,建设项目陆续开建,累计投资额已达87.8亿元。

近两年来,由于区域的复杂性,加之资金紧缩等客观原因,工程整体进展趋缓。经过初步调研,现提出继续稳妥推进的相关建议,供领导参阅。

一、工程整体进展情况

2010年3月,虎丘综改工程整体性立项、融资等前期工作完成,改造工程正式启动。市政府成立了由市长挂帅的领导小组,负责改造工程的领导、协调和督办;成立了由分管副市长任总指挥的建设指挥部,并明确由金阊区区长任办公室主任,分管副区长任常务副主任,具体负责日常工作协调;指挥部下设"九组一办",由市各职能部门分管领导任组长,并从市、区相关部门先后抽调一百余名同志参与各组的具体业务工作。工程共涉及两个运作主体,其中经营性用地由市土地储备中心负责立项及运作(现立项名称为"旧城改建");基础设施建设、虎阜路西延工程、虎丘景区建设工程、山塘保护性修复工程(虎丘段)由新成立的苏州虎丘投资建设开发有限公司(以下简称虎丘公司)作为立项主体。整个工程主要围绕规划、征收、建设等方面展开相关工作。

1. 规划工作

市委、市政府高度重视规划设计工作,明确由市规划局(指挥部规划组)负责,先后组织编制了《苏州市虎丘周边地区综合改造规划》《苏州市虎丘周边地区城市设计》《苏州市虎丘周边地区控制性详细规划》(以下简称"虎丘控规")《苏州市虎丘周边地区规划研究》《山塘历史街区控制性详细规划(虎丘地区段)》《虎丘山风景名胜区总体规划(2010—2030版)》以及《虎丘山风景名胜区控制性详细规划》七大规划,总投入近3000万元。整个规划思路按照保护文化、挖掘历史、提升环境、改善民生的原则,以"绿楔入城、轴带相连、一心多点、多面望山"为规划结构,功能上主要突出文化旅游、婚纱产业、居住功能等三个方面,兼具社区活动、商业、文化等功能,使虎丘地区成为"历史人文首推之地、旅游休闲首访之地、生态宜居首选之地、城市品牌首席之地"。

其中:《苏州市虎丘周边地区综合改造规划》由苏州市规划设计研究院有限责任公司编制,于2010年7月获市政府批准。该规划为工程的总体规划,有效地指导了该地区的城市更新和城市设计以及控制性详细规划的编制。《苏州市虎丘周边地区控制性详细规划》由苏州规划设计研究院股份有限公司编制,于2014年7月获市政府批准(目前正在进行新一轮调整后的报批工作)。该规划确定了该区域未来的用地性质、交通走向等,对今后具体实施改造、开发和建设提供充分的规划依据。《虎丘山风景名胜区控制性详细规划》由苏州园林设计院有限公司编制,2011年10月获省住建厅批准(虎丘山为省级风景名胜区,需单独编制、单独报批)。该规划为虎丘山风景名胜区的保护、利用和周边地区的环境综合整治与建设提供统筹协调依据。《苏州市虎丘地区综合改造核心区域整体设计》专门邀请了中国工程院院士、华南理工大学建筑设计研究院院长何镜堂(上海世博会中国馆设计者)主持设计,主要对虎丘景区南侧重点地段(虎丘综改的核心区域)的城市设计优化、修建性详规及重点地段的建筑方案设计,现已完成。《山塘四期的修复性设计方案》正由东南大学古建所朱光亚教授团队进行编制和修改完善。考虑到虎丘地区的重要性,在上述规划的编制和论证过程中,指挥部不仅邀请了建设部原副部长、两院院士周干峙、同济大学建筑城规学院阮仪三等知名专家、教授参与,还通过报纸、网络等媒体,向公众征求意见,再通过市相关部门的讨论研究,最终确定。

2. 征收工作

虎丘综改征收工作主要涉及虎丘街道辖区内的茶花村、路北村、山塘社区与虎丘社区,共有住宅4955户,非住宅421户,占地面积260.59万平方米,涉征面积144.45万平方米。该区域内既有无地队村民,又有经历过搬迁的城镇居民。由于历史问题、政策因素等原因,无地队居民情况相当复杂,存在"一户多宅"、非农村集体组织成员购地建房、房屋私下交易买卖、同一处宅基地房屋有多份权属证明材料、新农村建设时期建造的房屋无任何产权资料、宅基地批复档案资料丢失等难点问题。

针对上述情况,指挥部充分认识到征收工作的艰巨性,按先易后难原则,将征收工作分为三期逐步推进:一期为虎丘景区以西地块(路北村、山塘社区),于2010年至2012年实施;二期为虎丘景区以东地块(虎丘社区、山塘四期),于2013年至2014年实施;三期为茶花村地块,于2014年先行启动企业的协议搬迁。整个征收工作,采取由姑苏区政府牵头、区相关部门配合、所辖街道和指挥部协同作战、分组包干的模式,先后从区有关部门、指挥部和街道抽调100多人,在"八公开一监督"制度的约束下,采取政策研判、会商会办等方法,逐一破解难题,稳步推进征收。截至目前,工程累计完成住宅签约交房4094户,企业协议搬迁78户,腾地率近70%。现一期、二期已进入扫尾阶段,以分片分组的形式,重点围绕南广场、重要道路、虎丘景区等区域展开攻坚和突破;三期因涉及茶花村区域,以安全整治为现阶段主要工作目标。

3. 建设工作

随着征收工作的步步推进,部分地块征收清零,工程进入拆建并举阶段。指挥部采取由项目公司(苏州虎丘投资建设开发有限公司)委托各项目主管部门代建的模式,如:道路由市住建局、河道由市水利(水务)局、虎丘景区由市园林局分别负责建设。各建设项目由代建部门独立负责实施,指挥部负责统筹协调。项目开展至今,基础设施项目,已完成木头桥浜河道工程、上林路污水管道工程、鸭脚浜河道沟通工程以及虎阜路西延工程西段建设,虎金路、山前河等正在加快施工中。虎丘景区项目,占地面积72.8万平方米,围绕生态培育、景点恢复改造、游览服务设施及景区管理用房建设三个方面新建六大景区16个项目,建成后的景区将扩容4.5倍。目前,一榭园、北门游客中心、孙武祠已竣工开园,花神庙景区部分区域也已完工。定销房项目,考虑到涉征区域村民对虎丘的感情及生活习惯,经市、区两级同意,将原作为金阊新城商品房的四幅地块(A、B、C、D)用于虎丘综改工程定销商品房,总占地面积约46.8万平方米,总建筑面积约96.9万平方米,总建造住宅约8800套。同时,为了缩短在外过渡时间,定销房建设步伐与拆迁征收同步推进,目前定销房A、B地块为现房房源,A地块居民已基本入住,并由虎丘街道成立的苏州金虎物业服务有限公司具体负责物业管理,B地块近期将组织交房,C地块也已开工建设,D地块规划方案正在修改完善中。

此外,工程还涉及两个由国资运营的项目:一是婚纱城项目由苏州虎丘婚纱投资有限公司负责实施。公司自有注册资本金为3亿元(苏州城投公司和姑苏区名城保护集团各持有50%的股份)。该项目规划总用地面积约12万平方米,总建筑面积约30万平方米。项目于2012年6月25日展开试桩工程,2013年12月底ABC区主体封顶。目前主体工程建设已基本完成,正加快项目验收收尾以及招商运营,力争10月份试运营。二是虎丘老街项目,由苏州虎丘投资建设开发有限公司全资子公司——苏州虎投资产开发有限公司负责实施。该项目处于虎丘风景区、金鸡墩、婚纱风俗景区三大旅游景点的中间位置。项目总用地面积为81174平方米,总投资约14亿元。目前土地拍卖、地块考古、地址勘查已完成,规划方案已完成报批,环评、能评审核通过。

二、当前亟待解决的瓶颈问题

2014年下半年,考虑到地方债务平台的风险控制,加之项目自身进入还款期,市政府对工程整体计划进行调整,主要内容是取消天赐广场的征收,调整原规划中虎丘南广场(包括广场、绿地、景观水系以及周边道路),放缓茶花村征收步伐,减少工程总投资。通过研究论证,我们认为调整后的思路对工程整体规划定位、征收扫尾、基础设施改善等各方面产生了一定影响,主要涉及以下几方面。

1. 实际操作思路与原有规划定位不尽匹配。根据市委、市政府的部署,规划部门对原批准的控规方案中部分道路、河道的线位进行优化调整,新的控规方案正在报批阶段。但是在实际操作中,工程推进思路并未完全按照规划方案整体推进:一是正山门区域,因为天赐广场不征收,原有南广场改造方案的绿地、景观水系等无法实现;二是茶花村区域,由于暂不征收,使原规划内的道路、河道线位调整,幼儿园、社区服务中心(工商所、工疗站)等公建配套设施北移,绿化、水系、公交枢纽、商业地块等无法实现。这些变化将最终可能导致原本"彻底改变城乡接合部的落后面貌,使虎丘地区成为吴文化的核心区域和苏州的'城市客厅'"的目标无法实现,何院士的"由南至北整合虎丘湿地公园、虎丘景区、虎丘南广场;由东至西联结山塘河、虎丘、金鸡墩,形成'虎丘十字'结构"设计理念也将无法得到有效诠释,山塘河两岸沿线同步开发的理念以及沿河景观风貌将受到极大影响。

2. 茶花村改造、新婚纱城建设等难以到位。虎丘综改工程的主要任务是加大对道路等基础设施的改造,并重点对茶花村区域现有产业布局进行提档升级,将老婚纱市场整体搬迁至新婚纱城。按照原定工序安排,先建设虎阜路西段等周边道路—疏散老市场客流—实现景区北进北出—封闭景区南入口—启动南广场建设,以此实现茶花村区域平稳征收、新婚纱城开业兴市。目前由于茶花村区域暂不实施征收,导致上述工序无法推进,特别是对新婚纱城的开业运营产生极大冲击,根据统计显示,新婚纱城近70%的意向签约率中老市场商户占比75%;完成正式签约的173户中老市场商户占比68%。受到老市场不搬迁传言影响,已有61户老市场商户解约。若不实施征收,由于老市场店面得房率高且装修投入高,商户将不愿进驻新婚纱城,可能出现"开业即变空城"的现象,投入成本无法按预期收益回笼。即使勉强开业,但新、老婚纱市场在相距仅600米的区域内长期共存,必将产生恶性竞争,不利于新婚纱城的健康运营、提档升级。

3. 安全隐患未能有效根除。实施虎丘综改工程的初衷,除了全面提升虎丘地区形象外,很重要的是加强虎丘地区基础设施建设、完善公建配套设施、有效改善人居环境、确保地区安全稳定。茶花村是区域内人居环境最差、安全隐患最高、矛盾纠纷最重的区域,2014年市政府将茶花村安全隐患整治行动列入挂牌督办项目。根据初步检查显示,已检查的612家企业中有271家存在"三合一"现象(生产、销售、居住均在一起,前店后坊式经营),624户居民户中有173家群租、381家存在"三合一"现象,存在极大的安全隐患。若茶花村不实施征收,老市场的存在将继续造成大量外来人员的集聚,"三合一"现象屡禁不止,加之原有的街巷肌理,导致无法通过改造来缓解基础设施缺失的问题,因此也无法根除安全隐患问题,火灾等事故随时可能发生。

4. 项目平衡的资金来源单一。根据2010年规划方案(工程3.5平方千米范围的地块全部实施征收)测算,总成本为234.85亿元,总收入为194.35亿元,资金缺口为40.5亿元。而根据2015年市政府最新调整思路(天赐广场、茶花村不征收)测算,总成本为174.65亿元,总收入为155.86亿元,资金缺口为18.79亿元。调整后依然存在巨大缺口的主要原因是:一方面,仅依靠地块拍卖取得的短期利益不仅无法实现平衡,未来还可能出现招商运营困难、产业布局混乱、规划用地性质反复调整等问题;另一方面,对于地块出让与产业引导、文化产品等相结合的长远谋划尚未专题展开,例如虎丘和山塘两大特色旅游产品,地块间如何有机联系、线路上如何合理过渡等问题尚未专题研究,这对目前的地块价值以及工程长远利益都是不利的。

三、相关建议

虎丘是苏州最具象征意义的风景名胜区,拥有2500多年的悠久历史,该地区既是连接新城与古城的核心地带,也是文化历史最为厚重、展示苏州形象的重要窗口之一。为此,虎丘综改工程具有中心城市有机更新和传承历史文脉的双重意义。工程自实施以来,无论是工程规划论证,还是征收补偿政策,均秉承公开、透明的原则,在群众的心中形成了正面形象,在同类工程中营造了良好氛围。若茶花村不实施征收,操作思路和公示的规划方案不一

致,不仅可能影响到政府的公信力,也将直接影响到百姓生活、产业发展、城市形象等各个方面。现就工程下一步思路建议如下:

1. 尊重规划,细致排定后续工作计划。虎丘综改工程规划工作历经6年,从整体布局规划到专项规划设计,已经过数轮专家论证和完善,现有规划方案不仅保护了虎丘文化,传承了虎丘历史,也优化了产业布局,改善了民生环境。为此,建议按照现有规划方案,尽快梳理全部工作任务,明确工作主体,建立工作班子,逐项逐年排定工作计划,以利于工程有序推进。

2. 加大力度,全力推进重点项目建设。在确定工程计划的前提下,建议先行展开重点项目建设,如:虎阜路、虎丘路、虎金路等主次干道以及虎丘景区重要节点项目,彻底解决现有道路拥堵、雨水倒灌等民生问题。同时,高度重视新婚纱城的项目验收和招商运营,逐步启动茶花村老婚纱市场征收搬迁,以此助推新婚纱城的运营。

3. 创新思路,专题研究项目平衡方案。按照现有测算方案,参考现阶段土地拍卖行情,虎丘综改工程仅靠地块出让来平衡工程支出是远远不够的。为此,需要从工程可持续发展角度考虑,开拓思路,探索项目平衡新方案。一是可将地块出让与产业引导相结合,针对该区域的规划方案,寻求合适产业入驻,以保证地块的长期价值;二是可将地块出让与文化产品相结合,结合吴文化和虎丘历史,打造标志虎丘的文化产品。通过产业引导和产品塑造,将税收收入、项目运营收益、文化产品影响力等方面均纳入工程平衡方案,切实将经济效益、社会效益、文化效益有机结合。

4. 科学谋划,尽快确定茶花村征收方案。作为虎丘综改工程的核心区域,茶花村的征收对该区域整体面貌的改善起着至关重要的作用。考虑到茶花村区域情况复杂、矛盾突出的特点,建议以新婚纱城试运营为契机,以外围建设封路为配套,以安全隐患整治为抓手,以集体经济发展为保障,尽快确定茶花村征收方案。一是尽快研究茶花村安置补偿政策,在维持面上平衡的前提下,授权指挥部审定和出台安置补偿政策,市、区相关部门配合,同步启动征收决定的办理工作。二是重点探索茶花村集体经济发展路径,在茶花村征收与新婚纱城资源配置协调方面予以创新,以此撬动房东经济较强的茶花村征收。三是科学排定茶花村征收节点,以"先企业、后居民"为原则,先行启动村集体企业(昌华集团)及有意愿搬迁居民的协议征收工作,再配合新婚纱城招商运营时间节点、虎丘景区南入口封闭施工计划等配套措施,适时启动茶花村居民征收工作,通过时间来化解和减缓矛盾爆发,控制燃点,完成征收。

(作者系"苏州市年轻干部经济素养提升培训班"学员、原姑苏区虎丘街道党工委书记、现姑苏区经科局局长)

完善苏州市社会价格监督服务网络建设对策

市价格监督服务网络调研组

随着深化改革和依法治国的全面深入推进,我国经济、政治、社会建设进入了"新常态"。新常态呼唤新动作,新常态需要真作为。作为规范市场价格秩序的有效手段,进一步加强和完善苏州市社会价格监督服务网络建设(以下简称"网络"),是推动苏州"迈上新台阶"的必然之举。

一、现状:苏州市社会价格监督网络运转有序、成效显著

"网络"是苏州市价格系统依托社会力量、创新价格监管模式、推进监管服务社会化的重要载体,2009年被苏州市政府列为政府实事工程,并于同年3月正式启动。自"网络"建设工作开展以来,各地价格部门主动作为,大胆探索,勇于实践,积极赋予"网络"具体的价格监督服务职能,拓展监督服务领域,充分发挥价格监督员作用,在开展价格宣传、调解价格纠纷、维护消费者合法价格权益、提供价格咨询服务、协助做好市场价格监管等方面发挥了积极作用,取得了显著成效。

1. 构建了横向到边、纵向到底的体系层级

截至2015年1月,苏州全市已建成乡镇(街道)价格监督服务站122个、社区(村)价格监督服务点1067个、商场企业价格监督服务台742个,聘请价格监督员2231名,基本形成了站、点、台、员"四位一体""横向到边、纵向到底"全覆盖的价格监督服务体系。

苏州市社会价格监督服务网络建设统计一览表

价格服务网络体系	四市					市区						总计
	张家港市	常熟市	太仓市	昆山市	小计	吴江区	吴中区	相城区	姑苏区	高新区	园区	小计	
站	9	15	9	24	57	8	14	11	18	10	4	65	122
站长	9	15	9	23	56	8	14	11	17	10	4	64	120

续表

价格服务网络体系	四市					市区							总计
	张家港市	常熟市	太仓市	昆山市	小计	吴江区	吴中区	相城区	姑苏区	高新区	园区	小计	
点	243	27	147	15	432	64	173	144	174	76	4	535	1067
台	67	67	22	10	166	97	36	24	372	10	37	576	742
员	364	118	177	83	742	196	249	155	740	96	53	1489	2231

2. 建立了灵活多样、富有成效的运行机制

针对"网络"组织结构分散、工作联系相对较弱的特点，各地结合所在区域实际，大胆创新尝试，针对性地开展网络工作，形成了灵活多样的运行机制。

例会式的工作机制。工作例会是各地"网络"开展工作的重要抓手。如姑苏区坚持召开站长例会，2014年全年召开了五次站长例会，及时部署工作、沟通情况、交流经验，推动各站、点、台的工作顺利进行。常熟市价格监督服务站每季度至少召开一次工作例会，及时总结交流工作；结合半年和年度工作总结，每年召开两次网络成员会议，认真开展培训、总结工作、表彰先进。

平台式的工作机制。各社区监督点依托苏州市物价局的社会价格监督服务网络平台开展价格工作。一是将每天价格巡查情况反馈到网络平台，生成电子工作日志和台账。二是通过平台上报工作信息，进行实时工作交流，分享工作经验。如2014年姑苏区石路街道利用网络平台上报工作计划、总结达80篇，上报工作信息50余篇。

台账式的监督机制。监督员日常价格检查监督由粗放式转变为台账式。如吴中区为价格监督员统一印发工作台账本用以记录工作内容、价格监督情况。石路街道自行设计了《价格监督日常巡查记录表》，要求各价格监督员选定各自辖区内5家左右的商家，进行长期跟踪巡查，落实日常工作内容，直观反映市场价格规范情况。

3. 丰富了价格服务、价格便民的工作内容

各地围绕"网络"工作主题，开展了富有特色的丰富多彩的价格服务工作实践。

宣传咨询服务。各价格监督服务站通过组织丰富多彩的价格主题活动，进行多种形式价格宣传，充分发挥价格政策宣传的喉舌作用。义务向市民群众发放价格法规常识和重要商品价格信息等宣传资料，帮助群众放心消费，明白消费。

如沧浪街道价格监督服务站在西大街颐家乐园举办的"晒苏州景点门票、看苏州民生福祉"物价特色活动，让更多的市民知晓物价工作，参与价格

监督。太仓借电影进村放映的机会,宣传价格法规常识。昆山虹桥社区文艺宣传队(由义务价格监督员组成)打破传统模式,以构建和谐价格环境、建设文明社区为主旋律,编排专门的价格宣传节目,在大型商场、社区广场开展巡回演出。吴中区对木渎镇部分企业,进行规范价格行为法律法规培训。姑苏区开设微信公众"掌上石路专区"开展价格知识竞赛活动。

调解处理服务。姑苏区开创价格争议调解服务"简易程序模式"。"简易模式"使价格争议调解工作从狭义的"出具公平公正的价格认定结论"扩充到"只要涉及财产的纠纷都可以通过价格争议调解处理",使价格争议调解处理真正成了化解社会矛盾的"灭火器"和"稳压器",充分发挥了"老娘舅"的作用。

4. 创新了各行各业、各具特色的监管手段

在新的形势下,各地强化事前指导、事中监管、事后查处的监管思路,紧贴价格工作重点和难点,形成了富有特色的监管手段,以实现统一开放、竞争有序的市场秩序。

行业自律监管。始终将价格诚信建设作为社会信用体系建设的重要组成部分,通过"网络"整顿市场价格秩序,规范经营者价格行为,指导帮助企业做好明码标价工作,做到诚实标价、诚信经营,加强内部价格管理,推进企业价格管理水平的提高,增强经营者价格自律意识,积极创建价格诚信单位。如常熟市建立了市价格协会监督服务站,通过发挥价格协会的专业能力和公信力,分别组建了医药卫生、金银珠宝、驾驶员培训、农产品平价行会价格监督服务点,实行了行业价格自律监督管理,从源头解决了价格监管问题,从而维护了市场价格秩序的稳定。

旅游赔付垫付监管。我市是国家文化旅游名城,为维护良好的旅游环境,各地物价局根据当地情况,加强旅游价格监管,实施了旅游投诉先行赔付制度。如吴江同里实行旅游价格投诉受理承诺制和价格赔付先行垫付制,只要游客诉求合理,事实清楚,所受损失都从先行赔付基金里先行垫付,随后再向责任单位和责任人追偿。同样昆山也实施了旅游投诉先行赔付制度,促进了我市旅游业的快速发展。

明码标价量化监管。餐饮行业与百姓密切相关,也是百姓反映问题较多的行业,为加快餐饮行业的发展,张家港塘桥镇创建餐饮行业明码标价一条街活动,创新实行了菜单量化,食材、佐料明细化,服务规范化的"三化"监管特色,使顾客明明白白消费,商家扎扎实实经营,实现双赢,促进行业有序发展。

平价商店综合监管。严格按照《江苏省平价商店考核计分表》和《苏州市农产品平价商店日常运行管理考核表》,对平价商店总体运行情况进行综合评分,如吴门街道价格监督员积极发动居民参与对平价商店的监督,广泛听

取周围居民的意见和建议,扎实做好平价商店月度、季度、半年度、年度考核,切实发挥平价商店稳定"菜篮子"价格水平的作用。

5. 发挥了前伸触角、群策群力的重要效用

价格监督员监管点多、线长、面广,能有效发挥价格监管的辅助作用。吴江市同里镇价格服务站针对景区工作特点,组织了专门的"价格巡查队"开展日常价格检查,规范景区价格秩序,营造良好的旅游环境,受到游客的普遍赞扬和欢迎。

2011年3月17日,昆山柏庐街道的价格监督员在巡查市场时发现食盐价格猛涨和群众抢购,经了解是因日本核辐射事件而产生"碘盐可防核辐射""中国食盐将遭受核辐射污染"的谣言,通过手机和网络散播引发的一场全国性的碘盐"抢购风波"。因此一线的价格监督员立即将信息向上级汇报,从而使当地政府立即快速启动市场预案,平抑了市场,稳定了人心。

二、问题:网络建设的不足和困难不容忽视

尽管"网络"工作在我市开局不错,起步良好,在江苏乃至全国有一定的示范效应。但是,"网络"工作中仍然存在这样或那样的问题,尤其是相关物质激励取消后,价格监督员的积极性受挫问题较为严重;而且各县市区发展也很不平衡,基本上领导重视和有经费保障的县市区,网络建设工作就做得好,反之则一般。

通过调研分析,"网络"建设存在的共性问题集中,突出表现为以下三个方面。

1. 少数县市区和基层领导思想认识问题

一些地方对建立"网络"的重要性、必要性缺乏足够的认识。有的认为在市场经济条件下,建立"网络"既没有必要,作用也不大,甚至错误地认为是劳民伤财、自找麻烦,所以态度不积极、工作不主动。由于各县市区分管领导对物价工作尤其是"网络"工作的重视程度不一,加之各乡镇(街道)、社区(村)对价格监督服务工作缺乏主动性,导致各地"网络"建设发展不平衡,工作成效参差不齐。

2. 价格监督员队伍建设方面的问题

这个问题在"四市六区"尽管说法不一,却是反映最为集中、最为强烈的共性问题。如:常熟市物价局负责人在座谈中提出,价格监督员身份、地位的合法性在工作中经常受到质疑。张家港市物价局沈斌局长也提到:价格监督员工作的合法性问题和职能定位问题一天不解决,工作成效就要相应地打折扣。"四市六区"及各乡镇(街道)的同志都无一例外地提到"网络"的机构实行"兼职不增编"的原则,乡镇(街道)兼管领导又常因工作需要变动大、难固

定,工作难度和实际困难都比较突出。另外,价格监督员因为兼职的关系,均不是科班出身,没有经过系统的专业学习和培训,因而对物价方面的专业知识不够了解甚至完全不懂,也造成了工作中的被动。同时,随着市场的进一步放开,尤其是面对广大的农村价格市场,价格监督队伍力量不足问题更为突出。由于以上种种限制,导致"网络"工作手段单一、方式落后、创新和创造性不足。

3. 工作经费来源、数量以及发放问题

2009 年各县市区的"网络"建设工作启动之时,均设有专项启动经费,这较好地解决了组织机构的设置及相关方面的问题。但在随后"网络"的发展和完善上,因为种种原因"网络"工作经费在来源、数量、发放上存在这样或那样的问题,具体可分为三种情况:一是无编无钱。既无专职机构,又没有政财专项工作经费保障。例如,工业园区"网络"建设工作启动时没有设置价格监督检查机构(执法大队刚建立),各乡镇(街道)也没有相应的职能,价格检查机构、人员编制、经费来源均是空白。二是经费短缺。工作经费虽有财政预算,但数额太少,无法有效支撑"网络"工作持续展开,有的乡镇(街道)、社区(村)在工作的软、硬件设施方面有很大欠缺,缺少开展价格宣传、价格检查、价格处理的相应装备。三是有钱难发。工作经费虽有财政保障但无法落实发放到位。这主要是因为"网络"机构人员均是兼职且均为财政供养人员,按照有关规定,凡是财政供养人员一律不得以奖金、津贴等形式发放工资以外的补贴。

三、对策:突破价格监督服务网络体制机制障碍

市场经济的高效运行,不仅需要健全的市场机制,同时还依赖于健康有序的市场秩序环境,为此,十八届三中全会提出要建立开放统一、竞争有序的市场体系。随着以消费者为中心的消费者主权经济时代的到来,加强对消费者利益的保护纳入了竞争监管制度范围。市场竞争监管是市场监管的最重要部分,市场竞争形式有价格、产品、技术、质量、人才、服务竞争,价格是市场竞争的最有效手段和着力点,因此,价格监管是市场竞争中最有效的切入点,牵住了价格这一"牛鼻子",也就牵住了市场这头"牛"。加强市场监管,发挥市场机制作用,改革和创新市场监管方式无疑是一种必然选择。

我市社会价格监督服务工作取得了卓越成效,但也存在着一些不能回避的问题,影响着市场监管、市场秩序维护职能的发挥,为此提出以下建议。

1. 制定政策明确定位,工作于法有据

十八届三中全会的全面深化改革、四中全会的全面推进依法治国,使政府简政放权的强度、依法行政的力度加大,政府物价工作必须由事前管理转

向事前指导、事中监管、事后处理,以维护市场秩序,保障市场主体合法权益,依法查处各类违法价格行为,特别是防止企业在某些情况下结成价格联盟,切实保护消费者合法权益。为此,完善我市"网络"建设十分必要,既是政府部门工作方式转型需要,又是政府依法行政的需要。

由于"网络"存在体制、机制、经费、人员等方面的问题,特别是价格监督员工作合法性和职能定位的原则性问题,为保证"网络"工作的依法行政,应当由市政府制定政策法规,适当充实和健全基层价格管理机构,明确"网络"的组织设置和职责作用,确立价格监督员地位和身份,建立工作保障经费,唯有此才能有利于"网络"工作的开展和"网络"作用的发挥。

2. 建设多元化队伍,完善网络组织

现有"网络"组织终端仅到社区(村),社会影响力以及"网络"作用力仍有限,为零距离接近市场、接触老百姓,必须完善"网络"建设,可以延伸"网络"终端到居民小组,使"网络"辐射范围更大,作用和影响更强。

农村井喷式市场的发展,仅依托"网络"现有价格监督员远远不能实现全覆盖监管,必须建设多层次、多元化的价格监督人员体系,充分动员或调动社会力量,构建一支相对稳定、自由灵活的价格监督员队伍,因此,可以以政府购买服务的形式,向全社会招募志愿者加入,充实价格监督队伍,从而解决人员不足问题,真正形成政府指导、社会监管、全民监督的群众价格监督网络体系。

3. 建立互联网平台,完善工作机制

由于"网络"工作队伍人员分散,工作地点、时间不统一,工作交流、信息反馈也较松散、滞后。充分利用"互联网+"战略创新价格监管工作机制,依托苏州市社会价格监督服务网络平台开发 APP,从而实现价格监督员通过 APP 开展价格监督检查工作,既能实时采集发布我市各市场的商品价格,特别是百姓关注的主要民生价格,又能通过平台上报价格监督中发现的各种违法行为,以及实现价格监督员的无障碍沟通。

同时开展以绩效评估导向的激励机制,按季考核各层级的价格监督员,实现物质与精神相结合的正向和负向激励,营造"网络"积极向上、团结奋进的工作氛围,进一步激发价格监督员的工作热情和创新动力,使"网络"工作更具生机活力。

4. 加大硬性投入,改善工作条件

目前价格监管缺少相应装备和条件,仅靠价格监督员的"头脑记、嘴巴说"已不能适应快速发展的市场经济的要求和依法执政的要求与规范,因此必须要大力改善市场监管装备,配置执法车辆和先进执法装备,实现保留违法证据、记录监督过程,为后续处理提供直接证据材料。

各级财政根据价格监管职能,统一编制价格监督服务网络经费,切实保障市场监管装备和"网络"建设尤其是价格监督员补贴等各项支出,制定经费管理制度,严格经费开支管理,保证专项经费专款专用,特别是确保价格监督员补贴及时足额发放到位。

5. 加强业务培训,提升工作能力

价格监督是专业性很强的工作,因此对价格监督员的业务能力要求很高,为了提升价格监督工作能力,必须加强业务知识和专业技能的培训,特别是对价格行为的识别、判断,以及价格纠纷处理技能等。市物价局将坚持每年组织一次"网络"工作分管领导、负责人及站长培训;指导督促各地价格部门根据"网络"工作要求,结合当地实际,有计划、有步骤、有针对性地组织培训,全面提升价格监督员业务水平和工作能力,进一步推动"网络"工作迈上新台阶。

(调研组成员:市物价局张祥生、于绍明、张青;苏州市委党校李杰、周国平、傅伟明、刘晓红、何亚娟)

苏州农村人口社会化养老现状及推进建议

卜泳生

苏州人口老龄化形势日益严峻,早在1982年就比全国提前18年进入了老龄化社会。截至2014年年底,60岁以上的户籍老年人口已逾159万,占到户籍总人口的24%,老龄化程度位列江苏省第二,每年老龄人口还以5到7万的数量增长,预计2015年底将突破165万。苏州市2013年城镇人口为773.83万人,乡村人口约为284.04万人,城镇化水平已达73.15%。越来越多的符合条件的农村青壮年人口落户城镇,年老体衰的老年人则依然滞留在农村,导致农村老龄化程度高于城市3—6个百分点,这种社会现状凸显了农村养老问题的严重性。且农村老年人居住方式呈现独居化、空巢化和隔代化的显著趋势。未来一段时期,农村老年人口的比例和人口老龄化程度会相应提高,增强了农村地区老年人口的养老需求。在此背景下,苏州在"十三五"期间统筹解决好农村人口老龄化所产生的一系列问题,是高起点推进城乡一体化健康稳定发展的重要前提。

一、农村人口社会化养老存在的问题

苏州对农村人口养老问题的关注,源于当地经济社会的快速发展,农村老龄化严重、农村家庭规模变小、土地保障功能弱化等因素。苏州创新城乡一体社保制度,成为全国首个"统筹城乡社会保障典型示范区"。在农村基本养老保险、基本医疗保险和最低生活保障实现应保尽保的基础上,2012年实现了全面并轨,即"三大并轨"。所有行政村建有设施完善、功能齐备的社区服务中心,为居民提供医疗、预防、康复、计生等多方面服务,推动了镇村卫生机构一体化发展。逐步建立了"居家养老为基础、社区照料为依托、机构养老为支撑、信息化养老为手段"的"四位一体"养老服务格局。但就目前发展程度来讲,离医养结合、更高水平的一体化养老还有很大差距。

一是受到养老管理体制机制的束缚。养老院是在农村"五保户"的基础上发展起来的。也就是说,农村公办养老院最基本的职能是社会供养。它们向社会开放,扩大收住社会老人,就需要增加相应的工作人员和护理人员,但机构用人需经街道政府批准；院长、员工的报酬由政府统一核定，与增收社会老人多少不挂钩，与服务项目和质量不挂钩，干多干少一个样；实行收支两条线的财政结算体制，经费按年初预算按月下拨，收住社会老人费用全额上缴。社会老人收费价格未能与服务项目和服务成本挂钩，致使养老机构收支难以平衡，多数依赖政府补贴维系。

二是受到养老设施、人员的限制，无法提供老人最需要的服务。众所周知，目前老人亟须的是带有护理功能的养老机构。而一些农村的养老机构基础设施缺乏必需的配套设施设备，大部分养老院甚至没有医务室，更没法刷医保卡。除此之外，目前农村养老院护理人员主要聘用当地农民，收入低、年龄大、专业水平差，处于"招不进、留不住"的困境，这限制了养老院提供医疗护理服务的可能。养老服务队伍非常薄弱，重视养老服务的社会氛围尚未形成。

三是受到思想观念放不开的认识束缚。客观来看，现在确实还有一部分老人和子女觉得住进养老院没有脸面，不方便，从心里反对和抵制。这对于养老机构的发展和健全形成障碍。同时，部分街道主管部门认识上故步自封，缺乏应变的动力。养老行业属于风险行业，老人突发的摔、跌、伤、亡等现象常引发尖锐矛盾。而农村敬老院的传统职责仅需供养五保对象。因此，部分街道领导观念滞后，畏难怕事，不主张甚至不允许敬老院收住失能、半失能老人。

二、推进农村人口社会化养老的对策建议

如何实现社会养老"均等化"？这就要求我们要切实避免城镇居民的相对优越感以及农村人口的受歧视感。不能让农村人口既"输在起点"（上学），又"输在终点"（养老）。农村人口除面临医疗风险、农业风险外，还面临更加严重的老龄风险。要以"作天下人子女、为天下人尽孝"的养老服务价值观，在养老模式和保障的价值层面、统筹层面、操作层面、制度文化建设等方面进一步细化。不断加大政策创新力度，科学规划养老服务设施，多轮驱动发展养老服务业，积极谋划"十三五"养老服务体系，即建立并完善以居家为基础、社区为依托、机构为支撑、信息为辅助、医养融合、功能完善、城乡协调的养老服务体系，为"城乡一体化"背景下农村人口社会化养老探索新路。当务之急，应立足地方养老特色与发展阶段需求，直面矛盾与约束，对农村人口养老开展针对性的制度设计。

一是发挥立法职能，规范建立农村人口养老公平制度体系。目前养老的制度层面还有很多不健全的地方，有关农村养老的问题散见于《婚姻法》《老年人权益保护法》《继承法》《保险法》《关于加快农村社会保障体系建设的意见》《农村五保供养工作条例》等之中,现有的相关政策和规范大多还停留在指导层面,没有纳入政府目标责任和工作考核目标,法律效力、约束力不足,可实施性、可操作性不强。同时,家庭、社区和政府这三者在农村老年人养老保障中的作用,缺乏调剂和综合配套功能。当下,江苏省和苏州市人大常委会正在主导地方性养老立法。建立一个好的养老制度,对于解决农村人口养老难题是事半功倍的。要通过立法创新养老制度,建立居家养老支持制度,建立长期护理保障制度,建立市场化资源配置制度,要在政府"保基本、兜底线"的基础上,推动社会力量成为发展养老服务业的"主角";支持社会力量举办专业化养老机构,鼓励境外资本投资养老服务业,走出一条"城乡一体化"的养老社会化之路。

二是强化顶层设计,制定地方特色的农村人口养老发展战略。"医养结合"的护理院养老和"虚拟养老院"模式是苏州在全国叫得响的两大社会化养老品牌。其中,医养结合是该模式的核心,应是今后社会化养老的战略模式选择。从完善制度保障体系、健全服务内容体系、发展服务供应体系、培育人才队伍体系等方面提出具体办法要求,推动政府将普惠95%以上老年人的居家养老服务工作作为重点,推广虚拟养老院,探索居家养老服务中心和社区卫生服务中心合二为一的"养护一体、医养结合"的自助与互助养老新体制,实现养老服务从"补缺型"向"适度普惠型"的转变。彰显"苏式"养老特色,整合养老服务资源,加大对养老产业的政策扶持,形成社会效益、经济效益相结合,产业经济与公益服务相结合,企业形态与社会组织相结合的运作机制,构建生活服务、商务服务、健康服务等全方位、多层次的农村人口居家养老服务模式。构建适度普惠、城乡一体、公平公正的社会养老救助体系,保持救助标准全国领先。

三是建立层级养老格局,不断改善居家养老服务的基础环境。到目前,苏州基本形成"9064"养老服务格局,实践这三种模式,很可能是每个老人在不同的时间节点上选择的养老方式。以往的养老机构都比较独立,不与社区发生任何关系。今后,机构须走出去,养老院要社区化,向社区、居家老人辐射服务,让更多老人能够实现就近养老,这应该是对目前"9064"养老格局的一种深化和探索。现在,投资力度流向过于集中在"4"(机构养老),应加大"90"(居家养老)和"6"(社区养老)的投入力度。在呼吁养老社会化的同时,要重视市场和家庭的角色,并做很好的定位研究。居家养老服务要尊重老年人选择意愿,确保老年人生活质量以及家庭、社会与政府共同担责;坚持自力为主、居家与社区为辅,居家为主、社区与机构为辅,家庭为主、政府与社会支持为辅等原则。要合理界定居家养老服务的基本关系,理性选择居家养老服务方式,逐步建立居家养老服务的制度支持体系,并不断改善居家养老服的基础环境。

四是提升保障水平,助力农村弱势群体社会化养老。农村弱势养老群体的特点是文化水平相对较低,对土地、农耕生活和乡土传统充满眷恋。因此除建立健全现有保障体系外,要重点关注就业困难的老年动迁农民、弱势群体的养老以及医疗保障水平的提升。一要大幅度提高老年动迁农民的养老标准。通过财政、集体经济组织和农民本人合理分担保养金补缴额度等方式降低农民负担,探索通过适度增加缴费年限等方式不断提高养老保障水平。二要提高救助保障。针对农村居民中的住房困难家庭、低保户、低保边缘以及不符合低保、低保边缘的"第三类人",进一步完善住房保障、医疗救助、生活救济等保障措施。三要多渠道提升老年农民医疗保障水平,有效减少因病致贫、因病返贫现象。另外,还要建立起养老保障标准与消费水平、物价指数、经济发展、财政状况相衔接的自然增长机制。

五是促进资源整合,建立完善的养老服务"医养结合"体系。优化城乡医疗卫生资源配置,加快形成城乡"15分钟健康服务圈",每个行政村或5000人左右的区域建设1所社区卫生服务站。以不断满足多元化农村人口养老服务需求、提升老年人生活质量和幸福指数为目标,大力加强养老机构医疗服务能力建设,大力拓展养老服务功能,大力提升社会养老服务保障水平,逐步建立依托社区卫生服务体系、具有苏州特色的医养结合养老服务体系。完善居家、机构养老的多种途径,分层实施,发挥社区卫生服务机构的专业优势,将医疗康复服务作为居家养老服务的重要内容,加强养老机构与社区及区域内其他医疗机构间配合,建立合理的双向转诊制度,真正推进"医养结合"养老服务体系建设。财政、卫生、民政、人社等部门要加强沟通和协调,加大对医养结合服务模式的资金投入与扶持。对于符合各类条件的养老机构和养老机构内设的医疗机构,应尽快列入医保定点机构,实行医保结算,为老年人在养老机构更好地享受医疗卫生服务提供一定的经济支持。加大基层医疗卫生服务投入,可探索将全科医生签约服务项目列入基本公共卫生服务购买内容。推进建立基层首诊、分级医疗、上下联动、双向转诊的诊疗模式,为老年人提供上门和家庭病床式服务,推行家庭责任医师制度。

(苏州市委党校)

苏州中心城区农贸市场标准化建设的实践与思考

赵晓东

我市自2013年下半年起实施的第三轮农贸市场改造，中心城区以核定面积分五档给予市场"以奖代补"，扶持标准的提高使推进改造更为顺利。截至2015年年底，共完成新建、改造31家农贸市场，新增营业面积2.5万平方米、摊（店）位129个，摊（店）位平均出租率由改造前的85%提高到90%以上。三年市级财政安排预算资金6000万元、区级财政配套资金1800万元，用于扶持34家农贸市场标准化建设，同新建一类市场单体投资近7000万元的建设成本相比，无疑是相当经济的。本文主要对标准化建设中暴露的问题进行分析，从中寻找更好的解决途径。

一、存在的不足

中心城区农贸市场历经三次改造，虽然内部的硬件设施得到了一定改善，但是由于主办方没变，经营户没变，市场内部管理没有跟进，加之受外围停车设施等条件限制，"场内经营落后，外部管理混乱"现象尚未根本扭转。

1. 改造触动大量历史遗留问题。如：胥江市场等利用原厂房、大棚建成，原有建筑图纸遗失，无法申办建筑施工许可证导致验收困难。香花桥、里河等农贸市场位于居民楼底层，无法通过现行消防验收标准。黄鹂坊等农贸市场不仅改造前存在违法建筑，并借改造名义新搭部分违法设施。

2. 单位面积建设成本偏高。比照目前工装的市场行情，标准化建设还需分摊拆除老旧设施、借用临时用地、搭建过渡大棚等费用。已完成工程结算的16个项目，综合改造成本每平方米1200元以下的2家，每平方米1200—1400元之间的5家，每平方米1400元以上的9家，主办方仍至少需承担30%改造投入及超标费用，一定程度上加重了经营负担。

3. "路边摊人气超过正规市场"现象。部分已改造农贸市场经营管理缺乏专业性，场内经营惨淡，场外无照流动摊点失管，既影响市场公平经营，又破坏周边整体环境，如：彩香二村，虽建有标准化农贸市场，部分经营户仍露天外摆。在金塘农贸市场周边，占道经营、乱停乱放、私搭滥挂等问题屡禁不止，巩固改造成果面临很大压力。

二、主要原因分析

如果能找到解决这些矛盾的方法，就能避免每8年实施农贸市场改造的轮回，节约财政资金。在实践中我们归纳了造成上述问题的一些主要原因。

1. 生鲜供应网点规划相对过密。中心城区原有43家农贸市场，其中有12家经营状况不佳计划关闭、移建，占总数的28%。而按照《苏州市核心城区农贸市场布局规划与实施导则调整》，农贸市场远期规划将达到70家。此外，区内还存在90余家连锁型超市、24家大型商场或超市、52家平价直销配送店，生鲜产品供应完全能够满足居民日常需要。但是现有农贸市场分布不尽合理，市场消费很不平衡。

2. 市场管理职能交叉重叠。2006—2008年市区农贸市场升级改造依据《苏州市集贸市场管理规定》，工商部门牵头组织，更贴近驻场管理的需要。本轮标准化建设则依据《标准化菜市场设置与管理规范》（商商贸发［2009］290号），建设、管理标准不够统一，部分市场反应验收要求给日后的经营带来诸多不便。利益驱动管理明显，物价、市容市政、农委、商务、工商、质监、食药监等行政部门和属地街道各顾一头，市场及周边普遍存在占用公共场地搭建简易结构现象，甚至出现农副产品批发市场低价倾销干扰农贸市场零售经营，在标准化改造中取缔难度大。

3. 主办方成本制约管理。农贸市场效益回报周期较长，导致主办方投资改造农贸市场积极性本就不高。已改造31家市场中民办占11家，由于水电、保洁、财务等经营成本居高不下，重效益、轻管理现象普遍，如：原苏州蔬菜集团转制后的农贸市场也多以出租摊（店）位为主。因标准化改造后不允许变相上涨摊位费，聘请管理员的待遇得不到提高，造成市场粗放式经营管理，在日常保洁、设施维护、场内外管理等方面想方设法减少支出，甚至形成新的违法建筑、场外摊（店）位出租牟利。

4. 经营户营销方式落后。农贸市场农副产品供货渠道、利益关系固化，菜价容易受上游产地批发商垄断。从业人员多以亲属为单位，整体层次低，欺行霸市、以次充好、短斤缺两、哄抬物价等不良做法尚未绝迹，新的优质、平价农副产品一进场便会遭遇集体抵制。

5. 消费者流向菜价更低市场。由于城区交通出行等条件大幅改善，改变了以往"马大嫂"在小区周边范围买菜的习惯，个别农贸市场改造后经营不善，陷入消费者流失、经营不景气、经营户退租的恶性循环，影响了标准化改造效果。消费者集中到菜价便宜的少数市场买菜，这些市场条件简陋、人流密集、阻碍交通等安全隐患严重，改造已无法根本解决，但受城区开发地块少、移建成本高等因素影响，通过正常招、拍、挂难以平衡财务成本，合适的市场用地供应紧张。

三、提档升级路径及对策

现代商业模式、消费群结构正悄然发生变化，生鲜超市、平价农超、生鲜电商等发展迅猛，预示着未来农副产品经营竞争的新格局，我们急需调整思路，努力实现农贸市场经营管理与硬件设施相适应的提档升级。

一是总量控制生鲜商业网点建设。农贸市场标准化改造，应兼顾历史情况和现状，兼顾各种生鲜产品供应渠道，严格核准新建项目保持在一定范围，改造数量不求全、求多，质量上不求推倒重来，鼓励部分生鲜商业网点从中心城区外迁，作为新建居住小区配套设施方便消费群体。为进一步突出农贸市场的公益性，国资、街道办市场扶优扶强，民办市场在竞争中实现优胜劣汰，逐步使布局更趋合理。

二是强化市场周边环境综合治理。进一步理清部门职能，齐抓共管，近期将监管重点由监督市场的经营行为转到市场周边的综合治理上来。市容市政部门切实加强各类破墙开店（门）的管理，将市场周边露天经营列入严管范围；市场监管部门取缔无照经营，市场周边店面禁止经营生鲜农副产品类；食药监部门常态化打击市场周边食品加工作坊等。并参照常州模式，由属地街道牵头驻场管理，给予摊位费适当让利，把零星马路蔬菜、水果等摊点引入农贸市场合法经营，既满足了社会化需求，又有效防止发生市场外乱设摊点现象。

三是市场国资化实现管理提升。建议对问题突出的民办市场，依托国资公司实施收购、竞价承包，或以政府改造资金参股，通过加强管理、调整业态，解决主办方不愿整改各类隐患等一系列难题。如《上海市标准化菜市场管理办法》明确，标准化农贸市场作为社区公益配套建设，产权委托所在区（县）国资公司负责管理与经营，并列入国资考核体系。常州市也明确农贸市场管理以属地街道为主，形成了政府投资、街道经营的新模式。农贸市场经营管理逐步交给街道，市场摊位费收益全部归街道所有，有力调动了街道管理的积极性，有利于管理职能落实到位。

四是实施批零错时分流消费者。如果批发市场和农贸市场农副产品供应对接不畅，可能会带来货丢失、菜变质等问题，最终转移到菜价上来。可借鉴无锡市"两市并一市"的做法，加大入市蔬菜的供应量，合理设定批发、零售市场的开市时间，引导消费者根据需求分别进入批发、零售渠道采购，从而带动两类市场的兴旺。

五是达成新型的产销对接合作关系。弥补自产自销摊(店)位品种单一的短板,扩大农副产品合作种类范围,以公司平台将品牌引进市场,用公司的规范管理引领市场,倒逼经营户改善经营服务。鼓励农贸市场与农副产品展示展销中心通过签署合同形成深度的合作关系,支持农副产品生产基地采用O2O等方式在农贸市场开展营销活动,使生产企业、经销商、市场、消费者实现利益共赢。

总之,我们认为农贸市场作为公益性民生项目,应进一步发挥政府的主导作用,在布局调整、强化日常管理、产权国资化等方面加大工作力度,同时帮助农贸市场实现好商业功能,将更多的利润自发地投入到市场管理中,达到良性发展的目的。

(姑苏区经济和科技局)

改革迈出新步伐
——苏州工业园区开展改革试点的调研(上)

陈楚九　韩承敏　李静会　朱　琳

2015年9月30日,国务院正式批复同意苏州工业园区开展开放创新综合试验,园区成为全国开展这一改革的唯一试点。5月14日,园区又被国家商务部和发改委批准列入全国12个构建开放型经济新体制的试点。作为国家改革开放试验田、苏州改革发展的重要板块,江苏省委省政府高度重视并全力支持,专门出台四大类14条意见支持园区开展开放创新综合试验。苏州市委市政府明确要求园区要扛起肩负的责任,把握改革机遇,打造中国开发区升级版,建设世界一流高科技产业园区,提升国际化开放合作水平,为全省乃至全国的改革发展创造新经验、提供新示范。由此,园区的改革发展站到了一个新的历史起点。

2015年10月24日,园区举行开放创新综合试验推进大会,紧紧围绕中央的决策部署和省、市的明确要求,对改革试点工作进行了全面动员和具体落实。一年多来,园区在工作层面牢牢把握了以下环节,确保了改革试点积极稳妥推进。一是强化工作协同。园区始终把改革试点工作摆上重中之重位置,加强组织领导,注重深化改革与促进发展、整体改革与局部试点以及责任部门之间的协同、互动,以形成推进改革的合力。同时专门设立深改办,扎口统筹协调具体改革工作,定期编印《开放创新综合试验简报》,以宣传成功做法、交流沟通情况、促进改革试点。二是强化部门责任。围绕开放创新综合试验5大平台建设与开放型经济新体制综合试点6大任务,园区进行了任务分解细化,2016年共列出68项改革清单,制定55项改革任务分解表,形成明晰的路线图、具体的时间表和翔实的任务书,落实到各责任部门,把改革任务真正落到实处。三是强化专家机制。为拓宽改革视野、确保改革精准发力,园区聘请国内外区域经济、科技创新、城市规划、社会建设、法治建设等领域20余位著名专家学者,创建了开放创新综合试验专家咨询联席会议机制,每年在年初举行会议,为园区的改革发展建言献策。2016年1月首次举办,各位专家畅所欲言,许多真知灼见对园区的改革发展起到了重要的指导作用。四是强化督查推进。为积极稳妥有序推进改革试点,园区坚持定期召开工委会议,分析改革试点进展情况,研究解决推进工作中的问题,每季度进行改革督查、汇总,半年进行一次改革试点的汇报和推进,并把改革试点成效列为评价领导干部工作实绩的重要内容进行年度考核,在全区上下形成了主动谋划改革、积极参与改革的生动局面。

一年多来,园区紧紧围绕改革试点要求,积极探索,加强实践,68 项改革任务中已推开 48 项,取得了十分积极的阶段性成果。园区的改革试点呈现出以下鲜明特点。

一是努力坚持先行先试,形成了一批可复制、可推广的改革做法。始终坚持大胆探索、先行先试,努力在改革试点中形成一批可复制、可推广的改革做法,是园区的重要改革理念,也成为园区的重大改革特色。一方面,积极争取改革的唯一性,力争走在全国前列。据统计,在园区推开的 48 项改革举措中,"国家级境外投资服务示范平台""中新跨境人民币创新业务试点""中新金融机构互设""中新合作现代服务业创新试验区""国家高等教育国际化示范区""中新社会治理合作试点""全国和谐劳动关系综合试验区"等 7 项为全国唯一性的改革,扮演了十分重要的"探路者"的角色。另一方面,积极争取改革的可复制性,力争发挥试验田作用。一年多来,园区一批改革做法已向全市、全省乃至全国复制推广,其中推广到全市的有 3 项,推广到全省的有 4 项,推广到全国的有 6 项(具体见下表),充分发挥了先行先试、示范引领、服务全国的积极效应。

园区改革做法复制推广情况

序号	改革做法	推广范围		
		全国	全省	全市
	合 计	6	4	3
1	中新跨境人民币创新业务试点	√		√
2	创新互利合作新机制	√	√	
3	跨国公司外汇资金集中运营试点	√		
4	外商投资企业资本金结汇管理方式改革试点	√		
5	有限合伙制创投企业法人合伙人所得税税收优惠政策试点	√		
6	创新"互联网+政务"政府服务模式		√	
7	相对集中行政许可权改革试点		√	
8	全国和谐劳动关系综合试验区	√	√	√

其中,"全国和谐劳动关系综合试验区"改革,不仅在全国具有唯一性,而

且也具有可复制性。经过积极实践,这一改革共形成了39条具体举措,其中14条已向全市复制推广,8条复制推广至全省,4条复制推广至全国。

二是充分发挥中新合作平台优势,不断拓展改革试点的广度和深度。园区是中新两国政府合作的产物,这一平台不仅是园区加快发展的重大优势,更是园区深化改革试点的重大优势。一年多来,园区牢牢把握并不断放大这一优势,从而赢得了改革先机,丰富了试点内涵,不断推动改革向现代服务业、科技创新、跨境投资等领域拓展。一方面,积极拓展中新合作新领域。先后开展了"中新跨境人民币创新业务试点""中新金融机构互设""中新社会治理合作试点""人民币合格境外有限合伙人(RQFLP)制度试点"等改革。比如,以开展"中新跨境人民币创新业务试点"为契机,园区积极推进金融领域开放创新,至2016年9月底,累计已有35家企业与12家新加坡银行机构签订了34.4亿元人民币跨境贷款合同,提款26.8亿元;累计办理园区股权投资基金对外直接投资备案15笔,金额27亿元,累计汇出资金25亿元;累计办理园区个人跨境人民币收支8797万元。"中新金融机构互设"加快推进,星展、华侨、大华等新加坡前三大法人银行已全部入驻园区,东吴证券设立新加坡子公司并取得资产管理牌照,苏州银行获批即将设立驻新代表处。另一方面,积极搭建中新合作新平台。一年多来,建立了"中新合作现代服务业创新试验区""境外投资服务示范平台""中新(苏州)创新中心"等平台。比如,第17次中新联合协调理事会明确在园区设立全国首个国家级"境外投资服务示范平台",成立境外投资并购基金以及境外投资促进委员会,在全国开发区中率先对境外投资实行以备案为主、核准为辅的境外投资管理新模式。2016年1月至8月,园区共有59家企业在美国、日本等国家和香港等地区实际投资项目70个,新批境外投资5.1亿美元,同比增长90.3%。

三是积极探索"双自联动"、功能叠加,努力打造具有园区特色的改革试点品牌。园区尽管没有列入国家自贸区改革试点,但园区并没有因此而放慢这方面的改革步伐,而是充分发挥"苏南国家自主创新示范区"核心区优势,积极借鉴上海等自贸区的改革做法,努力推进自贸区各项改革在园区落地、开花、结果,形成了"双自联动"、功能叠加的改革品牌。一年多来,园区率先复制推广自贸区成功做法累计超过50项,开展国家商务部、财政部批准的现代服务业综合试点项目达82项。比如,园区着力优化营商环境,全面推进商事登记制度改革,在全省率先开展外资"单一窗口、并联审批",加快实行"先照后证""一照三证"并联审批制度、无纸化审批和电子签章、"三证合一"等改革试点,极大地激发了市场活力,2016年1月至9月,园区新增各类市场主体近1.5万户,新增注册资金562.9亿元,分别增长4.2%和14.9%。比如,在全国率先实施"通报、通检、通放""出口直放""进口直通"为特征的"三通两直"检验检疫通关一体化新模式,全面推行"沪苏一体化"、苏州虚拟空港(SZV)与郑州新郑国际机场(CGO)"SZV—CGO 空陆联程联运一体化"项目,报检无纸化率达 100%,每批货物到货时间可节约 1 个工作日,每批货物物流成本可节约 360 元。并在全国率先打造"掌上物流"新模式,报关、非报关货物分别实现入场 3 分钟、1 分钟即可放行,大大节约了企业的时间成本。

四是全力推进开放与创新融合互动,加快构建国际化创新驱动机制。园区积极探索开放型经济与自主创新有机结合,深化科技体制改革,完善科技服务体系,实现高水平开放与高层次创新融合发展。一方面,加快推进国际创新合作、集聚优质创新资源。聚焦生物医药、纳米技术应用、云计算三大战略性新兴产业,推进院省市共建中科院纳米所、纳米真空互联实验装置、生物纳米产业园、国科大数据中心等平台建设,深化与美国冷泉港、芬兰国家纳米所等国际科技合作。中新(苏州)创新中心成功引进国际技术转移机构、私募基金等近 20 家,在孵企业数量达 30 家。另一方面,加快营造国际化创新生态环境。打造现代化区域科技金融治理体系,推进科技金融融合,建设大数据基础平台、信用体系、资源集聚、产品创新、服务链条等七大创新工程,通过产业基金、跟投基金、担保基金等多种形式,鼓励社会资本向实体经济尤其是创新型经济集聚,区域集聚创投基金规模超 1200 亿元。切实加强知识产权保护,以列入全国首批知识产权投融资试点区域和国家专利导航示范区为契机,开展线上专利超市、线下专利运营中心、知识产权质押融资宣传培训等,并加快完善专利超市商业模式和专利池建设。不断优化高层次人才集聚政策,紧紧把握国家公安部、省公安厅授权机遇,积极开展由园区公安分局签发外国人签证证件、设立外国人申请永久居留受理窗口、扩大长期工作类居留许可申请范围等改革,极大地提升了境外高层次人才签证办理便利化程度。实施"金鸡湖创业导师"计划,围绕重点产业聘请天使投资人、成功企业家、金融专家,为创新创业人才提供专项辅导。针对企业在融资对接、技术交流等方面的需求,举办"领军产业沙龙""政企面对面"等主题沙龙,为企业解决难题,同时也营造起良好的创新氛围。

五是紧紧围绕打造有为、有限政府,行政体制改革取得阶段性成果。一年多来,园区在重塑行政管理架构方面做出了积极探索,取得了阶段性成果。一方面,全面推进大部门制改革。按照大经济发展、大规划建设、大文化管理、大行政执法、大市场监管,组建了行政审批局、综合行政执法局和市场监督管理局,加强事中事后监管体系建设,行政机构从原来的 22 个精简至 18 个,基本形成了"集中高效审批—分类监管与服务—综合行政执法"的行政管理架构。另一方面,积极探索行政权力规范行使。以国家相对集中行政许可权试点为契机,积极梳理两张权力清单,加强依法行政,建立与之相适应的事中事后监管制度,尤其在信息归集和监管信息平台建设上取得实质性成果。全面取消非许可类审批事项,管委会层面114项需划转事务中已有68项完成划转,共取消42项审批事项,全面取消非许可类审批事项,审批效率得到大幅提升,一般工业项目建设用地规划许可证办理时限由法定30个工作日压缩到2个工作日,基本实现即来即办。与此同时,加快推进社会治理创新。强化社会组织建设,建立了民众联络所、创新社工管理、建设企业社会责任联盟等一批社会组织,企业社会责任联盟工作获得国家"2015政府责任创新奖"。强化模式创新,探索建立政府购买服务的机制,构建基于不同服务对象的分类服务模式,为企业提供一站式统一集中服务。强化平台建设,高起点规划建设信息化基础设施,整合31个部门的63项便民事项下沉社区。

(苏州市委党校市情研究中心)

努力争当排头兵
——苏州工业园区开展改革试点的调研（下）

陈楚九　韩承敏　李静会　朱　琳

我们应该看到，经过一年多的实践，苏州工业园区的改革试点实现了良好开局，但更重要的是如何进一步深化的问题，这某种程度上决定了园区能否切实完成中央交办的改革试点任务，真正扮演好改革发展排头兵的重要角色。经过初步调研，我们感到以下问题值得深入研究。

一、关于做实做优园区平台，努力增创改革新优势

苏州工业园区作为中新合作的重大项目，无疑是一个重要的改革平台。近年来又获批列入开放创新综合试验和开放型经济新体制综合试点，更是增强了这种改革优势。然而值得重视的是，近年来国家设立了许多新的改革平台，比如继首家设立上海自贸区后，又分批先后设立了广东、天津、福建以及辽宁、浙江、河南、湖北、重庆、四川、陕西10个自贸区。与此同时，还设立了京津冀、上海等多个全面创新改革试验区以及一大批国家级新区，这些重要改革平台，尤其是自贸区，改革内容各有侧重，改革试点的指向十分明确，极大地构成了差异化的改革优势，对于园区这样一种综合性改革平台，是具有一定竞争性的。

我们认为，园区没有列入自贸区试点，一定程度形成了"改革短板"，但从另一个角度看，园区平台有自身"综合性"的优势，应该确立"不是自贸区、胜似自贸区""既求其名、更求其实"的理念。一是要力争集各地改革之优、创园区改革之新。可以说，综合性平台为园区改革提供了有利条件，应该形成"必须改革的我们都可以进行探索"的思路。园区改革要争创"唯一性"，为全国改革探路、做出示范。但更多情况下，我们必须从实际出发，积极研究借鉴其他平台的改革经验、成功做法，力争在园区尝试，形成园区经验。二是要力争改革的先行先试、先做先成。我们必须看到，在各地竞相改革的情况下，必须讲究改革的效率和质量。在面上推开的各项改革中，园区要力争在时序进度上快人一步、先人一拍，而在改革的深度上、在改革的成效上，要力争率先取得、高人一筹。三是要力争获得国家重要部门的改革试点。某种程度上，国家批复的改革是一个大的战略性思路，而国家有关部委设立的改革试点指向十分具体。比如，园区已列入国务院批准的国家跨境电子商务综合试验区，而国家海关总署批准的 10 个跨境电商进口试点城市园区却并未列入，因而在商品进口上无法享受政策权限，因此，我们必须在大的改革思路、改革方案下，再进一步争取更具实质性的改革试点。

二、关于聚焦重大的、根本性的问题，深化园区的改革试点

我们感到，如何聚焦重大的、根本性的问题，不断深化改革，这是园区试点的根本任务，也是中央设立园区试点的初衷。我们应该认识到，中央对园区试点的批复，某种程度是一个大的"改革框架"，具体改什么、怎么改，向上进一步争取什么政策平台，仍需要进一步研究确定一揽子的、细化的试点方案。同时，各项改革内容、改革项目也有一个与时俱进的问题，必须根据新的形势要求不断丰富、不断提炼、不断发现问题，进而以改革的举措解决问题。我们必须聚焦重大的、根本性的问题来分解改革项目，以起到纲举目张的作用，防止改革的"碎片化"，增强改革的系统性、协同性。

经过初步调研座谈，我们感到，园区改革试点有必要抓住以下问题。一是探索开发区发展新模式问题。当前，开发区发展已进入转型升级的重要阶段，传统的发展方式已难以为继，如何走出新的发展路子亟待探索。比如，以往主要依靠"土地招商"已不可持续，一方面，我们要尽量使建设用地"零增长"，推进产业转型升级，引进高技术含量、高附加值的项目；另一方面，我们也面临土地的"二次开发"问题，随着开发区产业转型升级，一批层次相对较低的外资企业外迁，但工业用地 50 年的规定使得土地使用权仍归其所有，外资企业不同程度存在闲置或变相违规经营等问题，这是面上的普遍现象，园区目前也遇到此类问题。据了解，上海等地已开始新增工业用地年限缩至 20 年的改革，这是值得借鉴的办法。与此同时，我们还必须进一步探索已外迁企业工业用地的回购、盘活的改革办法，这对于缓解土地资源紧缺矛盾具有很大的现实意义。二是探索适应国际贸易新规则问题。当前国际经济形势总体低迷，而新的贸易保护主义势力抬头，如形成了 TPP（跨太平洋伙伴关系协定）、TTIP（跨大西洋贸易与投资伙伴协定）等，都形成了一定的贸易壁垒。如何主动适应、创新机制是我国外贸发展的重大问题，园区有必要做出率先探索。三是探索区域合作新模式问题。建立开发区的重要目的之一就是示范、带动区域发展，开发区如何"走出去"、开展区域合作已成为当前的一个突出问题，近年来，园区在这方面已经做出了积极探索。我们感到，"走出去"不仅包括产业梯度转移或合作办开发区，更应包括"走出去"收购、兼并高质量、

高技术的外资企业。这方面已有成功案例,如万达收购美国传奇影业、三一重工收购德国普茨迈斯特等,大大提高了企业的国际化程度和竞争力,也缩短了这一过程。当前世界经济增长总体迟缓,国外的企业同样面临困境,这对于我们跨国兼并重组是重大机遇,园区完全可以在这方面进行探索。四是探索对接国家重大战略和省委最新部署。这是园区率先改革、率先发展、形成示范、带动效应的重要抓手。近年来国家出台了许多重大战略,如"一带一路""中国制造2025"等,需要园区在对接中创新落实。尤其是在省第十三次党代会上,省委李强书记参加苏州代表团讨论时,要求苏州在下一步发展中关注"四个方面重点",并对苏州科技创新提出了至关重要的"创新四问",园区作为苏州改革发展的重要板块,有责任、有能力也必须率先回答,率先实践,争挑重担,做出示范,走出园区特色的创新路子。

三、关于强化改革的持续性,切实扩大,提升改革试点成效

我们认为,改革尤其是重大改革,不可能一蹴而就,在取得阶段性成果基础上,有一个进一步深化、持续推进的问题,有的时候,"一次改革"相对容易,"二次改革"才会涉及实质问题,我们如果仅仅满足于或停留在"一次改革"而没有继续深化,则会贻误进一步改革的时机,甚至使"一次改革"前功尽弃。

从园区的情况看,一年来园区围绕构建新型行政管理体制,推进了"大部门制"改革,取得了初步的成效。这既为园区继续深化这方面改革奠定了重要基础,也使园区面临着如何通过进一步改革,形成从体制到功能都具有真正意义上的"大部门制"。座谈中我们了解到,实行"大部门制"后,按照审批、监管、执法职能形成了三个部门,原来前道审批严格,某种程度对企业进行了筛选、把关,后道监管相对容易。现在前道放开了,监管部门的重要性凸现,而目前这些部门在机制、信息等环节的对接上还存在较大不适应。我们感到,这从更深层面提出了管理部门"流程再造"的问题,如何按照全新的部门职能定位,形成新的运作、协同机制,已成为园区"大部门制"改革深化的重中之重。同时我们从更高层面、更大范围看,企业作为市场主体,如何规范、约束其经营行为,既要强化行政监管、执法管理,更需要加强企业和个人征信体系建设,提高企业或个人在生产经营活动中的违法成本,以促进企业自觉守法经营,这是园区深化"大部门制"改革的协同、配套改革,也是市场经济体制建设的重要组成部分。

四、关于细化、量化考核评价指标体系,加快构建改革试点的引导、推进机制

苏州工业园区开展开放创新综合试验,国务院批复中明确了"打造中国开发区升级版、建设世界一流高科技园区和提升国际化开放合作水平"三大

目标。这些目标定位都很高,对园区的发展乃至全国都具有重大意义,但如何评价园区"三大目标"的实现程度、什么时候实现,文件中均未明确。我们感到,总体方案是一个大的原则,是一种战略思路的描述,从具体组织实施、考核评估来看,还必须把文件中提出的"三大目标"量化成一套可考核、可评估、可复制、可推广的指标体系。

我们感到,园区在推进改革试点中探索建立相应的指标体系,某种程度这本身也是一项改革,而且目前看是具有"唯一性"的改革。"三大目标"的具体化、指标化,对于园区的改革试点可以起到引导、推进作用,对于全国开发区的发展具有重要样本意义。我们建议:一是突出针对性。指标的确立宜精不宜多,要紧扣"三大目标"的相关因素,借鉴国际、国内经验,筛选确定重要的核心指标,同时要明确各指标的目标值。二是突出时序性。国务院批复上没有明确实现"三大目标"的时间要求,我们在细化方案中必须明确时序进度以形成倒逼压力。"十三五"末苏州将建成高水平小康社会,我们建议,与此同步,到"十三五"末园区"三大目标"应该取得决定性成果。三是突出权威性。我们感到,指标体系的确立,既要注重实践性,更要注重权威性,建议争取由国家商务部牵头,组织相关部委及专家学者参与,园区全力配合,尽快形成这一改革成果。

五、关于增强改革紧迫感,充分发挥园区干部的主体作用

园区的发展历程,某种意义上就是不断深化改革的过程,而在当前处于发展新常态的大背景下,园区要继续争取走在前列,成为全省乃至全国的排头兵,比以往任何时候都需要进一步深化改革。我们必须清醒地认识到,一方面,当前发展中碰到的各类问题,都是体制性、制度性矛盾的深层次反映,不深化改革就不会有新发展、大发展,需要我们以改革的办法来破解难题;另一方面,尽管近年来园区的改革试点取得很大进展,但也必须看到,深圳、上海浦东等地的有些改革是走在我们前头的,园区与之相比已经形成了一定的改革落差,而现在的改革落差就是下一步的自主创新落差、科学发展落差,我们必须切实增强深化改革的危机感、紧迫感。

应该说,园区为了更好开展改革试点,目前已构建了很好的专家机制,国内外高层次专家为园区的改革出谋划策、拓宽思路,起到了十分积极的作用。但更重要的是园区的各级干部,园区的各个具体工作部门的改革意识、改革智慧、改革勇气。园区各级干部是改革的主体力量和重要实践者,园区改革项目的选择来自一线部门,园区改革的动力来自一线部门,园区改革的创造性来自一线部门。我们感到,一是园区有必要形成一种自下而上、上下结合确定年度改革任务的机制,重点在于首先必须由各个部门提出改革项目,因为这些部门在具体工作中应该最清楚需要改什么,然后园区决策层再从全局高度进行筛选、优化,形成改革清单,同时加强对改革承担部门任务完成进度、完成质量的考核。二是加快探索建立一种勇于改革、善于改革者上,在改革上无所作为者下的干部选拔机制,形成具有竞争力的用人导向。三是进一步营造一种鼓励改革、宽容失误的改革氛围,在当前科学发展要求比较高、转型升级压力比较重、改革难度比较大的情况下,我们要防止产生"改革惰性"和改革上的"不作为",努力营造良好的"改革生态"。

(苏州市委党校市情研究中心)

第四篇

绿色发展与城市建设

加快推进生态文明建设 倡导和推广"家祠墓园"的建议

居 易

《关于加快推进生态文明建设的意见》是我国第一个以党中央、国务院名义对生态文明建设进行专题部署的文件,文件中提出的"保护为先,修复为主、绿色低碳、循环发展"的指导方针,不但对我们国家整体生态文明建设有着重大的历史和现实意义,而且对我们关注和研究具体的生态文明问题也提出了一个全新并重要的命题。本文提出对墓园问题的考虑,目的正在于此。

每年清明时节,新风旧俗祭故人,随着遍及全社会的扫墓活动的如期而至,天价墓地、文明祭扫、生态保护等问题和话题也都随之一并爆发。2015年民政部门提出,要破解殡葬高消费,让民众逝有所葬。这固然是一个十分美好的目标与意愿,但要真正地实现,还必须要有相应的途径和方法。对此,特针对性地建议,倡导和推广"家祠墓园",希望在一定程度上有所解决诸如天价墓地、文明祭扫、生态保护以及文化传承等一系列的相关问题。

何谓"家祠墓园"?

先说"祠堂"。简单而言,"祠堂"都是祭祀祖先的,"祠堂",又有"家祠"和"宗祠"之分。"宗祠"是族人祭祀祖先、先祖、始祖的地方;"家祠"则是以家庭为单位主要祭祀近代祖先(兄弟姐妹、父辈、祖父辈、曾祖、高祖五辈,即五服以内)的地方。"家祠"以往家家都有,一般都在厅堂或者是专门的场所,以一种称为"家堂"的形式,供奉曾祖以下的祖宗牌位,在祖宗的生辰忌日或清明、上元诸时节,上香点烛,恭行祭拜。

"家祠墓园",既是"家祠"与"墓园"的概念组合,也是两者形式和内容的合二为一,实质是把"家祠"设位于"墓地",把"祭祖"融入于"上坟",而"墓碑"自然就可以等同或设计为供奉在"家祠"中的祖宗"牌位"。其中,一个最为棘手的问题,就是骨灰或骨灰盒的安放。而这一点,恰恰就是倡导和推广"家祠墓园"的主要方法和目的所在。

目前规划建设的墓地,一般都不会小于一、二平方米,而骨灰盒的面积显然要小得多,所以在现有的墓地面积中,至少有多种方式可以解决一家几代人的骨灰或骨灰盒的安放问题：

一是骨灰墓穴平铺设置，相互间的间隔距离尽可能缩小，一块墓地上，不再是只设置一两个骨灰墓穴，而是尽可能合理规划，以实现墓地使用面积的最大化。

二是骨灰墓穴垂直设置，即所谓建"楼层式"墓穴，墓地的墓穴容积率因此可以大为提高。这种做法其实早有先例，现今有些地方的墓地，本身就建成了"缩微别墅"的形式，二层三层（高度一米左右）的都有，只不过楼层内并不安放骨灰，骨灰墓穴还是以通常的方式安放于缩微别墅的地底。

三是建"骨灰茔"的方式，即整个墓地只设置一个稍大体量的骨灰墓穴，家人逝世的骨灰一并安放其中，集中供奉。这种方式，可谓是墓地使用价值最大化的极致，与"家祠墓园"的理念也应该最为一致，但考虑国人的传统观念和文化习俗，这一方式的全面推广，或因人而异并有待时日。

倡导和推广"家祠墓园"，不仅仅只是提高了现有墓地的使用价值，节约了土地，更重要的是它还有着一系列特殊并重要的社会经济价值和文化意义，且与提升生态文明有着直接而密切的关联。

"家祠墓园"可直接破解"天价墓地"等殡葬高消费。"天价墓地"的出现，最根本的原因当然首先是供需矛盾的激化，"死无葬身之地"几成现实。加之目前即使只考虑两代，则一个家庭中的父母辈以及兄弟姐妹之间，一般都是各自单独选购墓地，需求之大可想而知，墓地销售必然就"价高者得"。而"家祠墓园"可以集几代人及其同辈分的大家庭逝者于一地，墓地的需求量自然大为减少，供需矛盾缓解，价格回落当在情理之中。

"家祠墓园"有助于激发和优化中国社会传统的"大家庭"观念。"家庭"及"大家庭"观念，在中国传统文化中，是精华而不是糟粕。只不过现代社会的特点，导致了人们家庭和大家庭观念的淡化。当下"清明文化"传承中的扫墓、上坟，已几乎成为最难得也具凝聚力的"大家庭"观念的行为。但即使如此，三代以上包括三代的墓地，以及二代中叔伯姑姨的墓地，祭扫者多半寥寥。这其中，墓地的分散和大家庭观念的弱化，当是主要原因。"家祠墓园"因集中安葬的特点，必然就代有祭扫，因此就自然而然地破解了这一问题，如今偶有出现的"孤坟""荒坟"，或也将基本消除。

"家祠墓园"是一种最具国人文化习俗情结的"绿色殡葬"。当下号召推广的"绿色殡葬"，主要是指"壁葬""树葬""花葬""草坪葬""水葬""海葬"等少占地或不占地的骨灰安葬方式，固然是人类文明与自然环境和谐发展的重要导向，也是最终实现殡葬业可持续发展的必由之路。但这与"入土为安"和"谒祖拜宗"的传统观念和文化习俗多少有所相左，远不如"家祠墓园"那样，毕竟有一个标志，有一份寄托，有一种表达心结的祭祖情境和氛围。

"家祠墓园"将成为文化传统及其传承的特殊载体。"祭祖"及其相关的祭祀活动和方式,曾经是中国传统文化中最为重要的部分。因为"祭祖"关联着家史和家族,而家族是民族的要素,家族文化是中华民族文化的组成部分,家史甚至可以成为国史的补充。"家祠墓园"可以唤起人们的"祖坟"意识,增强对先人的尊崇和敬仰,而墓碑的编撰与设计,同样可以类同于家谱的编撰和修编,使中国人的家谱概念得以传承。这对引发和强化寻根意识,激发家族亲情,从而有利于传承民族文化,增强民族凝聚力,都将具有不可或缺的重要意义。

"家祠墓园"对生态文明和环境保护大有裨益。"家祠墓园"的性质决定了所在墓地至少有着几代人的关注和祭扫,从而就有了相对的长久性和可持续性,墓地的环境特质和墓园文化的形成就有了基本的保障,从墓地的规划、墓碑的设计、碑文的撰写,到花草树木的栽种,都可能代有修缮,精益求精,并逐渐呈现出个性化和艺术化的特质。事实上,由于现有墓区的使用性质和管理模式,各类墓区对周边自然人文环境的影响始终是负面效应居多。要优化现有墓区的环境氛围,提升周边区域的生态文明,最直接、最有效的方法就是全方位地创建集人文景观与自然景观于一体的旅游型墓区,这在有些国家早已成为现代旅游的独特品牌。而"家祠墓园",理当有条件、有优势成为开创这一进程的重要起点和契机。

倡导和推广"家祠墓园",对苏州这样一个曾经形成过"墓地经济"并至今都未脱"清明经济"影响的城市,或许更具直接而特殊的意义。苏州业已形成的面广量大的大小墓区,对苏州"山温水软"的人文自然环境造成的不尽人意的环境影响,已是人所皆知。当下亟待从政策和地方立法的层面,倡导和推广"家祠墓园"式的殡葬文化的新观念、新风尚,破旧立新,率先示范,为苏州全国生态文明城市的荣誉和品牌,做出新的努力和贡献。

(作者系苏州市专家咨询团成员、苏州环境文化协会会长、苏州科技学院教授)

苏州市水生态文明建设的思考

夏 坚

水生态文明建设是苏州经济社会发展和民生保障的重要环节,其重要性是显而易见的。对此,笔者结合工作实际进行了初步的思考。

一、苏州水生态文明现状

一是水环境治理成效初显,水功能区达标率逐年提高。近年来苏州市大力开展水环境治理工作,通过控源截污、节水减排、废污水收集处理、调水引流、农村毛细河道整治以及黑臭河道治理等一系列工程和管理手段的实施,实现了全过程污染防控,水环境质量明显改善。截至2012年年底,全市城市建成区、镇区(街道)生活污水收集处理率分别达到97%、88%,污水处理厂全部达到国家一级A排放标准,出厂污泥全部实现无害化处理。另外,完成1603个规划保留村庄生活污水治理,建成独立处理设施600座,受益农户24万户,生活污水收集处理率达到61%。

2006年至2012年,水功能区水质达标率从8.3%提高到62.9%,平均年提升幅度超过9个百分点。河湖主要污染物COD、NH3-N超标率逐年下降,Ⅴ类和劣Ⅴ类水断面数量明显减少;地下水水质良好,农村河道水质较稳定,感官黑臭河道大量消除。同时通过大力推进湖泊综合整治项目,湖泊水环境条件得到极大改善,尚湖水质总体达到Ⅲ类水标准;阳澄湖除总氮和总磷为Ⅳ类外,其余指标均达到Ⅲ类水标准。

二是水生态本底条件优越,保护和修复工作初见成效。自20世纪80年代以来,随着区域人口和经济的高速增长,水域侵占、湿地连通性和生态功能下降、水质污染、水体富营养化以及过渡捕捞造成的种群资源萎缩等生态问题日益突出。近年来,苏州市政府大力推进水生态综合治理工程,通过改善水质、保育水生栖息地和规范水产行业生产模式等措施系统性解决区域水生态问题,取得了突出的成效,仅太湖流域即恢复湿地面积188.7平方千米,显著改善了流域湿地生态环境。通过清淤、环湖保护带建设等工作,基本实现琴湖、南湖荡、昆承湖、东太湖以及吴江湖泊群等重点湖泊的生境恢复。2012年苏州市生态环境质量按照国家生态环境质量分级标准评价,属于良好级别,植被覆盖度较高,生物多样性较丰富,生态系统稳定。

三是水管理基础工作扎实,多部门合作机制基本形成。近年来苏州市着力完善水管理体制机制,水管理能力提升显著,涉水管理体系日趋完善。市级水务管理一体化已经实现,统筹管理城市与农村、地表水与地下水、水质与水量、供水与排水、用水与节水等涉水事务。最严格水资源管理得到有效落实,"三条红线"和"四项制度"全面建立,取水许可、水资源论证、计划用水和超计划累进加价、节水"三同时"、入河排污口审批等重要支撑制度得到严格执行。水资源监控能力大幅增强,全市取水口取水量在线监测率达到95%以上,12个集中式饮用水源地全部实现水质在线监测,并实时对外发布,共建成河湖水质自动监测站72个,排污口自动监测站894个,基本形成了现代化的水量水质联合监测站网。地方性水法规体系得到健全,各项地方管理条例和国家法规地方实施细则相继出台。"一镇一本"编制了各乡镇河网水系规划,形成了覆盖城乡的水资源配置与管理规划体系。水管理监督考核体制和行政执法也日趋完善。

良好的涉水管理多部门合作机制是苏州市水管理体系的突出优势,水务局同经信、环保、住建、农委、城管等涉水部门间建立了顺畅的职能交互联系,跨部门协作和多部门联合管理模式进入常态化、规范化阶段,通过各部门间资源共享、信息交互和联合执法,显著提高了涉水管理的全面性、严格性和高效性,在水环境治理、水生态保护以及城市防洪除涝等水管理领域取得了良好的环境、社会和经济效益。

四是水安全保障能力增强,防洪供水保证率大幅提升。受益于苏州市相对完备的涉水规划体系和近十年的持续投入,当前苏州市水安全保障整体格局基本成型,水安全水平总体良好,形成了坚强稳定的高标准防洪排涝体系和优质可靠的供水保障体系,安全保障率大幅提升。

在防洪安全保障方面,苏州市已经完成沿长江、环太湖、望虞河东岸、太浦河北岸及淀山湖大堤等主要防洪屏障体系,苏州中心城区防洪大包围基本形成,目前,苏州境内长江堤防总体达50年一遇防洪标准,局部堤段达到100年一遇防洪标准,太湖流域能有效防御1954年型洪水。区域防洪标准总体达到20年一遇。苏州城市中心区主要控制节点防洪标准达到200年一遇,河道排涝标准达到20年一遇;吴中区、相城区、新区、工业园区等城市防洪能力基本达到50~100年一遇标准;各县级市城市防洪能力基本达到50年一遇标准。

苏州市供水安全保障形势良好,12个区域供水水源地水质达标率100%,

县级以上水源地水厂取水口实现24小时自动监控系统全覆盖。建立了城乡一体化的供水管网体系，集中供水普及率达到98%，自来水厂出厂水质实现106项指标全部合格。"源水互备，清水联通"的供水安全保障格局基本形成。市区、高新区、昆山、常熟实现多水源供水，张家港、太仓、吴江区和工业园区第二水源或应急水源工程均基本建成。苏州市基本形成了从水源环节、输配水环节、制水环节的城乡一体化供水安全保障系统。

二、面临形势和主要问题

1. 物质文明水平不断提升，水生态文明理念与意识尚需加强。意识水平是水生态文明的重要衡量指标，体现决策阶层、社会公众、企业机构以及基础教育领域对水生态文明理念的了解和接受程度。苏州市近年来对水文明意识的宣传和培育给予了高度重视，但部分基层管理部门对于人水和谐在经济社会发展中的地位和作用认识还不够深刻，管理手段还不够严格；水产、水游、水运等苏州特色经济行业的发展与水生态环境保护的关系尚未理顺，存在一边发展一边破坏的矛盾；部分企业水生态环境保护的自发意识和主人翁精神还有待提高，存在污水私排、偷排的现象；社会公众对水环境问题现状和自身行为对水生态的危害认识不足，造成部分公众特别是自然人破坏水环境、损害水生态的行为难以禁绝，适水发展理念、水资源和水生态保护的自觉性以及尊重环境、自我约束的水文明意识形态还未广泛融入社会公序和道德体系。进一步提升全社会的水生态文明意识，促进自省、自律、自觉的水生态保护意识和环境道德风气是当前苏州建设水生态文明所必须解决的关键问题。

2. 经济社会规模高位运行，生产生活节水减排任务依旧艰巨。经过近十年的产业结构调整和严格污染管控治理，苏州市在节水防污型社会建设方面取得了巨大成就，单位产值用水量和排污量持续降低，相关指标已经达到或接近国际先进水平。但与之相对，苏州水环境问题依然严峻，部分河湖水质仍不理想，水功能区整体达标率偏低，河道感官黑臭现象仍然存在。

3. 河湖生态系统退化明显，结构与功能的整体恢复任重道远。水生态系统退化是制约苏州市水生态文明建设的最显著问题之一。长期以来，由于水体污染，建设开发侵占重要水生态栖息地，人类活动造成生态系统扰动以及长江、太湖宏观区域水生态功能整体衰退背景影响，苏州市传统的"江—河—湖—塘"水生态系统退化严重，天然湿地面积萎缩，河流湖泊滨岸带硬化造成水陆交错带生态功能丧失，生物种群资源衰退，特色池塘生态系统大量消失，区域水生态系统的环境缓冲能力明显下降。

4. 水安全保障面临新挑战，防洪排涝城乡供水需要再次升级。随着苏州市经济社会的快速发展,区域水安全保障也面临着新的挑战。区域人口和经济密度的提升对区域防洪和城市排涝保障水平提出了更高要求,防洪排涝建设标准和运行维护模式需进一步提升;高度集中化的供水体系在带来高供水保证率的同时也带来了更高的潜在风险;生活品质的提升和生活模式的变化要求更高的生活用水量和更优更多样化的水质条件,生活用水高保证率、高品质末梢水质和分质供水是未来供水系统建设所必须考虑的问题。

在区域防洪方面,随着圩区治理的全面推进,内部引排能力得到大幅度提高,但由此也造成外围压力加大,区域整体外排能力不足,需要进一步加强区域骨干河道的治理。在城市排涝方面,重要地区河道达到20年一遇标准,但存在雨水管网标准偏低,蓄、滞、渗等综合排涝能力不强的问题,与国家对地级城市达到30年一遇综合排水防涝标准尚有较大差距。在水源地安全保障方面,存在面上水环境质量较差带来的局部风险问题,应急和备用水源建设有待完善。在供水水质安全方面,水厂出水水质已能全部达到106项检测指标标准,但仍然存在部分老旧管网和屋顶水箱二次供水带来的末梢水质不达标问题,居民逐渐发展的对于自来水直饮的需求尚不能满足。在新的形势下,区域水安全保障程度需适应公众需求的变化,进一步强化城镇综合排水防涝能力建设,加强末梢水质安全管理,开展提供直饮水的服务探索,促进防洪排涝和城乡供水安全的全面升级。

5. 实行最严格水资源管理,现代水管理体系有待进一步完善。在苏州市水资源水环境监测监控已经基本全面覆盖的情况下,部门间的信息共享和联合管理机制还有待进一步强化,以形成对末端单元取水、用水和排水的全过程精细化监控体系,通过联合监控和核查规范用水单元的取水和排水行为。在市本级管理能力水平已经较为突出的环境下,仍存在部分管理制度在乡镇基层不够落实,个别县市由于涉水管理体制尚未理顺影响管理效率和效果的问题,基层管理能力尚需进一步加强。此外,增强水管理领域的公众服务能力和开放参与程度,也是对于苏州市在现状水平上建设现代化水管理体系提出的更高要求,要面向不同用水群体的需求特征,优化管理事务流程,提升用户感受,借助网络、移动平台和无线通信技术,提升公众在水管理领域的参与度和自我管理意识。

三、苏州建设水生态文明的措施和任务

1. 以减负增容专项整治为基本手段的水环境治理体系建设

(1) 建设生态产业,降低污染负荷

加强生态工业建设,减少工业点源污染。以优化结构为主线,积极实施新能源、新材料、生物技术和新医药、节能环保、软件和服务外包、智能电网和

物联网、新型平板显示、高端装备制造8大新兴产业跨越发展工程。严格环境准入制度,新、改、扩建项目,坚持建设项目全过程管理,做到增产不增污,增产减污。以整治小化工、小冶金、小电镀、小印染、小建材等行业为重点,采取关停并转方式,坚决限制和淘汰高能耗、高物耗、高污染、高危险、低效益的企业、生产工艺和产品。优化产业空间布局,推进化工、电镀等污染企业向园区集中,开展生态工业园区建设,逐步推进园区循环化改造。推进企业节水减排,支持企业开展废水综合利用和无害化处理,重点行业规模以上企业全面推行清洁生产审核,培育一批资源利用率高、污染排放少、经济效益好的清洁生产示范企业。

加强生态农业建设,减少农业面源污染。着力推进农业规模化发展,积极推进农业产业结构调整,构建无公害、绿色和有机食品基地。加大农业节水力度,大力发展高效节水灌溉技术,按照生态农业建设要求,推进农田水利基础设施和节水农业示范区建设。大力推广有机肥和无机肥平衡使用技术,结合畜禽粪便和秸秆的综合利用工程增加有机肥施用量。推广应用农业病虫草害生物防治、农业措施防治、物理防治等绿色防控技术,大力推广高效、低毒、低残留农药,特别是生物农药。规模化养殖场推广发酵床等生态养殖方式,实施干湿分离,干粪经发酵处理后制造有机肥直接还田,动物尿液和冲洗水进入沼气池发酵,沼渣还田。

倡导绿色消费,加强生态服务业建设。宣传普及绿色旅游消费知识,促使旅游生产经营者和消费者自觉接受有利于环境保护的生产模式和消费方式,不造成环境污染。开展绿色餐饮、绿色宾馆建设,建立绿色餐饮标准和认证体系,筹建"绿色餐饮"示范店,建立餐厨垃圾处理厂,加快餐厨垃圾资源化利用。加强生活用水节约管理,大力推进节水型机关、学校、宾馆和医院的建设。

(2)全面加强废污水收集和处理,减少入河污染

进一步完善城镇污水收集和处理系统。新开发区一律按雨污分流制铺设污水管道,旧城区根据实际情况,采取雨污分流或雨污合流进污水处理厂的模式进行改造。各城镇加快建设污水收集处理系统,进一步优化和完善城乡统筹的废污水治理布局,通过培训、考核等手段,提高污水处理企业的运营管理水平,尾水稳定达到一级A水平。工业园区内企业废水在达到接管标准的基础上,统一排入污水处理管网集中处理。水务、环保等部门加强对企业取退水的质量联合监控和复核,严厉打击偷排、漏排、超标排放等环境违法行为。优化排污口的设置,尽量在排污口附近建设净化型湿地,缓冲尾水对受纳水体的影响。

加大农村污水收集和处理力度。按照"城乡统筹、接管优先、稳定可靠、

维护简便、经济适用"的原则,全面推进农村生活污水治理工作,有条件的地区农村生活污水统一纳入城镇污水集中处理系统,分散或偏远村庄建设各类小型生活污水处理设施。实施城乡垃圾统筹处理,建立"组保洁、村清运、镇中转、市处理"的垃圾无害化处理体系,杜绝垃圾进入河道。加强农田退水的沿程削减,在田间地头因地制宜建设生态沟渠,种植对N、P等营养物质吸收能力较强的植物,拦截污染物质。充分利用苏州河网地区的优势,在农田周围的水塘等水流较缓的水面设置前置库,有效降低农田面源污染入河量。

加强再生水回用,探索降雨前期地表径流收集处理方式。建设污水处理厂再生水处理工程和利用系统,鼓励回用工业生产和市政绿化等,逐步扩大再生水回用的规模,减少入河污染。探索开展城市降雨前期径流拦截和处理,规划用地面积2万平方米以上的新建建筑,必须配套建设雨水拦蓄利用设施。

(3)加强江湖水系连通和流动,增强水体纳污能力

河道清淤疏浚。对重点湖泊、主要出入湖河道和其他骨干河道及淤积严重的城区河道、农村河道进行生态清淤和疏浚,减少水体内源污染,增强河道自净能力,探索根据底泥污染释放水平决定清淤时机的动态清淤机制。

畅通河湖水系。加强骨干河道治理、片区河道整治,打通断头浜,拓宽束水河道,进一步优化水系布局,恢复和加强河湖水系连通,改善水体循环状况,保障基本生态环境用水要求,增强行洪排涝和城乡供水保障能力。

实施调水引流。按照"以动治静、以清释污、以丰补枯、改善水质"的要求,实施以阳澄湖为调节中心的"通江达湖"调水引流工程。苏州城区、各县级城区、重要镇区和圩区结合防洪除涝工程,因地制宜地实施调水引流建设。水利、城管部门建立河道定期换水制度,完善河道换水设施,明确各季节换水频率、换水量等要求,确保河道水体流动,有效改善水质。在严密防控旱涝急转的前提下,适当抬高河网控制水位,达到畅引畅排、引排有序的目标,优化引排布局及调度方案,进一步增加引江规模。

(4)开展重点水环境问题的专项整治

深化黑臭河道治理。继续深化黑臭河道和污染严重河道治理,试点期间消除感官黑臭河道。

制定湖泊整治工作方案,分期开展整治工作。对位于苏州境内的94个重点湖泊逐一开展调查,掌握现有的水质情况及周边的各类污染源排污状况,明确各个湖泊的功能定位,确定其保护目标,编制整治工作方案。按照先重点后一般的原则,近期对东太湖、阳澄湖、淀山湖等重点区域开展生态环境整治,逐步对其他湖泊分期分批开展治理。

古城区河道水质提升行动。针对苏州市古城区突出水环境问题,在继续

加快城区截污工程建设前提下,通过清淤疏浚、水系沟通、生态修复、引清调水等综合措施,百分百实现污水入河截流,百分百实行河道清淤,百分百消除断头河,百分百达到河道保洁全覆盖,全面提升河道管理水平,使古城区水质、水景观明显改善,呈现"水清水好水美,河净岸洁景秀",环城河水质主要指标达到Ⅲ类,其他河道达到Ⅳ类,不低于Ⅴ类水标准。

2. 以"山—河—湖—城"为纽带的水生态保护与修复体系建设

(1) 加强湿地恢复和保护,还原自然水生态

依托苏州市生态红线保护区,加大生态湿地保护、建设和管理力度,重点建设环太湖湿地保护区、北部沿江湿地保护区和中南部湖荡湿地保护区。加强湿地管理,重大公共建设项目确需占用重要湿地的,必须制定湿地保护方案,并经县、市两级农林行政主管部门审核同意后方可办理用地等手续。在已经认定和公布102个市级重要湿地的基础上,加快对一般湿地的认定,公布名录,明确边界,设立界标,使全市自然湿地依法得到保护。新建一批湿地公园、湿地保护小区等,扩大全市湿地保护面积,加强血吸虫病等疾病相关螺类监测工作。在退渔还湖、退耕还湖地区和滨水地区恢复水生植被,因地制宜地开展生态放养,保护和抚育代表性物种,改善水生生态,高质量构筑一个物种多样、生态优美、自然和谐的湿地生态系统。

(2) 推进生态河道建设,营造良好水环境

树立"尊重自然、恢复自然"的理念,制定生态河道标准,重视河道自然形态的保护,包括蜿蜒性、深渊浅滩、沙洲滩地、宽窄变化等。开展农村生态河道的建设,尽量采用自然护坡、生态护坡,恢复水动植物生长、繁殖、栖息环境。开展部分城区河道的生态化改造,在保证行洪、航运和岸坡稳定的前提下,尽量减少衬砌,营造自然生态景观。开展生态友好型水利工程建设探索和实践。

(3) 推进城市生态化建设,降低人类活动影响

积极发展绿色生态城区,推动新建绿色建筑健康发展,在城市化进程中新建公共建筑一律实行低影响开发,通过增加透水地面率、配套建设水景池塘等措施,确保建设后产流系数不增加。以中心城区为重点,实施城市绿地221工程(两提高、两提升、一机制),即提高城市绿地覆盖率和立体绿化覆盖率,提升城市绿地生态功能和景观质量,建设绿地长效科学养护机制。探索下凹式城市绿地建设模式,突出绿地渗透功能。

(4) 实施水土涵养林保护,提升西部丘陵区生态功能

西山、东山等丘陵地区禁止树木砍伐、开山采石,有效保障西部丘陵区的生态功能,进一步加强西部丘陵区水土涵养林的保护。对原有宕口实施修复、保护,完成山体复绿整治,提升复绿整治成效,发挥生态景观功能。推进

环湖山丘区、沿江平原沙土区水土流失综合治理,强化水土保持监督执法。

3. 以最严格水资源管理为核心的现代水管理体系建设

(1) 落实最严格水资源管理制度

进一步完善水资源管理制度体系。根据实行最严格水资源管理制度的要求,加快完善实施层面法规的制定工作,为严格管理奠定基础。在《苏州市河道管理条例》《苏州市供水管理办法》《苏州市蓝线管理办法》《苏州市节约用水条例》《苏州市湿地保护条例》等地方法规的基础上,推动出台《苏州市建设项目节水管理办法》《苏州市计划用水管理办法》《苏州市水平衡测试实施办法》和《苏州市水功能区管理办法》。

促进重要管理制度的有效落实。以取用水户为抓手,落实单元用水总量控制制度,严格建设项目的水资源论证和取水许可审批管理,以太湖、长江等清洁水源为依靠,完善水资源调度方案和应急调度预案。制定主要行业用水定额准入标准,落实建设项目节水设施"三同时"制度,加强取用水计划管理,落实超计划或者超定额累进加价收费制度和阶梯式水价,推行工业企业用水审计,提高用水效率。以水功能区管理为抓手,实施纳污总量控制,对排污量超出水功能区限制纳污总量的地区,限制审批除生活污水处理厂以外的入河排污口,制定削减污染物总量和增加环境容量的方案,限期治理。

实施水资源管理责任和考核制度。水行政主管部门会同有关部门,对各地区水资源开发利用、节约保护主要指标的落实情况进行考核,考核结果交由干部主管部门,作为地方政府相关领导干部综合考核评价的重要依据。进一步完善党政实绩考核体系,加大水安全保障、水资源管理、水污染治理、水环境改善等与水生态文明建设直接相关的工作所占比例。

(2) 全面加强涉水管理能力

进一步完善水利水务管理机制。加快建立水利、环保、住建等涉水管理部门之间的信息共享机制,实现部门间信息平台的联网运行,完善水生态文明建设多部门合作共建机制。进一步落实水务管理一体化,做到事权清晰、分工明确、行为规范、运转协调,强化城乡涉水事务的统筹规划和统一管理。继续加强乡镇基层水利服务体系建设,加强人员力量与技术指导。

加强监控管理能力建设。继续做好全口径的取用水监测计量工作,逐步扩大排污口在线水质水量监测比例,全面建立覆盖乡镇的水资源管理信息系统,不断提高水资源监控管理能力。完善水质监测体系,实现水功能区水质监测评价的全覆盖;调整和建设一批地下水监测井,确保"每镇一井"。加强水生态监测,持续开展重要河湖藻类、沉水植物、底栖和浮游动物、鱼类等生态指标监测和评价,为水生态系统保护和修复提供基础支撑。加快推进现代通信技术、物联网技术、传感技术、"3S"技术等在水利勘测设计、水资源调度、水文监测、供排水监测、水资源管理保护、水环境监测、防汛防旱决策指挥等方面的应用。

加快建立面向公众的开放式现代水管理体系。建立公众信息发布平台,落实重大行政决策征求社会意见、专家咨询、集体决定等制度,提升公众参与水资源管理的积极性和便捷性。建立水利行风监督制度、重大行政决策后评估和责任追究制度,接受社会和群众的监督,保持水利公共政策和公共服务的连续性,提高水利公共服务的社会公信度。减少水行政审批事项,简化行政审批环节,建立行政许可集中受理、统一送达、一个窗口对外的管理模式,强化跟踪服务。

(3) 严守生态红线,全面加强河湖管理

严格执行《苏州市重要生态功能保护区区域规划》,建立健全河湖管理法规、制度和规划体系,实行蓝线管理制度。建立河湖健康评价体系,明确河湖管理与保护目标,明确岸线开发利用控制条件,提升河湖保护与管理能力。全面落实"河长制""断面长制",明确责任人,落实水面占补平衡制度,开展主要行洪河道及湖泊的清障行动,加大水域保护力度。建立由政府领导、主管部门牵头、相关部门配合的工作机制,健全管理工作规定,配备必要的巡查和管理设备,加强对围垦河湖、填堵河道、占用河湖管理范围、设置排污口的管理。

4. 以保障良好水生态环境为前提的水经济发展体系建设

(1) 推进生态化水产养殖

以生态化为重点,大力发展大闸蟹、青虾等特优水产品养殖,延伸水产业链条,提高水产业养殖比重,推进水产养殖业健康发展。全面推广池塘混养、套养和不投饵、不施肥、不用药的湖泊生态养殖模式,推广池塘循环水养殖技术,达到养殖尾水的达标排放,保障水产品质量。加快推进沿江特色产业带、沿湖蟹产业区、沿城生态休闲渔业圈的渔业"一带、一区、一圈"建设。大力发展渔业合作经济组织,壮大龙头企业实力,培育一批养殖规模大、加工能力强、市场知名度高、老百姓口碑好的名品和精品水产品。着力推进现代渔业产业园区建设,按规模化、生态化、科技化、产业化、合作化"五化"要求,建成一批千亩、万亩现代渔业园区。围绕建设高效设施渔业,实施"标准化池塘改造"工程,力争每年改造池埂整齐、灌排配套、设施先进、环境优美的标准化池塘5万亩。开展通过建立合理的养殖品种、规模和方式,促进湖泊水质改善和水生态系统恢复的探索,实现从"以水养鱼"向"以渔养水"的转变。

(2) 合理开发涉水旅游资源

以保护和修复良好的水生态环境为基础,全面提升景区水环境质量,挖掘苏州市涉水旅游资源开发潜力,构建包括主城旅游发展极核、沿江休闲旅游带、环太湖休闲度假旅游区、中部湖荡生态休闲旅游区、南部水乡古镇观光休闲旅游区的苏州市"一核一带三区"旅游发展空间格局。超前规划,合理开发游艇、赛艇、摩托艇、龙舟、水上航模、滑水、浴场等水上运动休闲项目,建设一批知名的滨湖和水上运动比赛场地。位于水生态环境敏感区的自然生态旅游的开发,坚持开发服从保护的原则,根据环境和景点承受能力,合理接待游客数量,加强水生态文明意识宣传,防止旅游资源的过度开发和对生态环境造成破坏。加强旅游景区的环保设施的建设,完善垃圾收集和处理体系,加强生活污水处理。

(3) 促进内河航运升级改造

开展以"两纵八横"为框架的干线航道网升级改造,注重与水资源和环境保护的关系,对环境敏感区进行避让,建设畅通、高效、平安、绿色的现代化内河水运体系。在市级层面建立水利与交通之间的长效合作机制,在规划协调、项目前期、工程建设、水污染防治管理等方面加强协调衔接,推动水利和航运共同发展。强化船舶污染防治,落实船舶生活污染、含油废水收集和处理措施。对河道两侧的港口、码头加强监管,依法配备与其吞吐能力相适应的防止污染应急设施设备,完善水上加油站的防污设施,防止污染物进入河道。制定船舶污染防治应急预案,完成重点水域、航道的电视监控设施安装任务,实行实时监控,提高应急处置水平。

(4) 完善生态补偿机制

建立生态补偿标准的动态调整制度,逐步缓解经济发展与生态环境保护的矛盾,形成全社会保护水资源和河湖资源的激励机制。全面加强水生态保护,按照市生态补偿法律、法规规定,对水源涵养区、水源地保护区、水土流失预防保护区等禁止和限制开发区域,由财政给予补偿。积极探索建立流域水生态补偿机制。

5. 以防洪排涝和城乡供水为主体的水安全保障体系建设

(1) 加强骨干河湖和区域防洪达标建设

采取"固堤防,守节点,稳河势,止崩坍"的工程布局,进一步巩固提高长江堤防防洪能力,按防御100年一遇洪潮水位加固,加大河势控导、崩岸治理,加强重点险工、主要节点守护,确保长江岸线稳定。构筑"排得出、引得进、蓄得住、可调控"的太湖防洪体系,巩固提高太湖调蓄洪水的能力,满足100年一遇太湖防洪的需要。区域内部,结合高等级航道整治,因地制宜建设高速行洪通道,增加外排出路,全面加强区域防洪能力。

(2) 加强城市和圩区排水防涝能力

开展《苏州市城市排水防涝规划》修编,综合应用蓄、滞、渗、净、用、排等多种手段,加快构建高效完善的城市排涝体系。合理划分雨水排水片区,完善雨水管网布局,充分利用已建雨水排水设施,加强雨水管网系统建设改造,局部低洼地采取自流与机排相结合的方式,稳步提高雨水排水能力达到规划标准。加高加固部分地区圩堤,加快配套建筑物与圩区排涝闸站更新改造,加强农村圩区管理自动化、信息化、数字化建设,全面提高圩区防洪除涝能力。

(3)加强饮用水源地达标建设

建立饮用水源地核准和安全评估制度,对已列入名录的重要饮用水水源地定期进行评估。组织开展集中式饮用水源地达标建设工作,按照"水量保证、水质达标、管理规范、运行可靠、监控到位、信息共享、应急保障"的要求,保障水源地安全供水。重点实施污染源整治以及生态隔离工程建设,提高原水水质。水源地一级保护区范围内没有与供水设施无关的设施和活动;二级保护区范围内没有排放污染物的设施或开发活动;准保护区范围内没有对水体污染严重的建设项目、设施或开发活动。完善蓝藻、湖泛预警系统,加快应急备用水源地建设,按照"一地一策"要求,完善突发性事件应急处置预案,定期开展水源污染应急演练,增强突发事件应急处置能力,确保饮用水水质安全。

(4)保障城乡供水安全

在进一步完善供水管网的基础上,实现各供水片区互连互通,列入关闭名录的小水厂全部关闭。加快实施区域环网和农村管网改造工程,改造对供水水质、水压有影响的老旧管道,开展部分新建小区、公共广场、学校自来水直饮的示范建设。强化供水水质监管,完善公共供水监测体系和网络,形成企业自检、政府监管、公众监督相结合的水质监管体系,定期公布水质情况,加快二次供水设施改造,保障末梢水质全面达标。

(苏州市水利局)

关于苏州建设特大城市的思考

夏成华

2015年7月国家批复的《江苏省城镇体系规划（2015—2030）》将苏州和南京列为特大城市。应该说,苏州到2030年建成特大城市,是有现实基础的。集中表现在以下方面。

1. 综合实力雄厚。全市经济综合实力实现新提升,2015年全市地区生产总值1.45万亿元(按常住人口计算人均超过2万美元);公共财政预算收入1561亿元;规模以上工业总产值3.05万亿元,稳居全国重点城市第2位;实现进出口总额达到3057.8亿美元,约占全国4万亿美元的7.5%;社会消费品零售总额4425亿元;全社会固定资产投资6124亿元。"十二五"期间年均增长2.2%,累计实际利用外资418亿美元,新批境外企业数和中方投资额均连续12年位居全省第1位。城镇居民和农村居民人均可支配收入分别达到5.04万元、2.56万元,"十二五"期间年均增长10.6%和12%。全市私家车保有量227万辆。上市公司100家。私营企业注册资本1.51万亿,外商及港澳台企业注册资本1282亿美元。

苏州市主要年份经济指标汇总表

年份	地区生产总值（亿元）	全口径财政收入（亿元）	外贸进出口额（亿美元）	居民本币存款余额（亿元）	城镇居民人均可支配收入（元）	农民人均可支配收入（元）
1990	202.14	21.47	1.88	73.33	2150	1664
2000	1540.68	158.27	200.70	803.70	9274	5462
2010	9228.91	1950.63	2740.76	4655.56	29219	14657
2014	13760.89	2688.86	3113.06	6753.44	46677	23560
2015	14504.07	2906.66	3053.50	7358.04	50390	25580

2. 基础设施完备。一是便捷高效的内外综合交通网初步形成。市区路网密集畅通,三纵四横主干道建成通车,内环、中环高架串联古城周边5个城区,快速公交、社区微型BUS、轻轨、有线电车方便出行。人均道路面积35平

方米。现已建成 4 条轻轨线,运营 2 条,未来规划达 9 条,总运营里程 300 千米。公交车 7000 多辆,出租车 9000 多辆,公共自行车 7000 多辆。城乡高速使 4 个县级市中心镇纳入 1 小时都市圈,城际铁路、高速铁路形成短途公交化便利。苏州港货物吞吐量 5.4 亿吨、集装箱 510 万 TEU,已开通苏满欧、苏满俄、苏新亚货运班列。前往苏南机场(无锡硕放)、上海虹桥机场、上海浦东国际机场、杭州萧山机场已有直达通道。从苏州任何地方到长三角主要城市的通勤时间可以缩短在 2 小时以内。二是生活服务设施不断完善。水、电、气、通信配套能力突飞猛进,网络布局渐趋合理。自来水综合生产能力近 800 万立方米/日,污水处理率 95% 以上;2014 年全社会用电量 1268.12 亿度,为 1990 年的 25 倍;天然气消费近 29 亿立方米/年;程控电话交换总容量 500 万门,移动用户 1670 万户,互联网 1079 万户,邮件 2.5 亿件/年。全市 2014 年建成区面积 735.15 平方千米,其中公共管理与服务用地占 5.76%、商业服务业设施用地占 6.86%。三是公共事业设施配套比较完备。文教卫生、社区服务网络健全,与人民生活水平保持同步。2014 年全市文化馆、站 109 个,建筑面积 68.19 平方米;博物馆、公共图书馆 51 个,建筑面积 31.56 平方米;学校 733 所,在校学生 117.98 万人,其中大学生 20.95 万人;医疗机构 3063 个,床位 5.5 万张;社区服务中心 95 个,居委会和居民活动用房均达每百户 30 平方米以上,养老机构 234 家、床位 6.4014 万张。

3. 传统文化灿烂。2500 多年的姑苏城孕育了独特完整的吴文化宝库,其思想精髓已成为历史延续发展的纽带。2012 年 8 月,苏州成立国家历史文化名城保护区,标志着"文化立市"工程进入攻坚阶段,传承弘扬优秀历史文化将焕发古城新姿,铸就世界名城之魂。据保护名录统计,整个区域世界文化遗产 9 处,全国重点文物保护单位 43 处,省级文物保护单位 71 处,市级文物保护单位 387 处,控保建筑 496 处,文物登录点 1953 处,工业遗产 32 处,近现代重要史迹及代表性建筑 441 处,古井 805 口,古桥 346 座,古牌坊 37 处,砖雕门楼 64 座,古驳岸 18 处,其他(巷门、照壁、水塔)24 处,古树 1445 棵。现有历史文化街区 5 个,历史地段 37 个,历史文化片区 7 个。非物质文化遗产 159 项,其中民间文学 11 项,传统音乐 6 项,舞蹈 6 项,戏剧 6 项,曲艺 1 项,美术 15 项,技艺 86 项,民俗 21 项,医药 5 项,其他 2 项(体育、游艺、杂技)。眼见小桥、流水、人家,赏玩园林亭榭、苏式工艺、虫鱼鸟兽字画,耳听评弹、昆曲、吴歌,这就是苏州亘古不变的人文情怀。

4. 人口资源充足。2014 年年末户籍人口 661.11 万人(2015 年 667 万人),比 1990 年增加 100.06 万人;常住人口 1060.4 万人,外来人口接近 400 万人。2015 年年底,市公安局统计流动人口 698 万人,其中常住人口 538 万人,从业人员 468 万人。近几年苏州人口的积聚势头在逐渐减弱,但基数依然庞大,劳动力资源仍处于供应充足高峰,只要经济维持现有规模与中高速增长,苏州人口总量将在相当长的时间内保持稳定状态,且随着户籍制度改革的政策红利释放,"农民工"后代受教育程度提高,劳动力素质会不断改善。一个城市的繁荣与否,根本上取决于人气,有面广量大的就业岗位,随之而来的人口集中,带来第三产业与公共服务需求,城市发展的内生动力越来越强。苏州处于现代化建设上升端,良好的地理环境、转型发展的创新氛围和可持续发展预期将吸引更多的国内外高端人才、熟练技工、成功人士来此创业、就业及居住。2014 年苏州市专业技术人员 136.6 万人,是 1990 年的 10.35 倍。苏州拥有国家千人计划人才 187 人(海外高层次人才引进计划)。

5. 内外交往活跃。苏州对内合作进入快速发展时期,已在全国共建 11 个开发园区,累计项目投资 500 亿元。引进内资量质齐升,2015 年外地资本实际到账 3395.37 亿元,同比增长 74.16%。在苏注册的外地商会已达 20 个。苏州国际交往越来越密切,特别是对外经贸关系亮点频现。全市缔结国际友好城市本级 18 个,区、县级市 30 个。每年入境游客 190 万人次(创汇 17 亿美元),出境人次超百万,进出口规模近来每年约 3000 亿美元;截至 2014 年实际使用外资累计 1084 亿美元,对外投资累计 65 亿美元,境外投资企业 1034 家,外商在苏投资企业 16859 家,世界 500 强中 147 家在苏投资项目。

6. 城市规划超前。1986 年版《苏州市城市总体规划》明确"全面保护古城风貌"的原则,决定在古城西侧开辟新区。苏州新区于 1990 年 11 月开发建设,1992 年 11 月被国务院批准为国家高新技术产业开发区。1994 年 2 月,中新两国政府合作开发苏州工业园区。2000 年 12 月,吴县市撤市设吴中区、相城区;2012 年吴江市撤市设吴江区。至此,苏州市区面积 2742.62 平方千米(不含太湖、阳澄湖等大型湖泊水域),占据全域陆地面积超过 50%。中心城区开发边界范围 650 多平方千米。2015 年 7 月经国务院同意、住建部批复的《江苏省城镇体系规划(2015—2030)》中将苏州列为江苏 2 个特大城市之一,昆山、常熟、张家港列为江苏 15 个大城市之三。《苏州城市总体规划(2007—2020)》修编将按 500 万人口以上特大城市标准探索改革,同步调整以下 3 个方面:对用地布局的规划、表达、管控方法;公共中心体系构建与公益性服务设施布局、基层社区服务设施配置方法和措施;城市更新(包括生态修复、城市修补、工业用地更新等)的规划方法。至此,苏州以市区(姑苏、吴江、吴中、相城、虎丘 5 个行政区,工业园区、高新区 2 个开发区,实际分 6 个区管辖〈虎丘区由高新区托管〉)、4 个县级市、50 个中心镇为框架的大都市格局构建完毕。

7. 改革动力强劲。苏州经济社会改革实践始终处于全国先进行列,开放试验、城乡一体化、社会治安综合治理创新等专项无不率先垂范,反映了城市自我成长的不竭动力和在国家发展战略中的引领地位。2013年2月,国务院批复设立昆山深化两岸产业合作试验区(以下简称"昆山试验区")。昆山试验区要努力打造成为两岸产业合作转型升级的先行先试区、两岸中小企业深度合作的重要载体、两岸交流合作模式创新的示范平台。2014年11月,国务院批准设立苏南国家自主创新示范区,苏州工业园区、苏州高新区、昆山高新区占据1/3苏南参与的国家级高新技术产业开发区。苏南国家自主创新示范区将建设高水平创新园区,培育高成长创新型企业,发展高附加值创新型产业集群,打造国际化开放创新高地。2015年10月,国务院批复苏州工业园区为全国首个开展开放创新综合试验区域。苏州工业园区紧紧围绕加快实施创新驱动发展战略,主动对接自由贸易试验区并积极复制成功经验,探索建立开放型经济新体制,推动产业结构迈向中高端水平,提升在全球价值链中的地位,更好地培育参与国际经济技术合作与竞争新优势,加快建设开放引领、创新驱动、制度先进、经济繁荣、环境优美、人民幸福的国际先进现代化高科技产业新城区,成为构建开放型经济新体制的排头兵,为国家级经济技术开发区转型升级创新发展提供经验。苏州城镇化率高达75%,城乡居民可支配收入比2∶1,远远高于全国平均水平。太仓首创的"政社互动"开辟了基层社会治理改革先河,形成了一整套措施办法,被省和国家民政部提倡推广。

8. 比较优势突出。一是省内"一股独大"。苏州各项经济指标在全省13个省辖市中几乎都遥遥领先,2014年GDP比第二名的南京市多4940亿元,为宿迁市的7.13倍;传统意义上的苏锡常也已难以并驾齐驱了,2014年苏州公共财政预算收入是无锡的1.88倍、常州的3.33倍。2015年国税1705.5亿元,占全省27.8%,比南京、无锡分别高8.1%、15.3%。二是在长三角中仅次于上海。2014年规模以上工业总产值30585.78亿元,比上海市仅少1651.41亿元,可见制造业总量的庞大。苏州与上海本不在同一起跑线上,无论是行政级别、政策支持,还是战略地位、传统基础,都没有可比性,但苏州顺应时代潮流,凭借艰苦奋斗和自主求索,与上海经济实力的差距明显缩小。三是全国改革开放中崛起的明星。在全国主要城市中综合排名仅次于上海、北京、广州、深圳、天津、重庆,比半数以上的省份经济实力还要强,2014年按常住人口平均GDP近13万元,仅次于深圳14.95万元。存贷款余额、城乡居民储蓄、保费收入、直接融资、金融机构(包括外资机构)与上市公司数量等各项主要金融指标均在全国前十之列。苏州的4个县级市综合实力均在全国前10以内,昆山连续保持第一名。苏州常住人口规模大体与经济地位相当,总量超千万,分布相对合理,居住密度均匀,常熟、太仓城区每平方千米不足0.5万人。

2015年12月,中央召开城市工作会议,强调城市发展要与资源环境承载力相适应,统筹空间、规模、产业三大结构;统筹规划、建设、管理三大环节;统筹改革、科技、文化三大动力;统筹生产、生活、生态三大布局;统筹政府、社会、市民三大主体。同时,根据《国家新型城镇化规划(2014—2020)》配套出台《关于深入推进城市执法体制改革改进城市管理工作的指导意见》《关于深入推进新型城镇化建设的若干意见》《关于进一步加强城市规划建设管理工作的若干意见》等操作性文件,这些顶层设计为苏州特大城市建设提供了制度性保障和行动性规范。

一、通过讨论形成共识:苏州建设特大城市责无旁贷

有人认为,苏州建设特大城市过于高调,沿袭外延扩张的造城老路,应该注重内涵特色发展。其实不然,这里存在诸多误解。2015年的苏州经济社会发展已进入崭新的阶段,无论是人均GDP[①]、规模以上企业工业总产值[②]、第三产业比重[③],还是市区面积[④]、城区常住人口[⑤]、全社会研发经费[⑥],均居于全国主要20个重点城市[⑦]之列。从这些依据分析,苏州建设特大城市不是争取荣誉与待遇或主观努力的目标,而是现实基础演进的必然结果,以特大城市的理念构建苏州未来发展体系无法回避。也许苏州现行的行政管理架构、毗邻上海的地理位置很难作为国家中心城市的战略选择,但对苏州按特大城市规划、建设、管理、运行决无障碍。达成共识需要社会各界沟通交流,甚至让媒体、公众参与建言献策、评判得失,使得苏州特大城市建设的各项决策真正科学化、民主化,贯彻落实中央城市工作会议关于以人为本发展城市的精髓。

二、找准未来战略定位:构建全球中心节点城市

苏州曾经一直被外界戏称为"上海后花园",这样的定位显然与今天发生的变化大相径庭,发达的制造业给苏州经济社会带来历史上最佳突破的机会。从长三角规划的表述来看,苏州将建设成为高技术产业基地、现代服务

[①] 全市GDP 1.45万亿元,按常住人口计算超过2.2万美元。
[②] 全市规模以上企业工业总产值3.05万亿元,仅次于上海;全部工业总产值全国第一。
[③] 全市第三产业占GDP 49.5%。
[④] 全市包括水面近3000平方千米。
[⑤] 据市公安局统计:市区常住人口590.57万,其中外来常住人口249.31万,占42.22%。目前国家划分特大城市的标准以城区常住人口500万—1000万为依据,全国现有9个特大城市、7个超大城市。
[⑥] 2015年全市全社会研发经费占GDP 2.7%。
[⑦] 苏州、上海、广州、深圳、南京、无锡、杭州、宁波、青岛、大连、北京、天津、重庆、成都、武汉、济南、沈阳、厦门、温州、珠海。

业基地和创新型城市、历史文化名城和旅游胜地。从苏南自主创新区规划的任务来看,苏州应建设成为具有国际影响力的全球产业创新中心、开放创新中心、创新要素集聚中心和人才创新创业高地。从"十三五"规划纲要目标看,苏州要努力建设具有国际竞争力的先进制造业基地、具有全球影响力的产业科技创新高地、具有独特魅力的国际文化旅游胜地和具有较强综合实力的国际化大城市。在全球化、信息化背景下,世界上任何城市都不能闭门发展,只有在分工合作与优势比较中谋求自身定位,以先进的技术、管理、劳动生产率获取足够的财富与资源。苏州作为产品和服务创新中心的基础逐步稳固,新产品、新业态、新模式层出不穷。目前苏州规模工业总产值仅次于上海,全部工业总产值全国第一,这说明制造业转型升级具备新旧动能更新的优势。到2020年,苏州将建成国家创新型城市,全社会研发经费投入占GDP比重超过3%,高新技术产业产值占规模以上工业总产值比重超过50%。苏州未来需要面向全球定标杆,立足国内强竞争,密切与上海对接联系,不断巩固负增长极的战略地位,在构建太湖生态共同体中发挥示范作用,在确立长三角世界级城市群中担当先行角色,在建设长江经济带中强化优势功能。

三、走特色发展之路:加强产城融合发展

以人为本,让产业发展与城市功能有机融合,改变产业园区与新城开发平行或背离的机械思维,走"以产兴城、以城促产、产城合一"城市内涵提升发展之路。其一,合理规划空间布局。居民社区、商业服务区、工业园区、生态留空区、公建配套等城市系统功能均预设其中,分布尽量科学稳定。加强"多规融合",经济社会发展规划纲要、土地利用规划、城市总体规划、城乡建设规划、产业发展专项规划、生态保护规划相互衔接,把空间布局与主体功能有机结合起来。划定永久基本农田、生态保护红线和城市开发边界。其二,优化城镇结构体系。确保"1450"规划目标落实到位。区域纵横之间形成合理分工的产业特色,新老城区、市区与县级市中心镇、镇村具有不同功能构造。实施"三优三保",优化建设用地空间保障发展,优化农业用地结构布局保护耕地,优化镇居用地布局维护权益。其三,构建便捷高效的综合交通网。根据地域特点与通勤需求,设计建设公路、轨道、水路交通运输线,打通地面、地下、高架连接点,推进城市轻轨、公交与城际铁路、高速、机场、港口无缝对接,降本增效。其四,打造智慧智能城市。以自主知识产权、高端人才为依托,开拓智力资源。以物联网、云计算、大数据、机器人为方向,服务生产生活。苏州工业园区和苏州高新区应按新城功能调整完善,解决生产高度集中、居住区分布失衡、生活设施短缺、社会发展滞后、城市管理低效带来的一系列问题。其五,服务业扩量和制造业提质同时并举。苏州第三产业占GDP比重第一次超过第二产业,和全国平均水平相当,但与美国(2013年)78.1%、日本72.6%、世界前14个高收入国家71.9%差距极大,继续扩大规模的目标不能放松。苏州制造业是致富强市的根基,在保持增量的同时,更加注重向业务价值链两头延伸,高度重视研发设计、品牌经营和业态模式创新,优化生产组织管理流程,始终保持技术先进、品质精细、效率提升,走集美德日企业优势深化制造业发展之路。

四、以改革凝聚动力:创新体制机制优势

在落实全国深化改革常规动作的同时,苏州要因地制宜做好自选动作。一是确保科技创新力。在新能源、新材料、节能环保、生物医药、新一代信息技术、智能装备等战略性新型产业领域集中培育、孵化领军企业、科研院所,建立产学研协同创新机制,促进科技成果产业化。在传统行业融合信息技术,提高生产经营效率,改进业态运营模式。二是重构行政管理资源影响力。苏州十大板块之间的联系沟通有必要提高层次,加大市级层面的规划协调力度,密切产业项目分工合作关系,注重基础设施互联互通,实施公共服务同城待遇。科学匹配市、区财权与事权,理顺上下职责关系,加快管理重心下移,提高办事效率与质量。三是放大国家改革试验效应。组织完善苏州市跨境人民币创新业务扩大试点工作,抓住苏州工业园区开放创新综合试验区、昆山深化两岸产业合作试验区、苏州服务贸易创新发展试点、中国(苏州)跨境电子商务综合试验区(申报之中)、苏南自主创新示范区、苏州市城乡一体化发展改革联系点等先行先试的重大机遇,探索可复制可推广的经验成果。四是探索社会治理新模式。作为东部发达地区的苏州,社会建设、社会治理、城市管理工作不能亦步亦趋,要和现代化城市所具备的要件相匹配。政府与私营部门之间的第三方力量必然成长壮大,补充提供公共产品和服务,缓冲社会矛盾;市民与志愿者必然积极参与社会公益活动,自助互助减轻家庭、政府托底压力,降低社会秩序维护成本。深入推进全国社区治理和服务创新实验区建设。

五、精心打造城市金名片:增强历史文化影响力

苏州既是一座经济发达的强市,又是一座闻名遐迩的历史文化名城。苏州的传统历史文化是一块不可或缺的瑰宝,在今后特大城市建设中能够发挥至关重要的作用。打造苏州世界遗产城市品牌,建立国家历史文化名城保护示范区城市文化形象标识。创新城市营销模式,着力提升苏州国际知名度。保护和传承江南水乡传统风貌,推进古城和非物质文化遗产区域性整体保护,持续推进古镇、古村落和历史街区保护,扶持和发展一批非物质文化遗产

生产性保护基地。充分发挥苏州历史人文和山水资源的独特优势,依托苏州园林、丝绸刺绣、昆曲评弹、工艺美术等文化遗产资源,深度挖掘吴文化的内涵和价值,大力发展文化旅游。苏州围绕国家历史文化名城建设已经制定了《苏州历史文化名城保护规划(2013—2030)》(文本、图纸、说明书、保护名录)《关于加强苏州国家历史文化名城保护和管理的意见》《关于加强苏州国家历史文化名城保护的决定》,正在制定《关于加强苏州国家历史文化名城保护条例》,为依法依规开展具体工作提供了依据和途径。苏州丰富的历史遗存在今后城市品质提炼中起到画龙点睛的功效,无论是学术研究、公益教育,还是商业开发、休闲娱乐都能大有作为。创新历史遗存活化利用方式至关重要,束之高阁、远隔大众、缺少传播,社会自然关注不够,就谈不上文化影响力,正常传承难免岌岌可危。苏州历史文化资源的综合利用对塑造城市形象非同小可。

六、彰显美好人间天堂:营造宜居创业创新大环境

"城市让生活更美好"是上海举办世博会的主题口号,它是基于城市更新改造要符合市民需求的理念提出的。作为城市主人——市民要为提高生活质量而努力,安居乐业,享受天蓝、水清、干净、安全的自然环境和基本的社会保障,接受普惠的公共服务,自由实施个人创意。政府通过公共政策为全体市民提供宜居创业的所有便利,促进福利公平,满足合理合法的正当诉求。只有这样,不同阶层的人、不同成长阶段的人才能各得其所、各尽其能,过着幸福和谐的城市生活。苏州国土生态红线为全境面积的37.8%,目前开发强度已高达30%,到2020年建设用地将实现零增长,只能在存量用地中调整结构、腾龙换凤、螺丝壳中做道场。另外,加快"农民工"市民化进程,实现常住人口同城待遇,保障城市各阶层包容性生存与发展。2015年,苏州户籍667万人,而常住达1205万人,差不多近半为外来人口,"市民化"的目标任重道远,这是一道绕不过的"坎"。

七、持续加大开放力度:全方位开展国际交往

自20世纪90年代起外向型经济一直是苏州腾飞的基石,近年来由于国内外大背景的原因,增幅有所下降,但依然保持旺盛的活力。苏州外贸结构需要继续调整,单个环节的加工贸易向全产业链的自主研发产品与服务的出口导向演变,"微笑曲线"两端附加值高的制造业比重扩大。对外投资已经成为苏州产业转型升级的重要渠道,既可消化过剩产能,又可带动配套产品与服务打包出口,化解国内劳动力成本上升、土地资源紧张、环保容量限制的矛盾。紧跟国家"一带一路"战略,积极参与沿线国家大工程建设,承担主要项

目的供应商角色。全面升级文化旅游设施,培养、引进国际人才,集中力量、利用各种国际场合、设计品牌营销载体向世界宣传推荐苏州特色文化,特别是以古城为核心的深度组合内容,拓宽入境游和出境游合作渠道,在市场细分方面多下功夫,植入流行时尚概念,满足不同国家不同人群来苏州的个性化需求。积极与国际友好城市开展互动交流项目,官方搭台、民间唱戏、文商结合,主要是在当地展示苏州魅力。

(苏州市发改委城区处)

国内外城市更新经验和苏州对策研究

潘福能

"城市更新"是指城市管理者运用维护、拆除、整建等方式实现城市土地经济合理的再利用,并促进强化城市功能、增进社会福祉、提高生活品质、促进城市健康发展的过程。城市更新的目的是为了持续提升一个城市的品质,涉及经济、社会、文化、环境等多个方面,因而所采用的方式应该是综合的、整体的方法。

一、国外城市更新的有益启示

美国、英国、法国、日本等发达国家早就完成了城市化,它们的城市化也有个从外延扩张到内涵充实的过程,城市产业布局随着时代的进步和科技的进步逐步变更和升级,随着人们生活水平的提高和对生活质量的追求,城市通过自我更新的办法不断提升自己的功能。从西方国家的城市更新实例来看,它们的城市更新既付出了代价,也取得了成就,它们的教训和经验对于后来的国家来说都是宝贵的。尽管这些国家在城市更新初期都走过了一些弯路,造成了一定的社会问题,如破坏了社区固有的社会支持网络和邻里与社区归属意识;导致了贫民陷入更加贫困的状态,使城市贫民家庭获得的城市资源更少,降低了他们的福利;增加了城市道路拥挤和交通成本;破坏了城市文明繁荣的历史文脉,古老的建筑物大量消失,千城一面的城区方格布局造成城市特色的消失;城市经济财政面临着巨大压力。在城市更新后期,他们逐渐修正了先前的做法,取得了不少值得我们借鉴的经验,这些经验可以使我们减少弯路。

1. 政府、开发商、民众共赢的开发模式。单一的政府投入为主的城市更新和旧城改造,一方面容易忽视市场的作用,另一方面容易忽视民众的需求,而政府的大规模投入则会加大财政的负担,投入极大而效果极小。城市更新的后期政府更加重视民众的诉求和意见,加强同民众的沟通,提高民众的就业和生活水平,方便民众的生活,这样一方面能够提高城市更新的实效性,另一方面有利于加快工程的进度,节省时间成本。而精于"算计"专业性强的开发商的加入,对于提升城市更新的质量和减少浪费很有帮助。政府对于开发商的态度,一方面是提供优惠的条件吸引其加入,另一方面结合民意和法规对其进行引导和规范。

2. 适应未来生活和发展的多种目标的政策体系。城市更新是一项复杂的系统工程,需要建立多目标的综合体系,包括城市未来的能源结构、交通体系、产业结构、居民结构、居民就业、生活配套、文化生活、城市历史文脉的延续和文化特色的保存和形成等,注重经济、社会和环境等综合效益的提高。城市更新注重的是城市的整体活力,而不是单纯的经济目标。考虑到城市更新的综合性,才能实现城市整体功能的提升。

3. 完备的规划体系与留有余地的规划空间。必须承认未来科技、产业、文化、市场的发展未必尽如政府所料,根据现有的认识去详尽地制定未来五年、十年的发展规划且奉为圭臬是要冒很大风险的,规划太详尽、太刚性将限制乃至于扼杀新的产业和创意。西方国家后期的城市更新能够考虑到规划地区的实际需要和业主开发商的利益,或做出相应的变更或给城市更新留下更多的操作空间。当然这样的变更需要相应法规的授权和支持。

4. 城市更新要与当地的经济和社会发展水平相适应。不能贪大求多,不能贪功求速,也不能单靠政府举债或卖地投入透支经济和生态能力,更不能通过大规模破坏社会网络、城市特色、历史文脉造成更大的社会问题,要使城市更新处于社会可接受的范围之内,走一条经济上可持续、效果上更有益的城市更新之路。同时,城市的更新改造必须与城市社会经济结构的调整相结合,西方国家后期的城市更新运动之所以促进了城市经济的发展就在于顺应了这一规律,通过更新计划为新兴产业的发展提供了城市空间,使一些以传统产业为主的城市重焕了生机。这样才能既复兴城市中心区,又促进社会、经济的整体发展。

二、国内城市更新的现状、经验及存在的问题

改革开放以来,全国特别是以超级城市为代表的超大、特大城市经济结构、资源配置、社会结构、居民生活都发生明显变化,尤其在中心城区(老街道、新村和商业区),多数都面临着物质性老化问题,而且更交织着功能业区性衰退和传统人文环境和历史文化环境的继承和保护的问题。城市空间的跨越性发展,加之资源配置的倾斜,使得一些新的区域和板块迅速"繁荣"了起来,但在板块和区域之间留下了大量的城市"牛皮癣",如城中村,那里的居民成了经济生活和社会生活的边缘人。而随着经济结构的调整,就是在原本"繁荣"地区也有不少的工厂迁出,但"退二"未必都能"进三",老厂房区域的改造和利用也成了日益突出的问题,需要通过城市更新来恢复活力。

目前为止,提出进行全面城市更新战略和相关政策措施的主要是深圳、广州、上海,北京也有学者提出了建议,但多数限于文化特色和历史文脉延续问题和首都功能的疏解问题,也有中小城市提出了城市更新问题,但大多把城市更新理解为区域的拆迁和房地产开发问题。

2009年8月,广东省政府开展了"节约集约用地试点示范省"的建设,出台了《关于推进"三旧"改造促进节约集约用地的若干意见》(以下简称《意见》)。同年10月,深圳市颁布了全国首部的城市更新办法,提出了"城市更新"的概念,最早在全国出台《城市更新办法》,并于2012年1月发布了《深圳市城市更新办法实施细则》,率先试水用系统的城市更新改善城市面貌提升城市功能和城市品质。广州市在2014年成立城市更新局,并在2015年发布了《广州市城市更新办法》(简称《更新办法》)及其配套文件《广州市旧村庄更新实施办法》(简称《旧村办法》)、《广州市旧厂房更新实施办法》(简称《旧厂办法》)、《广州市旧城镇更新实施办法》(简称《旧城办法》),并于2016年1月1日施行,全面推行城市更新工作。2015年5月,上海印发了《上海市城市更新实施办法》,推动协调、可持续的城市有机更新,并由市政府及市相关管理部门组成市城市更新工作领导小组,负责领导全市城市更新工作,对全市城市更新工作涉及的重大事项进行决策。作为国内一线城市,相继推动了城市更新,他们的做法、经验值得苏州学习和借鉴;他们在城市更新中遇到的困难和出现的问题,也值得苏州重视。其中,深圳市在城市更新中出现的问题和取得的经验尤其值得苏州吸取。

(一)深圳市城市更新的主要经验

深圳市城市更新面临着三个特殊背景。一是深圳市在1992年和2004年分别完成了对特区内和特区外全部土地国有化进程,从理论上讲,深圳市已经没有农村了,城市化率是100%。但事实上,深圳市城市更新面临着两个高:一是集体组织占有土地比重高,截至2013年仍有一半以上的土地掌握在农村集体经济组织(深圳市多数已改制为社区股份公司)手里;二是"非法用地"占比高,2009年调查中发现有40%左右的建筑属于"违规建筑",只有25%左右的集体土地属于合法用地。另外一个背景就是产业升级的倒逼。2008年爆发的全球金融危机对我国出口造成了严重影响,深圳的出口形势也曾一度恶化。这促使深圳市决定加快构建以"高新软优"为特征的现代产业体系,引导产业结构调整和投资方向。深圳市土地面积极其稀缺,面临着"城市发展无地可用、产业升级无地可腾"的困境。这也是深圳为何在全国率先提出要推进城市更新的重要原因。通过城市更新,深圳市实现了产业的转型升级,拉动了经济的增长,提升了城市发展的质量。深圳市城市更新的主要做法和经验是:

1. 明确关系,理顺政府与市场、政府与业主的关系。深圳城市更新一个非常重要的特点是政府引导,市场运作。深圳市级层面主要负责政策的制定,整体统筹计划和规划;区级层面主要负责项目实施的协调和监管。市场运作上,深圳市一方面鼓励原权利人自行实施、市场主体单独实施或者二者联合实施城市更新,多种更新方式从制度上为市场力量进入城市更新提供路径。城市更新必须坚持以人为本和公众参与,深圳市倡导多方共建构建权益协调平衡机制。深圳城市更新非常注意尊重和保障原权利人的合法权益和改造意向。在项目申报的阶段要求双三分之二的原权利人同意进行改造才能立项,立项后在实施层面要求所有权利人和开发企业达成一致后方可实施。

2. 因地制宜,探索多种城市更新模式。深圳市在城市更新中重视差异化的改造方式,探索多种城市更新的模式:由政府出资完成全市城中村综合整治;在旧工业区改造上,在功能改变方面出台了允许加建、扩建、功能改变和土地延期等一系列的政策;在历史遗址保护方面,既划定现状保留,也划定整治维护区域,有效地保护了一批历史建筑、传统市居和工业遗存。

3. 注重公益,实现城市更新单元利益共享。借鉴中国台湾地区的经验,将旧城改造以城市更新单元为基本的管理单位,突破了以单一宗地为改造对象的惯常做法。深圳城市更新单元的划定原则上是要具有一定规模的相对成片的区域,通过改造以后能够有效地落实城市基础设施和公共服务设施。规定城市更新单位应提供不少于15%和3000平方米的用地用于基础设施和公共服务设施建设。住宅类城市更新项目按照不低于住宅总规模的5%—20%的比例配建保障性住房。

4. 改善规划,探索存量土地的规划管理手段。深圳市城市更新注重规划的整体与局部相结合原则,建立了城市更新单元的规划制度,把它作为直接指导城市更新项目的规划依据。城市更新单元的规划与法定图则规划相互衔接,但各自的规划内容都非常有特点,已经是拓展了控规层面的内容。更新单元规划在技术层面也有些变革,例如,城市更新单元容积率测算规则。对于项目贡献用地超过15%的,在容积率上给予不超过总量30%的奖励。城市更新单元规划具体编制的时候具有协商的特点。

5. 注重配套,以土地管理制度改革推动城市更新。深圳市的城市更新规划和土地政策同步并进,出台了一些土地管理政策,最重要的一项改革就是"允许企业可以联动开发",就是把企业"直接介入一级土地开发"和"获取土地使用权进行二次开发"捆绑起来。这突破了现有土地管理法"经营性用地必须通过'招拍挂'方式获取使用权"的规定。鼓励企业从一开始就介入更新过程,同集体经济组织形成更紧密的利益关系。同时也极大地减轻了政府前期一级开发的资金压力。

对历史遗留用地,分类施策,纳入合法化、规范化和一体化管理。吸取了城市更新前期改造的教训,没有对"小产权房"一棍子打死,而是从事实出发,规定"非商品性质房地产转为商品性质的,应当按照有关规定另行补缴相应地价"。

(二) 深圳市城市更新的主要问题

深圳市的城市更新虽然取得了很大成就,但面临的问题也是不小的,这里面既有共性的因素,也有深圳自身的个性因素。困扰深圳城市更新推进的有三大难题:拆不动、赔不起、玩不转依然突出。官方数据显示,截至2013年底,深圳城市更新项目的实施率仅为大约19%。除了工改项目,得以落成以及销售的城市更新项目,绝大部分都是在2009年城市更新实施细则出台之前便已启动的工程,而且多数得益于政府相关部门的介入。真正在城市更新细则发布后、基于市场化谈判而得以顺利推动的城市更新项目,并不太多见。尤其是针对利益博弈更为复杂的旧住宅区改造,在2014年基本被叫停。深圳市城市更新的主要问题有:

1. 历史遗留问题处置难。在深圳原特区外,城市二元特征明显,存在着大量1992年—2004年深圳土地"统转""流转"过程中产生的征转手续不完善的历史遗留用地。这些土地法律上已经国有化了,但由于征收和补偿手续不完整,尚不能成为权属清晰的合法用地。虽然以后降低合法用地的比例,但原特区外的很多项目仍不符要求。

还有就是历史遗留违法建筑处置缺乏标准。只有合法建筑才是补偿对象,违法建筑要作为权属确定的更新对象必须先行接受处理。由于实施主体是市场主体而非政府部门,无论合法建筑和非法建筑都要给予补偿。而原特区外90%建筑都没有合法手续,物业实际占有人不愿接受处理,甚至还"顶风"违建,大大增加了开发成本。

2. 形成交易价格标准难。与传统"旧改"模式不同,城市更新主体形成是市场行为,实施城市更新的开发商向单元内小业主提出收购要约,小业主可以讨价还价,也可以拒绝出售。没有强制出售要求,又没有标准价格,在房产价格飙升的形势下,一些小业主的要价可能开发商无法承受。与此相关联的是由于商业运作,到最后可能小业主不与开发商达成协议而导致开发主体无法形成,这时无公权力救济渠道,开发商前期投入不能回收,使得一些人采用了违法手段对付小业主。

3. 相关政策法规配套难。据官方数据统计,从2009年至今,深圳已经陆续出台了关于城市更新工作的规则将近20项。尽管如此,但由于现有政策体系不够完善,仍使得不少城市更新项目的推进经常因无法可依而一度停滞。深圳在2009年出台的《深圳市城市更新办法》属地方行政规章,效力层次偏低,且无上位法作依据,致使历史遗留问题难以通过法律途径解决。城市更新还涉及与其他部门职能、政策衔接,如城市土地整备政策,以及司法部门、法律系统配合,还没有在全市形成共识。

4. 城市更新整体推进难。由于产权的分散,开发商物业收购工作非常困难,深圳旧区重建始终处于"零敲碎打"式的机制和模式。由于开发改造零敲碎打地进行,社区在相当长的一段时间内处于一种混乱局面,改善环境的各种配套工程很难顺利进行,社区付出的环境成本很高,最后甚至有违改造的初衷。反过来,业主的销售收入最终也会因公共和市政环境得不到改善而下降,于业主和社区都不利。

三、苏州市推进城市更新的对策建议

2015年12月召开的中央城市工作会议明确了做好城市工作的指导思想、总体思路、重点任务,提出了做好城市工作的具体部署,提出了要统筹空间、规模、产业三大结构,规划、建设、管理三大环节,改革、科技、文化三大动力,生产、生活、生态三大布局,政府、社会、市民三大主体,这对苏州推进城市更新有重要的指导意义。苏州推进城市更新,应该注重做好以下几个方面的工作:

1. *不断完善苏州市级规划体系*。规划是城市发展的指南,各级政府都在编制各类城市规划,但是由于经济社会发展太快,规划不如发展快,导致规划的科学性、指导性和权威性不足。在当前形势下,有必要对业已形成的各类规划进行完善、修改、补充和升级。(1)推进"多规合一"工作。中央城市工作会议指出要促进"多规合一",苏州要在党委或政府主要领导牵头的领导小组的领导下,形成国土、发展改革、规划、环保等部门共同参与的联合工作机制;积极探索协调基础数据、指标、管制规则等关键技术,包括统一空间基础数据和用地分类表达,统一确定规划目标和任务,探索构建多部门共享的规划信息基础平台,力图从根本上扭转政出多门、各自为政、相互矛盾、资源浪费的情况,最大限度地集约、节约使用资源。(2)全面开展城市设计工作。在推进"多规合一"的同时,结合中央、省有关城市发展和管理的各项政策,结合未来产业和科技发展方向,结合人民群众未来生活质量提升的方向,加快苏州城市空间发展战略规划研究,科学谋划城市"成长坐标",以此来指导城市的更新工作,使城市更新的局部与城市发展的整体能够融合在一起。(3)改善规划的管理工作。不可否认的一个事实是城市更新的效果并不总能够满足规划设计者的预想,而设计者也不可能把未来发展的趋势、人们的需求和利益相关方的要求做出全部和准确的预测,特别是科技和产业的发展、优势和特色的形成往往是个自然的历史的过程,这时的规划特别是控制性详规就

有个重新编制和调整的过程。习近平总书记在中央城市工作会议上就指出规划编制要接地气,可邀请被规划企事业单位、建设方、管理方参与其中,还应该邀请市民共同参与。城市发展规划,尤其是详细规划在政策的空间下要留有余地,调整时能有足够的灵活性,当然这种灵活性需要合法的程序予以确认。

2. 设立负责城市更新专门机构。除上海没有设立,广州和深圳都设立了新的市区(县)城市更新局,负责市区(县)的城市更新工作。城市化发展到目前的阶段,在国家对"超大型、特大型城市"的土地发展规模严格控制的情况下,增量土地紧张,存量土地开发越来越重要,而存量土地开发的工作量很大,既要统筹各种关系,也要平衡不同的利益主体。另一方面,新型城市化也要求城市开发从粗放走向精细。城市更新局的一个重要职能应该是解决存量土地开发如何精细化的问题。这就需要成立新的部门来专门统筹管理城市更新工作。城市更新局的职责包括:城市更新工作方案与计划的编制;城市更新配套政策的制定;城市更新项目实施与监管;城市更新项目方案审核、平衡统筹资金;集中办理城市更新市区(县)级权限范围内的审批事项的服务工作;指导、协调、监督各区城市更新工作。苏州可以在学习深圳、广州的做法的基础上,对城市更新任务重、要求高的地区设立城市更新局以统一辖区范围内的城市更新工作。

3. 政府、企业和社会优势互补。从国内外城市更新的教训和经验来看,单独依靠政府进行城市更新成本很大、浪费更多且不能很好满足社会的需求和未来的趋势。合理利用私人企业资本参与城市改造,可以减轻政府负担;利用企业特别是大房地产企业的开发经验和开发能力,能够有效弥补政府对市场的短板,因此相对更能保证开发中的总体性和科学性。鼓励此类企业积极参与城市改造,充分发挥其自身的优势,无疑可起事半功倍之效。但是开发商主导的城市更新也有很大的弊端,就是容易把企业的利益凌驾于公共利益之上,在项目设计和实施过程中容易违背区域长期的发展需求和社区居民的意愿,甚至通过灰色和黑色手段(如强拆、威胁人身安全)推进项目进度。政府对私人资本要进行严格的用途界定和使用监督,防止开发项目为私人企业所左右。在目前的经济和法治环境下避免让开发商过早地进入征地环节。同时要充分重视发挥社会的功能,要花大量时间进行民意调研和民意沟通工作。设立相应的社会机构进行长期专业的调研、互动、公众参与工作。城市更新改造涉及千千万万的普通市民,关系到其切身利益,因此必须大力推进公众参与,让市民参与到整个城市更新过程中去。

4. 注重全面统筹,落实公共要素优先安排。纵观世界各国(地区)的城市更新大致都经历了三个阶段:"清除贫民窟""改善居住环境"和"社区综合复兴"。"社区综合复兴"除了物质设施的建设以外,还包括各种非物质形态的保护和修复以及相应的产业配套,明确生活圈中"缺什么""补什么",提供更宜人、更有人气、更加和谐的社区生活方式。因此,在城市更新中要更加重视文化、生活设施以及产业的配套,优先在公共服务设施、历史文化建筑保护、生态环境、慢行交通系统、公共开放空间、城市基础设施、城市安全等方面做出安排,使社区与周围的交通、环境、风格、功能实现有机连接,使社区内部在生产、生活、文化有机融合,完善城市功能的同时,恢复和增强社区的活力,利于社区和城市的可持续发展。

5. 积极探索城市更新的法治化路径。城市更新牵涉多方面法律关系,在主体上涉及政府、土地和房屋权利人、开发商等多个方面;在程序上包括城市更新区域划定、更新启动条件设定、申请、批准、城市规划和容积率调整、城市土地征收或征用、土地开发、建造等诸多环节;在权利义务内容上,不仅涉及民法上的财产权保护和处置,而且因为行政行为所产生的权利义务关系变动,会影响行政相对人财产权。当前,传统民法和行政法均无法单独完成对城市更新法律关系的调整,所以建立并完善城市更新相关立法,已成为当前我国新型城市化进程中亟待解决的问题。苏州市在推进城市更新过程中要做好地方立法工作,在充分吸收国内外立法经验教训的基础上尽快出台《苏州市城市更新办法》和《苏州市城市更新实施细则》,对城市更新进行统一的规范和指导,均衡各方利益,保证城市更新的质量和进度。

(苏州市委党校)

关于影响苏州国家历史文化名城保护区功能发挥的三个因素

居 闲

2012年8月苏州国家历史文化名城保护区设立,2013年10月《苏州历史文化名城保护规划(2013—2030)》实施,2015年4月《关于加强苏州国家历史文化名城保护和管理的意见》出台,《苏州历史文化名城保护条例》初稿正在征求意见,其他配套措施也将逐步实施。这些法规体系的建立健全,对未来苏州历史文化名城保护工作水平再上新台阶具有积极的促进作用。根据市委、市政府的精心部署,市、区两级政府高度重视古城全面保护工作,在加强组织领导、加大资金投入、创新工作机制、提升城市管理质效等方面取得长足进步。但是我们应该看到,这仅仅是探索起步阶段,离国家历史文化名城保护示范区的建设目标还相去甚远,影响保护区功能有效发挥的障碍依然存在,我们应认真思考和解决好有关问题。

一、功能定位:古城保护是姑苏区(保护区)第一要务

平江、沧浪、金阊三个老城区合并成立姑苏区,同时挂牌苏州国家历史文化保护区,辖区面积87.8平方千米,涵盖了苏州中心城区自古及今的全部区域,反映了传统城市存续变迁的完整历史。1986年版《苏州市城市总体规划》明确"全面保护古城风貌"的原则,决定在古城西侧开辟新区。苏州新区于1990年11月开发建设,1992年11月被国务院批准为国家高新技术产业开发区。1994年2月,中新两国政府合作开发苏州工业园区。苏州市区由此形成"东园西区"一体两翼的格局,让古城重新置于城市建设区域的中心。2000年12月,吴县市撤市设吴中区、相城区;2012年吴江市撤市设吴江区。这使得姑苏区特别是古城区事实上居于市区地理中心。

改革开放初期,特别是20世纪90年代前后,以经济建设为中心,提高人民生活水平是头等大事。为了缓解市区交通拥堵的状况,1992年起花了2年时间新建横贯东西(东环路至西环路)全长7.5千米的干将路,据不完全统计,当时动迁8000余户、3万多居民,拆除唐宋元明清或更早形成的古街、老

巷、旧坊20多条。与此同时贯穿古城南北的主干道历次拓宽改造同样不可避免地损毁一些历史遗存，观前街、石路、桃花坞地区连片改造、改厕等工程多少也有类似情况。客观上讲，这是城市发展现实逼迫下的无奈选择，旧城改造伴随着基础设施改善、居民生活环境提升。

如何处理古城保护与经济发展的关系值得研究。古城保护更多的是投入，公益性较强，开发利用并有所回报恐怕难如人意，体现出来的社会效益远远大于经济效益，功在当代，利在千秋；经济发展追求的是产出最大化，GDP和财政收入增幅显著。古城文化、旅游优势巨大，增长潜力有待挖掘。但这是个慢工出细活的行业，市场效应取决于增值服务的品质吸附力与链条长度，不是一朝一夕能够练就的，与工业项目收益立竿见影的过程大相径庭。2015年1至9月，姑苏区公共财政预算收入同比增长0.6%，而全市平均7.5%，市区平均7.9%。由于经济成长的自然趋势，古城区原先的税利制造业大户因土地空间、生态环保、规划调整等陆续外迁，剩下的都是传统商贸业，加上短期效应强并集中开发的房地产业和周边同质竞争形成的虹吸作用，姑苏区经济发展不可能与其他城区特别是开发区相提并论，换句话说，姑苏区经济转型升级与规模、速度没有关联，它的根本任务就是围绕古城保护、建设国家历史文化名城谋篇布局、真抓实干。

市委、市政府将姑苏区、苏州国家历史文化名城保护区功能定位为"四区四高地"，即建设"历史文化保护示范区、高端服务经济集聚区、文旅融合发展创新区、和谐社会建设样板区，成为文化高地、旅游高地、科教高地和商贸商务高地"。这是对2011年苏州市第十一次党代会"一核四城"战略中"做优做靓古城"的具体解读与深化。我们有必要在此基础上，进一步凸显姑苏区、保护区古城保护第一位的功能定位。

姑苏区、保护区历史文化元素高度积聚，保护好、传承好人类优秀遗产是当代苏州人义不容辞的责任。据保护名录统计，这个区域世界文化遗产8处（大市内共9处），全国重点文物保护单位24处（共43处），省级文物保护单位32处（共71处），市级文物保护单位104处（共387处），控保建筑245处（共496处），文物登录点1259处（共1953处），工业遗产31处（共32处），近现代重要史迹及代表性建筑224处（共441处），古井749口（共805口），古桥94座（共346座），古牌坊24处（共37处），还有不少砖雕门楼、古驳岸、古树。现有历史文化街区5个，历史地段37个，历史文化片区7个。非物质文化遗产中民间文学、音乐、舞蹈、戏剧、曲艺、美术、技艺、民俗、医药、体育、游艺、杂技绝大多数出自于历史城区。下一步需要下大力气修复维护、整理挖掘，把物质与精神遗产结合起来展示、体验、品味，点、线、面全方位呈现，拓宽文化、旅游产业的增值服务空间。

二、改革创新：破除影响古城保护的体制机制性障碍

首先,管理体制机制不顺是目前保护区履行职责的最大障碍。新出台的古城保护新政释放了一些改革红利,如市委、市政府主要领导直接担任保护示范区工作领导小组组长,保护区国土和规划局增挂古城保护办公室并实体化运作,古城区域内实行综合执法体制,设立古城保护专项资金和古城产业转型升级基金。从本质上分析,这些只是在市、区原来管理格局上做出的微调,市政府及其部门的实际管理职责与姑苏区、保护区职能高度重叠交叉的掣肘矛盾没有消除,大量经济社会发展的主要决策与事务性工作的边界不清、分工不明。2004 年实行的"税收属地、增量分成"的财政管理政策基本没变。其次,执法权和执法力量交叉,城管、文化市场、旅游、环保、交通等执法主体矛盾重重。再次,土地、文化、旅游、直管公房等主要资源都掌握在市级部门,区里统筹发展的手段有限。姑苏区土地收益、城建税、教育附加费以及 13 个行业税收属于市财政归口管理;可以开放的 38 处园林、主要旅行社、星级旅游饭店,区里没有管理权;国土、规划的参与权难以保障。最后,姑苏区、保护区之间机构职能也未理顺。姑苏区党政 19 个部门加苏州火车站综管办、3 个新城管委会;保护区 4 个部门加古保办,职能互兼的不在少数。

姑苏区、保护区体制机制改革已到了攻坚克难的关键时期,简政放权、强化属地管理职责是个正确的方向。一方面,需要理清市与区之间的职责、权限,形成市、区协调的管理格局;另一方面,姑苏区、保护区也必须形成承接管理职责的能力,重塑属地管理的模式。

三、行动路径：实施古城全景区管理项目运作

古城保护整体推进必须以项目建设、运营、管理的模式为行动路径。根据规划制订项目实施计划,既有硬件工程,也有软件项目。看得见、摸得着的基础设施改善、古建修复、生态景观重建等固然重要,更为紧迫的是管理模式重构,使有限的人、财、物利用效率提高,建立可持续有生命力的古城保护体制机制。近来 PPP 项目投资模式较热,但配套政策必须落实,社会资本的投资权益必须保障。就拿古宅修复工程来说,要明确占有、使用、收益、转让、特许经营等问题,让投资参与者有良好的收益预期和风险确定性,否则 PPP 很难真正见效。平江路上万套的私宅修缮不能单靠政府投资,需要从产权保护、特许经营、有偿转让的多重纬度解决社会资本参与的后顾之忧。

与此同时,策划运作大项目也是当务之急。大胆推进护城河内 14.2 平方千米古城全景区项目建设的时机已经成熟。一是行政辖区界限清晰和地理

空间分隔,便于独立管理;二是古城占历史城区74%,做好景区的盆景效应突出;三是古城内文化旅游资源整合潜力大,功能互补性强;四是有利于古城保护整体申遗,向国家、省争取特殊优惠政策和对外推广城市品牌。小修小补、点状经营已不足以改变古城功能游离不定的尴尬局面。

(苏州市发改委)

值得重视的成绩与矛盾
——新阶段推进苏州古城保护、有机更新的调研(上)

陈楚九　韩承敏　肖　锐　李静会　张炜伟

苏州的古城保护是老问题,也是新问题。说是老问题,因为30多年来苏州进行了持续渐进的探索性实践,并且取得了很大的成绩,但同时也面临着诸多矛盾与问题;说是新问题,因为在经济国际化、新型城镇化、城乡一体化大背景下,在苏州全面推进小康建设的发展新阶段,苏州的古城保护面临着新的形势任务与使命担当,我们应如何推进古城保护、有机更新,应如何把握古城的保护、利用与发展,应如何走出古城保护的苏州路径,这些都亟待我们在新的实践中做出正确的回答。

苏州是1982年国务院公布的全国首批24个国家历史文化名城之一。纵观30多年来苏州古城保护实践,成绩有目共睹:20世纪90年代,以拙政园、留园、网师园、环秀山庄等9处为代表的苏州古典园林列入《世界文化遗产名录》;2003年,苏州古城保护与更新项目获得"中国人居环境范例奖和迪拜国际改善居住环境最佳范例奖";2005年,平江历史街区保护项目获联合国教科文组织颁发的"亚太文化遗产保护荣誉奖";2009年、2010年,平江路和山塘街先后被评为"中国十大历史文化名街";2014年,中国大运河申遗成功,苏州有7处点段、4条运河古道列入名录,成为运河沿线唯一以"古城"概念参与申遗的城市;2014年,苏州荣获有城市规划届"诺贝尔奖"美誉的李光耀世界城市奖,成为继西班牙毕尔巴鄂、美国纽约后全球获奖的第三个城市。苏州实践得到了各级领导、国内外专家的高度评价,也获得了社会各界的认同与赞誉。

30多年来,苏州推进古城保护的成功实践集中体现在这样几方面。

一是在领导部署上,市委市政府高度重视,始终把古城保护工作摆在重要位置。改革开放30多年来,在工业化、城市化、现代化快速推进的进程中,历届苏州市委市政府始终把古城保护工作摆在重要位置,做出了一系列重大决策部署,比如在改革开放初期,做出了"保护古城、发展新区"的重大战略决策;进入20世纪90年代,随着苏州工业园区建设的推进,确立了"东园西区、一体两翼、古城居中"的城市发展战略;21世纪初,随着撤销吴县市,设立吴中区、相城区,市委市政府及时提出了"五区组团"的发展思路;2012年,随着吴江撤市设区和老城区"三区合一",市委及时提出"一核四城"发展定位,同时在姑苏区争取挂牌全国首家国家历史文化名城保护区。这些重大决策确立了古城的重要地位,防止了因城市扩张而带来对古城的破坏,也有效缓解了古城的种种压力,为古城保护赢得了更大空间,形成了古城保护和城市扩张、经济增长协调发展格局。

二是在工作指导上,确立并坚持了"全面保护"的正确方针,古城整体风貌与格局得到有效保护。古城风貌保什么、如何保是一个难题。我市从一开始就确立了"全面保护古城风貌"的正确方针,总体上明确了"两个保持、一个保护、两个继承和发扬",即保持"三横三直加一环"的水系及小桥流水的街巷特色,保持路、河并行的双棋盘格局和道路景观;保护古典园林、文物古迹及古建筑;继承发扬古城环境空间处理手法和传统建筑艺术特色,继承发扬优秀的地方文化艺术。在具体的街坊改造中,进一步确立了"重点保护、合理保留、普遍改善、局部改造"16字方针。这些正确方针的确立并坚持,使苏州的古城保护有序展开,有效引导和控制了古城的有机更新和开发建设活动,在改善古城区综合环境的同时,也提升了古城保护的水平。

三是在操作步骤上,坚持"点、线、面、片"循序渐进,稳步实施古城保护工程。苏州在推进古城保护更新中,坚持循序渐进,由点到线、由线及面、由面扩片,走出了一条以试点为先导、动态扩展提升的保护更新路子。1988年开始,以"点状"探索为主,开展了"古宅新居"工程,选择传统民居进行保护性改造试点,既保持了传统民居的风貌,又改善了内部设施;20世纪80年代末,以"沿线"探索为主,选择十全街、寒山寺大街进行沿街建筑立面改造,有效凸显了沿街传统风貌;1994年开始,以"扩面"探索为主,把古城区划分为54个街坊,启动了街坊改造工程,先后改造了10个街坊,极大地体现了"修旧如旧"的传统风貌,也最大限度地改善了居民居住条件与环境,其中37号街坊成为改造样板;进入21世纪后,以"成片"探索为主,在划定山塘、平江等5个历史街区、观前等3个传统风貌地区和29个历史地段基础上,先后启动了山塘和平江历史街区保护与整治工程,实施了观前地区、凤凰街等地区或街巷的保护改造工程,同时启动了环古城风貌带保护工程。近年又启动了虎丘地区、桃花坞地区、天赐庄地区等综合改造工程和人民路沿线整治工程。

四是在制度建设上,结合自身实际加强实践创新,基本形成了地方性名城保护法规体系。在无经验可鉴的情况下,苏州结合实践不断探索,把古城保护更新的经验教训和规划管理要求及时提升到法规层面,创造性地出台了一系列配套的详规、控规,制定了相应的地方条例、办法和规定,这对苏州的古城保护不仅起到了规划引领作用，也为古城保护的推进提供了重要的制度保障。30多年来，苏州先后出台了《苏州市城市规划条例》《苏州市古建筑保护条例》《苏州市历史文化名城名镇保护办法》等法规规章20多件，内容涵盖城市规划、古城古镇保护、古典园林保护、古建筑保护、河道水系保护、古树名木保护等方面，尤其是2003年制定的《苏州市城市紫线管理办法》，确定了古城保护的紫线管理，这一创新在全省推广；2013年启动制定的《苏州历史文化名城保护规划》，更为全面、系统地明确了古城保护的具体内容与要求，为全国首创。

  站在新的历史起点上，我们既要看到苏州古城保护30多年取得的成绩，更要清醒看到当前古城保护所面临的矛盾问题。经过初步调研，我们感到主要反映在三个"相对滞后"：一是古城功能转换提升相对滞后。30多年来，古城区部分功能逐步外迁，包括一批工业企业、行政办公以及医院、学校等公共服务设施等相继落户园区、新区等区域，而与古城保护更新相匹配的城市功能却没有及时代入、生成，城市公共服务能力与周边区域相比趋向弱化，交通拥堵状况始终没有得到缓解，与古城发展要求相吻合的服务经济高地尚未形成，尤其是古城内一些传统民居、城中村等处成为外来人口租住地，安全隐患、社会管理问题突出。二是古城传统民居保护更新相对滞后。传统民居是古城风貌格局的重要载体，但是部分老宅由于年久失修等原因，出现了老旧破损甚至局部坍塌等险象。针对这一状况，苏州先后出台了《苏州古建筑保护条例》等法规，并开始实施古建老宅修复工程。但由于资金压力巨大，而其中的居民动迁又因住户意愿不一或诉求不合理等因素，很难推进，绝大部分尚未维修。更进一步看，如何让古建老宅"活"起来，让历史文化遗存流传后世、永续利用，充分发挥古建老宅的历史和文物价值，更是任重道远。三是古城保护体制创新相对滞后。围绕古城保护更新，我市在体制机制上做了很多探索，包括街坊改造机制、项目开发模式、古建筑所有权与经营权分离等，尤其是进入21世纪以来，我市推进了三个老城区合并，同时设立了全国唯一的国家历史文化名城保护区，并在保护区下设立了相应的职能部门。但是，我们应该看到，三个老城区的体制统一了，而市与区的体制矛盾凸现了，尽管2015年年初我市出台了致力于理顺市与区体制关系的"十七条"，但"过渡性"色彩较浓，没有根本解决古城保护的体制机制问题，仍存在许多改革不到位、体制交叉、机制不顺等矛盾问题。

（苏州市委党校市情研究中心）

明确目标 理清思路
——新阶段推进苏州古城保护、有机更新的调研（中）

陈楚九 韩承敏 肖锐 李静会 张炜伟

我们感到，文化是苏州的核心竞争力，而以千年古城为重要载体的历史文化，是苏州文化竞争力的重要组成部分。新阶段更好推进苏州古城保护、有机更新，是实现苏州全面协调可持续发展的一项重大任务。习近平总书记高度重视历史文化的保护、传承等工作，他强调指出，"历史文化是城市的灵魂，要像爱惜自己的生命一样保护好城市历史文化遗产"，"保护好古建筑、保护好文物就是保存历史，保存城市的文脉，保存历史文化名城无形的优良传统"，习总书记的讲话是新阶段推进苏州古城保护、有机更新的根本遵循。市委市政府高度重视城市发展尤其是古城保护工作，强调要做好"整体保护与有机更新、特色塑造与品质提升、环境治理与设施配套、民生改善与社会和谐、业态转型与文化兴盛"。对此，我们必须切实增强紧迫感、责任感和使命感，以习近平总书记重要讲话精神为指导，按照市委市政府要求，创新思路与举措，努力把苏州的古城保护、有机更新提高到一个新的水平。

新阶段推进苏州古城保护更新工程，明确目标定位、重点区域和工作方针至关重要。经过调研，我们初步提出以下设想。

一、古城保护、有机更新的目标定位

我们认为，新阶段苏州的古城保护、有机更新必须有一个切合自身实际的目标定位，也就是说通过保护与更新，我们要打造一个怎样的古城？目标定位的明确具有重要的凝聚合力、导向推进意义。从目前情况看，我市确立的"一核四城"发展格局中，"四城"均有比较明确的定位，而唯独这一"核"的定位是缺失的，这在一定程度上是不利于推进古城保护更新的。

经过调研，我们提出苏州古城保护更新的目标定位包括这样几个层面，即经过一个时期的努力，要把苏州古城打造成长三角重要的历史文化中心，具有独特魅力的世界文化遗产城市、世界一流的文旅融合、苏式休闲胜地。确立上述目标定位，主要基于这样几方面考虑：一是苏州具有明显的比较优

势。作为具有2500多年历史的古城,在长三角城市群中,乃至在世界范围,苏州都是具有独特魅力与影响力的。二是苏州具有明显的资源优势。苏州是全国首批24个历史文化名城之一,历史文化遗产丰富,文化底蕴深厚,而且文物古建筑保护良好,古城传统风貌与格局基本保持,苏州古城已经成为国内外游客旅游的首选地之一。三是苏州具有明显的实践优势。苏州30多年来古城保护更新的探索,积累了丰富的实践经验,在全市上下形成了保护古城的共识,这是重要的社会氛围。四是苏州具有明显的平台优势。苏州拥有"国家历史文化保护区"这一全国唯一的牌子,这一重要平台,既有利于我们,也需要我们进一步探索创新,为全国的历史文化名城保护提供苏州样本。

二、古城保护、有机更新的重点区域

对于苏州古城的区域界定,传统意义上的理解是环城河内的14.2平方千米范围,2015年年初市委出台的"十七条"也是把14.2平方千米作为古城范围的。但是我们经过调研论证,并广泛听取意见,感到应以19.2平方千米作为古城范围更为合理,即"一城二线三片":环城河内的14.2平方千米,环城河外的山塘街山塘河、上塘街上塘河(二线),虎丘、枫桥镇寒山寺和留园西园(三片)。这主要基于以下方面考虑:(1)这是有规划依据的。1986年国务院批复我市的总体规划中,首次把保护苏州古城的范围确定为"一城二线三片",即19.2平方千米。2013年我市制定的首部历史文化名城保护规划中,进一步明确了历史城区、城区、市区3个层次,历史城区即为19.2平方千米的"一城二线三片"区域。(2)这是古城保护不可缺失的重要组成部分。虎丘、寒山寺、山塘街等,尽管不属于传统概念中的古城范围,但事实上已成为千年古城的重要象征与标志。更进一步从文脉肌理看,"二线三片"与"一城"紧密相连,我们应该从19.2平方千米概念去把握、推进古城保护,这样也有利于这一区域的一体化、整体性保护。(3)这是传统风貌与格局保存最为完整、历史文化资源最为密集的重要区域。据统计,这一区域拥有古典园林53处,24处全国重点文物保护单位(全市共有43处),25处省级文物保护单位(全市共有71处),100处市级文物保护单位(全市共有387处),235处控制保护单位(全市共有496处),215处近现代重要史迹和代表性建筑,列入需要保护的工业遗址25处,以及古井、古桥、古牌坊、砖雕门楼和大批传统街坊民居等传统要素。可以说,我们把19.2平方千米区域保护好、传承好、发展好,就是真正保护好苏州古城。

结合苏州以往古城保护的实践经验,古城19.2平方千米应突出一种结构性保护,即在"一城二线三片"区域性概念中,进一步细化重点保护内容,市规划部门提出的"两环、三线、九片、多点"结构,一定意义上是对古城保护区域的一种深化。"两环":一是城环,即环古城风貌带;二是街环,即桃花坞大街、西北街、东北街—平江路、官太尉河—十全街、书院巷、侍其巷—吉庆街、学士街、吴趋坊、阊门西街。"三线":一是山塘线,即山塘历史文化街区(线型);二是上塘线,即上塘河沿线;三是城中线,即景德路—观前街—大儒巷—中张家巷。"九片":阊桃片(阊门历史文化街区、桃花坞片区)、拙园片、平江片、怡观片(怡园历史文化街区、观前片区)、天赐片、盘门片、虎丘片、西留片、寒山片。"多点":城门(阊门、金门、胥门、盘门、相门、平门等)、代表性园林(留园、拙政园、狮子林、艺圃、环秀山庄、耦园、网师园、沧浪亭)、标志性古塔(虎丘塔、北寺塔、双塔、瑞光塔、寒山寺塔)、标志性近现代建筑(苏州博物馆、苏州美术专科学校旧址)。

三、古城保护、有机更新的工作方针

从实际出发,确定新阶段苏州古城保护、有机更新的工作方针具有十分积极的意义,这是从战略和中观层面明确今后苏州古城保护、有机更新的思路。我们初步考虑,在以往街坊改造方针基础上进行完善提升,提出新"十六字"方针,即"全面保护、修旧存旧、提升功能、宜居宜游"。

贯彻好新"十六字"方针,有必要把握以下基本点。

一是必须充分把握保护与更新的双重要求。应该看到,保护与更新不是对立的,而是统一的。一方面,19.2平方千米古城应按照规划要求,全面保护传统风貌与格局,对于古建筑、传统民居,必须修旧存旧,充分体现其原真性。同时,历史文化遗产、传统建筑,是连同其周边环境一起存在的,我们不仅要保护其本身,还要保护其周边的环境,保护其相关的文化要素,体现出一种整体性保护。另一方面,古城需要更新,这种更新不是摒弃历史的一般意义上的开发建设,而是在历史基础上发展,充分体现历史保护、文化传承、肌理延伸的有机更新,把历史保护、文化传承、民生改善有机结合起来,完善古城的各项基础设施和居民生活环境,提高古城的综合管理、配套服务水平。

二是必须坚持在保护基础上实现经济发展。苏州古城是稀缺的不可再生资源,从这一角度看,我们必须切实加强古城保护。但同时,古城保护与经济发展也不是矛盾的,保护是为了更好发展,不保护就没有发展,而反过来,只有发展好了才能实现更高层次、更有价值的保护。加强保护,才能更好延续古城风貌与特色,古城也只有加快发展高端服务业经济,才能更好地保持和提升其价值,获得生机和活力。因此,我们必须坚持古城保护、利用、发展并重的全面保护观,把古城保护纳入经济社会发展和小康建设整体格局中,培育发展与古城相融互动的文化创意产业、传统民宿度假产业和旅游休闲美食产业,实现古城产业的转型升级,打造真正的产业高地,使古城真正"活"起

来，促进古城保护的可持续发展。

三是必须积极稳妥推进古城保护工程。古城保护、有机更新是一种动态工程，是一个持续不断的过程。苏州古城经历了2500多年，保护文物古迹、传统民居的任务十分繁重，期望通过几年或几个工程解决古城的所有问题是不可能的，也是不现实的。这其中涉及对保护价值的认知、认同问题，涉及资金实力问题。因此，一方面，我们应切实加强规划工作，从长远的、全面的角度明确古城保护的内容；另一方面，如果保护更新项目开展的条件与时机还不成熟，比如，对于文物古迹、古建老宅的历史文化遗产价值认识还不到位，意见还不统一时，或者资金保障还不足以支撑时，我们决不能急于求成，做表面文章，必须以对历史、对人民负责的态度，多征询各方专家的意见，听取社会各界的声音，修正完善我们的方案，积极、稳妥、慎重地推进各项工程，努力争取在古城保护、有机更新的实践中，多留赞叹、少留遗憾。

四是必须努力以改革创新精神探索苏州路径。新阶段推进古城保护、有机更新，必须紧紧把握改革创新这一重要环节。我们必须看到，一方面，我们在古城保护更新中碰到的许多矛盾问题，从根本上说，都涉及体制障碍等制度问题，都需要我们通过深化改革来破解难题，为推进古城保护、有机更新解套。另一方面，新阶段、新形势下，应该说古城保护的要求更高了，如何推进古城保护与服务业经济的融合发展，如何统筹协调古城保护与改善民生的关系，如何理顺市级与区级的体制机制等，都需要我们积极借鉴国内外成功经验，创新思路措施，探索古城保护、利用、发展的苏州之路。

（苏州市委党校市情研究中心）

亟待解决的几个问题
——新阶段推进苏州古城保护、有机更新的调研(下)

陈楚九　韩承敏　肖　锐　李静会　张炜伟

根据调研,我们感到以下问题亟待解决。

1. 切实加强一体化的顶层设计

调研座谈中,大家普遍反映必须由市一级加强古城保护更新的顶层设计工作。从以往的实践看,我们在调动基层积极性、发挥相关部门或区的主体作用方面做出了努力,但市一级的集中调控有所缺失。在新阶段,我们要按照保护、利用和发展一体化理念,由市一级牵头,做好古城19.2平方千米的顶层设计,以有效指导和推进古城保护、有机更新。加强顶层设计应把握以下环节。一是摸清底数。由市组织,以姑苏区为主,联合市规划、住建、文广等部门,开展全面的普查,摸清情况,为顶层设计提供重要依据。二是确立目标。经过充分调研,明确古城目标定位和实现这一目标的时序进度,制定古城保护的评估指标,明确责任主体及相关的考核标准。三是多规合一。要在形成古城保护更新的总规基础上,进一步形成控规、详规及各项分规,包括古建老宅修缮、功能设施提升、服务经济发展、人口规模结构等各个方面。当前,尤其需要在以下方面做出顶层设计。① 古城区商贸业发展问题。根据古城发展定位,合理规划19.2平方千米范围内各商圈的功能定位与错位发展,市规划部门提出了城市 RBD 理念,即具有浓厚文化氛围和较高服务标准的国际性游憩商业区,形成多个圈层,对此必须进一步调研梳理。② 古城区交通问题。古城区的繁荣需要人流,但另一方面人流过大又会带来拥堵问题。如何科学控制古城交通总量是一个重要问题,比如,通过完善快速路网体系,开辟过境分流通道,进入古城车辆实行定时管制、车牌限行或适时收取拥堵费,引导发展特色旅游公交,构建休闲慢行系统等举措,以有效疏解目前的交通拥堵困局。③ 古城区人口发展问题。据了解,20世纪80年代中期古城(指14.2平方千米)人口为36万人,当时设想通过改造、外迁调整到25万人左右。据市公安部门的数据,目前14.2平方千米(涉及观前、平江、桃花坞、双塔和沧浪5个街道)范围内常住人口近28万人,其中外来常住人口5.5万人。

从 19.2 平方千米范围看,则还涉及胥江、金阊、虎丘和留园 4 个街道的部分区域(9 个街道全部区域为 33 平方千米),如果按 9 个街道计算,常住人口超过 50 万,其中外来常住人口近 12 万人。我们感到,目前古城的人口问题关键是结构性矛盾凸显,以老人和外来人口为主的问题,迫切需要我们通过提升古城区产业层次、打造宜居便捷生活环境,来吸引年轻人群、高层次人群进驻,以优化古城区人口结构。

2. 尽快完善市级统筹协调机制

推进古城保护、有机更新,强化市级统筹协调机制至关重要。我们感到有必要从以下几方面强化。一是切实强化领导统筹机制。我市目前已建立了历史文化名城保护示范区工作领导小组,市委书记担任第一组长,市长担任组长,建议这一领导小组同时明确为"苏州古城保护领导小组",并明确一位市级领导具体分管古城保护工作。同时,提升层级,"古城保护专家咨询委员会"改由市委市政府组织成立,并调整充实专家人选,既有国内外一流专家,也有本地专家,既有规划、文物、园林方面的专家,也有文化、旅游方面的专家,对古城各项保护更新建设项目进行实施前的充分讨论、论证,为领导决策服务。二是切实强化部门协调机制。目前明确保护区古城保护和规划国土局增挂市古城保护办公室牌子(市编办已专门批复了机构设置和人员编制),"古保办"设在保护区的下属部门,这在某种程度上反而弱化了古城保护工作,建议改成市政府单设"古保办",作为市政府直属部门(或设在市政府办公室),具体负责古城保护工作的统筹协调和推进及古城保护专家咨询委员会的组织和运作。鉴于古城保护工作不仅涉及保护区一家,建议古城保护资金同时由市"古保办"管理、使用。市古城保护领导小组办公室也同步改设在"古保办"。三是切实强化规划指导机制。古城保护更新必须由领导决策,但具体的专业问题更需要发挥规划的专业作用,因此建议市在"古保办"设立古城保护的总规划师,充分发挥古城保护更新规划方面的指导、把关作用。

3. 进一步理顺市、区管理体制

我市在 2015 年年初出台了"十七条",就古城保护方面理顺市与区的体制关系做出了一定改革,但在调研座谈中,一些部门反映有些方面没有明确,有的即使明确了目前也没有到位。理顺管理体制某种程度是一种利益格局的调整,关键要从实际出发,立足有利于古城保护,务实、管用、可操作。从现实情况看,一味要求市级相关部门下放职能难度很大,反而阻碍了这一改革的推进,必须寻求各方利益的最佳结合点,进行多种形式的探索。我们建议:一是从实际出发合理下放相关职能。由市领导牵头,按照 19.2 平方千米范围管理重心下移的要求,市相关部门排出可下放职能的清单,与保护区逐一对接,实行责权利、人财物整体下放。比如,园林周边的停车场、环城河水上游项目和市直管公房管理等职能,从整体上看下放姑苏区比较适宜,便于统一管理、运作。规划权限等仍以市为主,但在操作过程中应充分尊重姑苏区的意见。二是探索以资源整合为主的属地管理。围绕打造古城旅游示范区,对于不宜下放或暂时不能下放的单位如古典园林等景点,按照权属关系不变、管理重心下移原则,以区组织协调为主,推进19.2平方千米古城旅游资源的整合,具体以改革景点票务管理为切入点,组建市属景点票务国资公司,古城19.2平方千米范围内各景点实行联票机制,票务收益由市财政按照所有权限分配。这不仅有利于整合旅游资源,也有利于整治"黑导游""票贩子"等问题。与此同时,建立统一的旅游集散中心,由姑苏区具体负责管理运作。三是同步推进区级机构改革和部门职能转换。进一步按照新的目标要求,理顺区机关部门的职能定位。一方面,以平江片区综合执法管理试点为契机,探索市、区协同,重心下移的综合执法机制,总结经验,完善区管理体制。另一方面,对于涉及19.2平方千米古城区的9个街道办事处(观前、平江、桃花坞、双塔、沧浪5个街道全部区域,胥江、金阊、虎丘、留园4个街道部分区域),探索以管理、服务为主,强化公共服务、社会管理等方面职能,淡化经济指标考核的办法。

4. 精准实施古城保护更新工程

要确保古城保护、有机更新不断取得阶段性成果,很重要的是对每一个项目必须精准定位、精准实施,这样才能打造精品工程。一方面,要积极稳妥推进现有工程实施。我们感到,对于已经开工项目,如桃花坞地区改造、人民路沿线改造等,市委、市政府已提出了明确要求,我们必须保证质量,加快推进。有的项目进展较慢,或意见不尽一致的,建议进一步听取专家等各方意见,修改完善实施方案。比如,我们在座谈中了解到,对于天赐庄改造项目,有的专家认为按照原来规划实施难度较大,可重新调研评估,或推进以修缮外墙立面为主的保护更新。虎丘地区改造已经初步完成试点区域动迁,而茶花村为主的核心区域目前动迁的条件尚不成熟,宜首先对其加强消防、治安、违建等管理为主,同步推进新的婚纱城建设,倒逼吸引业主搬迁进入。另一方面,要选准古城保护与民生改善紧密结合的重要项目。我们感到,目前19.2平方千米范围内,不宜再进行大范围的大拆大建,必须按照"小规模、渐进式、不间断"原则,推进古城有机更新。从现实情况看,如何总体规划、分步推进面广量大的传统民居的改造值得重视。传统民居是苏州古城风貌的重要元素,目前日趋衰败,问题突出,老百姓的意见也比较集中。建议制定相应的总体规划和推进修缮的配套政策,逐步分片区推进老宅改造。

5. 努力构建古城保护更新的保障机制

我们必须看到,古城保护更新项目不是一般的城建项目,具有很明显的特殊性,即项目的专业性、公益性和长期性。因此,我们必须在加强领导的同时,构建相应的保障机制。一方面,要强化资金保障。我们必须进一步探索所有权与经营权分离、传统民居拍卖和租赁、社会资本参股等方式,多渠道吸引社会资本、外来资本参与古城保护更新项目;保证足够的政府投入,对19.2平方千米内涉及古城保护的管理、维护等资金,确定一个基数和每年合理增长比例,对保护区实行打包转移支付;探索设立古城保护补偿资金,对于必须保护、维护的传统建筑,对其居住人或单位在履行相关保护责任与义务的前提下,给予一定经济补偿。另一方面,要强化政策保障。探索有利于古城保护的土地运作制度,转变局限于本地块、单一项目就地经济平衡的做法;探索促进民居所有权、使用权和管理权三权合一,推进传统民居市场化改革;探索租赁、置换、返租等方式,创新征收模式,或实行"先招商、后改造",定向开发利用老宅;理顺传统民居改造的审批关系,形成会办机制,建立审批绿色通道。

(苏州市委党校市情研究中心)

关于周庄旅游业转型升级的调研

唐 翱

周庄作为全国知名旅游景区,以保存完整的明清建筑和"小桥、流水、人家"完美的空间尺度,被誉为"中国第一水乡",周庄相传为春秋战国时期吴王封地,建镇于北宋元年,至今已有900多年历史,核心景区0.47平方千米内有60%以上民居为明清时期建筑,现有2个省级文物保护单位、4个市级文物保护单位和20个市级文物控制单位。2007年入选全国首批5A级景区。

一、周庄旅游业发展历程和现状

20世纪80年代初,旅美画家陈逸飞在苏州籍著名画家杨明义的陪同下访问周庄,随后创作了几十幅江南水乡的油画,其中一幅题名为《双桥》的作品,不久后被美国石油大王哈默收购,次年访华时赠送给邓小平。联合国还发行了以《双桥》为图案,名为《故乡的回忆》的国际首日封。从此,周庄从一个地处偏僻、默默无闻的江南水乡小镇,走向世界,为世人瞩目。随着慕名而来访客数量的增加,周庄开始注重古镇核心区重点景点的修复,1986年,周庄邀请同济大学阮仪三教授拟定了一份"保护与发展总体规划",使古镇周庄避免了"填河、拆桥、开路、造厂"的破坏性开发,将这最后一个完整的江南水乡样本保留下来,开创了古镇保护的先河,走出了一条"保护与发展并举"的成功之路。1988年,周庄成立旅游发展公司,成为江苏省第一家乡镇旅游服务企业。

20世纪90年代初,周庄开创性地将古镇景区的众多景点"集体打包",以"中国第一水乡"的品牌推向海内外,由此也开发出"古镇旅游"这一在当时属于全新的旅游类市场。随后又赢得了一系列荣誉:获得联合国教科文组织亚太部授予的"文化遗产保护奖"、中国首批"历史文化名镇"称号、"迪拜国际改善居住环境最佳范例奖"等。通过举办国际旅游节、国际旅游小姐大赛、驻华使节夫人中国才艺大赛,开展与法国阿尔勒的文化交流并缔结为友好城市等系列活动,进一步提升了周庄在全国乃至世界的知名度和影响力。同时,周庄始终坚持保护为重,1997年,根据国家建设部关于国家历史名镇的要求,制定了古镇保护规划和保护细则,使古镇保护和旅游开发实现科学化和制度化。2001年,完成了古镇区的"三线"入地工程,此后,又完成了古镇污水集流处理和河水净化处理等工程,将古镇旅游开发对环境影响降低到最小范围。

进入21世纪以来,周庄景区坚持社区型古镇景区的保护与发展路径,重点在改善旅游环境、增加文化内涵、提高服务质量、调整业态结构、吸引原住民参与旅游服务等方面做了不懈的努力。周庄景区经营主体——周庄镇旅游股份有限公司已经组建成立了酒店、演出、游船、电子商务等8个子公司,构成了非门票收入增长的主体,目前子公司的竞争力逐步提升,销售业绩也逐年增长。同时,景区内特色民宿、休闲场所发展迅猛,目前核心区内已有122家民宿客栈、近40家咖啡店、酒吧、音乐吧、茶馆,景区内文化、体验性项目发展迅速,2014年游客接待量超过300万人次,散客同比增长26%,游客结构趋向优化;公司效益稳定,全年实现营收超过2亿元;游客过夜率达到27%,古镇区平均客房入住率为51%。2013年被美国有线电视新闻网(CNN)评为"全球十大最美小镇",2014年《纽约时报》将周庄列入"全球最值得旅游地名录"。

二、周庄景区面临的问题

历经近三十年的发展,周庄在声名远扬的同时,也积累、显现出一些制约旅游业发展的问题和矛盾:

1. 景区建筑产权复杂,业态控制和调整难度较大。周庄景区是在古镇居民区的基础上逐步开发形成的,在开发初期并未对景区内建筑权属进行清理和规划,目前古镇内建筑属于多个主体(见图1),而且因历史原因,有些建筑还存在多重转租的情况,这就造成景区内业态控制和调整、日常监管可能面对多个主体,涉及多重利益关系,难度很大。

2. 缺少相关法律支持,古镇保护和开发依据不足。周庄镇虽然在1997年就制订了《周庄古镇区保护详细规划》,1999年制定的《周庄古镇保护暂行办法》也经昆山市人民政府发文,但这些规划和办法仅仅是地方性管理办法,缺乏权威性和约束力。2003年4月苏州市人民政府颁布的《苏州市历史文化名城名镇保护办法》将周庄镇

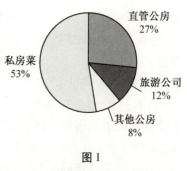

图1

列入管理范围,但当前遇到的诸如民宿客栈如何申领执照等许多具体问题并无细则规定,导致目前在古镇实际保护和开发过程中缺乏依据。

3. 景区管理投入较大,缺乏有效机制和手段。因产权等原因,景区内经

营主体分散,目前景区管理还更多依靠传统手段,不正当竞价、欺客等现象还未完全杜绝,虽尝试过景区认证、第三方认证等监管方式,但尚未形成完善高效的监管体系。同时,周庄景区属于社区型景区,景区内目前尚有原住民约3000人,有部分管理服务职能应由政府承担,但在具体旅游工作中,受惯性思维影响,政府与企业往往难以分清职责边界,难以适应景区管理24小时、全天候覆盖、人性化执法的实际需要。

4. 相对重视建筑保护,古镇文化传承重视不够。因旅游发展和文物保护需要,目前周庄镇对景区内实体建筑设有专门机构负责日常巡查、维护,每年也会制订计划,对部分古建筑进行集中修缮,景区内建筑保护已形成有效机制,但在本地民俗文化挖掘、历史文化挖掘、当地手工艺传承等方面重视程度和投入都比较少,缺少鼓励文化传承的制度、体制和必要的资金。

5. 景区地理空间有限,功能设施难以伸展。目前周庄景区仅有0.47平方千米,临近周边区域均已建成,景区可扩展性不足,遇到小长假、周末等旅游高峰期,景区不堪重负,旅游所需的一些功能性、体验性设施难以布置,游客体验感比较差。在景区以外,周庄镇虽然也尝试开展了一些旅游活动,但游客认可度不高,并未与古镇旅游空间实现互补。

6. 旅游产品类型单一,旅游要素有明显短板。周庄目前旅游产品主要是"古镇游",旅游产业与文化、创意等其他产业融合不够,难以形成优势旅游产品。近期某高校对周庄游客采取问卷方式进行的调查表明:游客对周庄的旅游资源偏好于古建筑和水乡风景(见图2),而本地特色活动还未真正形成对游客的吸引力。同时,从图3中可以看出:周庄景区旅游六要素中,娱乐和购物对游客的吸引能力欠佳。

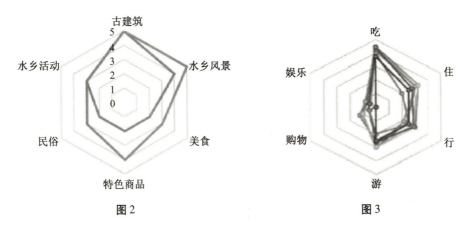

图2　　　　　　　　　　　图3

7. 特色旅游商品不足,现有商品亟须提升。国内旅游商品长期以来注重数量、价格,不注重设计包装的情况,在周庄景区也有所体现。通过对游客的调查表明,游客对景区内现有旅游商品特色感知度低,即便是知名度很高的"万三蹄",也因为包装简陋和缺乏设计感而沦为仅具有食品功能的一般旅游商品,附加值也并不理想。景区内餐饮经营户规模小,品牌意识不强,推出的所谓"水乡特色菜肴"品种单调,众店一面,缺乏设计感和精致感,品质难以让游客留下深刻的印象。

8. 周庄景区虽知名,但游客过夜率不高。客观上周庄景区处于城市群中,周边交通发达,游客通过率高,过夜率相对较低。但从根本上说来,还是因为本地夜间休闲产品和活动不多。近期对周庄景区游客调查表明,有69%的游客支持景区夜间活动,且偏向文化体验和主题活动,而这些活动恰恰是周庄景区目前所缺少的。

9. 服务品质有待提升,国际化接待能力不足。虽然周庄景区屡次受到国外机构、媒体好评,但对照国际旅游目的地的标准和要求,景区在餐饮、住宿、厕所及软性环境方面还有不小的差距,这既需要景区加强管理,更需要提升旅游从业人员素质。目前,景区旅游从业人员普遍对人性化服务认知不够,缺少相关持续、有效的培训,周庄景区硬件设施与服务水平与海外游客的需求还存在差距。

10. 品牌营销手段单一,缺乏系统精准营销。周庄景区开展旅游营销时间较早,运用传统营销手段较熟练,但面对同质旅游景点、自驾游客激增、信息网络化、青年一代旅游需求变化等新形势,还难以做到精准化营销,尚未形成高端游客筛选、定制服务体系,营销宣传缺少长期性、系统性规划。

三、周庄旅游业转型升级的举措

根据调研,初步提出以下举措。

1. 创新机制调业态。根据国内旅游发展现状和游客行为分析可得出结论:休闲度假旅游产品正逐步取代传统的观光旅游产品。周庄景区必须适应这一变化,积极依托古镇现有资源,通过古建筑功能转移、产业转移等多种途径进行古镇旅游设施、旅游景区的升级,充分利用古镇纵深空间资源,开发停留住宿型、休闲养生型、文化体验型休闲度假项目。立足于形成可持续竞争力,不断完善服务体系,增加服务内涵,丰富服务内容,策划和创新服务延伸。针对现有商业业态,通过科学规划并建立市场化引导机制,如评选认证、商户辅导等,逐步引导商铺转型,不断丰富和提升景区旅游服务业的业态。探索会员制、订制化等差异化旅游和服务产品,围绕游客需求,多元化、精品化、生活化地包装和开发旅游产品,让游客有空间、有心情主动参与体验,将旅游融入传统水乡生活,将水乡古镇从旅游景区还原为休闲度假生活社区。

2. 围绕乡村拓空间。由于周庄古镇发展空间狭小,而且受到历史文化建筑遗产保护方面的限制,所以在旅游发展中应该树立整体发展理念,从大空间中寻求旅游发展转型。在这一过程中,应积极构建基于乡村的古镇生态旅游圈,积极挖掘乡村旅游资源,对原始的生态资源优势加以分析、整合、提炼,不断提高乡村旅游产品的品位和格调;挖掘周庄本地丰富的历史文化底蕴题材,营造独特的水乡生活情境和特色民俗活动,利用古镇的良好品牌和客源优势,在周边乡村、田园中拓展新的旅游度假空间,并形成产品互补、资源互动的良好局面。发展乡村旅游可以分三步走:第一步,以"古镇"带动"乡村",结合美丽村庄建设,发展踏青赏景、住宿餐饮"农家乐",承接分流部分古镇游客;第二步,变"农家乐"为"乡村游",丰富体验内容,发展采摘垂钓、户外运动、休闲农业;第三步,引进建设高品质、特色化度假酒店,保护性开发太史淀、天花荡等优质资源,打造度假游产品。

3. 文旅融合提品质。周庄景区在多年的旅游开发过程中,已经意识到旅游和文化是密不可分的元素,文物古迹、民俗风情和文学戏剧等都是文化与旅游共同发展的资源和基础,只有挖掘整合分散的文化资源,寓文化于旅游之中,才能形成本地旅游特色。在旅游商品设计与开发过程中,充分体现本地文化元素,注重对现有商品的包装设计,逐步形成系列化、多品种的周庄旅游商品。注重旅游活动的文化性、娱乐性和参与性,通过独具周庄特色和审美价值的小桥水巷、老街竹栏及民间歌舞、戏曲等艺术形式,形成具有周庄文化特色的旅游项目。围绕游客需求,将本地文化渗透在各旅游要素和各服务环节中,拉长文化旅游的产业链。探索引入多元化投资进行专业策划和开发、市场化操作,与影视、戏曲等文化产业以及科技感知等产业进行融合,将周庄品牌从旅游延伸到其他相关领域,发展成为经济实体,形成多元化经营格局。

4. 推进互动强营销。针对周庄旅游开发早、知名度高的现状,着重突出特色,开展周庄品牌宣传,借助浦东迪士尼主题乐园开业等契机,加强定向营销。着眼于吸引国际游客,注重海外市场宣传。注重培育旅游活动品牌,形成多层次的旅游文化品牌体系,形成品牌整合优势,增强本地文化吸引力和市场竞争力。进一步丰富现有活动、论坛等平台的内涵,深入挖掘潜在价值,形成特色品牌活动。注重新媒体渠道,当前网络化趋势在旅游活动中也愈加明显,周庄也要主动适应游客通过网络了解旅游信息、选择旅游目的地的行为习惯,利用电视、杂志、报纸、网络等多渠道整合营销传播,通过互动,牢牢把握住游客的消费心理,然后对周庄旅游的产品持续改良,从而为游客提供更好的旅游体验。增加类似周庄声活、月上雅集等互动式体验项目,吸引网络电台主播、文艺人士、作家写手前来举办活动,利用他们的传播渠道提升影响力。

5. 注重人才优服务。注重古建筑保护、旅游经营和管理人才的培养和引进，营造有利于人才成长的环境和平台，加强现有旅游从业人员的培训和锻炼，通过服务设施改造，引入优质培训资源，举办各类旅游、会务、会展活动，着力提升景区和旅游从业人员标准化、国际化服务能力。加强与周边地区高等院校、职业技术学校的联系合作，探索实用型人才定向培养机制，建设更加专业的旅游管理服务人才队伍。鼓励本地青年报考旅游相关专业，吸引优秀青年回家乡就业、创业，共同参与旅游转型升级。积极探索适应旅游发展的政府监管模式，理清政府与企业关系，通过智慧景区建设，提高景区管理效率和水平，逐步形成高效完善的景区管理体系。充分发挥群团组织和社会组织作用，组建旅游志愿服务队伍，开展各类特色志愿服务活动。

6. 着眼未来抓保护。周庄古镇是周庄景区存在的基础，旅游转型升级必须坚持以保护古镇为前提。周庄镇应按照国家文物局的指导，联合其他江南水乡古镇，积极参与申请世界文化遗产工作。通过申遗，使古镇保护工作进一步系统化、法制化，为旅游业的可持续发展奠定坚实的基础。要树立原住民是周庄古镇保护主体的意识，不仅要保护物质层面上的水乡古镇风貌格局，最大限度维持周庄原生态人居环境，更要保存古镇活态的文化遗产，包括水乡婚俗、阿婆茶、传统作坊等古镇生活形态、人文风情和非物质文化遗产，从而为古镇保留生活气息，成为活态的水乡。要逐步把保护范围从古镇扩展到乡村，更加注重传统自然村落的保护，要加强群众的教育引导工作，既要不断改善群众的居住环境，又要保持历史风貌的自然完整。

（作者系"苏州市年轻干部经济素养提升培训班"学员，昆山市周庄镇党委副书记、镇长）

推进全域旅游的专家观点值得关注

朱 琳

2016年年初,中央提出了全域旅游的发展战略,这是我国旅游业发展的一项重大举措。2月上旬,国家旅游局启动了"国家全域旅游示范区"创建工作,包括苏州在内的全国262个市县成为首批"国家全域旅游示范区"创建单位。海南是唯一全域列入示范区试点的省份,苏州全市域列入示范区试点。9月底,省委省政府就我省如何推进全域旅游工作,专门召开了全省旅游业发展大会,省委书记李强同志强调:"要明确旅游业发展的目标定位和工作重点,加快把江苏建设成国内领先的旅游强省、国际著名的旅游目的地,把旅游业培育成江苏经济的战略性支柱产业,努力塑造独特的江苏旅游标识。"苏州作为资源优势明显、旅游经济规模较大的地区,面临着如何发展全域旅游的重要课题,也是当前苏州以此为抓手加快经济转型升级的一个重大契机。

当前,一些全域旅游试点城市积极行动,值得我们关注。例如,杭州对全域旅游做出全面谋划,先后召开了旅游工作会议、旅游规划工作会议、旅游规划编制单位座谈会等多个会议;青岛确定推进全域旅游的目标,将深入推进旅游业改革创新先行区建设等,努力形成"青岛样本""青岛模式";三亚围绕发展全域旅游,力争到2020年旅游公共服务水平、国际知名度、美誉度进一步提高,旅游产品体系进一步健全,旅游空间布局进一步优化,旅游机制体制进一步深化,旅游产业特色、质量和效益全面提升,初步建成具有国际竞争力的旅游度假胜地;深圳把全域旅游战略和深圳的东进战略融合在一起,强调深圳东部地区要充分发挥国家全域旅游示范区功能。显而易见,各地试点正加快推开,苏州有必要加强学习借鉴,加快实践探索。

全域旅游示范区创建作为一项全新的改革实践,需要我们做出积极探索,为此我们综述专家观点。

一、推进全域旅游,必须立足全域、整合资源

专家认为,全域旅游发展要具备"全"的特征,具备旅游景观全域优化、旅游服务全域配套、旅游治理全域覆盖、旅游产业全域联动、旅游成果全民共享

的五"全"覆盖的特征。具体包括：旅游景观全域优化，要整体优化环境、优美景观，推进全域景区化；旅游服务全域配套，要旅游要素和服务全域覆盖，构建随处可见的温馨便捷服务；旅游治理全域覆盖，要构建大旅游综合管理治理体制机制；旅游产业全域联动，要促进相关要素和产业在空间上集聚，构建新的产业生态系统；旅游成果全民共享，要释放旅游业综合功能、共享旅游发展红利。

二、推进全域旅游，必须创新机制、建立体制

专家认为，全域旅游发展要统筹推进，需要处理好面与点、政府与市场、标准与特色、开发与保护、硬件与软件、改革创新与系统提升6个关系。处理好面与点(景区点与全域)的关系，既要全域统筹，也要注重景区景点建设。处理好政府与市场的关系，既要发挥党委政府的统筹推动，更要符合旅游消费需求和市场规律。处理好标准与特色的关系，既要达到一些共同的标准，也要突出特色和个性。处理好开发与保护的关系，更要注重丰富产品和完善配套，更要注重保护和整体环境优化。处理好硬件和软件的关系，既要重视基础设施、生态环境等硬件的建设，也要重视社会环境、软服务等品质提升。处理好改革创新与系统提升的关系，既要突出改革创新和突破，也要注重系统提升和优化。

专家认为，着力深化全域旅游体制的改革创新，要从旅游市场监管、旅游公共服务、旅游产业促进、扩大旅游开放、旅游管理体制和基础制度等方面推进综合改革。重点围绕适应综合产业发展和综合执法需求，因地制宜推进旅游委(局)、旅游功能区、旅游警察、工商旅游分局、旅游巡回法庭等综合管理、综合执法的体制机制；抓住供给侧改革机遇，改革创新投融资模式，推进旅游基础设施和公共服务PPP等投融资模式改革创新。

专家认为，改革创新全域旅游的统计评价，要按照五大发展理念创新相关统计监测和评价体系，将发展旅游作为区域内各级政府和相关部门的重要发展目标和重要考核内容。要根据全域旅游的特点，拓展统计测算范围，创新相关统计监测和评价体系；要按照旅游发展的新业态、新特点、新趋势设置评价指标；同时，还需要充分利用大数据，与旅游电商企业合作，探索建立适应全域旅游特点的旅游服务质量评价体系，加强旅游综合效益评估考核。

三、推进全域旅游，必须改善设施、完善服务

专家认为，加强全域旅游服务设施建设，交通全域化、旅游厕所等公共服务设施全域覆盖、智慧旅游设施和服务全域覆盖等是全域旅游发展的基础条件。要结合供给侧改革，整合各种渠道资金，加强对全域旅游的交通、厕所等

配套基础设施和旅游公共服务体系的建设,进一步推进旅游厕所革命。需要加快推进城市及国道、省道至A级景区连接道路建设。加强城市与景区之间交通设施建设和运输组织,加快实现从机场、车站、码头到主要景区公路交通无缝对接,加大景区和乡村旅游点停车位建设。要提升全域旅游公共服务水平。一个口碑良好的旅游目的地,应满足"宜业宜居宜游宜养"四方面的要求,建设游客友好型社会环境,把强化公共服务体系、提升旅游服务品质放到更为关键的位置。各地要根据实际需要,在3A级以上景区、重点乡村旅游区以及机场、车站、码头等建设旅游咨询中心,提供信息咨询、住宿预订、导游调配等服务。鼓励依托城市综合客运枢纽和道路客运站点建设布局合理、功能完善的游客集散中心,逐步实现重点旅游景区、旅游城市、旅游线路等咨询服务全覆盖。创新完善快行漫游的自驾车、自行车、自助游服务体系。

四、推进全域旅游,必须创新产品、加大营销

专家认为,创新旅游产品和业态体系,要以"旅游+"推进全域旅游创新发展,推进"旅游+"新的生活方式,大力培育全域旅游的新产品新业态。大力推动旅游产品由观光型向度假休闲型转变,把开发适应市场需求、高品质、有特色的旅游产品作为主攻方向,做优做大滨海度假、娱乐休闲、康体疗养、乡村旅游、购物餐饮、婚庆会展、邮轮游艇、低空飞行、航天主题等新业态。全域旅游的营销,不仅要从客源地(外部营销)的角度考虑宣传什么,而且还要从旅游目的地(内部营销)的角度考虑建设什么。在市场开拓过程中,要把握"12个一":一部电视宣传片、一首主题歌、一套主题宣传口号、一位形象大使、一个吉祥物、一个电台频道、一套系列丛书、一个专题网站、一台常演文化大典、一首口头传唱歌曲、一个网络流行口号、一个著名节庆活动。

五、推进全域旅游,必须融合互动、全民共享

专家认为,充分发挥旅游对其他产业的引领作用,要进一步发挥旅游业在推进新型城镇化、新型工业化、生态化、农业现代化、信息化中的引领作用。要将推进全域旅游与新型城镇化战略结合起来,以旅游城市和特色旅游小镇、美丽乡村为突破口,构建全域旅游的支点。要与生态化(绿色化)发展战略结合起来,优化全域旅游发展的生态环境基础。要与农业现代化结合起来,推进旅游与农业深度融合,构建全域旅游的社会贡献平台。要与新型工业化结合起来,构筑全域旅游全产业链联动,全要素整合和整体环境优化。要与信息化结合起来,通过大力推进"旅游+"和"互联网+",构建现代旅游产业新生态。推进全域旅游需要全社会共同参与,要做好社会宣传引导,充分调动整合全社会智慧。通过电视、网络、报纸等开设全域旅游宣传专栏,让全域旅游深入人心。制定旅游创新创业行动计划,鼓励建立旅游创业创新示范基地,支持建设旅游创新创业示范园区、协同创新中心和孵化基地。支持培育一批"旅游+互联网"创新示范基地,建设旅游业网络众创空间,鼓励建立旅游创新创业孵化基金。实施重点新业态、人群的旅游创客行动,如乡村旅游创客行动计划。支持校企共建旅游创新创业学院,实施创新创业人才计划。

(苏州市委党校)

张家港保税区外企党建工作实践及建议

傅伟明　卢向群

党的十八大报告指出,要创新基层党建工作,夯实党执政的组织基础。党的基层组织是团结带领群众贯彻党的理论和路线方针政策、落实党的任务的战斗堡垒,在新形势下基层党建工作面临的责任更加重大,任务更加紧迫,意义更加深远。习近平总书记指出,马克思主义政党力量的凝聚和运用在于科学的组织。实现政党力量的科学组织必须实现党的领导、党的工作、党的组织的作用在社会各个领域的有效覆盖。组织覆盖是基础,工作覆盖是核心,有效覆盖是关键,领导覆盖是根本。而外资企业是基层党组织建设的新领域,与农村、社区、国有企业等传统领域相比,面临许多新的困难和问题,2012年以来张家港保税区外企党建工作在新形势下做了有益尝试和探索。

一、外企党建探索历程

外企党建因其特殊性,存在支部组建难、活动开展难、党组织和党员作用发挥难等问题,近年来张家港保税区把解决这些突出问题作为工作重点,目前保税区入驻外企近400家,其中世界500强32家,以化工、粮油、商品流通行业为主。保税区外企党建实践经历了三个发展阶段:

第一阶段,推动企业党建开展。针对支部组建难的情况,一方面保税区以机关(局室)与外企结对共建、引进大项目时立即跟进,派驻党建指导员主动送政策、送信息、送服务,帮助企业了解党建效能以消除顾虑。另一方面依托保税区机关局室资源优势,联合经济服务、工商税务、口岸单位等职能部门,把党建工作开展与服务企业发展紧密结合起来,融党建于具体业务中,努力拓展服务范围提高服务水准,增强了开展企业党建合力。如2015年保税区工商局在党员普查中积极参与联合走访,有效推进了该项工作。截至目前已实现外企党组织覆盖率100%,其中独立成立的党组织有27家(2家党委、1家党总支、24家支部)。

第二阶段,创建党建区域平台。企业党组织成立后,一方面存在大部分外企党组织书记因为兼职在企业经营活动中缺少话语权,以及党建活动缺乏阵地等情况；另一方面存在部分外企党员人数少，党组织活动开展比较困难的现实问题。针对这些问题保税区以区域党建为抓手，创建党建区域平台推进企业党建工作，2009年成立了外企党总支，对外企党组织实行归口管理，形成"1+X"的优势带动模式（1代表区域内具备党建资源优势、群众基础强的优秀党组织，X代表不同类型的党建资源相对薄弱的基层党组织），通过发挥优秀党组织的龙头带动作用，有效整合区域内党建资源、行政资源和社会资源，以及"N+5"的部门联动模式（N代表所有党群工作部门，5代表五个统筹，即统筹目标考核、统筹阵地资源、统筹人才队伍、统筹党群活动、统筹机制体制），通过整合党建部门资源，运用职能部门、群团组织的力量，完善党群共建机制，促进基层党建工作由孤军作战向多方联动、齐抓共建，形成合力转变，使党组织和党员的作用发挥得到了初步显现。

第三阶段，推进党建集群服务。随着党建效能和党员群体先锋效应逐步体现，一方面，外企高层逐渐从排斥到认可、支持党组织开展活动；另一方面，通过丰富党建活动和党员示范带动，许多积极分子主动要求加入组织，外企新发展党员人数逐年增长。但由于党组织覆盖不紧密、管理松散、服务内容单一等，党员的归属感还不强，鉴于此保税区通过建立外企党建集群服务中心和党建工作站，招聘专职党务干部进行专门管理，坚持务实的理念优化区域党建工作，发挥党建集群效应。

二、外企党建实践经验

保税区党建工作在党建工作运作、党建作用发挥、党建党员管理、党性基地服务等方面进行实践创新，通过多年努力工作，目前外企党建氛围、党组织的战斗堡垒作用、党员的先锋模范作用、党员身份意识和宗旨意识得到了明显加强。

1. 党建工作运作模式

（1）以党建项目为切入点实现企业业务与党建活动双融合。通过企业自拟、组织点题、定向协助等形式，以党建活动的项目化运作方式帮助外企党组织把握党建工作重点，既推动了党建工作，又推进了企业事业的发展，实现党建工作与业务发展的协调平衡以及互相促进的良性循环。2015年美方独资企业陶氏化学党组织围绕公司深化岗位责任制战略，党组织主动实施《党组织党员"双亮"（亮身份、亮承诺）行动》党建项目，82名党员通过公示墙晒出工作目标和责任，接受群众监督，起到了良好的示范引领效应。

（2）以工作岗位为切入点实现岗位职责与党员责任双融合。党员是中国工人阶级的先锋队，当然也是企业发展的主力军、生力军，为此在条件成熟的外企引导企业，发动党组织书记，在相关部门、班组建设书记真抓、党员真做的"党员先锋团队",实现岗位职责与党员责任双融合,以党员"带头示范、出谋划策、技术改革"的实际行动赢得企业认同。如日资企业北兴化工开始时对组建"党员先锋团队"并不热情和支持,但在企业党组织和各方的不断沟通、不懈努力下获得企业认同,2015年7月成功组建"安全卫士"党员先锋团队,并在具体工作中树立了安全生产的示范和引领作用,为企业发展提供了良好的安全生产环境,因而获得了日方总经理阳山幸一的充分肯定。

2. 党建作用发挥模式

(1) 以社会责任为入口发挥党组织作用。一方面,外企有推介企业文化、获得社会认可的现实需求;另一方面,党组织有推动企业承担社会责任、提升企业影响力的工作要求。为此区镇积极搭建外企社会责任传播平台,引导外企党组织参与和开展社企共建活动,彰显企业社会责任,服务区镇百姓。如道康宁、孚宝仓储党组织连续三年举办"公众开放日"活动,组织本地青少年深入企业,开展安全环保教育,提升区镇居民对现代化工产业的正确认识;瓦克党组织结对四川省富家村,连续多年赴当地开展慰问活动,提升企业社会美誉度。

(2) 以志愿公益为切入口发挥党员作用。党员群体参与志愿公益活动引领社会志愿公益风尚,既发挥党员的先锋模范作用,又提升党员的自身社会价值。几年来党建工作站积极为外企党员搭建公益平台,创设公益载体,开展了各类公益项目,使党员在公益中提升党性修养、展示党员整体形象。陶氏化学20多名党员积极参加"一个鸡蛋的暴走"公益行动,用自己的汗水筹得善款60余万元;北兴化工邹岩等党员常年参加区镇"绿山军"护绿活动;东海粮油郭本平等党员自发成立"心悦读书会",帮助小学生培养良好的学习习惯、提升人格修养。

3. 党建党员管理模式

(1) 党建分工协作创新。外企党总支和各下属外企党组织间在党建工作职责方面进行分工协作,外企党总支承担党建工作中专业性和公共性职能,以及外企党组织不适合做的工作,如党组织书记上党课、党员专题教育等,解决外企党务工作者精力不够和专业不精的问题以提高效率。外企党总支针对单个党组织开展大党课条件不够、效果不好的现实问题,每年都会根据外企和党员的需求,结合党员冬训邀请专家学者举办大党课,受到党员的普遍欢迎。

(2) 党员积分管理创新。针对党员管理没有抓手的问题,保税区率先在张家港市试行党员积分管理工作,坚持抓实抓细,量化党组织对党员的管理,合理引导外企党员投身保税区建设和企业发展。外企党总支重点在转变党员理念、合理设置积分、增强可操作性、运用结果落实,以及适时举办活动为党员开辟积分渠道上下真功夫。年终外企中心依据党员积分排名落实奖惩制度,重点抓好先进党组织和党员激励、后进党组织和党员诫勉谈话等工作。2014年试行以来,外企区域党员积分平均分由64分上升至79分,80分以上党员由182名上升至308名,党员参加组织生活的积极性得到有效提高,党建氛围更加浓厚,党员身份意识得到不断增强。

(3)"互联网+"党建创新。结合外企党员学历高、思想活跃等特点,顺应新形势新技术着眼于便捷高效,运用"互联网+"思维开展党建工作进行有益探索,依托微信、微视频开辟党员网上活动空间和平台,各项活动注重与外企文化结合,通过构建创意组织生活和"你活动,大家来点赞"等新型、开放式的工作业态有效增强了党建活力和吸引力。自"外企党建服务中心"微信公众号开通以来,年平均推送信息200余条;线上开展的"创意组织生活"评选活动,累计5000余名"党粉"参与互动;2014年、2015年连续两年公众号入围全国"两新党建"微信平台年活跃度前20名,是我省唯一上榜的"两新党建"微信平台(《非公有制企业党建》杂志发布)。

4. 党性基地服务模式

(1)开辟多功能服务阵地。针对外企生产经营效率高、节奏快等特点,以"开放式、功能化"为理念,新建了集远教工作站、党员课堂、红色E家、廉政文化馆、多功能运动场于一体的综合服务站,免费向外企、外企党组织、党员开放,进一步凝聚党员和职工的向心力。

(2)建立应需式服务超市。把"经营"理念贯穿到党务工作,新建党建工作站招聘专职党务工作者,探索职业化管理模式,建立目标导向式管理考核机制,提供党务咨询、场馆预约、健身锻炼、图书借阅、心理及法律咨询等服务。2015年累计提供场馆预约服务30余次、各类咨询服务50余次。

(3)创立品牌化活动载体。党建工作站根据外企党员工作时间和工作特点,创立"相约星期六"活动品牌,每月开展一次主题活动,将党员教管同青年交友、人才培养、外企文化放大、传统文化弘扬有机结合起来,搭建畅通的交流平台,努力使之成为区域文化建设的载体、党建引领社群文化的平台。2015年举办的"安全承诺、我来点赞"线上活动得到了企业和党员、员工的广泛关注,进一步提高了广大员工的安全责任意识。目前外企中心已累计开展主题活动28次,形成了固定的活动机制和较好的品牌影响力。

三、进一步推动外企党建发展建议

尽管保税区镇在外企党建方面做了一些工作,取得了一定成效,但由于外企在观念、体制、管理等方面的原因,仍存在一些问题亟须解决。一是企业对党组织的支持和党组织书记地位缺乏制度性保障。二是上级部门虽然出台了非公党建经费保障的相关制度但还没有得到根本性落实。三是优秀外企党务干部不多,普遍存在选人难的现象。因此给出以下建议。

1. 建立企业支持党建运作保障制度

由于外企性质、管理方式、文化理念不同,对开展党建工作提出了更大挑战,增加了难度,为此一方面可明确外企党组织工作职能清单,既明晰党建工作又明确书记职责;另一方面制定相关文件明确外企配合开展党建工作,给予党组织开展工作更多"名分"。针对党组织书记地位不够、分量不重的问题,一方面完善机关与党组织书记联系制度,加大推荐党组织书记成为各级党代表的工作力度;另一方面规定党组织书记人选优先从企业高层、工会主席、人事负责人等关键性岗位产生,建立党组织书记列席公司重要会议流程化制度,提高其在促进企业发展、解决实际问题的话语权,使党组织书记能够代表全体党员、广大职工"发声"。

2. 进一步完善企业党建经费保障制度

上级部门已明确"非公有制企业党组织工作经费纳入企业管理费列支,不超过职工年度工资薪金总额1%的部分可以据实在企业所得税前扣除",但实际执行效果并不好,一是政策落实不到位,二是返还党费量少,对于开展党建活动也是杯水车薪。因此建议实行返还党费和工会经费综合统筹使用制度,明确党建活动经费与工会经费按一定比例分配,如按总额的1∶3进行分摊,这样可保证党建经费预计达人均300~500元/年的经费标准。同时还需进一步加大上级党建经费下拨支持力度,切实为非公党组织工作开展提供坚实保障。

3. 加大党务干部队伍选育管用措施

优秀党务干部就是党的财富,建强建好党务干部队伍是党建工作的基础。一是增加选拔优秀党务干部渠道。通过党员发展、谈心谈话、活动开展、定期走访等多种途径慧眼发现人才,使优秀党务干部能够有成长平台。二是加强培育现有党务干部。通过开展体验式培训增强他们党性锻炼的切身感受,开展系统化的专业培训提高书记履职能力和综合素质。三是建立年轻党务干部储备制度。在区镇层面建立党务储备干部库,制订培养计划并分步实施。四是强化科学考核党务干部力度。由上级部门牵头建立星级管理制度,设立考核标准,实施动态管理的动静结合和"奖星""减星"并用措施,对三星及以上的党务干部发放一定星级补助,提高他们的积极性。

(傅伟明,苏州市委党校;卢向群,张家港市金港镇党委)

苏州建设具有独特魅力的国际文化旅游胜地的几点思考

何亚娟

2016年苏州十三五规划和第十二次党代会工作报告提出,苏州要努力建设具有独特魅力的国际文化旅游胜地和具有较强综合实力的国际化大都市。积极推进入境旅游可持续发展,提升旅游国际化水平,是建设具有独特魅力国际文化旅游胜地、国际化大都市的题中应有之意。

苏州是历史文化名城、著名的风景旅游城市。据统计,2015年我市接待入过夜游客151.20万人次、入境旅游创汇20.01亿美元,两项指标分别占全省49.6%和57%,名列全省第一,同比增长13.52%。2015年来苏的入境游客平均逗留天数达到4.15天,也创历史新高。入境旅游无论从接待人次还是外汇收入上看,都取得了显著成效。但是,必须清醒地看到,苏州入境游距离建设具有独特魅力国际文化旅游胜地目标仍有较大距离。与国内外旅游国际化名城相比,苏州的入境旅游接待人次、逗留时间、旅游消费、旅游外汇收入等方面还有较大距离,并且在欧美等远程客源市场中知名度不高,只是衍生目的地;传统观光游依赖性较强,慢生活深度游、休闲游、体验游不足;产品文化内涵挖掘、彰显不够,产业融合不够,苏州国际化旅游目的地品牌尚未形成;体制机制、政策保障不够等。苏州必须以旅游国际化为抓手,加快旅游业转型升级,提质增效,推进具有独特魅力国际文化旅游胜地建设。基于上述这些问题,我们认为,苏州建设具有独特魅力的国际文化旅游胜地,需着力以下方面工作。

一、强化入境旅游在旅游国际化中先导作用

入境旅游是旅游国际化的核心标志。旅游国际化是苏州加快国际旅游胜地建设和国际化大都市建设的重要载体、"制高点"和"突破口"。入境旅游在旅游业中占比虽然不大,相对于国内游、出境游,尤其是火爆的、利润丰厚的出境游,经济价值、投入产出比不突出,但入境游意义不只在于其本身的经济价值,而在于形成倒逼机制,促进旅游业提质增效,带动城市产业转型升

级,改善城市品质,助推城市国际化进程,促进中外文化交流、传播,形塑中国良好形象发挥重要牵引作用。因此,苏州要借鉴国内外旅游国际化发达城市先进经验,抓住旅游国际化这一先手棋,强化旅游国际化在城市国际化的先导作用。市各级党政部门进一步统一思想,尤其是基层部门提高认识,积极营造实施旅游国际化战略的环境氛围,强化舆论宣传、国际化理念培育,发动媒体、公众参与建言献策,凝聚共识,为旅游国际化发展提供思想支撑和社会支撑。

二、健全入境旅游的保障机制

纵观国内外发达的国际旅游城市,其旅游国际化发展均离不开产业政策、财税减免、重点扶持、人才建设等体制机制、政策支持。旅游国际化作为综合性产业,涉及经济的多个行业和部门,产业关联度高,协调难度大。旅游部门小马拉大车,权责不对等,有心无力。基于苏州旅游国际化发展的保障机制尚显不足的现状,一是要健全组织保障。学习借鉴其他城市,设立包括市发改委、财政局、公安局、交通局等20余个涉及旅游改革和发展的相关部门主要负责人组成的旅委会,建立旅游国际化领导小组,充分突出旅游行政领导机构的权威性,明确各有关部门和单位的职责,建立考核办法,实行目标责任制。实行兼职委员制度,建立旅游国际化发展联席会议制度,专题研讨旅游国际化推进以及出现的问题、解决的思路、办法,切实推进苏州旅游国际化进程。二是政策保障。由旅游国际化领导小组牵头尽快制定苏州旅游国际化战略,建立科学合理的国际旅游度假目的地评价体系,高起点、高标准、高品位启动旅游国际化专项规划的编制工作,推动旅游国际化专项规划的编制与土地规划、城乡规划、生态环境保护规划、文物保护规划、城市规划等多规融合。旅游国际化工作纳入年度政府工作考核目标,对推进旅游国际化工作做出突出贡献的个人、单位给予一定奖励。三是资金保障。北京、四川、江西等省市近年出台了鼓励和支持入境旅游市场的扶持办法。在入境游低迷的形势下,建议苏州出台相关措施,设立专项资金,对入境游进行财税减免、资金支持等,对海外营销、入境旅行社创新的风险产品给予补贴、奖励、扶持,为促进入境旅游的发展创造条件。

三、创优国际化旅游产品体系

深入挖掘历史文化内涵,彰显城市特质,打造一批适应时代、满足国外游客审美偏好、具有国际影响力和吸引力的国际化旅游产品。一是炫亮经典城市旅游名片。拙政园、苏州博物馆是旅游国际化的金名片。切实加大文物保护力度,推进文物合理适度利用。在现有的法律法规框架下,适度修缮、开发、活化遗产,鼓励和引导社会资本投入,促进开放式经营。传统与时尚相融,积极丰富、提升经典旅游产品的体验度和时代、时尚品质。二是彰显水韵江南魅力。大运河在国际上的地位与影响可与万里长城相媲美。策划以"乾隆六下江南"为主题的大运河苏州段的主题游。复活、打造"水巷历史街区"。苏州是中国城市中河道最长、桥梁最多的水乡城市。"水陆并行、河街相邻"的双棋盘式格局和小桥流水人家构成苏州特有风貌,形成独特的街区形态。在切实长效治理水城与水巷所处的周边环境的同时,建议在可能的情况下,本着先易后难的原则,根据不同情形逐步恢复那些有迹可循、历史风貌好的被填弃的河道。把其中6个最有水乡风貌和旅游开发价值的平江河、山塘河、十全河、官太尉河为轴的历史水街区、上塘街、枫桥路寒山寺大街一线历史水街区、盘门历史水街区进行恢复、治理、开发,打造为"水巷历史街区",满足外国游客慢游苏州、体验苏州慢生活和游憩的需要。使之与平江历史街区和山塘街共同成为苏州文化休闲旅游的核心产品。三是打造多元主题的度假古镇。着力把同质化、老化的古镇打造成多主题多特色的江南系列度假小镇。建议同里古镇打造为"艺术江南",周庄古镇打造为"诗画江南",千灯古镇打造为"曲艺江南",锦溪古镇打造为"博览江南",甪直古镇打造为"桥乡江南",光福古镇打造为"刻画江南",沙家浜古镇打造为"苇香江南",震泽古镇打造为"丝艺江南"、沙溪古镇打造为"舞动江南"。四是以原真中国故事打造国际旅游访问点。国际化就是本土化、原真化、差异化。国际化旅游产品不一定需要去人为"打造",不一定是很多高大上的项目。苏州市民最原生态的要素、最本真的生活状态,正是游客想要的异域旅游产品。建议把对外国人有古老、神奇、新奇吸引力的中医药馆、公共交通、农贸市场、教育、体育、法庭、社保中心、市民康体等市民生活、社会文化、经济、政治社会资源整合、提升、包装成社会资源参观点,呈现生活常态化的旅游,向外国游客开放,满足外国游客特殊的东方审美需求,创新延伸景区景点。推出苏州特色的太极拳、书法、茶道、陶艺、武术、刺绣、玉雕、木刻年画、昆曲、评弹、吴语等体验活动,参观丝绸厂、食品厂、苏菜馆等生产过程,丰富外国游客的旅游体验。五是促进文化创意产品开发。出台文化旅游商品发展政策,加强知识产权的有效保护。采取实质性措施,加强政策的支持和基金的引导。依托文化文物单位馆藏文化资源,借鉴北京故宫等经验,以专业化团队,进行文化创意产品开发。深入挖掘吴文化内涵,围绕苏州园林、博物馆、昆曲等,重点开发、构建"苏式生活"文创主题产品。融合古今、中外、传统与时尚,打造酷、爽、嗨和萌的文创爆款,形成"带的走,存的下,易传播"形式多样、特色鲜明、富有创意、竞争力强的"苏州印记"文化创意产品体系。丰富旅游文创商品,推进旅游购物消费。六是丰富夜游产品。开发大型主题文艺节目,推广评弹、滑稽戏、昆曲等小型剧场演出。在网师园、运河夜游之外,进一步打造开发夜间旅游产品,丰富夜间消费商业,延长外国游客的逗留时间。七是推出专题游产品。推出名人文化游、美容健康游、姑苏美食游、工艺品创作(生产)体验游、建筑游、宗教寺庙游、会奖游、修学游、体育游等专题游,形成多元化的国际化旅游产品体系,吸引海外游客。

四、精准国际营销

精准营销旨在使有限的旅游宣传营销投入产出比最大化。精准营销关键在于以游客为中心,适应时代需求,对接市场变化。营销应激发海外游客前往苏州旅游的向往之心,实现情感共鸣。对苏州城市旅游形象合理定位,把城市作为一个整体目的地营统筹营销。加强城市整体旅游形象塑造与宣传,统一城市旅游主题口号,宣传口号朗朗上口,外文翻译优美,易于记忆、理解、传播,辨识度高,针对性强,体现城市文化特质与内涵,兼顾资源、市场和游客感应三维认知。依托问卷调查、大数据、网络平台精准分析外国游客需求(大数据显示,外国游客真实需求与我们主观想象有差距,震撼、古老、神奇、新奇,感受原真生活是其偏好)。瞄准需求侧,有的放矢地精准营销和产品打造。细分市场,分别针对家庭游与散客游、团队游、中老年与 80 后、90 后、00 后外国游客,初次游与重游的游客等,针对日韩等成熟市场、欧美等重点市场以及中东、俄罗斯等新开拓市场,实行差异化营销。有效运用高科技进行 VR 营销。搭建互联网销售平台,进一步推进 Facebook、Twitter 等社交媒体营销,有效运用"国际网红 + 直播"、草根意见领袖,与国际旅游达人、旅游作家、旅游杂志社合作,多渠道策划国际性旅游事件,提高城市关注度。有效运用影视营销(借鉴韩国,利用苏州优美自然风光、人文历史资源、影视基地优势聘请影视大腕摄制高质量影视作品或国际大片植入)。设"旅游大使",扩大城市影响,培育一批目的地品牌粉丝。大力发展会奖旅游、商务旅游。举办具有全球影响力的大型活动(体育、文化或休闲方面),尤其要在提升城市综合实力的同时,力争打造地标性国际会议(学习借鉴杭州 G20 峰会),有效利用高端国际赛事、会议提升苏州国际知名度,凸显城市品牌。引入会议大使,打造国际会议目的地。设立专门的国际旅游营销机构,将海外旅游营销的职能从旅游管理机构中分离出来,由政府牵头,委托专业的市场机构运作营销,政府拨预算,通过指标来考核,提高海外营销专门化、专业化、精细化、国际化水平和系统性、连续性。加强整合营销,进一步提高旅游促销实效。协调与周边上海、杭州等城市的国际旅游促销,既竞争又借势,形成区域国际营销。加强与跨国旅行商、在线旅行商合作,打造全球营运网络。

五、优化国际化旅游服务体系

国际化服务的重要特点之一就是人本化、精细化。积极争取本地机场建设,形成国际游客空中直达苏州的航班交通区位优势。进一步加强国际化水平的基础设施建设,构建便捷、高效的综合交通网。推进城市轻轨、公交、地铁与城际铁路、高速、机场、港口无缝对接。进一步加强集散中心建设、停车场建设,提升城市可进入性、内部通达性、交通舒适性。设计开发类别化、精细化、多元化旅游地图(包括区域分类、景点分类、旅游方式等)。进一步推进厕所建设提升工程。成立国际旅游志愿者服务小组。加强智慧旅游、智慧城市建设,完善旅游信息服务网络,信息咨询、旅游指南等提供精准化、有效信息。在信息内容、语种多样化、服务功能等方面充实完善苏州旅游入境游门户网站,并与国外著名网站建立链接,大力提高旅游信息化水平。推广免费WiFi。打造自助游散客服务体系。争取入境购物退税政策在苏实施。强化城市旅游消费的金融手段,扩大外币银行卡使用范围,满足游客全程旅游消费。加快建设融政府监管、游客评价、社会监督、企业自律为一体的旅游诚信体系。加强依法之旅,设立旅游巡回法庭、旅游警察,保障国际旅游安全。普及道路、路牌标识、旅游信息指南等多语化(力求外语翻译精准、优美而非百度翻译),提高机场口岸、重要景区、宾馆饭店、咨询中心、导游、公交、有关购物场所等的外语服务水平,提升城市外语环境。深化国际文化交流和合作。提高市民文明素质、树立国际视野、国际化心态,提升文化自信、国际亲和力,提升居民好客度,共建共享。大力开展环境教育和宣传活动,提高旅游者与本地居民的旅游资源环境保护意识。加强生态文明建设,大力治理雾霾,强化食品安全监管。对旅游业实施生态化管理,打造和谐、开放、绿色、安全旅游环境。推进可持续发展,提升环境国际化水平。加强旅游在岗人员职业培训教育,建立匹配的薪酬机制,提高服务人员的工作积极性,提升服务水平。加强小语种导游和跨界复合型旅游国际化人才培养与引进力度,引进懂经营、善管理、精策划的国际高级旅游人才。营造更加宽松的投资环境,发挥市场、政府"两只手"作用,推进"旅游+"产业融合,引入国际旅游知名企业及现代旅游业发达国家和地区旅游业发展的措施和管理体制,加强旅游企业国际化标准建设,提升企业国际化水平。

(苏州市委党校)

"枫桥经验"：社区治理模式创新的探索与启示

陈清华　徐惠明

苏州高新区枫桥街道位于主城区西部，区域面积34平方千米，总人口30余万，生态环境优美，自然禀赋优越，综合实力位居苏州全市街道（镇、乡）前列。枫桥街道以前的"政经分开"做法曾被国家发改委编入《深化农村改革综合实施方案》并在全国推广。近年来，枫桥街道又根据新形势、新情况和新问题，创立了"一核多元""N+X"和"中心+社区"的社区治理新模式，构建了"党委领导、政府负责、社会协同、公众参与、法治保障"的社区治理新体制，探索了可在全市、全省甚至全国推广的社区治理新经验。2015年，枫桥街道所辖的7个社区均被评为"江苏省和谐示范社区"和"江苏省充分就业示范社区"。

一、症结：社区治理面临的六大问题

近年来，很多地方为了实现社区治理标准化、智能化和科学化，投入了大量人力、物力和财力，在经济发展上较好地实现了从农村形态向城市形态的转换，在社会管理上较好地实现了村民自治向社区治理的过渡。但是随着经济社会的不断发展、现代管理手段的广泛应用和常住人口的持续增长，不少地区在社区管理中遇到了六大"成长的烦恼"。

问题一：政务居务不分

枫桥街道下属面积最大的康佳社区党委书记杨春方说："社区治理，首先，要把社区事务'理'清楚；其次，才是把各项工作'治'起来。'社区是个筐，啥都往里装'，其他部门不管的事，都被扔给了我们社区。如某居民祖奶奶已过世20多年，现因房产过户需要公证，需要有关部门盖章以证明祖奶奶没有改嫁过，也无其他子女存在。公安和民政等部门因上面有规定不能盖章，百姓就找到了我们社区，社区公章便成了'万能章'。"枫桥街道下属城市化程度最高的枫津社区党委书记李萍说："'上面千根线，下面一根针。'上级赋予社区的责任无限大，但社区的权力无限小，甚至没有权力处理相关问题。"枫桥街道社区管理中心副主任唐国华说:"大量行政事务压向社区,导致社区工作政务化;政务工作取代了居务工作,导致政务工作僵硬化。"

问题二:干部群众不亲

枫桥街道党工委委员、社区管理中心主任张伟说:"'一站式'服务大厅的岗位设置'条线化'和'小而全',社区干部疲于应付各种考核、评比和检查。社区干部条线行政工作做多了,帮块上群众办实事、解难题的时间自然就少了。社区干群的心理距离越来越远,群众觉得社区干部是'官',社区干部觉得群众是'客',干群之间觉得彼此越来越陌生。"

问题三:工作效率不高

枫桥街道康佳社区主任杨雪华说:"因部门间信息不共享,社区常常要做大量的重复劳动。如适龄生育妇女的相关信息,户籍所在地派出所都有,但居委会在无权共享这类信息的情况下,只得挨家挨户地再去摸排。此外,无纸化办公已经普遍推开,但是上级来社区检查工作时,仍要检查纸质台账资料。一个社区一年下来,应对上级检查的台账资料常常要达到5麻袋以上。无效劳动和形式主义浪费了社区的大量公共资源,并致使社区工作效率普遍偏低。"

问题四:传统模式不灵

枫桥街道党政办朱建军说:"随着时代的发展,居民的思想观念、行为模式和生活方式发生了深刻变化。特别是移动互联网技术的发展,现实与虚拟的界线逐渐模糊,QQ群和微信群等已经成为社区居民的虚拟社区。传统社区治理与居民现实需求之间的契合度、粘合力越来越低。过去常用的'老娘舅式'调解方法逐渐失效,传统的社区治理模式正在失灵。"

问题五:内生动力不足

枫桥街道下属情况最复杂、管理难度最大的西津桥社区党委书记顾佩琴说:"我们社区既有高档商住区、别墅区,又有动迁小区,还有最破旧不堪的城中村杨家弄。我们曾多次尝试让社区内有公职的人员参与社区治理,但许多人是'事不关己,高高挂起',社区共治收效甚微。因此,迫切需要社区治理以新体制、新机制来激发新活力,以切实解决社区工作内生动力不足的问题。"

问题六:长效机制尚未形成

苏州高新区党工委副书记、虎丘区委副书记宋长宝说:"目前,惠民政策效应递减与要素支撑弱化同时并存,结构意义上的民生幸福'刘易斯拐点'已经到来,'洗脚上楼'的村民在目前经济下行背景下的就业压力增大已经成为不争的事实。惠民政策'最后1千米'还没有完全打通。宜居环境打造、公共财力向农村倾斜、公共基础设施向农村延伸和公共服务向农村覆盖等问题的真正解决还有一段很长的路要走。"

二、探索：枫桥社区治理模式的三大创新

党的十八大报告强调，要加强和创新社区治理模式，提高社区治理现代化水平。省委书记李强在省十三次党代会报告中指出："党的执政根基在基层，党的工作最坚实的力量支撑也在基层。"枫桥街道坚持问题导向，积极推进系列社区治理模式创新，以鲜活的实践诠释了"顶层"设计和正确研判的重要性。

1. 强化党的领导，构建"一核多元"社区治理结构

"支部建在连上"是党对人民军队实行绝对领导的一项根本制度。枫桥街道将党委建在社区，党支部建在小区，党小组建在楼道，党组织建在网格之上。同时，建立了社区党委、小区党支部、楼道党小组和在职党员单位党组织的互动联络机制。枫桥街道还鼓励社区社会组织和小区内的在职公职人员、党员干部、代表委员等一起参与小区管理和社区治理。这样，形成了以党组织为领导核心，以党员干部为基本力量，融社区居委会、业主委员会、物业公司、社区社会组织和社区居民等为一体的多元参与、多方共治的"一核多元"社区治理结构。枫桥街道强化党在社区治理中的领导，把党旗深深扎根在社区治理的各个环节和各个方面，打通了邻里党建的"最后 100 米"，最终使百姓真正受益。

2. 强化服务功能，构建"中心+社区"社区治理模式

为了厘清行政服务与居民自治之间的"边界"，枫桥街道将政务与居务分开，突出服务功能，构建了"中心+社区"社区事务治理新模式。一是重构社区服务功能。按照"行政职能上收中心、服务资源下沉社区"的思路，枫桥街道从 2015 年起重点凸显社区管理中心"设计、指导、协调"职能，设立了马涧社区服务中心、康佳社区服务中心和枫津社区服务中心，由社区管理中心直接管理，取代了原来 7 个社区居委会的"一站式"服务大厅。同时，细化梳理 2 份清单，将原来社区居委会的 78 项事务拆分为两大部分，即政府行政职能与社区服务功能。其中，50 大类 122 小项政府延伸职能上收服务中心，28 大类 134 小项社区服务功能下沉社区居委会。二是重组社区服务人员。枫桥街道通过 3 个社区服务中心，覆盖街道所有社区居委会，每个社区服务中心核定编制 6~8 人。将以前 7 个社区居委会"一站式"服务大厅的 108 名工作人员压缩到现在的 20 人，其他 88 名工作人员全部下沉到社区。三是重建社区服务网格。枫桥街道从 2015 年开始在所有社区实行"社区四级网格化"治理，统一网格建制，做到"小事不出网格，大事不出社区"。社区主任担任一级网格长，对整个社区管理负总责；社区其他工作人员划片包干到居住小区，担任二级网格长，负责管理包干小区；小区按单元划分为若干个小组，小组长为三级

网格长,负责管理小区单元;小区单元按楼道推荐楼道长,担任四级网格长,负责管理楼道。每个网格长配备一个包、一支笔、一本民情日记和一个手电筒。同时,推行社区服务智能化,建立了"一网四平台",即社区服务网、短信平台、QQ群平台、微信平台和"智慧社区"信息平台。难怪苏州科技大学社会学教授高钟说:"'中心+社区'模式其实就是社会学强调的'任何一个社区都需要一个文化中心',人们通过这个文化中心的各类服务与互动,建立社区文化认同,在实现民众最广泛参与的同时,将基层民主落到实处。"

3. 强化多元融合,构建"N+X"社区自治组织

业主委员会是小区居民的自我管理组织。枫桥街道针对业委会组织凝聚力不强、工作认可度不高,党组织和行政部门不能代替居民行使自治权力,又不能放任业委会功能弱化等情况,探索出了"N+X"社区自治组织形式。2015年11月,怡馨花园小区建立"N+X"的小区业委会组织。"N"就是普通业主代表,按怡馨花园小区住户数量由居民推选产生;"X"就是特邀业主代表,从居住在小区内的党员干部、人大代表和政协委员中推选产生。由此产生的11名业委会成员,既有较强的代表性,又有强烈的责任感和使命感,大大增强了居民自治组织的号召力、亲和力和服务能力。怡馨花园小区居民吴建芳说:"党员干部起模范带头作用,人大代表、政协委员是各界的代表,他们都值得我们信任;引进了'N+X'模式后,业委会运转明显规范了,对物业的监管也到位了。"

三、启示:"枫桥经验"推广价值

目前,很多地方社区治理收效甚微。枫桥街道探索社区治理新模式的做法和成效,是一个具有"标本"意义的生动案例。

1. 社区治理要以党的领导为重要核心

2010年11月,党中央办公厅、国务院办公厅《关于加强和改进城市社区居民委员会建设工作的意见》指出:"加强和改进城市社区居民委员会建设工作的基本原则是坚持党的领导,把握正确方向。"在枫桥街道"一核多元"的社区治理结构中,"一核"就是党的领导。在众多的参与主体中,党是唯一的领导核心,而"多元"则包括政府、社区自治组织、社区社会组织和居民等主体。枫桥街道把党委建在社区,把党支部建在小区和把党小组建在楼道。党组织依靠这一体系,在社区治理中发挥着领导核心作用。一是政治上的领导。社区党组织向社区中的广大居民宣传贯彻党的路线、方针和政策,解释重要文件,把握社区发展方向。居民自愿在社区党组织的领导下工作和生活。二是思想上的领导。社区党组织积极宣讲社会主义核心价值观,牢牢占领社区宣传舆论阵地,让歪风邪气、封建迷信、坑蒙拐骗和不良言论等在社区无立足之

地。三是组织上的领导。通过党员在社区组织中担任领导和党组织对社区干部的管理,发挥社区党员的先进模范作用,以社区先进党员典型激励其他党员和普通居民积极参与社区治理,切实促进社区建设、社区管理和社区服务水平的提高。

2. 社区治理要以政府为主导力量

社区治理中的政府主要是指街道和相关政府职能部门。在目前的社区治理中,政府行政干预色彩过浓。枫桥街道通过政经分开、政务与居务分开,管住了政府"闲不住的手",更好地发挥了政府在社区治理中的主导作用。一是政府是社区治理的指导者。这种指导主要表现为对社区的建设与发展进行宏观指导。枫桥街道从撤村建居、建立"一站式"服务大厅,到成立社区服务中心,实行网格化管理,就是对社区治理机制进行重构、优化和调整,并通过明确政府职能"清单",指导社区依法履行自治职能,真正充当社区治理指导者角色。二是政府是社区公共服务的提供者。枫桥街道为社区服务中心划分的职能就是社区公共服务,并加大财政投入力度,为社区提供居民义务教育、公共福利、数字电视、免费 WIFI 和智能监控系统等公共服务。三是政府是社区公民社会的培育者。枫桥街道通过政务与居务分开,承认和尊重居民社区自治的主体地位;通过组建"N + X"社区治理模式,规范和推动社区自治组织建设与发展,营造社区居民共同的价值观;通过"社区四级网格长",在监督社区组织、业委会组织发展中提升居民社区意识,打造社区公民社会。

3. 社区治理要以社区居委会为关键依托

社区居委会作为群众性自治组织,要在党和政府的领导下,充分发挥自治职责,带领居民实现"自我管理、自我教育、自我服务、自我监督"。党和政府要借助社区居委会实现其领导和主导作用。在枫桥街道的社区治理模式创新实践中,一方面,社区居委会组织居民开展社区自治活动。"N + X"模式就是在枫桥街道党工委领导下,由社区居委会组织居民开展社区自治实践活动。社区工作人员下沉基层后,社区居委会组织社工办理居民公共事务,开展便民利民服务和互助志愿活动,并通过宣传教育、化解纠纷和反映民意等方式,组织和引导居民开展社区自治活动。另一方面,社区居委会协助政府开展工作。枫桥街道对居民的行政职能由社区服务中心承接后,社区居委会在行政上就是协助、配合社区服务中心做好与居民相关的医疗卫生、计划生育、社区矫正和文化体育等方面的沟通衔接工作。同时,通过组织党员干部、人大代表和政协委员等群体代表,对业主委员会和物业公司工作进行指导和监督,维护居民合法权益;组织居民参加公共政策听证和对职能部门、工作人员进行评议。

4. 社区治理要以社区社会组织为有效力量

社区社会组织是以社区为主要活动区域,以服务社区居民、满足居民需求、促进社区发展为宗旨,活动在社区基层的公益性、服务性、自治性的社会组织。随着居民需求的多元化以及需求层次的多样化,由政府承担的公共服务职能需要社会力量来承接。目前,城市社区组织已经越来越多地参与到社区治理中去,通过开展各种文体活动和志愿服务等,促进邻里和睦,增强社区凝聚力,维护社区稳定。如苏州义工组织"蝴蝶妈妈"等,就是发展成熟、声名卓著的社会组织。同时,社区组织贴近社区、了解民情,可以将居民共同的利益诉求和权利意识表达成集体意愿,为政府决策提供重要参考。

5. 社区治理要以社区居民为坚实基础

社区居民是社区治理的根基。枫桥街道在社区治理中,一方面,始终把居民作为社区发展的依靠力量和长久动力。社区党组织的成员来自于社区居民,社区网格员来自于社区居民,社区社会组织成员也来自于社区居民。另一方面,让社区居民积极主动参与社区民主决策。要让社区居民通过党员干部、人大代表和政协委员等表达意见和建议,参与集体讨论或亲自参加社区评议活动,积极主动参与社区民主决策。社区居民在党和政府领导下,对社区公共事务进行自主管理,积极参加社区治安、绿化、管理和服务等活动,履行自治职责,参与民主管理,开展民主监督。因此,在社区治理实践中,要提高社区居民的主体性和自治力,让社区真正在居民自治下健康可持续发展。

(陈清华系江苏省社科院《江海学刊》副主编、研究员、博导;徐惠明系南京航空航天大学国家文化产业研究中心研究员)

第五篇

他山之石与借鉴思考

"工匠精神"是打开供给侧改革红利的钥匙

在2016年全国"两会"上,国务院总理李克强在政府工作报告中提到,鼓励企业开展个性化定制、柔性化生产,培育精益求精的工匠精神,增品种,提品质,创品牌。"工匠精神"首次出现在政府工作报告中,让人耳目一新。苏州素以"苏工""苏作"闻名于世,对于"工匠精神"应该并不陌生,"工匠精神"的内涵是什么?当前苏州在转型升级过程中,如何振奋"工匠精神"?怎样在全社会培育"工匠精神"茁壮生长的土壤?值得我们深入思考。

一、"工匠精神"实质是一种市场精神

一个国家和地区的制造业,没有"工匠精神"是很难发展起来的,也不可能形成真正的品牌。"工匠精神"实质是一种市场精神。一方面,"工匠精神"最基本的要求是在制造环节和服务环节注意每个细节,提高每一步的质量,使产品质量不断提高,真正做到精益求精。另一方面,"工匠精神"把消费者摆在首位,无论是设计、制造还是服务,都以消费者的需求为基本出发点。应该说,这是"工匠精神"的根本所在。没有这一条基本出发点,没有对消费者的高度重视,就不可能有"工匠精神"。

中国过去形成大量的"百年老店",核心就是消费者本位加上精益工艺,简称为"不欺"。谁欺负了消费者,偷工减料,工艺粗糙,谁就要在市场竞争中被淘汰出局。

在古代,匠人们的勤劳与敬业给我们留下了无数的物质和精神财富。在著名药企同仁堂的门口有一副对联:"炮制虽繁必不敢省人工,品味虽贵必不敢减物力",这就是"工匠精神"的真实写照。爱岗敬业、精益求精、诚实守信是任何时代都应该遵循的职业道德和操守,也是一种理想和信念。具体来说,"工匠精神"主要体现在两个方面:一是从产品方面来说要求精益求精,追求长效持久;二是从服务方面来说要求细致入微,做到诚实守信。

在新常态经济下,无论是破解上一经济周期高速增长积累的沉疴,还是激活内需消费这一经济增长的新引擎,都需通过结构性改革来实现产业的转型升级。结构性改革的难题要靠供给侧改革来化解,"工匠精神"是打开供给

侧改革红利的钥匙。

"工匠精神"的内涵是精益求精。中国是全球制造业大国,恰恰缺乏了精益求精的"工匠精神"。而且,中国制造业在产业转型升级的过程中,走过粗制滥造、山寨复制的弯路。即使有国货精品,也难以挽回国人对国货的信任。出国旅游人群在境外大规模扫货成为"风景",在日本疯狂购买马桶盖和电饭煲,这里有消费盲目不理性的成分,但归根结底还是因为中国市场供给质量低下和有效供给能力不足,缺乏高技术含量和高品质的国货精品。国货怎么了?就因为缺乏精益求精的"工匠精神"。

二、做大做强制造业,需要"工匠精神"

《中国制造2025》指出,制造业是国民经济的主体,是科技创新的主战场。当前,是我国从制造大国向制造强国转变的关键时期。中国制造为何急切需要"工匠精神"?

中国虽然是世界上最大的钢铁生产国,但不具备生产模具钢的能力,包括圆珠笔头上的"圆珠"都需要进口。之所以会产生这种现象,主要的原因就在于粗放式的发展模式已经走到了尽头。在追求产量而不是质量、追求速度而不是效益的模式下,"工匠精神"被许多企业遗忘和丢失,企业供给侧质量不高、结构不合理问题突出。比如据测算,我国每年因假冒伪劣造成的经济损失至少有2000亿元。事实上,缺乏"工匠精神"的企业也无法生存长久,我国目前的"百年老店"寥寥无几,即使是改革开放之后还生存到现在的企业也是屈指可数。因此,从一定意义上来说,供给侧改革就是"工匠精神"的重塑和再造。

要振兴制造业,没有"工匠精神"不可能振兴起来。与过去30余年不同,中国现在不缺制造能力,在相当多的领域我们的制造能力是相当庞大的。但对消费者来说,不少产品只能说"凑合用",远达不到"快乐用""享受用"的程度。这从根本上制约了中国制造的竞争力。中国制造,已到了求质求精的阶段,再不跨越这个阶段,中国制造很难上台阶。

制造业强国德国提出"工业4.0"的高科技战略计划,美国则提出重振制造业。《中国制造2025》战略的出台,既是中国产业转型升级的必然要求,也是应对严酷的国际竞争的需要。《中国制造2025》的战略目标和步骤,已经规划的相当周详,"工匠精神"需要贯穿这一战略的始终。做大做强中国制造业,说到底就是提升中国制造的技术含量和质量水平,这就需要"工匠精神"。在制造业强国纷纷推出更高更新更强的制造业战略时,中国制造面临着更严峻的转型升级压力,成为世界制造业强国,"工匠精神"是催化剂。

三、"工匠精神"需要"匠心"与"恒心"

"工匠精神"绝不同于因循守旧、拘泥一格的"匠气","工匠精神"有着对任何一个环节的力求完美的要求,也不乏大胆突破传统窠臼的创新与探索。"工匠精神"很多时候意味着毫不犹豫地否定自己,但其终极目标,仍然是以更合理精到的工艺技术实现对更精致产品与服务的追求。所以万钢说,创新是"工匠精神"的一种延伸。

我们的确可以翻检出历史中"工匠精神"闪耀的那些时刻,不过毋庸讳言,在很多领域,"工匠精神"已经缺失了很久,而在另外一些领域,"工匠精神"就像一点点微弱的火苗,经不起任何一阵轻风的吹袭。当我们呼唤精益求精的"工匠精神"之时,我们应该花更多的心血培育让这种"工匠精神"能够生根发芽的肥沃土壤,还有适宜的温度、空气、水分和阳光。

因为"工匠精神"绝非一个人的修炼。或者说,一个浮躁的社会不可能对"工匠精神"给予太多的关注,有"工匠精神"的人,也会成为少数派,并且他们很难获得与其付出成正比的回报——包括物质财富和社会尊重等精神层面的反馈。如果大众更多地艳羡于那些可能凭借着一时的小聪明甚至因为打通了某些关节而获得看起来很美的所谓成功,如果人们膜拜那些走捷径的人,孜孜不倦于寻找一夜暴富的风口,我们很难想象,还有多少人会把"工匠精神"作为信念,执着于某个产品和工艺的精益求精。

想到了投资银行家蔡洪平情不自禁地发问。看到那么多的中国互联网企业都冲着零售消费——买便宜货、求方便等,他问,我们花了多少心思,用网络的技术和便利以及各种手段来向生产的深度和广度进军?亲身感受到了中国在工业革命4.0上和欧洲先发国家的差距,他又问,我们有没有人在阿尔卑斯山脉里面下着大雪,静静地做一个小的零部件,一辈子做了两百年?

这需要匠心。匠心来自恒心。"工匠精神"并非不问前程和结果。即使我们说,那些追求"工匠精神"的人并不在意聚光灯下的喧嚣,其实他们总是耐得住寂寞甚至怕成为追逐的目标,即使如此,只有让那些具有"工匠精神"的人获得更大的社会认同,让体现了"工匠精神"的产品和服务占领市场,让这样的创新者和企业家成为人群中的尊者,"工匠精神"才会成为这个社会的标准和潮流。

让具有"工匠精神"的人赢,让追求"工匠精神"的企业成为商业世界的主角,让我们的生活因匠心之选而变得更加美好。我们有足够的耐心。

四、加快培育"工匠精神"良好生长的土壤

在全社会培育"工匠精神"茁壮生长的土壤,必须要充分发挥市场优胜劣

汰的机制，通过市场竞争将缺乏"工匠精神"的企业淘汰出局，让坚守"工匠精神"的企业获得应得的回报，让那些盲目追求规模而不讲效益、缺乏创新精神的企业管理者付出代价，建立维护"工匠精神"的市场氛围；建立健全法律法规，通过依法治国、依法治企对生产假冒伪劣、不讲诚信的企业进行惩处；加强教育和宣传，尽快形成尊重"工匠精神"的社会氛围，并培养出更多的能够坚守"工匠精神"的新一代企业家来。

从教育体制入手，变功利性的应试教育为素质教育，从娃娃做起，涵养国人精益求精、严谨、耐心、专注、坚持和敬业精神。通过法治规范、制度涵养以及科学的产业标准和评价体系，倒逼中国制造业转型升级，提质增益，提高市场竞争力，赢得消费者认可。

在计划经济下，产品生产和销售与消费者无关，都由计划者安排。生产出来的产品按计划分配到相关领域。由于产品短缺，生产出来的产品供不应求，生产者哪来的动力去改进生产、提高质量？改革开放以来，我们的市场化程度不断提高，市场竞争程度明显加剧。为了赢得市场，企业就需要在产品质量上下功夫，在抓住消费者需求上下功夫。因此，有的行业的"工匠精神"就开始逐步出现并不断提高。

"工匠精神"的培育，只能在市场环境下。因此，必须加快市场化改革，打破市场垄断，完善市场秩序，培育"工匠精神"茁壮生长的土壤。依托中国巨大的市场潜力，只要竞争充分，秩序规范，中国必将出现越来越精的制造精品。

（苏州市委党校市情研究中心）

各地出台举措推进供给侧结构性改革

供给侧结构性改革是一场攻坚战。前不久省委罗志军书记专题就此到我市开展了调研座谈,最近省委省政府又召开了推进供给侧结构性改革工作会议,要求集中力量推进供给侧结构性改革,加快江苏经济转型升级凤凰涅槃。苏州作为经济社会发展走在前列的城市,如何依托工业园区等各类改革平台,努力在供给侧结构性改革中借鉴创新、走在前列,从而加快苏州经济的转型升级步伐,亟待全市上下积极探索、创新实践。现选编各地做法供参阅。

一、深圳打造科技创新"四个区"的战略

深圳出台的《关于促进科技创新的若干措施》紧紧围绕"加快建设国家科技、产业创新中心"的战略任务,打造科技体制改革先行区、新兴产业集聚区、开放创新引领区、创新创业生态区。这一措施的出台,致力于充分发挥科技创新的支撑引领作用,进一步激发各类创新主体的积极性和创造性。

《关于促进科技创新的若干措施》包括四个方面、62 条措施,其中 47 条属于新增政策,占 75.8%,15 条在原有政策基础上加大了支持力度。在原有政策的基础上,《关于促进科技创新的若干措施》新增了不少条文,体现了深圳市科技创新战略布局角度的三个"转变":一是科技创新布局从小局向大局的转变;二是科技资源配置,由小投入向大投入的转变;三是科技创新的承担单位,由小众向大众的转变。

《关于促进科技创新的若干措施》的制定,突出五个衔接保障政策"新、细、实",旨在充分发挥科技创新的支撑引领作用,激发各类创新主体的积极性和创造性。起草工作时,他们通过认真梳理 63 部政策法规、1554 条相关政策,调研各类创新主体,将措施与国家、省和深圳市的已有政策衔接。注重与深圳市已有政策衔接。在保持原有政策优势的基础上,更加注重大设施、大项目、大工程的推进;更加注重创造有利条件与创新主体分享创新成果收益,激发各类创新主体的创新活力和积极性;更加注重国家、省、境外创新资源的衔接、整合和互动;更加注重与 WTO 国际规则、国际惯例的衔接。为与 WTO 国际规则、国际惯例的衔接,起草小组特别将《关于促进科技创新的若干措施》交由市公平贸易促进署进行审查。

为使国家、省政策能够在深圳市真正落地,起草小组将国家、省支持科技创新的政策在《关于促进科技创新的若干措施》中进行了细化和落实,体现了该措施注重与国家、省政策的衔接。该措施将中央8号文件提出的高等院校、科研院所以及其他事业单位利用财政性资金形成的技术成果转让或者许可他人使用获得收益比例提高至70%以上;放宽科技计划项目资助资金使用限制;全面落实国务院关于发展众创空间服务实体经济的指导意见,以科技创新券方式,支持发展众创空间,为创新创业提供科技服务;粤府1号文件提出的"建立研发准备金制度、试行创新产品与服务远期约定政府购买制度、完善科技企业孵化器建设用地政策"等政策,也在该措施中得到具体落实。

二、天津滨海出台举措,降低实体经济成本

天津滨海新区着眼于降低实体经济运营成本,增强企业市场竞争力,制定出台第一批27项举措,涵盖促进商务经济发展、促进中小微企业发展、鼓励企业上市融资等5方面内容。

在促进商务经济发展领域,滨海新区重点支持扩大进口。其中,对以一般贸易方式进口且符合《天津市鼓励进口商品目录》的设备和商品,按照财政部、商务部进口贴息政策支持标准给予资金支持;新区将在试验区域建立企业退税"资金池",帮助企业快速退税;对利用出口信用保险保单融资,按照不高于人民银行公布的上一年度一年期贷款基准利率,对企业融资利息给予贴息支持。

同时,对于推动平行进口汽车发展,新区将落实平行进口汽车1亿元专项资金,对符合资金支持条件的试点平台、试点企业分别给予一次性100万元和50万元补贴。加快推动平行进口汽车管理和服务平台建设,运用单一窗口模式简化企业通关报检流程,降低企业运营成本。

在促进总部经济发展领域,新区将扶持开办运营、补助办公用房、奖励经营贡献、激励企业成长、鼓励上市重组、助力研发创新。对于扶持开办运营,新区将根据新引进总部企业的实收资本,给予最高5000万元的一次性运营扶持补助。

在推进科技小巨人升级发展领域,新区将推进科技金融服务升级,实施科技小巨人升级发展专项,设立专项资金。为此,新区将每年投入财政资金15亿元以上,重点在重大平台建设、关键技术攻关、科技金融等方面加大支持力度。

在促进中小微企业发展领域,新区将建立区域倒贷资金池,特别是建立奖励激励机制,加强信用环境建设。新区本级和开发区、保税区等7个功能区

将共设一个资金池,金额不低于5亿元,委托专业基金管理机构进行市场化运作,用于新区企业偿债过桥、风险缓释和提前补偿。

此外,对于鼓励企业上市融资,新区将支持企业股份制改造、挂牌交易和上市发行股票,对于不同情况最高给予一次性补助500万元。在企业改制重组过程中发生的,符合国家相关规定的公司制改造、合并、分立、破产、划转等土地、房屋权属转移行为,免征契税、土地增值税。

三、浙江出台新政,降成本优环境

浙江省出台《关于进一步降低企业成本优化发展环境的若干意见》(以下简称《意见》),进一步减轻企业负担,降低企业生产经营成本,优化发展环境,促进浙江省经济平稳健康创新发展。

《意见》共包括八大方面30条降成本举措,涉及降低企业税费负担、用工、用能、融资、用地、物流、外贸、制度性交易等方面的成本。

针对企业普遍反映的税费负担问题,浙江省全面实施"营改增"、落实减税清费政策。从2016年5月1日起,"营改增"试点范围将扩大到建筑业、房地产业、金融业、生活性服务业,并将所有企业新增不动产所含增值税纳入抵扣范围,确保所有行业税负只减不增。同时,减征地方水利建设基金,按现有费率的70%征收。此外,浙江省将全面落实减税清费政策。落实增值税、所得税等税收优惠政策,简化优惠办理手续,对符合规定条件的企业享受优惠政策,除法律、法规、规章另有规定外,只需备案,无须税务机关审核批准。国家和省明确取消或停止征收的涉企收费项目,任何地方、任何部门不得以任何理由拖延或拒绝执行,不得转为经营性收费,不得以其他名目变相继续收取。

在降低用工成本方面,浙江省将精简归并"五险一金",同时对失业保险费单位缴费实行临时性下调,时间范围从2016年5月1日至2018年12月31日,费率由1.5%降为1%。并继续贯彻执行工伤、生育保险费率下降政策。同时,浙江省将继续推进"机器换人"。鼓励企业加大以智能制造为主攻方向的"机器换人"投资,每年减少生产一线简单用工50万人以上,规模以上企业提高劳动生产率8%以上。

在企业普遍关心的用电成本方面,今年起浙江省一般工商业及其他用电价格每千瓦时降低4.47分。与此同时,扩大电力用户直接交易范围和规模。支持电力用户与发电企业自主协商确定电价,全年直接交易电量争取扩大到200亿千瓦时左右。对燃煤(油)锅炉电能替代改造完成后和自备电厂关停后的企业用电实行优惠电价。此外,切实降低企业用气价格,对非居民用户用气省级门站价格每立方米下降0.1元。

在降低企业用地成本方面,浙江省将实施减免城镇土地使用税。对新建国家鼓励和扶持产业项目的企业、占地广的深加工农业龙头企业,可在一定期限内作为"确属发展前景较好,但目前亩产税收贡献不大"的纳税人,享受城镇土地使用税差别化减免优惠政策。同时,支持标准厂房建设,2016年新建标准厂房500万平方米。

在降低企业物流成本方面,全面规范港口、机场、公路经营性收费。

在降低企业外贸成本方面,浙江省将清理规范进出口环节和海关监管区服务收费,下调进出口环节经营服务性收费,降低10%收取安全产品制售费。同时,优化出口退税办理,提高检验检疫通关便利化水平。

在降低制度性交易成本上,浙江省将深化"四张清单一张网"改革,实行涉企行政事业性收费目录清单动态管理。同时,加强涉审中介治理。此外,通过大力推广网上办税,简并申报缴纳次数,对小型微利企业实行按季预缴企业所得税等措施,降低企业纳税成本。

同时,为帮助企业降成本,浙江省研发费用加计扣除政策范围再次扩大。在原有基础上,外聘研发人员劳务费、试制产品检验费、专家咨询费以及企业为获得创新性、创意性、突破性的产品进行创意设计活动而发生的相关费用等,可按规定纳入加计扣除。研发费用加计扣除政策是指对企业投入的符合规定的研发费用,除了按实际发生数额在税前扣除外,在计算所得额时可再增加扣除50%。也就是说,依25%的企业所得税税率计算,每投入100元研发费用,相当于享受了12.5元的税收优惠。新政还简化了加计扣除政策审核流程,实行事后备案管理,使加计扣除政策更能落到实处。

(苏州市委党校市情研究中心)

解密重庆

管清友

2015年中国经济GDP增速从2014年的7.3%下滑至6.9%,而重庆市GDP增速不降反升达到11%,连续14年维持两位数增长,继续领跑全国。"重庆模式"成为各方关注和探讨的经济发展模式。

经济层面,重庆产业结构持续改善,投资、消费稳步增长。按产业分,重庆市第一、二、三产业增加值增速分别为4.7%、11.3%和11.5%。经济结构不断调整,第三产业占比超过第二产业,主要经济指标投资、消费分别增长了17.1%、12.5%,均好于全国水平(投资9.8%、消费11.7%)。基建成为投资增长主力,2015年重庆基础设施投资4356.14亿元,对全市投资的贡献率为43.0%,其中交通、城建投资是主力。重庆消费平稳增长,全年实现社会消费品零售总额6424.02亿元,比上年增长12.5%。重庆出口出现回落,全年实现进出口总值4643.69亿元,同比下降20.8%,其中出口下降12.0%,进口下降38.1%。

财政层面,重庆财政情况良好,债务水平较低。重庆全年一般公共预算收入比上年增长12.1%,高于全国平均水平8.4%;一般公共预算支出增长14.8%,低于全国平均水平15.8%。而重庆政府性基金收入跌幅为9.6%,好于全国平均水平。从债务余额来看,全国只有重庆和湖北债务余额在两年半时间内不增反减,债务余额平均下降7%;从政府负有偿还责任的债务/GDP指标来看,28省市债务/GDP整体上升,仅重庆、湖北和北京的债务率回落,重庆市为21.7%;从政府负有偿还责任的债务/(地方公共财政收入+中央对地方返还及补助+政府性基金收入)指标来看,全国平均水平在100%左右,重庆的债务率最低,为59%。

一、重庆的债务率为什么不升反降?

一是地方政府投融资平台作用较大。重庆存量债务的化解过程中投融资平台发挥了重要作用:(1)主要投融资平台具备大量土地储备,为平台进行经济活动提供潜在资金来源;(2)政府对投融资领域的管理权相对集中,股东主要是重庆市国资委,避免了事权分散带来的协调问题;(3)相对较好的土地出让情况是重庆能够化解债务的外部条件。但是,伴随着房地产市场中长期的下行趋势,政府性基金收入下滑明显,通过土地储备出让偿还贷款的模式不具备可持续性。

地方政府的投融资平台通过金融控股布局,参股银行、证券、信托、租赁、基金等金融企业,能够保证企业具有多元化的融资渠道,对接基础设施建设需求,降低融资成本和信息不确定性,缓解政府的债务压力。

同时,重庆市的国资改革方案以存量撬动、增量引入、放开项目为主要方式,以整体上市为基本路径,以集团层面股权多元化为重点,推动绝大多数国有企业发展为混合所有制企业,有利于撬动社会资本,促进国资、民资、外资相互持股、融合发展,实现债务分流,从而降低企业资产负债率。

二是过剩产能规模可控,新兴产业蓬勃发展。一方面,严格控制过剩产能规模。重庆市严格限制产能过剩和高耗能、高污染企业及项目的融资支持,有效遏制建材、钢铁等高耗能行业的过快增长。从数据可考的八大过剩产业收入占工业产业总收入的比重看,重庆为10%左右,占比相对较低,但水泥去产能问题仍比较严峻。同时,重庆控制"过剩产能"不局限于传统产业、落后产能,对于战略新兴产业乃至金融行业,也重视防止供给不匹配需求而带来的产能过剩。

另一方面,汽车电子和新兴产业蓬勃发展。2015年,重庆汽车和电子行业增加值增速分别为14.8%和24.6%,二者对工业增长贡献率达到49.8%。重庆推出十大战略新兴产业发展规划,目前已初步形成两江新区(电子核心基础部件、高端交通装备)、永川(机器人及智能装备)、涪陵(页岩气)等战略性新兴产业集聚区。同时,重庆服务业结构也进一步优化。金融和服务贸易等现代服务业增长快于一般服务业。全市金融业实现增加值1410.18亿元,比上年增长15.4%,占全市地区生产总值的9.0%。

三是地方债务置换和政策性融资。存量债务主要经由地方融资平台通过银行贷款或信托累积形成,流动性差,融资成本较高。2015年,重庆市地方政府置换债券规模达到824亿元,平均利率与同期国债相当,将区县部分高息、短期债务转换为低息、长期债务,降低年利息40余亿元,保障在建项目融资和资金链不断裂。

截至2015年年末,全市政府债务3379亿元,略低于国务院核定的政府债务限额3412亿元,高风险区县减至1个,全市政府债务风险总体可控。除此之外,重庆市获得政策性融资126亿元,支持城市棚户区改造和重点项目拆迁,增加了企业和社会低利率流动性。

二、重庆的房价为什么保持平稳？

重庆的房地产开发投资增速一直保持较快增长。2015年全国房地产业GDP增速为3.8%，重庆为5.5%；全国房地产开发投资完成增速为1%，重庆为3.3%，均处于较高水平。与此同时，重庆的房价则相对平稳地在低位波动，2016年2月，全国100座城市新建住宅价格指数同比上涨5.25%，上涨城市数达40个，而作为直辖市之一的重庆房价同比下跌2.57%。重庆的低房价现象可以从"地票制度"和保障房制度进行分析。

一是地票制度。地票是建设用地指标凭证的通俗说法，指将闲置的农村宅基地及其附属设施用地、乡镇企业用地、农村公共设施和农村公益事业用地等农村集体建设用地进行复垦，变成符合栽种农作物要求的耕地，经由土地管理部门严格验收后腾出建设用地指标，由市国土房管部门发给等量面积建设用地指标凭证，这个凭证就称为"地票"。"地票交易"是在农村土地交易所进行的一级市场地票拍卖。

2008年12月4日，重庆农村土地交易所挂牌并进行了第一次公开拍卖，地票制正式试行。重庆地票制度核心就是把农村闲置、废弃和低效占用的建设用地，在农村复垦的前提下，"移动"到地价较高的城区来使用，从而释放土地升值的潜力。2015年12月25日，《重庆市地票管理办法》公布，并于2016年1月1日正式实施。在此前8年的试点中，重庆共交易地票17万亩，交易总额340亿元，地票交易起拍价从2008年的4万元/亩，提升到2010年的13.6万元/亩，并在2011年8月进一步调整为17.8万元/亩，近期则保持在20万元/亩左右的水平。

地票通过交易，增加了城市建设用地供给，尤其是住房土地供应，进而有助于稳定房价。按照重庆地票制度的设计，当农村符合复垦条件的土地实行复垦并验收成功后，会盘活农村建设用地存量，增加耕地数量，而耕地数量就可以作为国家建设用地新增的指标成为地票，与国家下达的年度新增建设用地功能相同（除优先保障农村建设发展用地外），增加了建设用地供给。地票获得者可在重庆市域内申请将符合城乡总体规划和土地利用规划的农用地，转征为国有建设用地。

二是保障房制度。自2001年开展经济适用房项目起，重庆市政府开始着手规划建设保障性住房。"十一五"期间重庆通过推进廉租房建设，保障了占比5%左右的最低收入家庭的住房需求；至"十一五"期末又在全国范围内首推"公共租赁房"建设，保障了占比30%左右的中低收入家庭的住房需求，形成了"5+1"保障性住房供给模式。"十二五"期间公租房成为保障房建设主体，在"5+1"模式基础上建立了"双轨制"住房供应模式——政府保障与市场供给并行。此间重庆逐年加大保障房的供给规模,逐步提升中低收入人群的保障房覆盖比例。

保障房体系建设离不开配套资金和土地政策的支持。建设资金方面,重庆保障房建设资金由政府出资和市场融资共同组成:三成资本金由政府投入,包括土地出让金收益、政府债券、政府预算内财政、中央补助等;剩余七成依靠融资解决,除银行贷款外,还有保险公司、社保基金、信托公司的参与。

土地供给方面,重庆创新的"地票"制度实现了农村闲置用地向城市流转,部分解决了保障房的用地来源问题。但是,重庆实行的保障房制度是以政府大量的土地储备为前提的,在解决资金问题的同时也给财政带来一定压力。

重庆市保障房建设的扩张,对商品房市场产生一定程度的影响:

首先,大量保障房入市将带来住房供求关系改变。供给方面,政府不断扩建带来供给增加,市场住房存量扩大,配套齐全、租金便宜的保障房将分流部分住房刚性需求,导致中低档次商品房需求减少,住房供求关系缓和;需求方面,改善性需求的购房者也会因预期保障房对房价的影响而产生观望心理——"买涨不买跌",从而使得商品房需求下降。

其次,住房成交价格水平会受到保障房价格的影响。对中低档住宅而言,由于中低收入群体的分流,商品房需求下降将导致其价格在一定程度上下降以抵消保障房的挤出效应。从区位来看,由于保障房多位于市区边缘,所以位于市郊的商品房价格可能受挫较大,甚至无人问津。

再次,从土地供给来看,利好保障房的土地供应计划将带来结构性房价下跌。由于保障房在土地市场竞争上的劣势,为保证保障房建设用地,政府推进商品住房用地供应由价格主导向双向定价、配建保障房转变,这就意味着土地价格高企导致的高房价问题可能得以缓解,从而抑制房价过热。因此,土地供应计划将以中小户型商品房和保障房为主,使得房价结构性回落。

最后,商品房投资也可能因此收窄。商品房开发商的市场份额被缩减或增长缓慢,有实力的开发商将参与保障房计划的实施,保障房投资对应的大量资金需求可能导致商品房融资规模下降,抑制商品房市场的过剩。

三、重庆的PPP项目有何借鉴意义?

国家43号文出台,明确了将逐步剥离地方融资平台公司的政府融资职能,推广使用政府与社会资本合作模式,财政部也印发《地方政府存量债务纳入预算管理清理甄别办法》,大力推广通过PPP模式将政府债务转为企业债务。从中央到地方,关于PPP的政策频发、项目频出。PPP项目目前呈现出如下特点:

第一,项目数量及投资金额较大。财政部 PPP 中心综合数据平台显示,截至 2016 年 2 月 29 日,全国各地共有 7110 个 PPP 项目纳入 PPP 综合信息平台,项目总投资 82750 亿元,其中签约金额为 4954 亿元。

第二,项目涵盖领域广泛,且更多集中于市政、生态环保等领域。按照财政部口径,全国 PPP 项目涵盖市政工程、生态建设和环境保护、交通运输、片区开发、保障性安居工程、教育、医疗卫生等 19 个行业领域,其中市政工程、生态建设和环境保护以及交通运输等领域项目密集,分别有 1874 项、989 项、871 项,数量占全部行业领域项目总数的 52.5%。

第三,项目地区分布广泛但发展进度不平衡。PPP 项目在 30 个省份和地区都有推进。从项目数量来看,排名前三的省份分别是贵州(1357 项)、山东(996 项)和四川(736 项),占 PPP 项目总数的 22.5%。从投资额来看,排名前三的省份分别是山东(1.12 万亿元)、贵州(0.79 万亿元)和云南(0.74 万亿元),河南和四川以微弱差距位居第四、第五位。

第四,项目多处于起步阶段,进展速度不快。在 7110 个 PPP 项目中,占比 77.5% 的项目仍处于识别状态,而实际进入采购、执行阶段的项目占比不足 8.6%。这说明 PPP 具体项目推行仍多处于起步阶段,须密切注意防范项目后续进程中容易出现的问题。

目前全国在 PPP 项目推行过程中遇到一些问题:一是法律法规不尽完善,在实际操作层面存在包括税收等一系列的问题。PPP 合作需要契约精神,政府方习惯于依靠行政命令制约社会资本,如果政企在 PPP 项目利益分配上没有统一标准,则难以达成共识。二是融资手段缺乏多样性。权益性融资的多重限制,导致直接融资占项目融资比例很小;民间资本很难获得足够的资金来源来支持项目的中后期发展;金融机构参与 PPP 项目的方式较为单一,资金期限不匹配,容易造成风险淤积。

三是不能适应新形势的发展。长期以来,中国 PPP 项目主要以由用户付费的 BOT 模式为主,很多 PPP 项目呈现出付费人数的逐年递减、甚至无人付费的尴尬局面,收不抵支。除此之外,缺乏专门的 PPP 管理机构与协调机制,难以对整个 PPP 项目做出统筹与协调。

根据财政部数据,截至 2016 年 2 月底,重庆共有 60 个 PPP 项目纳入项目库,投资总需求 2055.51 亿元,项目包括交通设施、土地整治社会停车场、医院、保障房等诸多领域,签约合作单位涵盖中国铁建、中冶、龙湖地产、香港地铁公司等央企、外资及民营企业。虽然在项目数量和总投资金额上并不显眼,但重庆 PPP 项目在推进中有以下几点值得借鉴:

第一,提前布局,多领域尝试。早在 1999 年,重庆就采用 BOT 模式组建了全国第一个该模式的垃圾焚烧发电厂。此后重庆市政府运用 BOT、TOT 等方式在高速公路、供水、垃圾处理等多方面进行试点，这些都属于PPP模式的雏形。在前期试点运行的基础上，重庆新PPP项目的观望情绪得到排解。

第二，多重政策指导，划清原则边界。2014年以来，重庆政府将PPP模式列于25个先导性专项改革之首，大力促进PPP项目的政策制定和签约推行；2014年8月市政府发布了《重庆市PPP投融资模式改革实施方案》，2015年又出台《关于创新重点领域投融资机制鼓励社会投资的实施意见》，进一步增强了政策的系统性和可操作性。PPP项目的"五个原则、五个边界和五个防范要求"，为PPP项目提供了较为可行的执行框架。

第三，把握自身定位，合理利用资源。内陆开放高地的定位，让重庆的交通运输项目前景明朗。跨江大桥按照政府新推出的"影子通行费"的方式，通过政府购买服务实现投资收益。市政工程项目包括轨道交通、垃圾处理厂、停车楼等，生态建设和环境保护项目主要包括污水处理等，社会投资人通过收取政府付费或者使用者付费的方式获得投资收益。

第四，设立产业基金，参与方式市场化。2015年5月，重庆成立战略性新兴产业股权投资基金，总规模约800亿元。母基金由重庆市政府产业引导股权投资基金和重庆市属国有企业出资，社会资本为银行、信托、保险等大型金融机构和企业集团。基金设立战略行业基金、重大专项基金和其他专项基金等子基金，以股权或"债权+股权"的方式将基金投向十大战略新兴产业。银行的深度参与有利于其认清募资所贷和所投实体项目的真实风险，以获取在风险评判基础上的有效回报。

第五，风险基本可控，退出机制安全。在保障收益的基础上，重庆PPP项目合同中明确规定各项目的移交时间，如10年、20年、25年等，并对出现重大事故时的风险承担方式达成了协议。因此社会投资方享有基本无风险的年固定收益率的同时，达到了风险可控和退出安全。政府的契约行为也可以有效防范因为政府行政更替而造成的政府信用缺失、政策变动等给企业带来的不确定性风险。

（作者系民生证券研究院执行院长、《经济观察报》首席经济学家）

供给侧改革的三个问题

贾 康

世界金融危机之后,对于传统的经济学理论框架和宏观调控"需求管理"为主实践经验的反思与"理论联系实际"的创新努力,已引出了对于"新供给经济学"理论创新和"供给管理"调控与供给侧结构性改革前所未有的重视。中国在认识、适应和引领经济新常态的当前阶段,迫切需要建构经济增长的新动力机制。在传统的需求管理"三驾马车"框架下,显然其所强调的消费、投资和出口需求三大方面的分别认知,只有联通至消费供给、投资供给和出口供给,才有可能对应地成为各自需求的满足状态,其中蕴含着由需求侧"元动力"引发的供给侧响应、适应机制,即其相关的要素配置和制度安排动力机制的优化问题,这些又必须对接十八大以来全面改革和全面法治化的通盘部署。

一、如何理解"供给侧结构性改革"

当前,我国经济仍然面临严重的供给约束和供给抑制,是我们在改革深化中所必须解决的、实质性的供给侧创新的"攻坚克难"。支持经济增长特别是长期增长的要素,即"动力源",在理论上分析主要包括五个方面:劳动力、土地和自然资源、资本、制度、创新。主要的国际经验都表明,各个经济体在进入中等收入阶段之前,前面三项(劳动力、土地和自然资源、资本),对经济增长的贡献容易比较多地生成和体现出来。一般经济体在发展过程的初期与"起飞"阶段中,强调所谓"要素投入驱动"、粗放发展,是和这有关的。在进入中等收入阶段之后,后面两项即制度、科技和管理创新等方面,可能形成的贡献会更大,而且极为关键。所谓"全要素生产率",主要就是指后面这两项能够给予的新支撑。所以,中国新时期的增长动力构建,实际上是城镇化、工业化、市场化、国际化、信息化,加上政治文明概念下的民主法治化的发展过程。实际经济生活中的五大要素,需合乎规律地优化构建的混合动力体系。结合我国的实际情况,这几个要素都存在明显的供给约束和供给抑制,需要通过全面的制度改革化解制约,特别是使后两项要素更多贡献出对前三项要素的动力替代效应,进一步释放经济社会潜力,提高经济增长活力,也即所谓的供给侧结构改革。

二、为何要转向供给侧

我国是世界上最大的发展中国家和最大的二元经济体,为解决好"三农"问题,需要在广阔的国土上积极稳妥推进农业产业化,配合新型工业化、合理城镇化以及基本公共服务均等化。所以在"十三五"这一全面小康社会建设的决胜阶段,实施扶贫攻坚社会主义新农村建设和城乡一体化的举措,需要大量供给端的支持。考虑到新常态下对应的是经济增长方式的转变,为了有效促进这一转变,还必须坚定不移地贯彻走创新型国家之路,科技创新又需要管理创新、制度创新打开其空间——在经济社会转轨过程中我们别无选择,必须支撑全面改革,包括垫付必要的转轨成本。另外在区域协调发展、国防建设等方面,我们仍然需要投入可观的供给端要素。所以在我们已经形成的现阶段宏观政策搭配的基础上,应该坚持适当扩张需求的同时很清晰地在供给侧发力,有所区别地对于"三农"、社会保障、区域协调、自主创新、节能降耗、生态保护、深化改革等问题,加大要素投入力度,促进机制创新改进。这种供给管理是加强我们经济社会中的薄弱环节、增加国民经济中有效供给和可持续发展的支撑条件,而且是激发微观主体活力、增强经济发展动力的环境建设的客观需要。这方面做出的努力,只会改进而不会恶化总供需平衡状态,只会有利于维护"又好又快"的发展局面,而不会助长下一期的通货膨胀和经济过热。

现在,中国经济下行中最主要的矛盾方面,确实是大家已经在担心的通货紧缩压力。但我们只有特别注意区别对待"有效供给",把供给管理摆在长期视野中,才能增强在国际竞争环境中的综合竞争力和发展的后劲,才能在防范通缩的同时打造引领"新常态"的经济升级版。所以,就必须更多地对供给侧结构问题加以强调和优化。

三、"供给侧结构性改革"应从哪些重点领域加以实施

第一,立即调整人口政策,从控制人口数量转向优化实施人口资本战略。我们非常高兴地看到,五中全会中明确地宣布人口政策进一步调整,在"单独两孩"政策宣布之后,五中全会又进一步推到"放开两孩"。以后还可以进一步地考虑在动态优化过程中,进一步把人口政策适应于人口结构化中长期发展需要。这方面的思路,应该是将"以计划经济重点针对体制内人群的人口控制"过渡到"以整个社会全面优生和提高人口质量为核心的人口战略",同时进一步改写"以教育和提升创新能力为核心"的人口资本战略。

第二,积极审慎地推动土地制度改革,逐步建立城乡统一的土地流转制度,涉及大量的不同意见的争论和提出我们主要的意见建议。我们特别看重,从长期来看,在可做的促进农村集体土地流转等这些必要改革措施之后,有可能借鉴深圳特区的经验,最后对接到远景上"国有平台,整合分类,权益求平,渐进归一"的境界上去。现实生活中,深圳的经验又不能草率、简单地在别的地方马上仿效,但从把土地作为一个极为重要、非常关键的生产要素的确权和流转的基础上,我们应该心存一个长远目标,对接到一个真正符合中国特色社会主义市场经济长久运行的状态上。我们在这个方面已提出了可以展开的一套意见建议。

第三,应该全面实施金融改革,积极解除金融抑制,有效支持实体经济。在利率市场化、人民币国际化方面,已经无法回避一些带有决定性、关键性的改革举措。虽然还有不同意见的争议,但是总体来说,大势所趋之下推进改革应该积极地掌握,这样才能解除金融抑制,把金融多样化的改革进程对接到支持中国实体经济的升级换代,这种实体经济的升级换代直接关系到我们"跨越中等收入陷阱"。

第四,切实以改革为企业经营创业活动松绑、减负,激发微观经济的活力。大家都在注意,从自贸区为标杆的、进一步的简政放权、降低门槛、负面清单、打造高标准法制化的营商环境,以及社保按照五中全会明确的"把基本养老保障统筹提到全社会层次",同时要调整整个税费体系,降低企业实际负担,等等,有很多可做之事。这些改革是通过问题导向在制度供给方面发力,来使企业经营创业活动进一步得到"海阔凭鱼跃,天高任鸟飞"的环境和条件。

第五,实施教育改革和创新驱动战略。只有这样才能培养高水平的人才,有效建设创新型国家。

(作者系财政部财政科学研究所原所长)

深圳推进供给侧改革实践值得借鉴

2016年是全面建成小康社会决胜阶段的开局之年,推进供给侧结构性改革是开好局、起好步的重头戏。对于供给侧结构性改革,怎么看、怎么干? 这是做好当前经济工作的重要指引。所谓供给侧结构性改革,是指从供给侧入手,针对经济结构性问题而推进的改革,旨在提升供给水平、激发企业创新活力和提高经济增长效率。改革关键在于落地,要避免各项改革决议、文件空转的情况。深圳市委常委会议审议通过了《关于促进科技创新的若干措施》《关于支持企业提升竞争力的若干措施》和《关于促进人才优先发展的若干措施》,以三大政策创新深入推进供给侧结构性改革,更好适应和引领经济新常态。

据了解,三个《若干措施》紧密结合发展实际,是深圳落实中央和省决策部署、推进供给侧结构性改革的重大举措,是着眼长远、推进特区事业发展的重要行动。深圳市委常委会议要求,做好三个《若干措施》的政策宣传解读,让创新主体、企业、人才充分知晓、充分利用;加快三个《若干措施》的实施进度,让政策尽快落地、见到实效;最大限度增强三个《若干措施》实施的透明度,真正为深圳加快建成现代化国际化创新型城市,提供有力的政策保障和战略引领。

一、新出台62条措施促进科技创新

《关于促进科技创新的若干措施》含创新科技管理机制、打造科技体制改革先行区,提升产业创新能力、打造新兴产业集聚区,强化对外合作、打造开放创新引领区,优化综合创新生态体系、打造创新创业生态区四个方面,共62条措施,其中47条属于新增政策,15条在原有政策基础上加大了支持力度。

1. 创新科技管理机制方面有19条。包括改革财政科技资金管理制度、完善成果转化激励机制、构建更加高效的科研体系、加快高水平创新载体建设、建设高水平大学和新型科研机构、实施关系全局和长远的重大创新项目等内容。其中,第1条提出,实施财政科技投入供给侧结构性改革,加大市场不能有效配置资源的基础研究、公益性研究、重大共性关键技术研究的支持力度;第3条规定,增强科技计划项目承担单位的自主权,项目资助资金不设置劳务费比例,允许按规定在劳务费中开支"五险一金",提高人员绩效支出比例至资助金额50%,会议费、差旅费、国际合作与交流费可自行相互调剂使用;第4条提出,下放财政资金形成的不涉及国防、国家安全、国家利益、重大社会公共利益的科技成果使用、处置和收益权,准许市属高等学校、科研机构协议确定科技成果交易、作价入股的价格;第5条提出,允许市属高等院校和科研机构将职务发明转让收益奖励科研负责人、骨干技术人员等重要贡献人员和团队的收益比例提高到70%以上;第13条规定,以著名科学家命名并牵头组建,或者社会力量捐赠、民间资本建设科学实验室,可予以最高1亿元支持;第15条规定,鼓励海外高层次人才创新创业团队发起设立专业性、公益性、开放性的新型研发机构,予以最高1亿元的支持。

2. 提升产业创新能力方面有15条。包括促进新技术、新产业、新业态发展,激发国有企业创新活力,完善产业链配套服务和全面落实国家税收政策等内容。其中第21条规定,支持企业建立研发准备金制度,对其按规定支出、符合加计扣除政策,且属于《国家重点支持的高新技术领域》的研发项目,经审核后,按研究开发实际投入,予以一定比例、最高1000万元的事后支持;第26条规定,鼓励高新技术企业给予相关技术人员股权奖励,个人一次缴纳税款有困难的,可根据实际情况自行制定分期缴税计划,在不超过5个年度内分期缴纳;第28条规定,允许国有企业按规定以协议方式转让技术类无形资产;第29条规定,推动转制科研院所、高新技术企业、科技服务型企业实施管理层和核心骨干持股,持股比例上限放宽至30%。

3. 强化对外合作方面共有8条。包括统筹国际国内创新资源、深化深港创新合作、促进军民创新融合等内容。优化综合创新生态体系涉及20条,包括强化知识产权保护和运用、保障创新型产业用地、支持众创空间建设发展、强化金融对科技创新的服务支持、提升创新文化软实力等。其中第43—49条依次提出,完善知识产权政策法规体系,支持建设申请、预警、鉴定、维权援助、纠纷调解、行政执法、仲裁、司法诉讼一体化的知识产权维权制度,支持建设知识产权维权援助制度,支持知识产权服务业集聚发展,支持市政府投资引导基金参与设立知识产权运营基金,探索知识产权质押融资登记制度,支持专利申请与维护等。第55—58条规定,探索设立科技创新银行、科技创业证券公司等新型金融机构,为创新型企业提供专业金融服务;鼓励银行业金融机构放宽创新型中小微企业不良贷款容忍率至5%;利用深交所创业板设立的单独层次,支持深圳尚未盈利的互联网和高新技术企业上市融资;深化外商投资企业股权投资试点,鼓励境外资本通过股权投资等方式支持本市创新型企业发展;开展股权众筹融资试点,支持科技型企业向境内外合格投资者筹集资金;规范发展网络借贷,拓宽创新型中小微企业融资渠道等。

二、8大部分37条措施支持企业提升竞争力

《关于支持企业提升竞争力的若干措施》共包括8部分、37条措施。

第一部分是支持企业做大做强做优,共6条。包括培育引进世界500强、中国500强、央企等大型企业,设立混合型并购基金推动企业并购重组,设立重大产业发展基金,设立中小微企业发展基金促进中小微企业发展壮大等。第二部分是支持企业提升创新能力,共6条,包括鼓励企业加大技术改造力度,鼓励企业建设制造业创新中心,加大对首台(套)重大技术装备扶持力度,提高军民融合协同创新水平,支持企业提升工业设计水平,加快培育引进企业紧缺人才等。第三部分是支持企业提升质量品牌保护知识产权,共3条,包括全面支持覆盖经济社会发展各领域的深圳标准体系建设,引导支持企业加强知识产权运营和保护等。第四部分是支持企业开拓市场,共3条,包括设立市级"丝路基金",鼓励引导企业参与"一带一路"建设,完善企业"走出去"综合服务机制等。第五部分是强化产业用地和空间保障,共7条,包括加强产业用地统筹管理,创新产业用地使用方式,实施重大产业项目用地专项保障,优化产业用地地价形成机制,加大创新型产业用房建设和供应力度,加大"工改工"改造力度等。第六部分是创新财政金融政策支持,共4条,包括发挥政府投资引导基金作用,建立中小微企业贷款风险和融资担保风险补偿机制,着力化解企业"融资难""融资贵"等。第七部分是优化企业发展环境,共5条,包括加大简政放权改革力度,切实减轻企业负担,优化企业服务,充分发挥行业协会作用,强化提升企业竞争力的统筹协调等。第八部分是附则。

第1、2、5、6条着力打造以具有国际竞争力的大型企业为龙头的企业梯队。规定对首次入选"世界500强"企业给予3000万元奖励,对首次入选"中国500强"企业给予1000万元奖励;成立由市领导牵头的专责工作小组,加大对中央企业、知名跨国公司、中国企业500强等大型企业的引进力度;市属国资发起设立规模为1500亿元的混合型并购基金,支持市属国有企业开展并购重组;全面落实支持中小微企业发展政策措施,市政府投资引导基金参与设立规模为100亿元的市级中小微企业发展基金,重点支持符合我市产业导向的种子期、初创期成长型小中微企业发展。

第3条着力支持工业重大项目建设和企业扩产增效。提出实施重大工业项目培育工程,抓紧启动一批投资总量大、带动作用强的先进制造业、新兴产业等重大项目;推进产业关键环节招商,支持产业链薄弱环节的重大项目落户深圳;鼓励工业企业扩产增效,对年增加值增速超过15%的工业百强等重点工业企业给予奖励。

第7条大力鼓励企业加大技术改造力度。提出了落实广东省技术改造事后奖补政策,对符合国家产业政策和技术改造指导目录、在本市注册的规模以上工业企业,市区财政通过预算安排,从技术改造项目完工下一年起连续三年内,实行事后奖补。

第8、9、12条着力支持企业提升创新能力。提出鼓励企业建设制造业创新中心,到2020年争取2至3家国家制造业创新中心(工业技术研究基地)落户深圳并给予支持;建立首台(套)重大技术装备保险补偿机制,对生产国家首台(套)重大技术装备目录内装备产品且投保首台(套)重大技术装备综合险的制造企业,予以保费支出支持;开展职业技能培训券发放政策试点,符合条件的企业和个人可根据自身需求申领培训券,并选择本市范围内各定点培训机构参加职业技能培训。

第19—25条强化产业用地和空间保障。提出研究划定产业区块控制线,确保中长期内全市工业用地总规模不低于270平方千米,占城市建设用地比重不低于30%;大力推动产业用地使用权"长期租赁"的供应方式,推广"先租后让、租让结合"的供应方式;提高重大产业项目用地审批效率,对重大产业项目用地实施"作价入股"供应模式,对重大产业项目实行地价返还;进一步完善产业用地价格评估体系,适度降低出让底价,减少优质产业项目的土地成本;到2020年通过各种方式提供不少于800万平方米创新型产业用房。

三、81条新政策促进人才优先发展

《关于促进人才优先发展的若干措施》共有20个方面81条178个政策点,通过实行更具竞争力的高精尖人才培养引进政策,大力引进培养紧缺专业人才,强化博士后"人才战略储备库"功能,加快培养和引进国际化人才,提高技能人才培养水平,加快建设人才培养载体,积极创新招才引智工作机制,建立完善人才健康顺畅流动机制,深化人才举荐和评价制度改革,强化人才创新创业金融扶持,加大各类人才安居保障,优化人才子女入学政策,强化人才医疗保障,提升服务人才水平,加快推进人力资源服务业发展以及大力推进前海人才管理改革试验区建设,完善人才奖励激励措施,建立健全人才荣誉制度,建立健全人才优先发展的保障机制等,努力营造人尽其才、人才辈出的政策环境和社会土壤,提升深圳的核心竞争力。178个政策点中,属于新增的有86个,强化的有70个,重申的有22个。

81条促进人才优先发展的政策在五个方面实现突破。

一是在财政投入的力度上有重大突破。按20个方面的措施测算,每年市级财政的用于人才工作的预算将达44亿元,新增23亿元。

二是在人才安居保障上有较大突破。提出六个方面的新措施或强化措

施。第48—52条规定,未来5年筹集不少于1万套人才公寓房,供海外人才、在站博士后和短期来深工作的高层次人才租住,符合条件的给予租金补贴;杰出人才可选择600万的奖励补贴,也可选择面积200平方米左右免租10年的住房,选择免租住房的,在全职工作满10年且贡献突出并取得本市户籍的,可无偿获赠所租住房或给予1000万元购房补贴;符合条件的其他高层次人才,在享受相关奖励补贴的同时,可选择最长3年、每月最高1万元的租房补贴,也可选择免租入住最长3年、面积最大为150平方米的住房;人才申请轮候公共租赁住房,不受缴纳社会保险时间限制;将新引进基础性人才一次性租房和生活补贴提高至本科每人1.5万元、硕士每人2.5万元、博士每人3万元;在本市工作的外籍人才、获得境外永久(长期)居留权人员和港澳台人员,在缴存、提取住房公积金方面享受市民同等待遇。

三是在释放市场活力和发挥用人主体积极性方面有较大突破。提出推动人才管理部门简政放权,取消人力资源服务机构行政许可,减少人才招聘、评价、流动等环节中的行政审批和收费事项,落实企事业单位和社会组织的用人自主权,在高校、卫生系统探索建立与岗位管理相衔接的职称制度,将社会化职称评定职能全面下放给具备条件的行业组织,在新型研发机构、大型骨干企业、高新技术企业等开展职称自主评价试点,建立高层次人才市场化认定机制,深入推进行业组织参与人才评价,以市场化选聘作为企业选人用人主渠道,设立人才创新创业子基金支持人才创新创业等,较大程度地提高了人才工作的市场化水平。

四是给各类人才"松绑"方面有较大突破。提出实行高层次人才机动编制管理,支持事业单位科研人员离岗创业和大学生创新创业,建立企业家和企业科研人员兼职制度,对科研人员因公出国(境)实行灵活管理,在前海蛇口自贸片区探索实行境外专业人才职业资格准入负面清单制度,推行有利于人才创新的经费审计方式,探索非公有制经济组织和社会组织优秀人才进入党政机关、国有企事业单位的办法等。

五是在优化人才服务方面有较大突破。提出整合构建全市统一的人才综合服务平台,大力度简化优化人才服务流程,建立高层次人才服务"一卡通"制度,为外籍人才来深创新创业提供停居留便利,强化人才知识产权保护,设立人才研修院,以及为人才子女入学提供便利,完善人才医疗保障等,尽可能为人才提供便利和优质服务。

(苏州市委党校市情研究中心)

创新,没有现成的教科书可以遵循

黄奇帆

第一个故事,就是最近几年,我们改变了 20 多年来沿海地区加工贸易大进大出的发展方式,在内陆地区创新发展了大规模的加工贸易。

中国从 80 年代末,在沿海地区搞的加工贸易,最初是大进大出的"三来一补",以后就形成了比较稳定的加工贸易发展方式。到 2014 年年底,中国的加工贸易占全部进出口的 45% 左右,也就是说,我们 4 万亿美元进出口当中,有 1.8 万亿美元是加工贸易形成的产值。沿海的加工贸易有两个特点:第一个就是它的产业链很短。比如一台电脑,如果产值是 500 美元的话,它的零部件、原材料一般占整个电脑产值的 50%,就是 250 美元;它的零部件、原材料从全世界运到中国沿海,又从中国沿海把整机销售到世界,整个的物流运输、仓储、销售环节占 100 美元;然后品牌商的研发以及售后的服务,一般占 75 美元,所以 500 美元中最后在中国沿海的加工贸易只留下 75 美元的总装,也就是占 15% 左右增加值的这一块,这个是沿海加工贸易的一个特点。第二个由于它两头在外,原材料、零部件在外,在沿海加工,加工完了销售在外,所以它大进大出的物流结构的特点,决定了它一般只能在沿海,所以过去二十几年,中国所有加工贸易几乎 99% 在沿海,内陆几乎是零,物流成本以及物流的时间,使得加工贸易放在内陆不合算,无法进行。沿海加工贸易发展二十几年来,由于中国沿海劳动力成本等各种要素结构发生变化,所以最近几年,不少加工贸易订单转到越南等东南亚国家,都是沿海方便大进大出的地区。

如何既能保持这一块经济,又能克服既有的缺陷?重庆进行了研究,我们形成了两个路数,改变了沿海加工贸易的两个薄弱环节。

第一个,延伸产业链,把加工贸易的"微笑曲线"大部分留在重庆。重庆现在生产的每台电脑,它的产值的 70% 都在重庆,这个和沿海地区总装 6000 多万台电脑,产值可能只有 15%、20% 的情况不同,我们现在除了总装这个 75 美元留在重庆以外,零部件、原材料 80% 在重庆生产,所以 250 美元中的 200 美元落地重庆。第三块就是产品的销售结算,跨国公司销售结算的这一块现在也留在重庆。大家知道加工贸易的核心结算方式是一种离岸金融结算,过去中国任何银行法人、自然人,都不能有离岸金融结算账户,所以我和惠普搞了第一笔离岸金融结算的时候,那一天是圣诞节,惠普老总打电话说有1亿多美元要交给你们重庆财政,是离岸金融结算账户上的税收,你的账户在哪儿?我马上打电话问,发现我们开一个离岸金融结算账户很麻烦,各方努力协调,在12月30号把账户开了,这一笔账就进来了,重庆第一笔加工贸易离岸金融结算账户是2010年12月30号。中国现在1.8万亿加工贸易的结算,5000亿在新加坡,3000亿在香港,2000多亿在爱尔兰,还有一部分在首尔、台湾、东京,我们大陆基本没有离岸金融结算。我们向国家提出了申请,国家外管局、人民银行等有关部门都同意了重庆的试点,推动了重庆这一块的业务,重庆离岸金融结算2011年结算了200多亿美元,2012年有400多亿美元,2013年有600多亿美元,2014年有800多亿美元,2015年预计会有1000亿美元。总而言之,离岸金融结算,是一个加工贸易的主要结算方式,重庆把这件事也抓起来了。这样三块通通加起来有350多美元,占一台电脑500美元的70%。因此,重庆的加工贸易效益比较好,现在经济比较低迷,电子产业一般效益都是下降,但2015年1—4月份,重庆电子产业利润涨66%,为什么我们能有这样好的效益?就是和创新了加工贸易发展方式有关,零部件、原材料大量本地化,前几年860多个零部件厂陆续在建设,现在正在大批投产,一下子把物流成本都降低了。

第二个,凡是要搞的加工贸易品种,都要形成集群,我们叫作三个集群在重庆。(1)零部件、原材料、整机上中下游产业链形成了集群,我们是"5+6+860",五大品牌商、六大整机商、860多家零部件厂商都集聚在重庆。(2)同类项产品、同类企业形成了集群在重庆,在中国沿海,富士康、仁宝、纬创、英业达、广达基本上各个省都有,你占两个,他占两个,一山不容二虎,互相分隔开来。在重庆形成了中国沿海所有加工贸易总装厂都到了这里,各种电脑、网络终端产品的品牌商也到了这里,形成了集群。六大整机商生产了全球网络终端产品的90%,这样一来就形成了一个好的格局,东方不亮西方亮,这个企业订单少了,那个企业就多了,对重庆来说总体平衡,年年上升。(3)物流运输、销售结算等生产性服务业与制造业的集群。我们这个集群方式就是产业链整合的模式,克服了沿海加工贸易的两个薄弱环节,取得了成功。2014年我们重庆笔记本电脑的产量是6300万台,全球2014年销售2亿台电脑,我们占1/3,沿海地区所有的产量也是6000多万台。可以这么说,中国制造的笔记本电脑占全球2/3,重庆占1/3,沿海占1/3,一个世界级的笔记本电脑基地在重庆诞生。三中全会讲到了中国下一步的内陆开放中有一个条款,就是讲要转变沿海的加工贸易发展方式,推动整机加零部件垂直整合一体化的方式,在内陆开展加工贸易。这段话充分肯定了重庆的做法。

这是我要讲的一个故事,如何用改革的方式,转变发展方式的方法,推动内陆的产业结构调整,使重庆形成了世界级的电子产业基地。

第二个故事,以渝新欧为代表,重庆形成"三个三合一"开放特征的故事。

中国内陆开放滞后于沿海,内陆地区一江春水向东流,依赖于沿海地区走向世界,重庆作为西部的地区,原来也同样如此。我们在和惠普、中国台湾的企业、日本的企业各方面合作的时候,引出了一个命题,就是全球的网络终端产品以及各种智能设施,40%是欧洲,包括西欧、东欧以及俄罗斯这一板块在消费,30%是美国、加拿大、巴西这些地方在消费,还有30%是东南亚、日本、韩国,包括中国在消费。在这样一个格局下,如果到重庆搞世界级的电子产品基地,40%的产品要运到欧洲,从重庆运到广东,再从广东坐船到欧洲,差不多要一个半月甚至两个月时间,不仅消耗时间,还有到沿海2000多千米铁路,然后再加上2万千米海路的运费,这个划不来。我们为了解决这件事,当时看着世界地图想到渝新欧铁路,这条铁路从50年代以来一直就有,因为中国内陆到新疆的铁路几十年前就有,为什么没有把它变成欧亚之间的运输大通道?

我们一启动这件事,就发现三个问题:(1)沿线六七个国家,每个国家海关都需要来一次关检,一批货物出去,运到欧洲,五六个国家关检,关检的过程耽误时间,也消耗成本,不当心还损坏货物,如果是高附加值的东西,这个运输方式很不经济,很不合理,所以几乎没有人走这条线。(2)每个国家的铁路运输都有一个运行时刻表,如果没有编入它的运行时刻表,一个火车要横跨几个国家,你就是编外,就是慢车,开开停停的车,没有进行渝新欧协调之前,我们的火车开到欧洲要开25天。(3)还有一个价格问题,每个国家铁路运输价格都不同,有高有低,哈萨克斯坦是一个集装箱一千米0.6美元,中国是0.8美元,俄罗斯是1美元,所以有一个价格协调问题。我们当时觉得一定要把这个问题解决好,让重庆的三四千万台电子终端产品通过火车运到欧洲,一旦成功,就会从后位变成开放的前端,不仅重庆的货物可以不再通过海洋运到欧洲,还能吸引沿海的东西运到重庆再运到欧洲,劣势立马变成不可多得的战略优势。我们努力把这件事做好,2010年我们花了6个多月时间,在国家有关部门支持下,6个国家海关的管理层到重庆,在我的办公室,我们开了多次会议,然后形成了一份协议。这份协议生效于2010年12月,温家宝总理和普京总理一起站台,几个国家的海关签订了一卡通协定,欧洲人的说法是渝新欧自由贸易海关协议,使得现在重庆海关关检以后,一路过去,六个国家海关不再重复关检,叫作关检互认,执法互助,信息共享,反之亦然,欧洲一个国家关检一路过来,我们也不再重复关检,这是很重要的事情。第二件事,我们把6个国家的铁路公司都召集起来,在重庆每年开一次会进行协调,形成了五定班列,五定班列就是定起点在重庆,定终点在德国杜伊斯堡,定路径就是沿线的1.1万千米只停12个车站,定运行时间总的是13、14天,还有一个定价格,我们把这件事搞好了。起点站是重庆,就是渝,中间经过新疆,到欧洲,我也设想,欧洲这么多国家,这么多城市,我们都该去,所以就索性叫了一个"欧",德国人很豁达,没有计较。渝新欧最早叫出来以后,国内其他省市纷纷跟进,义新欧、武新欧、郑新欧、蓉欧等,都是中欧班列。这个协议签订以后,现在的渝新欧在整个的6个国家沿线1万多千米,是最高等级,它只要开过去,其他所有的特快、普快、快车、货车都让渝新欧,每小时120千米,出发十几天就到欧洲了。第三件事是价格,大家有个求同心理,只要有一个是价格高的,其他低的都会支持高价的运输费,我们当然首先是协调俄罗斯,把他的铁路公司老总请来多次,大家一起协商,最初1美元,后来0.8美元,后来0.7美元,现在已经降到0.55美元。俄罗斯降到0.55美元,其他国家也都降下来。2014年在和中国铁路总公司谈的时候,当时国务院的十个部门的领导、部长都在,都支持降下来,但铁路公司说它亏本,说你们运输量太少,当时我们就打了个赌,我们两个人坐在一起,其他的部长做证,他说你如果2015年能有100个专列,一个专列50个集装箱,有5000个箱子运行,达到这个规模,就降到0.6美元。我说行,100个专列我一定实现,现在就按0.6美元结账,如果我到不了100个专列,你的这部分钱我还你。结果我们开行了130个专列,实现了诺言,去年就降到了0.6美元,2015年我们可以到250个专列,价格降到0.55美元。这个是鸡生蛋、蛋生鸡的过程,价格低,300个专列都可能实现。2015年规模上来以后,价格降到0.55美元,这对渝新欧有里程碑的意义。这是什么概念?就是渝新欧的综合运价现在比海运便宜了。海运的运费,从沿海运到鹿特丹,一般需要2500美元一个集装箱,内陆的货,还需要从中国内陆运到沿海,欧洲到岸后也要转运到内陆,总共需要4000美元左右。此外一个集装箱的货物价值500万人民币,海运多出的一个月运输时间的利息也差不多五六千美元,所以资本利息加水上运输的费用加铁海联运或者汽车运输的费用,实际上要七八千美元,而我们渝新欧现在是五六千美元,所以从这个角度讲,价值比较高的货物走渝新欧比海运更划算。我认为,超过200万人民币以上的、价值量较高的应该走渝新欧铁路,如果超过1000万美元的集装箱应该走空运,200万以下就该走海运,如果为了图时髦,把几十万一箱的箱子,通过铁路运到欧洲去,是不能长期持续的。这里边有一个概念,任何运输工具都有市场细分的定位,渝新欧的定位是一个箱子货值在200万以上的,走铁路是最划算的。

把这些问题解决以后,渝新欧就得以成功运行。2014年3月,习近平总书记到德国访问,就和德国副总理参加了渝新欧的火车进入杜伊斯堡火车站的仪式。总书记说了,中国正在推动丝绸之路经济带发展,渝新欧是丝绸之路经济带欧亚大陆桥的一个主要通道,是中国内陆和欧洲德国的一个经济联动的桥梁。总书记的这个讲话,又进一步推动了渝新欧发展,2014年一年时间,在国家有关部门的支持下,渝新欧得到了五个特许、五个重大利好。(1)赋予渝新欧火车站,也就是重庆团结村火车站,国家一类口岸。过去口岸都在沿海沿边,内陆没有口岸,渝新欧现在就是口岸,只要货上了渝新欧火车,就一路开到欧洲去了,所以成了内陆的一类口岸。(2)既然是口岸,就需要保税区,所以国家批准渝新欧团结村火车站增加了一个保税物流园区。(3)中国和欧洲、俄罗斯60年没有通过铁路邮政,从渝新欧开始,赋予渝新欧中欧邮政班列的功能。现在跨境电子商务快速发展,邮包满天飞,空运太贵,海运太慢,铁路运输当然很合适,所以渝新欧现在有了铁路邮政专列。(4)赋予渝新欧专门的欧洲食品、肉类进口的口岸功能。(5)汽车整车进口口岸。中国每年进口车辆120万辆,其中有70万辆是欧洲的,中国人喜欢买欧洲豪华车,以前欧洲车都是通过海运运到中国,所以中国4个最大的汽车整车口岸,大连、天津、上海、广州,都在沿海,渝新欧成了中国内陆可以把欧洲整车运到中国销售的一个口岸。有了这五个特许,渝新欧的货运量就能够得以极大的增长,

除了渝新欧铁路,重庆又进一步地推动了航空运输。过去的五年,根据联合国的一个简报,世界100个最大的机场,旅客增长率第一是重庆,第二是迪拜,这是我2014年看到的一个简报。这说明什么?我们在2007、2008年的时候,重庆旅客运输量刚刚突破1000万,现在到了3000万,2015年会达到3300多万,我们已经进入了中国前7位。另外国际的货物运输量,原来是1万吨,现在到了30多万吨,这个增长量使得重庆的机场也有了一个一类口岸机场和保税区。重庆的长江航运,从来是国家内陆的航运枢纽,它也是一类口岸,也有一个保税区。

因此,重庆的开放特征,就形成了水陆空三个国家级的枢纽、三个一类口岸、三个保税区的"三个三合一"。有这个特征的省市,大家如果拿中国地图看,重庆是唯一的。由于有了"三个三合一"开放特征,重庆就成了中国内陆的开放高地。开放高地一定是口岸高地,而口岸高地当然会有保税区,中国过去25年建保税区都在沿海,但是从重庆开始,内陆有了保税区,我们引领了时代的风潮。由于这些开放的条件,使得重庆的外资企业大量入驻,这几年重庆引进的外资,已经连续四年每年超过100亿美元,全国超过100亿美元的是十家,重庆处在全国第八、第九位。对外进出口贸易,我们这五六年每年都增长百分之几十,2007、2008年,我们只有60多亿美元,2015年达到了950多

亿美元,也就是说,金融危机以来,世界贸易都有所萎缩,但是重庆进出口贸易几年翻四番,涨16倍,现在我们进出口在全国排第九位,内陆地区排在第一位。

我讲这个故事,就是说渝新欧开始的开放特征的形成,水陆空大枢纽、大通道,同时大口岸、大的保税区平台,这些都是一个地区开放不开放的特征,我们在这个方面取得了成功。

第三个故事,就是重庆是个大城市和大农村叠加的地方,我们怎样以农民工户籍制度改革为抓手,实现城乡统筹。

城乡统筹要以人为本,本质上就是农民工怎么转变为城市居民的问题。城市化过程,不是城市居民生活自我改善、自我拔高的过程,本质上是农民进城的过程。几年前,重庆差不多有900万离开土地到城市打工的农民,500多万在重庆主城和区县城打工,300多万在沿海打工,我们就考虑把重庆主城、区县城这500多万农民工,工作三年、五年以上的、自愿留在重庆城里继续工作的、自愿申请城市户口的这些人,给他们城市户籍。我们这几年按照中央的要求,转移了270万农民工,加上一些家属,整个转进来的农村人口是400万,这些人都拥有了重庆城市户口。这个转户过程中,我们实现了城市和农村一体化的待遇,所有的农民工转过来,和城市居民五个一体化,他的就业、养老、医疗、住房、小孩读书各种待遇,都和城市居民一样,同人同权同体系同待遇,这是一个方面。

第二个很重要的,就是农民工转户到城里以后,他在农村的"三块地"还能不能保留。有人说农村的三块地是集体产权,必须是集体一员,是这个村里、乡里的,才能分你耕地、林地、宅基地,你户口转出去了,不是集体一员,三块地是不是就没有了?我们觉得这是农民的基本利益问题,既然原来三块地分给他,转户后还可以继续留着,所以我们重庆对农民工转户后在农村的三块地,全部予以无条件保留,这样就保护了农民利益。所以,我们这400万人转户,高高兴兴、风平浪静,没有什么问题,因为符合老百姓利益。留在农村的地交给别人耕种,提高了劳动生产率,城里的农民工一旦变成城市居民,消费水平至少一年多1万块,促进了城市消费,同时也促进了社会人权生态。有一个意料之外的事情是什么?从2012、2013年开始,这几年,每到一季度,就发现重庆进出口猛涨百分之七八十,我开始都没有搞清,一般一季度地方开两会,二月份春节、三月份有全国两会,真没有太多精力满世界招商,为什么一季度进出口会冒出来?后来发现,沿海地区一年12个月中9个多月上班,两个多月停摆,一到12月份农民工就开始回家,到2月份农民工回去复工,这中间企业就停工,老板、管理层都跟着回家,这是对生产力的摧残,农民工也像候鸟一样两头跑,苦不堪言。而重庆农民工户籍制度改革以后,成了城市工人,基本上就和我一样,也是小年夜放假,年初七上班,不存在两个月停摆的现象,所以老板就把沿海停的订单转到重庆,每年一季度订单上来,增长百分之七八十,三四月份又回去,全年增长百分之三四十。这个现象,属于生产关系改善和促进了生产力,是非常经典的一个经济学案例,我们本意是为了解决农民工问题,结果变成了招商引资,进出口大发展问题。

总的意思,农民工户籍制度改革,一是解决了农民利益问题,二是提高了农村劳动生产率,三是增加了城市消费,四是调整了中国这些年沿海形成的"九三学社制"的加工贸易生产方式,9个多月上班、近3个月回家这样的一种运行方式。所以我觉得很有意义,改革能很好地促进生产力,实现资源优化配置,有利于人口红利的保持。

第四个故事,重庆的地票制度。

诺贝尔经济学奖得主科斯发明过一个定理,也是因为这个定理得到诺贝尔奖,前不久他刚刚去世。这个定理的基本要点就是凡是政府管理的、有总量管制的公共资源,都可以进行市场化交易,而市场化的交易一定会使政府的管理能够实现更好的资源优化配置,产生更好的效果。这个原理的一种应用就是全球的碳汇交易所,我们也是根据这个原理,实施了地票制度。

我们中国每年城市化、工业化要征用农地,这些年每年要征800万亩,我们原来有20多亿亩,现在是18亿亩耕地到了红线,必须守住。全世界有个经济现象,100年的城市化进程,耕地是越来越多,因为农民进城平均使用100平方米,在农村要使用250—300平方米,这个意思就是1亿人进城,在农村用了250亿—300亿平方米的建设性用地,到城里只要100亿平方米,就可以多出150亿—200亿平方米,就是1.5万—2万平方千米。意思就是城市化过程使农村建设用地大量减少,城市建设用地少量增加,最后使得整个国家建设性用地总量减少,耕地增加,其他所有国家,无论发达国家还是发展中国家都如此。但中国2亿多、3亿多、4亿农民进城了,为什么耕地却一直在减少?城市刚性扩张当然要用地,每个人用100平方米,4亿农民差不多就是400亿平方米,城市就这么扩张了,关键是农民两头占地,农村4亿农民差不多有10万平方千米的建设用地没有退出,两头占,这是我们出现问题的关键点。怎么让进城农民把农村的建设用地退出来,同时又保护农民的利益,这一直是个难题。

我们按照科斯定理,成立了重庆土地交易所,设计了一个地票,实际上就是土地的用地指标。农村的建设用地主要有三块,一是宅基地,农民在外边务工十年,已经不回老家,老家的房子即使卖掉,也只能卖两三万,但是把房子拆了,复垦为耕地,地票倒能卖十几二十万。二是在过去十年、二十年形成的乡镇企业,现在废弃了,也可以复垦为耕地,验收以后也可以产生地票。三是农村闲置不用的粮站、学校、公共场所也可以复垦为耕地。我们假定有农民100万人进城,这100万人在农村的2.5亿平方米宅基地退出了,在城里用1亿平方米,这样就多了1.5亿平方米建设用地,把它复垦为耕地,耕地就会增加。农民把农村宅基地退出,形成地票,拿到土地交易所交易,城里人买了这个地票,就可以在城郊接合部的地方征地,发展房地产,这个过程是城市建设用地增加、农村建设用地减少的过程,是有助于农民致富的过程。按照这个原理,我把这件事向国家有关部门汇报,建设部、国土部和发改委等部门都进行了研究,最后决定支持重庆搞这个试点。这些年来,我们每年3万亩,一共搞了15万亩的地票,地票最初每亩交易价9万,后来到20多万,这样15万亩地差不多300亿人民币进了农村,反哺了农民。城市房地产商买了地票去征地,搞他的房地产,农民卖出地票,双方的整个过程都是自觉、自愿,不是政府强制的。总之,我们把大量的农村闲置的建设性用地复垦为耕地,把地票的交易价格扣除复垦的成本,15%归集体,剩下的85%全部归农民。总的来说,我们这个300亿进了农村,相当于农民增加了财产性收入,这就是我们的地票改革。

有了地票以后,我们现在建飞机场、学校、高速公路、医院这些基础设施、公共设施,用国家的指标,搞房地产就买地票,由市场来支持这件事。这是一个资源优化配置的案例,重庆绝对有把握地说,虽然城市化会带来城市建设用地的增加,但通过地票的退出,到2020年,重庆3400万亩耕地一亩都不减少,还能增加100多万亩。

我们又把地票的原理应用到了新的领域。我们现在希望大家用新能源车,用光伏电池,或者风力发电,政府的支持政策就是谁买新能源车,搞家用光伏就补贴,但都是启动的时候一次性补贴,后边怎么持续就没有了。现在我们除了启动的时候给一些补贴以外,更重要的是有持续支持的概念,就是算个账,你买了一辆电动车,一年开5万千米,本来每100千米要用10升汽油,5万千米就用5000升,也就是5吨汽油,如果汽油燃烧,就有碳排放,现在电动车开5万千米,没有排放,算个账就是排放指标,可以拿这个指标到碳交易所卖掉,就鼓励用电动车的人持续用下去。所以,我们觉得科斯定理很有用处,对政府公共管理、指标管理怎样实现市场化,都是很好的应用。

第五个故事,重庆怎样通过投融资支持战略性新兴产业和实体经济发展。

现在我们都在讲战略性新兴产业,推出了中国制造2025,重庆政府2014年开始研究了这件事,在几十个产品的门类中,我们选了重庆有条件发展也必须发展的十个行业。这十个行业包括芯片及液晶面板等电子核心部件、物联网、机器人及智能装备、石墨烯及新材料、轨道交通及通用航空等高端交通装备、新能源汽车及智能汽车、综合化工、页岩气、生物医药、环保产业等,这十个行业2014年是600亿产值,我们做了一个规划,到2020年应该可以让它发展到1万亿。这十个行业,每个行业从小到大,要发展到1万亿的话,需要投资6000亿。这十个行业,要么不干,每个项目少则几十亿,多则几百亿,属于大资本、高技术、极具市场潜力。在这个情况下,市场没有问题,如果拉到了掌握技术的企业、团队一起干,技术也不是大问题,关键是大资本,一个项目通常几百亿的投资,靠一般的民营企业很难,大型国有企业也不容易,就是世界性的企业,如果光靠自己原始积累拿几百亿搞项目,也很困难,所以我们考虑到资本市场,推进了一个改革。重庆一年要制造1亿台式电脑、笔记本电脑,需要大量的液晶面板,但是搞一条8.5代生产线,就需要300多亿,我们有市场,找了京东方,京东方有技术,它有1万多个专利已经被世界认可,但是给他说搞这个项目要330亿,他觉得很困难,尽管是上市公司,也不是轻易可以融资到300亿的。后来我们说钱我们来解决,由京东方增发100亿股股票,我们全部认购。当时股票市场市值2.1块一股,我们六七个重庆企业用210亿认购了100亿股。京东方拿到这210亿以后,再向银行借120亿,共330亿,2014年3月开工,2015年4月份全面完工,现在重庆多了一个330亿年产值的液晶面板企业,很大程度上满足了重庆电子产业零部件本地化的需求。另外一个好处是,因为我们这么大一笔投资,股市当然有反映,加上中国股市2015年情况又比较好,所以2014年京东方2.1块一股,现在已经变成近5块一股了,我们这100亿股就赚了250亿。从这个意义上讲,利用资本大市场融资,对战略新兴产业进行投入,这是个很重要的方式。战略新兴产业,如果没有资本市场的大格局引入资金,完全靠企业自身积累,是做不起来的。包括小型的风险投资,也是利用了资本市场、三板、四板、创业板的原理在进行,大型战略新兴产业,当然也要靠资本市场。

之后我们又做了一件事,六七个国有企业花了210亿,赚了250亿,你原来的210亿拿回去,赚来的250亿,钱归你们,由市政府建立一个高科技战略新兴产业的股权投资基金,你们就算LP,250亿放进去,还是你们的所有权,五年以后也许又翻番了,变500亿。这是重庆地方出了250亿,但不是财政出的,是几个国有企业,按市政府的要求,投入到这个基金里,另外我们还吸引了16个国内比较重要的投资者,比如说中国人寿、国家开发银行、中国社保基金会,还有各种金融机构,他们出550亿,加在一起就800亿,现在我们已经有了这800亿股权投资基金,我们不会自己赤膊上阵搞几十个项目,项目总体是有技术的企业来搞,他们也会带来资本。大体上,如果企业带来2块钱,我们基金参股1块,这样的话,我们800亿能够引入1600亿,形成2400亿的资金,这2400亿是资本金,再跟银行贷款3000亿,这就形成了5000多亿的投资,在几年时间里形成滚动投资,我相信今后五年,这个五六千亿投资到位,1

万亿产值就会出来。比如重庆页岩气,从2015年13亿立方可以发展到40亿立方,页岩气的产值就能达到100亿,估计到2020年,重庆页岩气会到250亿立方,它的产值有六七百亿,加上辅助的页岩气产业链的产值,会到1000亿,重庆已经成了中国页岩气开发的主战场。

我讲这个故事,代表资本市场用好、用足它的市场空间,为高新技术战略新兴产业服务。

关于我国四大自贸区的基本情况

傅伟明　何亚娟

4月下旬,广东、天津、福建自由贸易试验区总体方案和上海自贸区扩容方案先后获国务院批准并正式挂牌,标志着我国自贸区建设进入2.0版,四大自贸区竞合共舞格局已经形成,勾勒出我国对外开放的全新格局。现将四个自贸区的基本情况作一简单梳理。

一、上海自贸区

1. 基本情况。扩容后的上海自贸区,包括外高桥、洋山港、浦东机场保税区、陆家嘴金融片区、金桥开发片区和张江高科技片区,面积达120.72平方千米,目前企业数量达7.3万家,外资企业超过1.63万家。

上海自贸区管委会与浦东新区区政府合署办公,承担主体责任。管委会内设三个职能局,分别为综合协调局、政策研究局和对外联络局,承担自贸试验区改革推进、政策协调、制度创新研究、统计评估等职能。同时设置5个区域管理局,分别为保税区管理局、陆家嘴管理局、金桥管理局、张江管理局、世博管理局。

2. 目标定位。上海自贸区战略定位是成为推进改革和提高开放型经济水平的试验田。上海自贸区战略目标为力争建设成为开放度最高的投资贸易便利、货币兑换自由、监管高效便捷、法制环境规范的自由贸易区。

3. 主要任务。继续以制度创新为核心任务,发挥自贸区改革先行者的作用,全面落实上海自贸试验区"深化方案",在浦东新区完整的一级政府框架下加快政府职能转变,全面加强与"四个中心"、科技创新中心建设联动,全面对接"一带一路"和长江经济带国家战略和全面衔接浦东综合配套改革。以张江片区为例,下一步推进过程中强化"双自联动",把自贸区的建设和国家自主创新示范区结合起来,进一步推动张江的科技创新和上海具有全球影响力的科技创新中心建设。

在可复制、可推广方面,制定了《关于全市推广中国上海自贸试验区改革试点经验的实施方案》,共有22条任务措施,主要针对全市范围和各个区县自主改革两个方面。

在金融改革方面主要有五项任务：一是推动人民币资本项目可兑换先行先试；二是继续推动人民币跨境使用；三是继续扩大金融服务业的开放；四是继续推动面向国际的金融市场的建设；五是不断完善金融监管的机制，防范金融风险。

二、天津自贸区

1. 基本情况。天津自贸区包括天津港片区、天津机场片区、滨海新区中心商务片区，面积达119.9平方千米，其中天津港片区共30平方千米，天津机场片区共43.1平方千米，滨海新区中心商务片区共46.8平方千米。2015年前4个月天津自贸区三个片区新增市场主体超过2000户，特别是天津首家民营银行金城银行在天津自贸区中心商务片区开业运营，具有标志性的意义。

2. 目标定位。天津自贸区的战略定位为京津冀协同发展高水平对外开放平台、全国改革开放先行区和制度创新试验田、面向世界的高水平自由贸易园区，投资、贸易、金融服务等领域是其重点。天津自贸区服务于三个国家战略：第一是做好京津冀协同发展战略中的对外开放平台，为三地人才引进、产业转型升级、企业走出去多做工作。第二是服务"一带一路"，天津自贸区已经打通满洲里、二连浩特和阿拉山口三个路上通道，可以直达蒙古、俄罗斯以及中亚欧洲，运量2014年已经超过10万标准集装箱，在自贸区成立后还将大幅提升，实现"技术资金出去借、能源资源转进来"。第三是继续发挥好自贸区所在的滨海新区开发开放的优势。

天津自贸区的战略目标是：经过三至五年改革探索，建设成为贸易自由、投资便利、高端产业集聚、金融服务完善、法制环境规范、监管高效便捷、辐射带动效应明显的国际一流自由贸易园区，在京津冀协同发展和我国经济转型发展中发挥示范引领作用。

3. 主要任务。天津自贸区重点在加快政府职能转变、扩大投资领域开放、推动贸易转型升级、深化金融开放创新、推动实施京津冀协同发展战略5个方面进行探索。

制度创新是天津自贸区的核心任务，其中放在首要位置的是加快政府职能转变。2015年起，天津开始试水"一颗印章管审批"的行政审批局。"一份清单管边界""一个部门管市场""一支队伍管执法""一个平台管信用""一份单卡管通关"等改革也全面推进。

三、广东自贸区

1. 基本情况。广东自贸试验区面积116.2平方千米，涵盖广州南沙新区、深圳前海蛇口和珠海横琴新区 3 个片区。广东自贸区获批以来已有 6500 多家企业机构注册。截至 4 月 30 日,前海企业注册总数达 28185 家,较一季度增长 9.7%,注册总资金达 17401.32 亿元,其中注册资金达 10 亿元的企业有 251 家,注册资金达 5 亿元的企业有 501 家。目前入驻前海的香港企业超过 1100 家,估计到 2015 年年底将超过 2000 家。

广东自贸区的管理架构实行统分结合,建立工作领导小组,作为省级议事协调机构。同时在省商务厅设立自贸区办公室,承担日常工作。3 个片区则依托现有架构设片区管委会,3 大片区将享省级管理权限。

2. 目标定位。广东自贸区战略定位是,依托港澳、服务内地、面向世界,主推金融创新、文化教育、国家商务休闲旅游等,将自贸试验区建设成为粤港澳深度合作示范区、21 世纪海上丝绸之路重要枢纽和全国新一轮改革开放先行地。三个区块功能各有侧重,其中广州南沙新区偏重生产性服务业,深圳前海蛇口片区着眼于金融开放,珠海横琴新区则重点发展旅游休闲健康和文化科教。其发展目标是经过三至五年改革试验,营造国际化、市场化、法治化营商环境,构建开放型经济新体制,实现粤港澳深度合作,形成国际经济合作竞争新优势,力争建成符合国际高标准的法制环境规范、投资贸易便利、辐射带动功能突出、监管安全高效的自由贸易园区。

广东自贸区目标首先体现在粤港澳一体化,打造区域金融中心。核心特色是主打"港澳牌",粤港澳的联动,在金融创新定位方面,珠海主要是在 CEPA(《关于建立更紧密经贸关系的安排》)框架下对接澳门,鼓励金融行业创新示范;深圳前海对接香港,而广州,主要依靠香港的国际金融中心,重点打造粤港澳金融特区。

3. 主要任务。建设国际化、法治化的营商环境,深入推进粤港澳服务贸易自由化,强化国际贸易功能集成,深化金融领域开放创新,增强自贸区辐射带动功能等。广东自贸区通过发放"一证三号",成立自贸试验区商事调解中心,建设国际贸易"单一窗口",实现多部门信息共享,加快通关效率备案制的投资便利化改革,宽进严管的市场准入和监管制度等制度创新力促粤港澳深度合作。

四、福建自贸区

1. 基本情况。福建自贸区实施范围 118.04 平方千米,涵盖平潭(43 平方千米)、厦门(43.78 平方千米)、福州(31.26 平方千米)三个片区。福建自贸试验区获批以来,各类企业入驻积极踊跃。以平潭片区为例,就有中免集团、中诺控股、盈科律所、神州租车、知名电商企业大龙、全麦等 800 多家企业已经办理或正在办理入驻手续,近千家企业申请入驻台湾免税商品市场。加拿大、欧洲侨商团体纷纷来平潭考察。福州片区综合服务大厅"一口受理"窗口已预核企业名称620户,审批收件223户。其中内资企业180户,外资企业43户(台资12户),注册资本合计49亿元。其中注册资本在1亿元以上的企业更是达到了13家。而在厦门片区,截至4月20日,该片区拿到"一照一号"营业执照的企业也达到211家。

2. 目标定位。福建自贸区的战略定位是立足两岸、服务全国、面向世界,建设成为制度创新的试验田、深化两岸经济合作的示范区和建设21世纪"海上丝绸之路"核心区。发展目标是经过3~5年改革探索,力争建成投资贸易便利、金融创新功能突出、服务体系健全、监管高效便捷、法治环境规范的自由贸易园区。其中平潭片区重点建设两岸共同家园和国际旅游岛,在投资贸易和资金人员往来方面实施更加自由便利的措施;厦门片区重点建设两岸新兴产业和现代服务业合作示范区、东南国际航运中心、两岸区域性金融服务中心和两岸贸易中心;福州片区重点建设先进制造业基地、21世纪海上丝绸之路沿线国家和地区交流合作的重要平台、两岸服务贸易与金融创新合作示范区。

3. 主要任务。福建自贸区的显著特点是主打"两岸牌",推进对台投资贸易自由与培育平潭开放开发新优势。福建自贸区6项主要任务,包括切实转变政府职能、推进投资管理体制改革、推进贸易发展方式转变、率先推进与台湾地区投资贸易自由、推进金融领域开放创新、培育平潭开放开发新优势。福建自贸区的核心任务是加快制度创新,建立与国际投资贸易规则相适应的新体制,营造国际化、市场化、法治化的营商环境。目前,福建深入推进商事制度改革,推进法人和其他组织统一社会信用代码(简称"统一代码")暨"一照一码"登记制度,同时不断推出其他标志性改革措施已达30项。

(苏州市委党校市情研究中心)

把握园区契机　深化苏州改革
——广东自贸区前海蛇口片区改革借鉴

陈楚九

全面深化改革已进入第二年,改革正处于关键阶段。前不久,国务院批复苏州工业园区开展开放创新综合试验,这对于园区乃至对于新时期苏州的改革与发展,意义都十分重大。这不仅体现了党中央、国务院和省委、省政府对园区、对苏州改革发展的重视与期望,更体现了我们为全省、全国改革发展积极探路所肩负的使命与责任。我们应该看到园区获"国批"所具有的"含金量",不是自贸区,胜似自贸区,这为我们复制自贸区的各项改革搭建了重要平台,更为我们跳出自贸区概念,推进其他改革试验提供了重大契机。当前,改革、增长、转型、稳定等各个方面都面临着错综复杂的矛盾与挑战,但关键环节还是要深化改革,改革是龙头,以改革为导向,以改革破解发展、转型、稳定中的难题,这一点是不容置疑的。2015年上半年,国家继设立上海自贸区后,又设立了广东、天津、福建自贸区,改革创新正加快推进,成效显著,我们既需要把握机遇,加快推进园区试验,也需要学习借鉴,拓宽思路,以精准发力,提升改革效能。把握园区"国批"的契机,全面深化苏州的各项改革,努力打造苏州改革发展的新品牌、新亮点,这应该是苏州当前和今后时期的一个重大任务。为此,本文综述了广东自贸区前海蛇口片区运行半年的改革情况。

广东自贸区前海蛇口片区挂牌半年来,突破传统的政府管理模式,积极探索市场化运营新模式。在管理体制上,按照"市场化政府"理念,吸纳前海管理局、招商局、市经信委、南山区政府等各方力量,组建了自贸区管委会领导班子,构建出一套前海蛇口自贸片区管委会"政府职能＋前海法定机构＋蛇口企业机构＋咨委会社会机构"的新体制。此外,前海蛇口自贸区管委会与前海管理局也实现了一体化运作,即"两块牌子,一套人马";管委会和管理局根据《中国(广东)自由贸易试验区管理试行办法》和《深圳经济特区前海深港现代服务业合作区条例》的规定履行相应管理职能。在职能定位上,前海蛇口自贸片区管委会重在按照国家、省市的要求,围绕国际投资贸易规则、行政管理改革、金融创新等方面开展制度创新和政策创新;而招商局则侧重依托其在港口、贸易、金融、地产等方面的发展基础,并借助自贸试验区的政策创新优势,落实自贸试验区的产业发展功能,积极参与国家"一带一路"战略,两者相互配合,相互促进。从目前的运作效果来看,整体运行机制十分顺畅。管委会正与招商局集团研究合作成立深圳前海蛇口自贸区有限责任公司,探索符合国际惯例的企业化、市场化运营自贸区的新路子,形成"小政府、大社会"格局。

前海蛇口自贸片区改革创新工作取得良好开局,初步形成73项改革创新成果。在全省首创60项创新举措中,前海蛇口自贸片区独占31项,涉及贸易便利化、粤港合作、业务创新以及事中事后监管四大领域,其中有多项已率先落实并产生积极效应。

改革板块之一:投资贸易便利化

1. 承接省市下放管理权限。省政府向广东自贸试验区各片区下放或委托实施60项省级管理事项。包括"省管权限的企业投资项目备案""注册在广东自贸试验区的资产评估机构设立审批""仲裁委员会设立登记""融资租赁公司审批权限"和"中外合资、合作医疗机构设置审批"等。目前,深圳前海蛇口自贸片区管委会正抓紧梳理分类,积极承接。

2. "三证合一""一照一码"登记制度改革。广东自贸试验区从挂牌时的"一照三号",在较短时间内实现了向"三证合一""一照一码"过渡。企业从申请到拿到"三证合一"营业执照的时间由原来的1个月左右下降到3个工作日。

3. 外商投资实现"一口受理,六证联办"。按照准入前国民待遇和负面清单管理模式管理外商投资企业,推行"一口受理"工作机制,外资企业准入和经营许可的办理时限由原来超20个工作日优化为3个工作日。

4. 推行电子营业执照改革。在自贸试验区率先推行统一标准规范的电子营业执照,企业领取与纸质营业执照具有同等法律效力的电子营业执照。

5. 商事主体电子证照卡。行政单位和试点银行只需审核电子证照卡,即予企业办理各类审批、变更业务。

6. 自贸试验区港区一体化运作。不同港区进出的货物可在同一海关进行申报、审核、查验、放行等作业。

7. 加工贸易手册管理全程信息化改革。企业从设立至核销以及外发加工、深加工结转等各环节业务时,通过联网数据传输、纸质单证扫描等方式申报电子数据即可。

8. 建立"放、管、治"三位一体的跨境电商监管制度。在前海蛇口自贸片区成立跨境电商检测联盟,制定跨境电商质量标准,实现互认与第三方采信,打造高效、便捷的检测平台。

9. 进口食品快速放行。对于负面清单外的一般风险进口食品,按照企业类别分别享受不同比例报检批次审单放行的快速通关模式。

10. 建立粮食进口"一三三"监管模式。创新一个"监管仓",把关三个节点"零等待",服务三个环节"全"提速,为深圳创建进口大宗粮食交易平台提供检验检疫政策支持。

11. 建立原产地签证清单管理模式。设定敏感产品清单,优化签证流程,实现"清单外产品即报即签,清单内产品快审快签"的便利化原产地签证模式。

12. 建立入境维修"1+2+3"监管模式。创新入境维修企业"能力评估"制度;完善"风险管理"和"信息化管理";落实企业、行业协会和监管部门质量共治责任,落实企业质量主体责任。

13. 建立检验检疫"电子证书"模式。将经前海蛇口自贸片区进口货物的纸质检验检疫证书变革为电子证书,进口企业和消费者可查询。

14. 建立第三方检验结果采信机制。目前,已将进口汽车作为第一批启动第三方采信产品,并拟定进口金属材料、食品接触产品、散装成品油(非危险化学品)为第二批产品逐步推进。

15. 实施企业注册登记改革。深圳海关对前海蛇口片区内报关企业注册登记由许可制改为备案制,承诺办理时限从40个工作日缩短为8个工作日。

16. 实施自贸试验区企业重点培育计划。深圳海关对前海蛇口片区内符合条件的总部企业、上市公司、国家级高新技术企业和高成长型的中小微企业,优先纳入深圳海关"十百千万"扶持计划。

17. 推进实施"预约式"通关。为企业提供全天候"预约式"通关、货到海关监管场所24小时内办结通关手续服务。

18. 实施"先装船后改配"通关改革。已放行出口货物可24小时改船作业。

19. 实施企业"主动披露"改革。企业发现自身存在不符合海关管理规定的问题,主动书面报告海关,海关可依法视情从轻、减轻或不予行政处罚。

20. 打造"阳光口岸一站通"品牌。企业利用微信客户端即可实时查询查验集装箱状态。

21. 建立船舶"无疫通行"通关模式。80%船舶实现电讯检疫,90%锚地检疫船舶在特定检疫泊位完成。

22. 建立"调解+仲裁"海事工作机制。开展海事管理创新试点,促进前海蛇口自贸片区海事仲裁业务发展。

改革板块之二:粤港合作

23. 设立"前海深港青年梦工厂"青年创新创业平台,为青年大学生特别是粤港大学生创新创业提供服务。目前入驻创业团队104家,其中香港团队49家。

24. 建立"前店后仓"运作模式。对"店"在香港"仓"在前海湾保税港区的企业货物,实行入区货物直接由区内检验检疫机构受理报检、出区货物"集检分出"检验检疫监管模式,确保货物便捷通关。

25. 建立港资港企港货交易中心,目前已正式开工建设。除港货外,该中心还将对全球各地的商品进行保税展示交易,目前已经备案的跨境电商企业有上百家、备案商品数万种。

26. 设立中国港澳台和外国法律查明研究中心。致力于帮助解决企业在"走出去"和"请进来"过程中的法律不适应问题,以及由此带来的种种潜在风险。

27. 建立内地与港澳律师事务所合伙联营试点。至今已批准设立5家粤港合伙联营律师事务所。

28. 设立外商独资国际船舶管理企业。目前已有一家香港独资国际船舶管理企业落户前海。

29. 建立粤港检测结果互认合作机制。率先试点在麦当劳等相关产品实现"一张证书深港直通"。

30. 创新深港国际海员管理与服务。将国际海员外派范围由香港籍船舶扩大至其管理的所有船舶,该政策的正式落地在全国尚属首例。

改革板块之三:业务创新

31. 开展跨境人民币贷款业务试点。在全国率先开展跨境人民币创新业务。截至2015年9月末,前海跨境人民币贷款累计提款金额314.7亿元。

32. 推动自贸区内企业境外发行人民币债券。2015年4月,深圳前海金融控股有限公司成功赴港发行人民币债券10亿元。

33. 扩大跨国公司资金集中运营改革范围。目前,第3批试点工作已启动,25家跨国公司获得试点资格,自贸区内企业集团申请办理,取消了一年内跨境收支10亿美元的门槛。

34. 稳妥开展外商投资股权投资试点(QFLP)。截至9月末,前海已设立59家外资QFLP管理企业和12家外资QFLP基金,基金设立规模19.76亿美元。

35. 落地实施合格境内投资者境外投资试点(QDLP)。目前,8家注册在前海的企业获批试点资格后,第一批10亿美元试点额度已用罄。在总结前期试点经验的基础上,总局已批复增加15亿美元试点额度,现有38家注册在前海的机构申请第二批试点资格。

36. 创新跨境电商结算模式。推动深圳市跨境贸易电子商务通关服务平台建设,引导跨境电商通过"阳光通道"结算跨境资金。

37. 前海企业跨境双向发行人民币债券取得突破。允许前海企业的境外母公司或境外子公司在境内市场发债。国家同意深圳前海中小企业金融服务有限公司、前海金融控股有限公司赴香港分别发行 30 亿元、10 亿元人民币债券。

38. 推进跨境金融资产交易中心建设。支持前海蛇口片区银行业金融机构优先与港澳地区的金融机构开展跨境人民币信贷资产转让业务,待条件成熟,可推广至"一带一路"沿线国家和地区。

39. 推动账户管理创新。以实现各类主体在前海蛇口自贸区便利地开展中国人民银行同意的各类跨境投融资活动。

40. 开展资产证券化试验。国内第一只符合国际惯例的公募 REITs 产品—鹏华前海万科 REITs 封闭式混合型发起式证券投资基金于在前海正式发行,填补了国内公募 REITs 基金的市场空白。

41. 首单租赁资产证券化产品落地。由德润融资租赁(深圳)有限公司领衔,联合安徽德润融资租赁股份有限公司作为原始权益人,在前海蛇口自贸片区共同发起成立"德润租赁资产支持专项计划",并在上海证券交易所挂牌交易。

42. 首批试点外债宏观审慎管理。国家外汇管理局将前海列为首批外债宏观审慎管理试点地区。该试点与前海跨境人民币贷款业务一起,形成本外币"两条腿走路"的境外融资渠道,真正实现企业与全球低成本资金"牵手"。截至 9 月末,前海 12 家企业办理了 16 笔外债试点业务,签约金额折美元 5.17 亿,平均融资成本较以往低约 3—4 个百分点。

43. 税收智慧服务。通过"互联网+"为纳税人提供网上预约办税、网上自主办税等服务,全年将减少自贸试验区内纳税人上门次数 75%。

44. 国地税联合办税服务。实行国、地税局业务"一窗联办",纳税人只需向一个窗口提出申请。自贸试验区内所有办税服务厅按照统一流程和标准运作,区内纳税人可在任一办税服务点办理各类税收业务事项,推行常用涉税业务事项网上区域通办。

45. 税务网上区域通办服务。自贸试验区内所有办税服务厅按照统一流程和标准运作,办税服务厅之间信息系统已实现兼容、共享,实现税务登记、纳税申报、发票代开、减免税备案、纳税证明等常用涉税业务事项的区内通办服务,区内纳税人可在任一办税服务点办理各类税收业务事项,推行常用涉税业务事项网上区域通办。

46. 税银合作"税融通"服务。税务部门与银行部门建立信息共享机制,推出"税融通"服务。自 2015 年 6 月起已经陆续在全省范围复制推广。

47. 率先实行有税申报。顺应深圳市实施"四证合一"登记新模式的需要,自2015年10月1日(申报期)起,2015年7月1日后新设立税务登记纳税人在税种生效前如未发生纳税申报义务则不需要进行零申报。预计2015年有近17万户纳税人获益。

48. 开通微信缴税。深圳国税局与深圳地税、腾讯公司通力合作,于8月27日开通了微信缴税功能,在全国率先实现了零突破。目前,微信缴税主要用于代开发票预缴税款。

49. 全面推广无纸化办税。7月1日起,自贸区纳税人率先使用深圳国税局四大类21项网上无纸化办税业务,有效打通了自贸区改革"最后一千米"。截至9月底,全市已有25万户企业申请开通无纸化办税权限,超过2.8万笔涉税业务通过网上无纸化办税渠道提交受理,降低办税成本。

50. 取消自贸区主要中资银行年度新增网点计划限制。对全国性中资商业银行、政策性银行、深圳本地商业银行在区内增设或升格分支机构的年度网点计划不作事前审批。

51. 简化自贸区主要银行分行级以下(不含分行)机构和高管的准入方式。

52. 允许已获得离岸银行业务资格的中资商业银行授权自贸区分行经营离岸业务。

53. 鼓励各银行业金融机构大力支持自贸区业务创新,为自贸区业务的探索与创新发展预留足够的空间。

54. 试行自贸区银行业特色报表监测制度。探索完善对区内银行业金融机构以及自贸区业务的事中事后监管,确保在开发开放中守住不发生区域性、系统性风险的底线。构建知识产权运营中心。开展知识产权金融服务需求调查,建立企业知识产权投融资项目数据库,利用平台优势完善企业和金融机构需求对接机制。

55. 推行地税大数据风险管理。深圳市地税局取消了税收管理员制度,建立了依托大数据和风险筛查的"背靠背"式管理,开展大数据分析比对,筛选出有风险疑点的纳税人,引导守法。

56. 构建知识产权运营中心。建立企业知识产权投融资项目数据库,搭建企业、金融机构和中介服务机构对接平台,定期举办知识产权项目推介会,利用平台优势完善企业和金融机构需求对接机制。

57. 首创境外投资者参与深圳碳排放权交易。截至2015年6月底,已有3家境外投资者办理了资格审核及相关手续。合计买入10.9万吨碳排放权,交易金额约416万美元。

58. 率先启动"现代服务业跨境电子支付及结算服务平台"。以促进海上丝绸之路沿线国家与我国之间的跨境服务贸易,并推动人民币国际化。

59. "一参一控"证券公司经营牌照取得重大突破。在 CEPA 框架下,允许在前海设立 2 家港资持股的全牌照证券公司。目前,"一参一控"合资证券公司、合资基金公司已基本准备就绪。

60. 首创"保险创客平台"。2015 年 7 月 28 日由前海保险交易中心推出的全国首个"保险创客平台"正式落户前海。

改革板块之四:加大事中事后监管力度

61. 自贸区综合行政执法改革取得突破。科学设置综合执法机构、执法权限和运作方式,建立各层次、各有关部门执法联动协作机制,加强属地监管。加快"云计算""大数据"等信息化技术在监管方面的运用,实现各部门监管信息的统一归集、全面共享和互联互通,强化事前的规范、提醒和指引,加强事中、事后的严密监管,依法授权或委托社会组织或企业行使日常行政执法事项。

62. 探索社会信用体系建设。制订《社会信用体系建设试点方案》,推动征信机构以及有关金融机构与信用系统开展平台对接,形成政府主导、市场运作、公共与商业有机结合的信用服务市场体系。

63. 完善地税事中事后监管。在前海蛇口自贸片区探索减免税取消审批备案、事后管理模式,实行"清单式管理",推行"自行申报"。

64. 探索建立集中统一的知识产权执法体系。市场与质量监督委员会统一实施对专利、商标、版权、商业秘密等知识产权的行政保护,建立知识产权执法协作机制。

65. 建立前海蛇口片区重点产业知识产权快速维权机制。并将此快速维权援助模式辐射到全市重点产业领域。

66. 推进依法履行职务犯罪侦查职能。深圳市人民检察院重点查办自贸区和合作区管理机关利用项目审批、货物通关、检验检疫等资源配置和市场监管权力实施的职务犯罪。

67. 创新职务犯罪预防机制。积极运用行贿"黑名单"制度,探索建立廉政建设联络员制度,促进社会信用体系建设。

68. 全面加强知识产权保护。协调解决知识产权刑事保护立案难、举证难、诉讼周期长、管辖不明确等问题。

69. 探索检察机关提起公益诉讼制度。严格落实诉前程序,严格执行审批制度,严格审慎推进,把提起公益诉讼作为法律监督的最后手段。

70. 设立新型的前海检察机关。实行检察权和司法行政管理权相分离,实行检察官负责制,建立专业化的检察官办案团队。探索实行特殊案件的跨行政区划管辖,由前海检察院统一负责全市知识产权刑事案件的办理,全市涉外、涉港澳台民商事案件的法律监督工作等。

71. 成立中国自贸区仲裁合作联盟。共同提高中国商事仲裁的专业化和国际化水平，提升自贸区商事仲裁的影响力。

72. 设立"华南高科技和知识产权仲裁中心"。为境内外特别是华南和深圳地区的高科技企业提供仲裁调解服务。

73. 设立"华南（前海）海事物流仲裁中心"。打造前海海事物流服务国际化形象，推动深圳市成为国际海事、航运和物流中心，为深圳市湾区经济发展发挥更大作用。

如何实现第三次历史性"突围"?
——上海、广东等地做法解读

陈楚九

"十三五"是苏州发展的关键时期。改革开放 30 多年来,苏州在发展乡镇企业、外向型经济之后,如何力争实现第三次历史性"突围",继续为全省全国发展做出应有的积极贡献,是我们必须回答的重大课题。谋划好苏州的"十三五"发展,首先在"谋",关键在"动",即要"动""谋"结合,以"谋"促"动""谋定而后动"。我们既要形成科学合理的、具有前瞻性、创新性的规划,更重要的是,这个规划是可操作的,制定以后要落实到具体的行动上、实践中,其核心就是务求实效,要充分体现在新常态下,我们创造性地贯彻落实中央精神和省委要求的战略定力,发展自信、坚定不移"稳增快转"的意识和能力以及我们攻坚克难、狠抓落实的务实本领。从上海、广东等地的做法看,如何把宏观与微观、当前与长远更好结合起来,选准路径推动"十三五"发展思路的具体落实,值得借鉴。

一、上海:注重于国家规划的有机衔接与创造性落实

正在编制的上海市"十三五"规划,将更加强调服务于国家战略,不是只看上海的"一亩三分地",而是注重于国家规划的有机衔接,充分贯彻中央战略布局和对上海发展的总体要求。与国家战略相关的自贸区建设、"一带一路"战略、长江经济带建设,以及落实中国制造 2025 战略等,都是规划中的重要内容。

上海"十三五"的发展大目标,就是到 2020 年基本建成国际经济、金融、贸易、航运中心和社会主义现代化国际大都市。同时,实现科创中心建设的第一阶段目标。在"十三五"规划的编制思路中,上海自贸区将着重完善国际化、市场化、法治化营商环境,同时还将对接中美 BIT 谈判等国际投资贸易规则变化趋势,在金融领域的制度创新和金融业开放也将得到深入推进。从自贸区挂牌两年的运行情况来看,负面清单依然是自贸区的最大亮点,负面清单的影响面比较大,关系到中美 BIT 的谈判,接下来上海自贸区可配合中美

BIT谈判开展试点。在具有全球影响力的科技创新中心建设方面，上海将继续重点聚焦张江核心区、紫竹、杨浦、漕河泾、嘉定、临港等重点区域。张江综合性国家科学中心以及重大创新功能型平台的建设将加快，大数据、云计算、平台经济等新产业和新技术也将得到进一步支持。在对接"一带一路"方面，上海将吸引功能性金融机构聚集，力争成为"一带一路"重大项目投融资中心。

"十三五"发展期间，上海将突出强化底线约束，守住人口总量、土地资源、生态环境、城市安全这四方面底线；注重补齐经济社会发展、城市管理和社会治理、民生保障等方面的短板。显而易见，强调底线思维和协调发展，主要是针对上海在建设四个中心和服务国家战略的基本约束条件。上海要实现上述国家战略目标，人口规模、城市的资源环境人口的协调，以及可持续发展和承载能力上都有缺陷。上海未来要面对的这些问题，这是作为基本的条件，如果这些方面做不到，将影响国家战略的实施。

"十三五"期间是上海创新转型的重要阶段，核心还是转变经济增长方式和调整增长结构，这是关键任务，有关专家分析认为，"十三五"期间上海增速并不会高，大致会维持在7%左右。上海市统计局综合处课题组今年四月的一份研究成果则建议，上海应提升科技创新能力，加快建设具有全球影响力的科技创新中心，加快产业结构调整升级，培育新的经济增长点，同时加快体制机制创新，释放改革强大动力。

二、广东：拟打造6个产值百亿智能制造集聚区

未来5年，广东将分为2017年和2020年两个时间节点，发力"互联网创业创新体系建设、互联网与产业融合和互联网应用与服务普及"三方面目标，到2020年成为全国互联网经济发展重要基地、网络民生应用服务示范区、网络创业创新集聚地。

广东明确13项"互联网+"重点行动，并紧密结合自身产业特性和水平，突出先进制造、现代金融、现代商务和便捷通关等重中之重内容。其中，"互联网+先进制造"细分为工业设计、技术研发、生产制造、管理服务和质量监督5个环节。借此低成本、高效率地完成产业链各环节的协作和横向的配合，推动产业转型升级。

《行动计划》明确的13项重点行动为：互联网+创业创新、互联网+先进制造、互联网+现代农业、互联网+现代金融、互联网+现代物流、互联网+现代商务、互联网+现代交通、互联网+节能环保、互联网+政务服务、互联网+公共安全、互联网+惠民服务、互联网+便捷通关、互联网+城乡建设等。其中，"全面建成珠三角国家互联网自主创新示范区"被列为核心子目标

之一，广东为此将完善互联网创业创新体系，包括建成互联网创新孵化基地10个，培育创新型互联网中小企业超过2000家，建成互联网经济创新示范区8个。同时，深度融合互联网与产业，形成产值规模超100亿元的智能制造产业集聚区6个，年营业收入超100亿元的互联网骨干企业达10家；全面普及互联网应用与服务，电子商务交易额超过8万亿元，物联网产业市场规模达到7000亿元，云服务产业规模达到3000亿元，网络贷款总额超过8000亿元。

"互联网+创业"方面，广东提出，推动广州、深圳、珠海、佛山、东莞、惠州、汕头、揭阳等市依托互联网产业优势，建设互联网创新园区和研究院，创建互联网经济创新示范区。"互联网+创新"方面，广东提出，运用互联网加快产业集群、专业镇协同创新服务平台建设，提升企业协同创新能力。

"互联网+现代商务"方面，广东提出"互联网+跨境贸易""互联网+行业商务""互联网+商务创新"等内容，将加快广州、深圳、东莞、汕头、揭阳等国家电子商务试点示范城市建设。"互联网+政务服务"方面则提出，加快广州、深圳、佛山、东莞、汕头、云浮等大数据产业基地建设。

广东"互联网+行动"在激活大众创新创业热情，带动产业发展过程中，更为重要的意义还在有助于解决实体经济中区域发展的平衡问题。广东提出建成珠三角国家互联网自主创新示范区，并布局一系列互联网经济创新示范区，实际上是在"互联网+"的风口下，构建一个统筹有序的创新创业发展格局，包括明确创新基础和主体。

"互联网+先进制造"是广东《行动计划》的最大亮点之一。其目标是，到2020年年底前将建成100家智能制造示范工厂、200家智能制造示范车间，工业互联网试点企业达300家，工业互联网全面深入应用。

值得注意的是，广东"互联网+先进制造"有别于国家顶层设计文件中"协同制造"的表述，并且细分为工业设计、技术研发、生产制造、管理服务和质量监督5个环节，这与广东制造业大省的身份不无关系。

《行动计划》提出，广东将建设国家级和省级互联网型工业设计中心，开展互联网工业设计创新示范试点。推动制造企业与电商企业开展新产品预售体验、消费行为分析，引导企业优化工业设计。此外，还将打造广州、深圳、佛山、惠州、东莞等网络化产品研发制造基地，培育发展粤东西北配套产业基地。发展高端智能装备和机器人，加快推进产品智能化改造，发展网络化产品，开发互联网智能产品，引导企业研发制造智慧型穿戴式产品。广东还将建设智能车间、智能工厂，开展智能制造示范，推进生产过程智能化。重点将在汽车、石化、家电、服装、家具等行业开展机器人应用，提高精准制造、敏捷制造能力。并在前述行业开展基于工业大数据的新一代商业智能应用试点，挖掘利用产品、运营和价值链等大数据，实现精准决策、管理与服务。

广东从工业设计入手，提出建设国家级和省级互联网型工业设计中心，今后可实现向全球引智，从产业链顶层来指导制造业的转型调整。"互联网＋先进制造业"的核心在于利用互联网解决制造业过程中的知识和资源问题，"知识"包括技术和人才，"资源"就是资金和销售渠道，是对产业发展局限的破解。

三、无锡：新发展纲领重提"产业强市"

苏州的近邻无锡，以往强调发展现代服务业，而今重新提出"产业强市"主战略，强调以先进制造业为主体。无锡市近日出台了"1＋3"的新发展纲领，其中的"1"——《关于以智能化绿色化服务化高端化为引领 全力打造无锡现代产业发展新高地的意见》作为系列政策的核心，明确了在当前和今后一个时期，无锡将重新以"产业强市"为发展理念，走产业转型升级之路。"1＋3"中的3指3个三年行动计划，其中包含无锡参与国家"一带一路"战略和实施长江经济带发展战略的三年行动计划。

针对无锡重大产业项目不多、工业经济增长乏力、新兴产业规模不大、服务经济不优、科技创新能力不强，总体还处于产业链、价值链、市场链和创新链的中低端环节等问题。无锡开始反思制造业空心化问题，认识到虚拟经济长期游离于实体经济之外难以持久，必须牢固确立先进制造业的主体地位。《意见》明确：要以智能化、绿色化、服务化、高端化为引领，着力推进信息化和工业化、制造业和服务业的深度融合，积极发展新产业、新技术、新业态和新模式，加快形成以新兴产业为先导、先进制造业为主体、现代服务业为支撑的现代产业发展新体系，全力打造无锡现代产业发展新高地，在新的起点上重振无锡产业雄风。到2020年，建立起规模、质量、效益相统一的先进制造业体系，规模以上现价工业总产值突破2万亿元，"十三五"期间，累计到位注册外资180亿美元。

无锡重提"产业强市"，把先进制造业的实体经济发展提高到新的高度，具有超前眼光，在新一轮产业发展中，无锡将有可能更多承接国际上发达国家的产业转移，更高能级的产品或技术很可能将在无锡出现。高端制造业是一个新的方向，但长三角各城市不可能一窝蜂地搞制造业，世界上也没有那么多的高端制造业布局到长三角，而一旦退而求其次，引入中端、低端的制造业，将又会重走老路。所以，下一步的着力点，在于如何更大程度地提高自身的能力，营造具有竞争力的综合环境，不断拓展高端制造业的新的发展空间。

经济发展好于预期 创新转型亮点频现
——稳增快转的"上海现象"解读

陈 述

连续几年经济增速全国垫底的上海,已度过了发展中最痛苦的时期,经济正在稳步回升。数据显示,在一季度GDP增长6.6%的基础上,上海二季度以来部分经济指标逐步改善,增幅比一季度明显,上半年上海GDP增长7%,经济运行总体平稳有序,运行态势符合预期、好于预期,而且创新转型亮点频现。

一、经济呈现"四快四稳"特征

从2015年前几个月的数据来看,上海经济总体呈现"四快四稳"的特征。"四快"主要表现为服务业、企业效益、对外投资和财政收入增长相对较快。

一是服务业增速快。受金融业和房地产业的带动,2015年以来上海服务业增长较快,成为经济增长的主要动力。一季度上海服务业增长9.8%,增速比2014年同期快1.8个百分点。1至5月份,上海金融市场成交活跃,交易总额达567.7万亿元,同比增长114%。金融业增加值同比增长近30%,贡献GDP增速达六成,近4个百分点。此外,房地产市场企稳回升,1至5月份全市新建商品住宅销售面积同比增长3%,二手房成交面积增长69%;5月份新建商品住宅价格环比上涨2.6%,二手住宅价格环比上涨2.2%,回暖态势明显。

二是企业效益提升较快。由于原材料价格维持低位、利率进一步降低等成本利好,加上企业非主营业务收入增加,全市工业利润显著提高,与全国形成明显反差。1至4月份,上海工业利润增长10.1%,比2014年同期提高5.7个百分点。其中,六大重点行业的工业利润同比增长13.6%。分行业看,汽车行业利润增长7.9%,石化行业利润增长1.34倍,而电子信息和成套设备行业利润则出现下降。

三是对外投资快速增长。1至5月份,上海市对外直接投资总额达190亿美元,同比增长4.4倍,大大超过实到外资总量(68.5亿美元)。在投资主体上,民营资本是对外投资的主力军,民营资本项目占全部对外投资项目总数的85%,占对外投资总额的57%。对外投资也带动了外贸增长,相关企业反映,海外工程量的增加,带动了钢材钢构产品销售大幅增长。

四是财政收入保持较快增长。可以说,财税收入方面的统计数据同样证明了上海经济发展的活力。1至5月份,上海市地方财政收入同比增长13.6%,高于全国8.6个百分点。其中,营业税和企业所得税分别增长20.6%和17.9%。从行业看,服务业税收贡献较大,金融、租赁、商务和信息服务业税收合计占全市财政收入的70%。

"四稳"主要表现为固定资产投资、居民消费、就业和城乡居民收入增长总体平稳。

一是作为衡量经济运行的重要指标,投资增长平稳无疑成为上海经济的"稳定器"。1至5月份,上海市固定资产投资增长7.5%,比去年同期提高4.1个百分点,连续4个月稳步回升。从投资结构看,工业投资下降15.5%,降幅比1至4月份收窄1.2个百分点;基础设施投资增长9.8%,由负转正;房地产投资增长15.5%,同比提高11.4个百分点,占全部固定资产投资比重达60.8%。

二是消费增长平稳令上海经济更显生机。1至5月份,上海市社会消费品零售总额增长8.0%,增幅同比提高0.6个百分点,高于北京2.4个百分点,且呈逐月加快趋势。其中,住宿餐饮业增长逐步恢复到正常水平。居民消费价格指数同比上涨2.4个百分点,总体维持在合理区间。

三是在整体经济下行压力下,就业基本平稳,为上海经济转型发展迎来更多机会。截至5月末,上海新增就业岗位30.42万个,完成年度目标60.8%;城镇登记失业人数22.72万,同比减少1.06万。究其原因,这一方面归功于产业转型,服务业比制造业吸纳更多就业人员;另一方面是"大众创业、万众创新"使得部分待就业人员转向创业,新增创业企业吸纳了部分就业劳动力。

四是收入增长稳健为上海经济有序发展打下基础。上半年上海城镇居民人均可支配收入增长7.8%,农村居民可支配收入增长9.1%,均高于全市经济增幅。

二、"四个中心"建设齐头并进

在产业结构调整中,上海推进建设的国际金融、贸易、航运以及经济中心发挥了较大作用。在"四个中心"建设中,金融中心建设处于核心地位,带动具有全球资源配置能力的国际航运中心及国际贸易中心建设,增强经济中心的集聚辐射功能。

2015年一季度,上海金融业增加值967.63亿元,增长28.7%,增速提高19个百分点,成为全市增速最快的领域。相关预测称,上半年上海金融业增加值增长将达30%左右。

"四个中心"建设相互联动,以建设国际航运中心为例,单靠码头、船舶、集装箱等"硬指标"不够,航运融资、保险、运价交易等软服务能力成为上海的核心竞争力。航运保险作为连接金融业和航运业的平台之一,"蛋糕"正在越做越大。截至2014年年底,全国已有近50%的船舶险落地上海,远洋保险有80%至85%集聚在上海。

互联网、移动互联网、云计算、大数据等新技术的迅猛发展,为上海商业中心城市建设带来了新的机遇和挑战。两年来,上海推进商业转型升级重点项目达86项,涉及投资额569亿元,进一步加快了商业转型升级的步伐。

2015年前5个月,上海七大类零售业态同比增速大部分快于2014年同期。其中,无店铺的增速最快,前5个月零售额比2014年同期增长45.9%,高于2014年同期23.7%的增速。

对于无店铺零售额大幅增长,表现为"两个转变":一是商业增长由传统模式为主向新业态、新模式引领转变;二是商业销售由传统"卖商品"为主向"卖服务"转变。2015年前5个月,上海电子商务交易额达5573亿元,同比增长19.9%。"互联网+"生活类服务业红火,旅游、文化、健康、教育、家政等领域服务业O2O发展迅猛。2015年前五个月,上海服务类网上消费同比增长51.9%,成为商业新的增长点。

金融中心与自贸区联动发展。自2013年9月挂牌运作以来,上海自贸区在金融开放领域不断探索,取得有目共睹的成绩。深化自贸试验区金融改革,对推进上海建设国际金融中心发挥了积极作用。统计数据显示,截至3月末,上海自贸区(包括扩展区域)共有94家银行机构以及27家非银行金融机构,区内一季度企业跨境资金池业务和跨境集中收付金额分别为889.71亿元和40.09亿元,分别达到2014年全年的70%和50%。

三、"四新"推动上海经济转型

上海经济运行特点与结构转型,与国内其他地区存在一定差别。上海市政府发展研究中心的一份报告称,上海经济增长对投资依赖更低,创新驱动力更强。2013年和2014年,上海仅以3%至5%的投资增速支撑了7%至8%的经济增长率。相比之下,全国要用15%以上的投资增速才能支撑7%至8%的经济增长率。

在上海制造业中,新兴产业的崛起引人注意。2015年1至5月,机器人制造相关企业产值增速、飞机制造业产业增速、集成电路制造产业增速分别达10.40%、9.70%、9.10%。从7月上旬在沪举办的2015中国国际机器人展览会传出消息,预计2020年,上海机器人产业规模将达600亿元至800亿元。

在产业结构转型中,上海发展"四新"经济,将科技创新从技术维度的单一创新,转向"新技术、新产业、新业态、新模式"集成创新。"四新"经济的特点是轻资产、跨界融合、高成长、对创新环境要素更加依赖。上海还提出,围绕"四新"经济,不强求做顶层规划,也不锁定发展目的,不规定统计口径,也不固定推进的模式、方法,更加依赖市场方式配置资源。

上海信息服务业鼓励龙头企业和培育"四新"经济双线并举,拓展产业发展新空间。最新公布的数据显示,2015年上半年,上海信息服务业经营收入达到2800亿元,比上年同期增长18%。其中,软件产业经营收入超过1600亿元,比上年同期增长18%;互联网产业经营收入680亿元,比上年同期增长30%。

互联网产业成为上海新兴经济增长点的集聚领域。"互联网+"工业突破智慧和机器的界限,实现工业生产网络化、智能化、柔性化和服务化的开放网络。"互联网+"金融培育了第三方支付、P2P、众筹、金融资讯等新兴领域和创新型企业。在第三方支付领域,有60%左右的业务量和54家企业聚集在上海。

在"互联网+"的基础上,上海发展物联网的产业规模达到约千亿元。在一些关键环节具备国际产业竞争力,并支撑安全可靠应用。例如,机器到机器通信模块全球市场份额第一,图像传感芯片全球市场份额第一,国产金融IC卡芯片出货量超过600万颗。

四、科创中心建设带来转型新动力

引人注意的是,建设科创中心作为上海一个新的"中心",发展势头迅猛。上海市委书记韩正在市委第八次全体会议上指出:"上海要建设的科技创新中心,一要具有全球影响力;二要聚焦科技创新,突出创新驱动发展;三要充分体现中心城市的集聚辐射功能。"这次会议审议并通过上海市委《关于加快建设具有全球影响力的科技创新中心的意见》(以下简称《意见》)。《意见》提出"两步走"规划:第一步到2020年,要形成科技创新中心基本框架体系;第二步到2030年,要形成科技创新中心城市的核心功能,走出一条具有时代特征、中国特色、上海特点的创新驱动发展新路。科创中心将与上海此前确立的"四个中心"建设协同,对今后一段时间的转型与发展产生深远影响。《意见》着力破解制约创新环境建设的四个难题:创新成果转化难、创新企业融资难、草根创业难、知识产权保护难。其中,针对"科技成果转移转化难"的顽症,《意见》提出"下放高校和科研院所科技成果的使用权、处置权、收益权";"试点实施支持个人将科技成果、知识产权等无形资产入股和转让的政策";"允许高校和科研院所科技成果转化收益归属研发团队所得比例不低于70%"等措施。

7月6日上午,来自奥地利的爱德华在浦东机场拿到了科创中心建设出入境政策出台后的第一张R字(人才)签证。准备就职上海某高新技术企业的爱德华,凭R字签证就可办理五年的工作居留许可。根据相关政策,有关方面为上海科创中心建设提供最便捷的出入境环境、最优良的外籍人才居留待遇、最高效的出入境服务。

7月13日,科技部与上海市政府举行2015年部市工作会商会议,专题研究推动上海加快建设具有全球影响力的科技创新中心。双方将重点推进7方面工作:积极抢占全球科技制高点,培育更具活力的创新型经济,大力提升科技创新国际化水平,打造全球创新创业人才高地,深化区域间创新协同,营造良好创新生态环境,深化体制机制改革。

可以说,建设科创中心目标的提出,将给上海转型带来新的动力。这对创新型企业是重大利好,将有助于突破以往在资金、人才及知识产权等方面的发展瓶颈。同时,建设创新中心,也将使"四新"经济和制造业新兴产业的发展更具含金量。

五、增长驱动力将发生三大转变

2015年以来,上海经济结构不断优化,经济发展体呈现四大亮点。

一是上海"大众创业、万众创新"态势逐步形成。2015年1至5月份,上海市新注册企业户数达9.7万户,同比增长10%,平均每天有大约650家企业在沪注册成立;新增企业注册资本金达8000亿元,同比增长67%。

二是消费新热点、新方式快速培育。近几年,上海信息产品、智能家电、节能环保等消费新热点持续显现,同时新兴消费方式加快普及,1至5月份网上商店零售总额增长39.8%,同比提高7.5个百分点,相当于全市社会消费品零售总额的9.7%,增速不可谓不快。

三是"四新"经济发展迅猛。基于"互联网+"、移动互联网等新业态、新模式发展亮点不断涌现,1至5月份上海电子商务交易总额达到5573亿元,增长19.9%,其中B2B交易额增长11.9%。

四是区县经济加快创新发展。如杨浦区积极建设上海全球科技创新中心的重要承载区,加快建设"万众创新示范区",1至5月份杨浦区经济增长7.1%(不含烟草),其中知识型现代服务业增长22.4%;创智天地、同济科技园、财大科技园区级税收分别增长15.8%、33.7%和37.1%。

正是得益于上海经济结构不断优化,专家分析,未来几年,上海经济增长驱动力将逐步发生三大转变：一是从依靠"股市房市支撑"向依靠"服务业多元业态支撑"转变。上海自贸试验区的建设，以及利率市场化和资本项目开放等金融改革的深化推进，促进新金融等服务新业态加快创新发展，上海国际金融中心的功能和能级将不断提升，上海经济增长的动力将进一步增强。

二是从依靠"传统制造"向依靠"高新技术和'四新'经济"转变。随着上海全球科技创新中心建设，上海传统制造业加快转型，二、三产业全面融合，制造业发展动力将转向以科技创新为驱动的高新技术产业和"四新"经济，上海经济增长的可持续性动力进一步夯实。

三是从依靠"外资和出口拉动"向"对外投资带动"转变。随着上海对外投资开始超过吸引外资，对外投资将进一步带动外贸增长，成为新的增长动力，上海经济增长动力将实现"内""外"双轮驱动。

（苏州市委党校市情研究中心）

对深圳经济"热"数据的"冷"思考

陶一桃

在我国经济增长速度面临下行压力形势下,深圳经济却逆势而上,再次吸引了国人的目光。2015年,在经济发展指标方面,深圳GDP总量17500亿元,同比增长8.9%(四个一线城市增幅第一),增幅分别比全国和全省高2.0和0.9个百分点,其中,第一产业增加值下降1.7%,第二产业增加值增长7.3%,第三产业增加值增长10.2%。2014年按常住人口1077万计算,深圳人均GDP已超过2.4万美元。深圳能在全国经济持续下行的大趋势下逆势而上,主要有以下几方面的原因。

其一,"小政府、大市场"的行政治理框架日臻完善,服务型政府的管理模式基本形成。如放宽行政审批,完善各类法规制度,鼓励创新并保障,维护公平竞争的市场环境,因而培育、形成了一批全球瞩目并具有巨大影响力的民营企业,如华为、中兴、腾讯、比亚迪等。这些企业不仅是深圳经济发展的引擎,更是中国经济增长的力量。

其二,得益于多年的战略性产业结构的布局与调整。深圳形成了具有可持续发展潜能和国际竞争力的既符合深圳要素禀赋又科学合理的产业结构。金融、物流、高新技术、文化产业四大支柱产业稳定增长,2015年深圳这四大支柱产业增加值合计11194.59亿元。其中,金融业增加值2542.82亿元,增长15.9%,占GDP比重14.5%;物流业增加值1782.70亿元,增长9.4%,占GDP比重10.2%;文化产业增加值1021.16亿元,增长7.4%,占GDP比重5.8%;高新技术产业增加值5847.91亿元,增长13.0%,占GDP比重33.4%。

其三,创新驱动十分显著,已成为深圳可持续发展源于产业结构优化的内在原动力。2015年深圳先进制造业增加值5165.57亿元,增长11.3%,增速高于全市规模以上工业3.6个百分点,占规模以上工业增加值比重76.1%,比上年提高1.9个百分点;高技术制造业增加值4491.36亿元,增长9.6%,增速高于全市规模以上工业1.9个百分点,占全市规模以上工业增加值比重66.2%,比上年提高3.0个百分点。创新要素加速集聚,创新能力显著增强,新增各类创新载体176家,全社会研发投入占GDP比重达4.05%,这一比率已超欧美国家,比肩研发投入最高的以色列和韩国,在国内仅次于北京,远超全国平均2.2%、广东省平均2.5%的均值,PCT国际专利申请量连续12年居全国首位。

其四,七大战略性新兴产业快速发展。2015年七大战略性新兴产业增加值7003.48亿元,增长16.1%,占全市GDP比重达40.0%。其中生物产业增加值254.68亿元,增长12.4%;新能源产业增加值405.87亿元,增长10.1%;新材料产业增加值329.24亿元,增长11.3%;新一代信息技术产业增加值3173.07亿元,增长19.1%;互联网产业增加值756.06亿元,增长19.3%;文化创意产业增加值1757.14亿元,增长13.1%;节能环保产业增加值327.42亿元,增长12.0%。

其五,房地产业对GDP贡献仍然显著。2015年深圳房地产开发项目投资1331.03亿元,增长24.5%;全年商品房屋施工面积4978.41万平方米,增长10.8%,其中住宅施工面积增长10.0%;商品房竣工面积下降15.3%,其中住宅竣工面积下降24.8%;商品房屋销售面积增长56.1%,同比提高65.6个百分点;商品房屋销售额增长114.3%。现代服务业快速发展,其中房地产业增加值增长16.8%,占GDP比重9.3%,同比提高1.0个百分点。房地产业的贡献也与深圳高房价密不可分,2015年,深圳新房成交均价居全国第一,2014年第四季度就已超越北京,2015年第三季度超越上海后居全国第一,2015年第四季度深圳新房均价40599元/㎡,较上海33803元/㎡高出20%,较北京的28747元/㎡高出41%,较广州的15052元/㎡高出170%。

其六,前海因素。前海深港现代服务业合作区成为2015年深圳经济社会的发展热点。2015年,自贸区GDP突破1000亿元(其中前海突破500亿元),预计2020年将达1500亿元。自贸片区开发步伐加快,2015年实现固定资产投资308亿元,相当于前五年的总量,比原计划增长28.3%,其中前海完成204亿元,较2012年18.14亿元、2013年84.41亿元以及2014年117.20亿元增速迅猛。2015年,前海蛇口自贸片区的企业实现增加值1019亿元人民币,增长47%,其中,前海569亿元,连续3年实现倍增,是2014年192亿元的近3倍;前海蛇口自贸片区实现税收174亿元人民币,增幅达63.6%;合同利用外资达217.8亿美元,增幅达211%;其中,前海实际利用外资22.3亿美元,占全市34.2%。注册港资企业达2787家,对前海增加值的贡献率超过20%。2015年自贸区出让土地4宗(含作价出资2宗),土地面积8.76万平方米,建筑面积57.9万平方米,土地收入350亿元,占全市一半。

构成2015年深圳经济逆势而上的因素中,有两点是值得深思和慎重考量的。

其一，要正确看待房地产业对 GDP 的拉动。2015 年深圳现代服务业中房地产业增加值 1627.77 亿元，增长 16.8%，占现代服务业增加值的 23.8%；占全市 GDP 总量的 9.3%，比上年同期提高了 1.0 个百分点。房地产业对经济的刚需拉动可谓喜忧参半。一方面，一座城市房地产价格反映了这座城市发展的活力、吸引力和潜力。另一方面，一座城市的房地产价格又实实在在地影响着人们的生活成本和现实选择，尤其对于在这座城市生活工作的年轻人和有意进入这座城市的创业者。房价对于生活在这里的人们和准备进入这座城市的人们来说，都是必须首先面对的现实问题，也是不得不慎重考量自身消费能力与实力的第一道门槛。排除其他因素，在个人收入不变的情况下，房价的上涨对于购房者来说就意味着收入的真实减少和生活水准的现实下降。如果人均收入增长的幅度小于房价上涨的幅度，也意味着人们相对收入的减少和生活负担的加重。即便收入增长的幅度大于房价上涨的幅度，房价的大幅度上涨还是会给人们带来精神方面的压力、焦灼、不安和危机的负面心理，这种负面情绪的影响会大大降低人们生活的幸福感与获得感。

同时，如同失业常常稳定地落在一个比较固定的群体一样，高昂房价的现实心理压力也会比较集中地落在某一类群体身上。如果没有政府有效的政策支援与可持续的制度安排（比如，对高端人才的一次性安家补助或由政府政策指导的先行安置，然后在自愿原则下提供市场化购买的专家公寓；再比如公平普惠的公租房制度的有效运作），那么房地产业将有可能在贡献一方经济的同时，也在限制着这座城市的长远竞争力和可持续增长的原动力——人才的吸引与储备。经济发展的根本目的不仅仅是物质上的富有，还必然包括人的尊严和价值的实现。有尊严、体面的生活不是经济发展后的结果，其本身就构成了经济发展的内容。当经济指标的上涨与人们对上涨的指标的心理——道德感受相悖而行时，一定是社会的制度安排或政策导向出了问题。

因此，房地产业对社会经济的贡献是一回事，给社会带来的负面情绪影响则是另一回事。我们的社会，尤其是政府，不应该也不能毫无价值判断和道德感地接受所有的经济增长指标，作为社会主体的人对经济增长的心理感受，既是社会发展的终极目标问题，又是政府认知问题。

其二，如何看待前海因素。前海因素对深圳经济的贡献得益于自贸区的深化改革和制度开放的利好，尤其是"一带一路"给人们带来的良好的经济信心和心理预期。前海自贸区成立不到一年的时间里的确构成了深圳经济增长的一个极具活力的崭新的引擎。如 2015 年深圳吸收合同外资 256 亿美元，同比增长了 134.9%，而前海自贸片区的合同利用外资就高达 217.8 亿美元，占比达 85%。但是，2015 年全市实际利用外资只有 65 亿美元，其中前海实际利用外资 22.3 亿美元，占全市实际利用外资总量的 34.2%。尽管在全国经济整体下行的大背景下这个数字已经不错了，况且全市实际利用外资同比还上升了 11.9%。但是，合同利用外资和实际利用外资是完全不同的概念，前者是写在纸上的，只构成未来可能利用的外资，而后者才是实际使用并创造价值的资本。经济指标所释放的信号并不总是已经实实在在兑现了的东西，有的是需要假以时日证明的。

深圳作为最典型而又成功的经济特区，对中国改革开放做出了巨大的历史性贡献。深圳印证中国道路。这样的结论是建立在对中国道路的定义基础之上的，那就是以建立经济特区的方式在一个计划经济的汪洋大海中建立市场经济的绿洲，从而逐步带动全国市场经济体制的确立与完善；那就是以率先"先行先试"的实践，把成功的经验和做法推广到全国，从而降低中国改革开放的有形与无形成本；那就是不断探索路径，提供经验，复制做法，从而推动中国社会改革开放向纵深迈进。深圳作为中国最典型、最成功的经济特区，不仅是中国道路逻辑与现实的起点，也是中国道路伟大而成功的实践，更是中国道路有力而生动的诠释。所以，深圳印证中国道路，也可以理解为经济特区印证中国道路。改革尚未完成，道路还在继续，自贸区作为承担更深刻改革开放使命的升级版特区，正在以其伟大的实践丰富、完善着中国道路的内涵。深圳应该承担更重大的使命。

（作者系深圳大学党委副书记、教授）

广东明确率先实现"全面小康"目标年值得关注

党的十八届五中全会明确,"十三五"时期是我国全面建成小康社会决胜阶段。省委"十三五"规划建议明确,今后五年,江苏要率先全面建成小康社会,苏南有条件的地方在探索基本实现现代化的路子上迈出坚实步伐。中央做出了重大战略部署,省委的发展要求十分明确,作为努力走在全国发展前列的苏州,应如何当好排头兵,承担起率先探索的重任?我们必须深入思考、积极实践。各地都在谋划"十三五"发展,尤其是一些发达地区,提出了小康建设的时间表、路线图,明确了具体举措,值得我们借鉴。

广东省委通过的"十三五"规划建议提出,未来五年广东的年均经济增速确定为7%,确立2018年为广东率先全面建成小康社会的目标年。与之相伴的目标是"四个基本":基本建立完善的社会主义市场经济体制,基本建立开放型区域创新体系,基本建立具有全球竞争力的产业新体系,基本形成绿色低碳发展新格局。

一是确立科学、合理的经济增速。今后五年,广东将保持经济中高速增长,地区生产总值年均增长为7%;到2020年地区生产总值约11万亿元,人均地区生产总值约10万元。到2018年全面小康指数达97%以上,力争提前实现全省生产总值和城乡居民收入比2010年翻一番。"十三五"期间广东地区生产总值年均增长目标为7%,略高于全国经济增长目标,既可确保提前实现翻番,也可为结构调整留出空间。充分体现了率先实现"全面小康"。"7%"也为结构调整留出空间,是广东主动适应新常态、把握稳增长和调结构平衡点的适当选择。

我们可以发现,年均增速7%的目标,并不算低。根据测算,要实现2020年生产总值比2010年翻一番的目标,"十三五"期间全国年均增长底线在6.5%以上。具体到广东省,到2020年全省地区生产总值比2010年翻一番,未来五年地区生产总值年均增长5.9%即可。"十三五"年均7%的增幅,可确保广东提前翻番以实现"全面小康"的目标,也为全国生产总值提供足够体量的支撑。未来五年,广东在科技创新、制度创新和开放创新上仍有潜力可挖,据测算,经济增速甚至有望略高于预定目标,达到7.5%左右。

二是加快构建开放型区域创新体系。统计数据显示,珠三角地区创造了全国9.08%的GDP;研发经费支出约1500亿元,占GDP比重超过2.6%。而以珠三角为主体的广东省拥有138所高等院校、约11000家国家认定的高新技术企业、25家国家重点实验室、200家省重点实验室、1700多家产学研创新平台、100多家省部产业技术创新联盟,还建有广州超级计算中心、中国(东莞)散裂中子源、中微子实验室(二期)等大科学工程。为此,广东将以珠三角国家自主创新示范区建设为引领,力争在"十三五"期间基本建成面向全球、面向未来、面向现代化、具有鲜明广东特点的开放型区域创新体系。重点是突出强化企业创新主体地位和作用,着力完善促进创新的体制机制,努力推出更多创新成果,充分激发各类人才创新创业活力,密切开展国际创新合作。包括具有强大集聚辐射能力的国家级和区域性重大创新平台、以企业为主体的自主研发体系、产学研紧密结合的协同创新体系、服务中小科技型企业的孵化育成体系和面向大众创业万众创新的科技公共服务体系。同时强化健全体制机制和培养引进创新人才。其中在机制体制方面,广东将在政府职能转变、科技体制改革、创新资源共享、科技成果产业化、知识产权保护和运用、科技产业金融相结合、促进开放创新等领域的改革创新中先行先试。

国务院9月份印发《关于在部分区域系统推荐全面创新改革试验的总体方案》,将京津冀、上海、广东、安徽、四川、武汉、西安、沈阳列为试点区域。近日国务院下文批复,将广州、珠海等8个珠三角城市的国家高新区纳入国家自主创新示范区。加上2014年获批的深圳,国家自主创新示范区已覆盖珠三角地区的9座城市。广东抓住机遇,正编制全面创新改革试验试点省建设方案,有望在年底获得国务院批复,或将从2016年1月份开始实施。广东提出,统筹推进珠三角国家自主创新示范区和全面创新改革试验试点省建设。具体做法是,发挥广州全面创新改革试验核心区和深圳创新型城市的创新引领作用,打造国际产业创新中心,推动形成珠三角各市创新驱动发展各有特色、一体联动格局;同时发挥粤东西北地区后发优势发展道路。加快形成"1+1+7"珠三角国家自主创新示范区建设格局,建成国际一流的创新创业中心。

三是高标准对接国际通行规则。在对外开放上,未来五年广东将更多对接国际通行规则。广东提出,广东自贸试验区建设要把着力点放在国际经贸规则创新上,加大力度在实行准入前国民待遇加负面清单管理制度、口岸通关监管模式创新、促进粤港澳深度合作等方面积极探索,努力营造法治化、国际化、便利化营商环境。推进"一带一路"建设将把着力点放在对外开放布局创新上,认真落实广东省参与"一带一路"建设实施方案,加快构建陆海内外联动、东西双向开放的全面开放新格局,充分发挥广东作为"一带一路"战略枢纽和经贸合作中心的作用。通过对接、创新国际经贸规则，营造自由、开放和国际化环境。陆海内外联动意味着广东将多方式、多角度加强对接"一带一路"，广东可以通过高铁连接西部一些重要无水港，以加强陆路上的经贸往来和对外开放。东西双向开放的理念也更加全方位，广东应在巩固欧美传统贸易目的地的基础上，寻求更为广泛的新市场、新需求。

广东提出，要打造粤港澳大湾区，形成最具发展空间和增长潜力的世界级经济区域。全面落实粤港、粤澳合作框架协议，深入实施CEPA有关协议，推进粤港澳服务贸易自由化，重点在金融服务、交通航运服务、商贸服务、专业服务、科技服务等领域取得突破。粤港澳是全球最大的港口群、机场群和城市群，粤港澳大湾区的打造将激发巨大潜力，形成华南地区的最大增长极。三方合作的重点是内容和形式的升级创新，必须发挥各自优势，形成互补效应。三方的深度合作应是组团向外发展，共同开拓"海上丝绸之路"沿线的广阔市场，通过粤港澳合作，最终达到规划、投资、建设、服务等全产业链输出。

四是强化"海上丝绸之路"枢纽地位。2015年前三季度，广东对"海上丝绸之路"沿线重点国家进出口增长6.1%，而同期广东的进出口总额则同比下降4.3%。传统海外市场有效需求不足的严峻现实，使广东加强与"海上丝绸之路"沿线国家经贸对接尤为迫切。为此，广东提出打造"21世纪海上丝绸之路的战略枢纽、经贸合作中心和重要引擎"的目标，叠加自贸区和港口等多重优势的广州、深圳和珠海，各自功能和方向也正在逐步清晰。

一方面，珠海搭建大西南出海通道。刚刚落下帷幕的2015广东21世纪海上丝绸之路国际博览会共达成签约项目680个，涉及签约资金2018亿元，比上届增长15.5%。珠海与巴基斯坦瓜达尔市围绕瓜达尔港建设签署4项合作协议，则在"海博会"前夕就引发关注。该项目因体量和意义被视为"一带一路"旗舰项目。其中珠海港控股集团与中海港控签署65亿元合作大单，投建贵广—南亚（瓜达尔港）国际物流大通道。贵广—南亚大通道以公铁水联运为支撑，跨越5个国家，贯穿6个省和连接15个城市，建成后将为中国大西南地区打开一个直通东南亚、南亚的出海口，也将为珠海港提供广阔的经济腹地。珠海港定位为区域核心枢纽港，将为大西南地区搭建一体化出海通道，提供国际化港口服务。随着未来大通道节点地区间的资源互补和全方位合作，以及跨区域合作空间的开拓，将大力拉动整条大通道廊道地区的经济发展。

另一方面，广州构建"五港合一"格局。广州将以"双港双快"（空港、海港、快速轨道交通、高快速路）为龙头，加快布局重大基础设施建设，重点围绕广州国际航运中心、物流中心、贸易中心建设目标，推进与沿线国家港口城市的合作，畅通海、陆、空、信息等物流通道，推动"有形联通"与"无形链接"相结合,构建海港、空港、铁路港、公路港、信息港"五港合一"格局。广州将"建设智慧型国际航运物流枢纽"和"'互联网+航运+金融'新业态发展"列为建设国际航运中心两大战略支点,并为此梳理出总投资额约1000亿元的60项重点建设项目,涵盖港口码头、航道工程等领域。当前,简单的腹地型港口已过于低端,且同质竞争大,难有作为。广州提出构建"五港合一"格局,符合建设复合型航运中心发展思路。未来,广州应该重点发展航运金融、航运交易、跨境电商、海外仲裁、指数发布等业务,以伦敦为目标。广州、深圳和珠海应协同构建大珠三角港口群,朝组合港的方向发展,避免撕裂,而最有效的方式是通过相互参股、组团向外发展,共拓"海上丝绸之路"沿线港口空间,形成一个综合服务枢纽,进行全产业链输出与合作。

(苏州市委党校市情研究中心)

中科院对"一带一路"沿线 38 个国家"环境绩效评估"结论值得重视

成一冰

2015 年 3 月我国发布了《推动共建丝绸之路经济带和 21 世纪海上丝绸之路的愿景与行动》,提出要推动沿线各国开展更大范围、更高水平、更深层次的区域合作,共同打造开放、包容、均衡、普惠的区域经济合作架构,实现沿线各国多元、自主、平衡、可持续的发展。为配合推动我国"一带一路"重大战略的实施,中科院科技政策与管理科学研究所在世界主要国家资源环境绩效综合评估基础上,专门对"一带一路"沿线包括中国在内的 38 个主要国家的资源环境绩效进行了评估("一带一路"沿线原为 65 个国家,后来有所变动,尚未最终确定,目前日本是否列入还不明确,因此在总计中暂未考虑,在沿线 38 个国家中予以考虑)。评估报告认为,该地区既是发展水平落后区,又是发展方式粗放区;既是自然资源集中生产区,又是自然资源集中消费区;既是人类活动强烈区,又是生态环境脆弱区。"一带一路"沿线国家总体上还处于经济增长与资源消耗和污染物排放的挂钩阶段,但同时上述特征也为该地区开展绿色发展领域的经济技术国际合作提供了难得的契机、巨大的潜力和广阔的空间。现将有关情况综述如下。

一、"一带一路"沿线国家经济发展与资源环境呈现三大特征

为了全面反映和了解"一带一路"沿线主要国家的总体现状,中科院科技政策与管理科学研究所对"一带一路"沿线主要国家的经济发展和资源环境状况进行了比较详细的统计和计算,发现"一带一路"沿线国家整体上呈现出三个主要特点。

1. 该地区既是发展水平落后区,又是发展方式粗放区。从总体上看,"一带一路"沿线国家经济发展水平较低。GDP 总量约占世界的 1/3,人均 GDP 只有世界平均水平的一半左右。在经济结构中,农业和工业增加值比重明显高于世界平均水平,而服务业增加值比重则明显低于世界平均水平。

但是该地区在过去的 20 多年里保持快速的增长态势,其 GDP 年均增长

率约为世界年均增长率的2倍,成为世界经济比较有活力的地区。与此同时,该地区经济发展方式比较粗放。单位GDP能耗、原木消耗、物质消费和二氧化碳排放高出世界平均水平的一半以上,单位GDP钢材消耗、水泥消耗、有色金属消耗、水耗、臭氧层消耗物质是世界平均水平的2倍或2倍以上。

2. 该地区既是自然资源集中生产区,又是自然资源集中消费区。"一带一路"沿线既是世界矿产资源的集中生产区,也是世界矿产资源的集中消费区。该地区总体上矿产资源比较丰富,互补性较强。就能源供应和消费而言,该地区提供了世界57.9%的石油、54.2%的天然气和70.5%的煤炭、47.9%的发电量。但是该地区也消费了世界50.8%的一次能源,包括41.1%的原油、47.1%的天然气、72.2%的煤炭、40.1%的水电。就钢铁而言,该地区生产了世界71.8%的粗钢,但消费了世界70.7%的粗钢和70.3%的成品钢材。就水泥而言,该地区生产量占世界的81.8%,而消费量则占世界的83.2%。就有色金属而言,该地区生产了世界71.1%的精炼铝、62.8%的精炼铜、59.4%的精炼铅、54.7%的精炼镍、81.4%的精炼锡和63.8%的精炼镉,与之对应的消费比例则分别为65.2%、63.2%、59.9%、61.5%、61.8%和36.3%。另外,该地区分别生产和消费了世界40.3%和43.6%的纸和纸板,50.9%和52.4%的原木。

3. 该地区既是人类活动强烈区,又是生态环境脆弱区。"一带一路"沿线是人类活动比较集中和强烈的地区。该地区国土面积不到世界的40%,人口却占世界的70%以上。人口密度比世界平均水平高出一半以上。除了是世界上自然资源的集中生产区外,该地区年境内水资源量只有世界的35.7%,但年水资源开采量占世界的66.5%,同时用去了世界60%以上的化肥,因此对水资源和水环境的压力高于世界平均水平。该地区还排放了世界55%以上的二氧化碳和温室气体。

该地区的生态环境也比较脆弱。其中有不少国家处于干旱、半干旱环境。其森林覆盖率低于世界平均水平。有世界39.1%的哺乳类物种、32.2%的鸟类、28.9%的鱼类和27.8%的高等植物受到威胁。该地区的人均生态足迹虽然低于世界平均水平,但也超出了生态承载力的80%以上。

总之,该地区经济发展较为落后、经济发展方式比较粗放、生态环境相对脆弱的现状已成为该地区可持续发展的瓶颈,但也同时为该地区开展绿色发展领域的经济技术国际合作提供了难得的契机、巨大的潜力和广阔的空间。

二、资源环境绩效是绿色发展的核心和关键

中科院可持续发展战略研究组从2006年开始提出了资源环境综合绩效指数(REPI),对中国及31个省(自治区、直辖市)各年的资源环境绩效进行综

合评估,以反映和监测建设节约型社会的进展状况。后又将该指数进一步扩展到世界各国的绿色发展评估领域。

该指数实质上表达的是一个地区或国家多种资源消耗或污染物排放绩效与全国或世界相应资源消耗或者污染物排放绩效比值的加权平均。该指数越大,表明资源环境综合绩效水平越低,该指数越小,表明资源环境综合绩效水平越高。

因此,它比较直观地体现了经济发展与资源环境代价之间的关系,数据可得性强,可以比较灵活地运用于国际、国内各区域、行业和企业等多个层面的资源环境绩效比较,包括横向和纵向比较。由于资源环境绩效又是绿色发展的核心和关键,因此该指数完全可以作为绿色发展的衡量方法之一。

根据国际上资源环境数据的可得性和可靠性,中科院科技政策与管理科学研究所遴选了7类资源消费和污染物排放指标,对世界主要国家包括"一带一路"沿线国家的资源环境综合绩效开展评估,以反映各国资源环境绩效或绿色发展水平的相对高低和动态变化。选取的7类指标包括:一次能源消费量、水泥消费量、成品钢材消费量、常用有色金属消费量、原木消费量、臭氧层消耗物质消费量、能源使用二氧化碳排放量。其中,一次能源消费量、水泥消费量、成品钢材消费量、常用有色金属消费量、原木消费量5个指标分别侧重表征对能源、矿产资源及森林资源利用绩效,消耗物质消费量和能源使用二氧化碳排放量2个指标侧重表征气候环境绩效。

三、"一带一路"沿线国家资源环境综合绩效指数是世界平均水平2倍以上

2012年,在"一带一路"沿线参与排序的38个国家中,日本的资源环境综合绩效最高,越南资源环境综合绩效最差,中国排在倒数第二。资源环境综合绩效位于前5名的依次是日本、以色列、希腊、新加坡、科威特,其资源环境综合绩效指数分别为世界平均水平0.36~0.97倍。资源环境综合绩效排在后5名的依次是:伊朗、埃及、乌兹别克斯坦、中国、越南,其资源环境绩效指数分别为世界平均水平的2.7~5.2倍。中国的资源环境绩效指数则是世界平均水平的5.0倍。

在全球81个国家资源环境综合绩效排序中,前10名中,仅有日本1个国家为"一带一路"沿线国家,而且排在第十位。而后10名中却有7个国家为"一带一路"沿线国家。从"一带一路"沿线国家整体来看,其资源环境综合绩效指数远高于世界平均水平。如果包含日本在内,则"一带一路"沿线国家的资源环境综合绩效指数是世界平均水平的2.1倍。如果不包含日本,则是世界平均水平的2.7倍。因此,无论是从各国的排名还是从整体来看,均反映了

"一带一路"沿线国家经济发展方式的粗放特征。

从历史变化来看,"一带一路"沿线国家资源环境综合绩效呈现何种变化趋势？中科院科技政策与管理科学研究所对1990—2012年"一带一路"沿线主要国家资源环境综合绩效指数年均变化情况做了研究发现,在不同的分析时间段内,克罗地亚、伊朗、沙特、土耳其、阿联酋、越南的资源环境综合绩效指数保持上升势头。其他国家则有不同程度的下降,降幅最大的是保加利亚。从"一带一路"沿线国家整体来看,其资源环境绩效指数呈现出上升态势。其年均变化率,如果考虑到日本则为1.31%,如果不考虑日本则是0.70%。这在很大程度上反映了"一带一路"沿线国家总体上还处于物质化阶段,或是处于经济增长与资源消耗和污染物排放的挂钩阶段,资源消耗和污染物排放依旧保持快速增长的势头,资源环境压力仍在不断加大,可持续发展面临的形势非常严峻,但同时该地区在绿色发展领域的经济技术国际合作方面,机遇难得、潜力巨大、空间广阔。

(苏州市委党校市情研究中心)

深圳致力打造国际一流海绵城市

海绵城市,顾名思义,是指城市具有像海绵体一样具有吸水、蓄水、释水的能力,具体包括通过加强城市规划建设管理,充分发挥建筑、道路和绿地、水系等生态系统对雨水的吸纳、蓄渗和缓释作用,有效控制雨水径流,实现"自然积存、自然渗透、自然净化"的城市发展方式。海绵城市作为新型城市发展方式,对于系统解决城市发展中的水问题,促进城市可持续发展,具有举足轻重的意义。

改革开放以来30多年间,我国城镇化水平由1978年的17.9%提升到2015年的56.1%。这种压缩型的快速城镇化,导致城市建设历史欠账较多,城市建设"重面子、轻里子,重数量、轻质量"的现象较为普遍。与此同时,全球气温增高,气候变化加剧,极端天气事件增加。据统计,目前全国600余座城市,有一半左右不同程度地受到城市洪涝影响。每逢雨季,洪涝问题就成为市民与城市管理者的心腹之患。这些客观现实,都说明着海绵城市建设的必要性和紧迫性。我们必须以习近平总书记在中央城镇化工作会议上"建设自然积存、自然渗透、自然净化的海绵城市"的讲话精神为遵循,落实"创新、协调、绿色、开放、共享"五大发展理念,按照《国务院办公厅关于推进海绵城市建设的指导意见》,明确实现海绵城市理念的路线图和时间表。深圳正式发布了《深圳市推进海绵城市建设工作实施方案》,致力于打造国际一流的海绵城市。深圳的做法值得借鉴。

一、力求打造国际一流的海绵城市

深圳出台的《治水提质工作计划(2015—2020年)》提出"海绵城市,立体治水",将积极推行低影响开发建设(LID)模式,加大城市雨水径流源头减量的刚性约束,实现"五位一体"系统治水。为系统解决水问题,提升具备深圳标准和深圳质量的城市规划、建设及运维水平,促进城市可持续发展,深圳进一步制定出台了《推进海绵城市建设工作实施方案》(以下简称《实施方案》)。《实施方案》提出,将以最高标准、最高质量开展海绵城市的规划和建设工作,打造国际一流的海绵城市,综合采取"渗、滞、蓄、净、用、排"等措施,最大限度地减少城市开发建设对生态环境的影响,将70%的降雨就地消纳和利用。除特殊地质地区、特殊污染源地区以外,到2020年,建成区20%以上的面积达到海绵城市要求;到2030年,建成区80%以上的面积达到海绵城市要求。

《实施方案》还提出了战略转型、全面协作、系统推进、问题导向、科研支撑、机制保障六大方面的工作原则。其中,战略转型原则提出,要高度重视海绵城市建设,将其作为新时期深圳城市转型发展的战略要求;系统推进原则提出,要以国家海绵城市建设试点区域带动我市重点发展片区、成片开发区、旧改集中区、其他具备条件的已建成区等区域全面推进;科研支撑原则提出,要利用光明新区全国低影响开发雨水综合利用示范区创建的技术积累,结合深圳前期已开展的低影响开发、排水防涝技术等相关研究,推动海绵城市设施的本地化、科学化、产业化,在我市推广高效益、低成本、易维护的海绵设施,力争使深圳成为全国海绵城市建设的科技输出地和产业集聚地。

二、规划先行落实海绵城市要求

规划是海绵城市建设的源头。海绵城市建设的内在逻辑,要求根据城市所处区域的地形地貌、地质结构特点,科学布局城市功能,城市地下排水设施能力要与地表积水状况相适应,城市建成区不能侵占城市水域空间,要实现"城水和谐共生"。

为此,《实施方案》提出规划先行,把海绵城市要求落实到相关规划中,落实国家部署,高度重视海绵城市建设的系统性和综合性,充分发挥规划的统筹引领作用。为此,深圳组织编制了《海绵城市专项规划》(征求意见稿),计划于2016年10月前完成审批。《专项规划》提出了需要保护的自然生态空间格局以及雨洪调蓄(源头调蓄、过程调蓄、深隧、地下水库等)设施布局;明确了海绵城市的建设目标、策略和路径,确定了将海绵城市理念融入各层次规划体系的具体要求;制定了建设项目规划建设管控的具体指标和要求,确定了海绵城市近期建设的重点区域,从而指导各专项规划、下层次规划的编制工作。

深圳正在修编的城市总体规划,拟将海绵城市建设的指标纳入城市总体规划,将海绵城市专项规划中提出的自然生态空间格局作为城市总体规划空间开发管制要素之一。此外,各有关职能部门在编制或修订各自专业规划时,将充分体现《深圳市海绵城市专项规划》相关成果。各区政府(新区管委会)、前海管理局还将根据《深圳市海绵城市专项规划》确定的近期建设重点区域,结合本地情况,组织编制重点区域海绵城市建设的详细规划、建设方案,并滚动编制年度建设计划。

从 2016 年 8 月起,深圳新建的道路与广场、公园和绿地、建筑与小区、水务工程以及城市更新改造、综合整治等建设项目,将严格按照海绵城市要求进行规划、设计和建设;对于尚未开工和在建的各类建设项目,建设单位应视具体情况,尽可能地按照海绵城市要求进行设计变更和整改。

三、鼓励采取 PPP 模式促进投资主体多元化

《实施方案》还提出打造政策技术的深圳标准,强化规划建设管控机制;以光明新区国家海绵城市建设试点作为示范带动,全力推进区域型海绵城市建设;鼓励科学创新,完善海绵城市研发和评价平台;强化监督考核,开展定期评估;鼓励全民参与,加强宣传教育以及全面推动建设项目按照海绵城市要求进行建设,创新投融资机制等工作原则。

深圳将有效整合与拓宽资金渠道,通过特许经营、政府购买服务等多种方式,开展政府和社会资本合作;鼓励采取 PPP 模式,推动各类资本相互融合、优势互补,促进投资主体多元化,提升社会管理和治理效能;根据海绵城市项目类别建立收费价格标准制度体系,建立运营维护费用保障机制,确定政府补贴标准,健全价格调整机制和政府补贴、监管机制,广泛吸引社会资本参与海绵城市建设和运营;提高各类海绵设施的建设质量、运营标准和管理水平,鼓励打破以项目为单位的分散运营维护模式,实行规模化、区域化运营维护,提升城市管理绩效和治理水平。

四、加快推进五大工程

《实施方案》要求,深圳新建道路与广场、公园和绿地、建筑与小区、水务工程以及城市更新改造、综合整治等建设项目,必须严格按照海绵城市要求进行规划、设计和建设。

一是道路与广场。城市道路系统海绵设施应以控制面源污染、削减地表径流为目标,应与城市交通、园林景观、内涝防治、环境保护等专项规划与设计相协调,充分考虑道路的功能与安全、景观要求等因素。

新建道路的绿化隔离带和两侧绿化带要因地制宜运用下沉式绿地、生物滞留池、植草沟等多种形式,可采取不设道路侧石,通过布设开孔侧石、间歇式侧石等方式,将道路雨水引入绿化带,增加道路绿地雨水的海绵功能。新建城市道路的非机动车道、人行道和广场、停车场推广使用透水铺装系统,采用透水基础,增加透水性。

城市广场要因地制宜采用下沉式结构或配套建设雨水调蓄设施,最大程度减缓雨水径流并适度收集回用。既有道路和广场,又要有计划地按照海绵城市建设要求,在改造时同步实施海绵化改造。

二是公园和绿地。城市公园绿地要结合周边水系、道路、市政设施等,统筹开展竖向设计。公园绿地在消纳自身雨水径流的同时,要尽可能为周边区域提供雨水滞留、缓释空间。在超标暴雨发生期,必要时可借助绿地系统形成城市暴雨排放通道。

结合公园的布局和生态景观等要素,因地制宜地采取小微型湿地、雨水花园、下沉式绿地、植草沟、旱溪等多种形式,增强对公园自身及周边区域雨水的滞蓄能力。公园绿地内的硬质铺装、步行系统、停车场等应采用透水材料,提升公园绿地对雨水的滞蓄和净化能力。街头绿地宜结合城市景观、游览休憩等功能,采用低影响开发技术措施,优化雨水径流路径,增强蓄洪排洪能力,净化面源污染。城市公园绿地中要多选育和储备适合本地生长、生态和景观效益良好的水生植物和耐水湿植物,尽量采用雨水、再生水等非常规水资源,满足自身用水需求。

三是建筑与小区。各类建筑与小区项目应通过综合措施实现国家和地方绿色建筑标准规定的年径流总量控制率目标。深圳绿色建筑相关导则应加强海绵城市相关要求的分值,并将其列为必选项。

根据深圳市本土条件,主要可采取绿色屋顶、透水铺装、绿地下沉(雨水花园、下沉式绿地、植被草沟等)、不透水场地雨水径流引入绿地等多种形式。在建筑与小区规划设计初始阶段,可参考光明新区已建示范工程中对绿地下沉率、绿色屋顶覆盖率、透水铺装率、不透水下垫面雨水径流控制率等指标的控制要求,初步布局各项设施,再结合建筑、园林等专业进行优化,必要时应采用水文模型对最终布局进行复核和优化。

有条件进行雨水收集回用的建筑与小区,应根据雨水的用途、用量、收集范围、水质状况等进行优化设计,合理确定雨水收集回用规模。

四是旧改项目。综合整治类旧改项目,应结合沿路景观改造公园、小游园等建设,增加相关海绵设施,如雨水花园、下沉式绿地、透水铺装、生态树池等;结合截污工程,在城中村外围有条件的区域采用生态塘、人工湿地等生态措施对降雨进行调蓄和减量。通过旧改项目的海绵化改造,努力消除因排水设施不足造成的城市内涝问题,改善人民群众生活环境。

拆除重建类旧改项目,应严格按照新建类建设项目海绵城市有关要求执行。

五是水务项目。严格实行河湖、水库、湿地、沟渠、蓄洪区等城市现有"海绵体"的空间管控,处理好城市防洪排涝体系与海绵城市建设各项措施的衔接关系。推进城市河湖岸线生态化治理,尽量维持河道自然形态,修复河滩及滨水带生态功能,合理设置人工湿地、生态浮岛等生态修复措施,发挥其自然渗透、涵养水源、净化水体的作用。采取控源截污、垃圾清理、清淤疏浚、生态修复等措施,加大城市黑臭水体治理力度,提高地表水体水质达标率。

　　加强应急备用水源建设,完善水源配置系统,增强城市供水保障能力和应急能力。推动开发建设项目落实透水铺装、雨水收集利用、下凹绿地、屋顶绿化等低影响开发技术措施,通过雨水蓄渗、生物滞留、沟道治理、崩岗治理、边坡生态修复等综合治理措施,全面控制水土流失,减轻面源污染,修复土壤污染。

(苏州市委党校市情研究中心)

厦门、海南等"多规合一"的实践经验与启示

王海鹏

自2014年年底国家发改委、国土部、环保部和住建部四部委联合推进"多规合一"以来,全国28个市县开展"多规合一"试点。2015年,中央城市工作会议再次部署了深化改革推进"多规合一"。作为试点城市之一的厦门和全国首个省域试点的海南勇于探索顶层设计,形成了统一的空间规划"一张蓝图",其"多规合一"工作创新备受各界关注,值得借鉴。

一、厦门"多规合一"实践经验

综合相关材料,厦门"多规合一"工作的创新和特色主要集中在四个方面。第一,绘制全市统一空间规划"蓝图",构建全市统一空间规划体系。从2014年3月开始,厦门市委市政府根据《通知》和厦门实际,以《美丽厦门战略规划》为引领,绘制全市统一的空间规划"一张蓝图",并将各个部门涉及空间的规划进行专项梳理和协同,纳入"一张蓝图"中,使之在统一空间基准上开展各部门规划的统筹工作,解决了规划空间"打架"问题。另外,通过划定生态控制线及建设用地增长边界控制线,界定清了全市生态用地和建设用地的结构关系,并在两类用地内部进一步划定详细的用地控制线。第二,积极构建统一的管理协同平台,实现各部门数据对接和工作协同。厦门的"多规合一"工作,通过市政务网络和服务总线搭建了一个市级业务协同平台,使之与规划、国土、发改、环保、林业、水利、农业及市政务中心各部门业务管理系统相连接,并在行政审批系统内实现网络互通,统一全市的空间坐标体系和数据标准,统一系统接口标准,支持各单位业务系统与平台的信息交换,将"一张图"数据库纳入平台统一管理,从而加强了部门协同、科学统筹项目的空间布局,准确把握项目需求和建设条件,引导城市发展方向。第三,统一建设项目协同审批表,创新建设项目报审模式,实现了审批时限压缩,使"多规合一"工作真正做到了"编以致用"。厦门市依托"多规合一"平台,创新建设项目报审模式,推行"一表式"受理审批等改革,实现"一份办事指南、一张申请表单、一套申报材料"。改革后申请人只需将受理材料提

交到市政务中心收发件窗口,由窗口将材料发送至"多规合一"业务协同平台,各部门可以在平台上实时接收材料,并联协同审批、信息共享和"一表式"形成审批意见,然后由窗口将审批结果送达申请人,实现审批事项的无缝对接,大幅压缩审批时限。第四,率先实现立法保障。厦门市将生态控制线、建设用地增长边界控制线纳入地方立法,明确管理主体、管控规则、修改条件、修改程序,并制定一系列的配套法规政策作为制度保障,主要有:《多规合一组织架构和协调机制》《业务协调平台监督管理规定》《信息公共平台动态维护规则》《信息公共平台接口拓展规则》等,这些配套性法规成为推进厦门市城市治理体系和治理能力现代化的重要抓手,这一点也是其他城市难于比拟的。

二、海南省域"多规合一"实践经验

海南"多规合一"工作的改革:一是树立"全省一盘棋"的理念,绘制全省总体规划"一张蓝图"。海南省通过"顶层设计",将各地区、各部门、各行业和领域的具体规划纳入总规之下,使各项具体规划必须在总规的约束和指导下编制和实施,同时保持各项具体规划的独立性,由而确保了"多规合一"的科学性、实用性、可操作性。二是初步梳理了各部门规划间的矛盾和问题,建立统一的城乡、国土、林业、海洋等空间规划信息数据和管控平台。海南省将"多规合一"改革重点和难点问题主要放在打破行政壁垒和地方利益的藩篱上,通过总体规划来指导、约束和管控,使全省各市县、各部门都要以总体规划为引领、指导、约束和管控,真正做好各种具体规划。三是积极推进规划管理体制机制改革,确保"一个平台"管控到底,实现总体规划的有效执行和有力管控,确保总体规划实施落地。从5个方面推进规划管理体制机制创新:其一,探索成立统一权威的规划管理机构,统筹协调全省各类规划,加强规划实施的监督管理,使"多规合一"管理工作常态化;其二,探索建立与"多规合一"相适应的行政区划体制,避免资源浪费和同质化、重复建设;其三,探索明确省级总体规划刚性指标约束力,各市县、各部门必须严格遵照执行,确保在管控目标上协调一致;其四,探索建立全省统一的信息管理平台,对收集的城乡、国土、林业、海洋等空间规划数据转换坐标后集合在统一的信息管控平台上,对出现的数据冲突问题以"尊重历史、面向现实"为原则形成统一口径;其五,探索完善规划编制、审批和修改机制。

三、厦门、海南"多规合一"的实践比较

	厦　门	海　南
领导小组统筹协调	市委书记王蒙任领导小组组长，规划、国土、发改三部门牵头。	省长刘赐贵任组长，省政府其他领导和17个省直部门全程参与改革工作。
一张蓝图	制定《美丽厦门战略规划》，将法定规划（包括总体规划、专项规划和控制性详细规划等）纳入统一的基础地理规划之中。	制定《海南省总体规划》，确立"一点、两区、三地"战略定位。
管理协同	构建全市统一的空间信息管理协同平台，成立"多规合一"审批平台协调管理中心。	建立规划编制的合作协商机制，实现海南省"多规合一"工作进行沟通对接。
立法保障	建立以发改、规划、国土为主，多部门协同的建设项目生成机制。另外，完善配套的法规政策，制定一系列政策保障制度，将《厦门经济特区多规合一管理若干规定（草案）》正式列入2015年立法项目。	建立地方政策法规支撑体系、政府审批支撑体系、强化机构设置支撑体系、统一高效的规划执法体系、整合各类规划执法队伍。

综合上述比较，厦门、海南两地在推进"多规合一"工作中有诸多相同点：都成立了领导协调小组、制定了适合本地域的总体规划（将各部门具体规划纳入其中）。同时，两者也存在差异，主要有：一是主抓"多规合一"工作领导小组责任人不同。厦门由市委书记负责，而海南则由政府部门的省长负责。二是"多规合一"管理协同效用力度不同。厦门通过建立空间信息管理平台，成立审批平台协调管理中心，明确了"多规合一"工作的责任主体，实现了对各部门冲突及问题的高效、快捷解决，而海南则是通过合作协商机制来解决各部门执行规划中存在的问题，其力度相对柔弱一些。三是推进"多规合一"工作制度设计不同。厦门不同于海南的最关键一点是：厦门不仅建立了各部门协同建设的生成机制，更重要的是实现了地方性立法，为"多规合一"工作提供了有力的制度性保障。

四、厦门等地"多规合一"实践对苏州的启示

"多规合一"工作，有利于推动国民经济和社会发展规划、城乡规划、土地利用规划、生态环境保护规划等多个规划的相互融合，使之融合到一张可以明确边界线的市县域图上，从而实现一个市县一本规划、一张蓝图，解决现有的这些规划自成体系、内容冲突、缺乏衔接协调等突出问题。厦门等地"多规合一"工作创新的实践，对我市推进"多规合一"改革实践有着重要启示。

首先,我市进行"多规合一"改革必须要成立坚强有力的领导小组,建议建立以市委书记为组长,以规划、国土、发改、环保、林业、水利、农业等部门责任人为组员的专项领导小组,统一指挥我市"多规合一"改革。这是发挥党委总揽全局、协调各方的领导核心作用,发挥党完善党领导经济社会发展工作体制机制之必需,必将能大大增强"多规合一"改革推进力度,使得各区、各部门的具体规划有效地被纳入全市总体规划中来,构建起统一的空间规划体系,绘制出美丽苏州"一张蓝图"。

其次,应明确"多规合一"改革牵头单位,结合我市实情,我们认为,可成立由市规划局牵头,国土局、发改委联合协助的多规合一统筹规划协调小组。根据专项领导小组的指示,在统一空间基准上开展各部门规划的统筹工作,从而形成统一的空间规划体系。

再次,应科学设置"合"的平台,建立以发改、国土、规划部门为主,多部门协同的建设项目生成机制,促进改革有效落地。一方面,借鉴厦门经验,由市政务中心牵头负责,成立"多规合一"审批平台协调管理中心办公室,建立一个空间信息综合管理平台。另一方面,要创新建设项目报审模式,简化审批程序,实现"一份办事指南、一张申请表单、一套申报材料",确保审批信息实时共享,审批环节全程跟踪督办及审批节点控制,提高行政透明度和审批效率。

最后,为确保顶层设计规划能够落到实处,需要建立相关配套法规,不断完善"多规合一"的保障制度。建议制定《苏州多规合一管理若干规定(草案)》,对各部门、各单位事关"多规合一"问题事宜做出具体规定,并列入立法项目。同时,根据实际建立地方政策法规支撑体系、政府审批支撑体系、强化机构设置支撑体系、统一高效的规划执法体系、整合各类规划执法队伍等,确保"多规合一"改革有法可依、有矩可循。

附:多规合一体制架构图

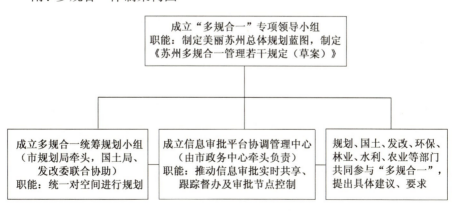

(苏州市委党校)

新空间　新格局
——"特色小镇"建设大有可为

在深入推进新型城镇化建设的大背景下,一些地方"特色小镇"建设成为一个亮点,其中尤以浙江实践引人瞩目。初步研究分析,建设"特色小镇"在认识和实践层面,必须把握这样几个环节。

1. 建设"特色小镇"是新形势下的战略选择。建设"特色小镇",是经济新常态下推进供给侧结构性改革和新型城镇化的战略性选择,也是推动大众创业万众创新和加快区域创新发展的有效路径,有利于加快高端要素集聚、产业转型升级和历史文化传承。"特色小镇",正在成为加快产业转型升级的新载体、推进项目建设拉动有效投资的新引擎。

2. "特色小镇"是一种重要的功能平台。"特色小镇"不是行政镇,也不是产业园区,它是集产业链、投资链、创新链、人才链、服务链于一体的创新创业生态系统,也是"产、城、人、文"四位一体有机结合的重要功能平台。

3. "特色小镇"的底色应当是以人为本。打造"特色小镇",不能仅仅在词汇上或者数量上做文章,必须依据本地经济社会发展实际和发展方向,内涵上是新兴与特色的结合。"新"在把人的发展放在首位,以五大发展理念统领城镇化硬件与软件建设;"特"在尊重人们安居乐业的愿望,统筹城镇空间、规模、产业结构,避免"千镇一面"。一句话,特色小镇的底色是以人为本。忘记了以人为本的底色,特色就会失色,就会变色。

4. 建设"特色小镇"必须遵循客观规律。各地经验揭示,建设"特色小镇",必须遵循规律,有重点、有特色地发展,切忌一哄而上;必须坚持企业主体、政府引导、市场化运作,政府重在规划引导、政策支持,切忌大包大揽;必须因地制宜,发挥本地特有的资源优势、区位优势、环境优势和传统优势等,形成特色,切忌不切实际"规划造镇"。

当前,我们正面临建设"特色小镇"的重大机遇。国家住建部、发改委、财政部出台了"关于开展特色小镇培育工作的通知",决定在全国范围内开展"特色小镇"培育工作,明确提出,到2020年,培育1000个左右各具特色、富有活力的休闲旅游、商贸物流、现代制造、教育科技、传统文化、美丽宜居等

"特色小镇",并明确了特色鲜明的产业形态、和谐宜居的美丽环境、彰显特色的传统文化、便捷完善的设施服务、充满活力的体制机制五大方面具体的培育要求。我们如何把握机遇、乘势而上,学习借鉴、创新思路,精心规划、精准发力,是苏州加快推进新型城镇化、城乡一体化发展的一项重要工作。现将浙江等地的做法总结如下。

一、浙江:下功夫推进特色小镇建设

规划建设特色小镇是新常态下浙江创新发展的重大战略抉择。2015年1月,浙江省首次提出要规划建设一批特色小镇战略设想;2015年6月,浙江公布了第一批37个省级创建名单,2016年年初公布了第二批创建和培育名单。特色小镇创建工作实质性启动半年多来,取得了初步的成效。

1. 什么是特色小镇

特色小镇概念为"非镇非区",是高端要素集聚的创新创业平台。特色小镇不是行政区划单元上的"镇",不具有镇一级行政管理职能,也不是产业园区、风景区的"区",而是按照创新、协调、绿色、开放、共享的发展理念打造,具有明确产业定位、文化内涵、旅游特征和一定社区功能,是同业企业协同创新、合作共赢的企业社区,也是大众创业、万众创新的空间平台。

如余杭梦想小镇,位于杭州市区的城乡接合部,是以大学生实习和创业为主的创新型小镇,为"有梦想、有激情、有知识、有创意",但"无资本、无经验、无市场、无支撑"的"四有四无"青年提供创新创业平台。余杭梦想小镇启动一年来,已累计引进孵化平台15家,落户创业项目521个、创业人才近4550名,集聚金融机构176家、管理资本368亿元。计划通过3年努力,集聚互联网创业者1万名,创业项目2000个,基金及投资机构300家,资产管理规模达到1000亿元。

2. 特色小镇特在哪里

第一,特色小镇特在产业。每个特色小镇集中布局信息经济、环保、健康、旅游、时尚、金融、高端装备浙江"十三五"规划中确定的七大战略性产业中的一个产业,或者一个产业中的某一行业,甚至是某一产品,或者茶叶、丝绸、黄酒、中药、青瓷、木雕、根雕、石雕、文房等具有浙江历史传统的产业,而不是同质竞争、竞相模仿。

即使是定位于同一产业,也要细分领域、错位发展,如西湖云栖小镇和上虞的e游小镇都定位于信息产业,但西湖云栖小镇重点是发展涉云企业,涵盖云计算应用,而上虞的e游小镇则侧重于集聚网络游戏产业。

第二,特色小镇特在功能。特色小镇都要具备产业、文化、旅游和社区四大功能,并且四大功能都要紧贴产业定位融合发展,而不是简单相加、牵强附

会、生搬硬拼。如嘉善巧克力甜蜜小镇,紧紧围绕巧克力生产制造,深挖巧克力种植、发展的历史文化,深度开发与巧克力相关的浪漫婚庆和儿童游乐体验。2015年该小镇接待游客121万人次,实现服务业营业总收入3.35亿元,是工业企业主营业务收入0.59亿元的5倍多。

第三,特色小镇特在形态。特色小镇的规划建设都要根据当地的地形地貌,结合产业发展特点,做好整体规划和景观设计,保护好自然生态环境,确定好小镇建筑风格,展现出小镇的独特风貌,坚决避免大拆大建、"东施效颦""百镇一面"。例如,杭州玉皇山南基金小镇,就充分利用原有一片凌乱的旧厂房、旧仓库、旧民居,改造成传统的江南园林,具有古典韵味的建筑鳞次栉比,玉皇山脚的绿荫点缀其中,素雅风格的屋舍,与山间流水汇成的湖面交映成辉。优美环境吸引了各类基金机构402家,资产管理规模达2000亿元,税收突破了4亿元。

第四,特色小镇特在机制。特色小镇采用宽进严定的创建制,事前不再审批,事中、事后强化监管。在3~5年的创建期,严格执行"竞争入列、优胜劣汰、达标授牌"的新机制,政策上实施期权激励制和追惩制,年度考核合格的兑现政策,不合格淘汰出局,3~5年后创建不合格的,要加倍倒扣土地奖励指标。建设上采取"政府引导、企业主体、市场化运作"的机制,服务上实施"店小二"式贴心服务,体制机制非常灵活,政府不搞大包大揽、一哄而上。2016年,浙江省将在年度考核的基础上,淘汰出局若干未达标的特色小镇。

3. 特色小镇生命力旺盛

经过近一年的创建工作,浙江特色小镇呈现出旺盛的生命力,省市县三级特色小镇已达到200余个,首批37个特色小镇创建工作已取得明显成效。

首先,有效投资带动力强。新开工建设项目431个,完成固定资产投资额478亿元,平均每个特色小镇12.9亿元。预计今年全省特色小镇投资总额将超过3000亿元。

其次,优质企业入驻热情高。新入驻企业3258家,入驻个体工商户23468个。同时,经济发展成效显著。工业企业主营业务收入352亿元,服务业营业收入630亿元,税收收入53亿元,旅游接待人数2768万人次。

最后,高端要素聚集趋势明显。现在各小镇已入驻中高级技术职称人员4139人,其中国家级和省级"千人计划"人才49人,国家级和省级大师91人;创业团队2116个,各类创业人员达7839人。

据了解,不久前,浙江首批37个省级特色小镇考核成绩单已经出炉。有7个被评为优秀,9个良好,17个合格,还有3个被警告,1个被降格。优胜劣汰的制度设计保持了浙江特色小镇发展的活力。特色小镇为浙江的经济发展打开了新通道。到"十三五"期末,浙江的特色小镇将实现税收1000亿元。

"十三五"期间特色小镇建设将完成总投资约 5500 亿元,形成 100 个省级特色小镇创建对象、100 个省特色小镇培育对象队伍。

二、福建:分批推进特色小镇规划建设

福建最近印发《关于开展特色小镇规划建设的指导意见》(以下简称《指导意见》),要求通过 3 年到 5 年的培育创建,建成一批产业特色鲜明、体制机制灵活、人文气息浓厚、创业创新活力迸发、生态环境优美、多种功能融合的特色小镇。要求各地坚持特色为本、产业为根、精致宜居、双创载体、项目带动和企业主体,聚焦新一代信息技术、高端装备制造、节能环保、新材料、生物与新医药、海洋高新、旅游、互联网经济等新兴产业,兼顾工艺美术、纺织鞋服、茶叶、食品等传统特色产业,来规划创建特色小镇。

特色小镇是以某种产业或其一环节为基础,汇聚相关企业、机构和人员,形成有独特精神气质与文化风味的现代化群落。与建制镇和产业园区的"大而全"相比,特色小镇讲究"小而美",往往以当地具有一定特色的产业或业态为基础,重视产业链上下游各要素的集聚,建设制度、政策的"小气候",是规划面积为 3 平方千米左右的特色产业聚集区,是具有明确产业定位、文化内涵、兼具旅游和社区功能的发展空间平台。近年来,特色小镇建设逐渐兴起,并日益成为新兴服务业、新经济形态发展的新载体。

《指导意见》就强化要素保障、加大资金支持力度、给予人才扶持等方面提出了 18 条措施。在要素保障方面,《指导意见》提出优先满足特色小镇用地需求,对每个特色小镇各安排 100 亩用地指标,新增建设用地计划予以倾斜支持。在符合相关规划和不改变现有工业用地用途的前提下,对工矿厂房、仓储用房进行改建、扩建及利用地下空间,提高容积率的,可不再补缴土地价款差额。符合条件的建设项目优先列入省重点建设项目。《指导意见》提出加大对特色小镇建设的资金支持力度。对特色小镇给予债券和贴息支持,小镇范围内符合条件的项目,优先申报国家专项建设基金和相关专项资金,优先享受省级产业转型升级等相关专项资金补助或扶持政策,优先支持向政策性银行争取长期低息的融资贷款,给予特色小镇规划设计补助,支持特色小镇生活污水处理设施和生活垃圾处理收运设施建设。此外,给予人才扶持。福建将借鉴中关村国家自主创新示范区和福建自贸试验区做法,对特色小镇范围内的高端人才实行税收优惠和个税优惠政策,加大对高层次人才运营项目的担保支持。

改革开放以来,福建城镇化快速发展,城镇化率从 13.7% 提高到 60.8%,年均提高 1.35 个百分点。然而在城镇化快速发展的同时,质量不高与风貌特色不鲜明的问题也日益突出。福建省发改委有关负责人表示,建设特色小

镇,是经济新常态下加快区域创新发展、激发创新创业活力的新平台;是推进供给侧结构性改革,推动高端要素集聚、产业转型升级和历史文化传承的新举措;是推进项目建设、拉动有效投资的新引擎;是加快推进新型城镇化的新抓手。福建省将务实、分批推进特色小镇规划建设,各地可根据实际情况自愿申报,对各地申报创建特色小镇不平均分配名额,凡符合特色小镇内涵和质量要求的,纳入特色小镇创建名单。对纳入创建名单的特色小镇实行年度考核,连续两年未完成年度目标考核任务的,实行退出机制,下一年度起不再享受特色小镇相关扶持政策。建设期满后,完成规划建设目标、达到特色小镇标准要求的,经验收合格,报福建省政府审定命名为"福建省特色小镇"。

三、上海:特色小镇特色初显

上海在特色小镇建设方面早有探索。上海把建设特色小镇作为推进城乡发展一体化的抓手。"镇"是城乡发展一体化的连接点,既有承接大城市的功能,又有辐射新农村的功能。因此,必须要将"镇"这个环节发展好。据了解,上海市目前正在研究如何进一步鼓励发展特色小镇。上海市委相关负责人表示,虽然会鼓励发展特色小镇,但不会出台千篇一律的政策,而是将结合各镇的特色和需求,实施精准化的政策供给。

当前,上海市基层对于打造特色小镇工作十分踊跃,仅金山区就涌现了"科创小镇""水果小镇""海渔小镇""田园马拉松小镇"等一大批探索案例,而奉贤区庄行镇也表示将朝着"化妆品小镇"方向努力。

在上海金山区,巧克力小镇、海渔小镇、水果小镇……这一个个听名字就颇为诱人的小镇将逐步涌现。据了解,经过一段时间酝酿规划,《关于金山区加快特色小镇建设的实施意见》正式出台,计划对各镇的产业特色、文化特色、生态特色进行再挖掘和再培育,力争到"十三五"期末,初步培育形成一个产业特色鲜明、体制机制灵活、人文气息浓厚、生态环境优美、多种功能叠加的特色小镇群落。

作为首批国家新型城镇化综合试点,金山区各项工作都在稳步推进中,规划建设特色小镇是推动国家新型城镇化综合试点的新举措,以期疏解大城市非核心功能,加快实现城镇更新,辐射带动新农村建设,推动一二三产业融合发展,不断缩小城乡差距,努力形成可复制、可推广的经验。

根据金山区的规划设想,特色小镇是将特定产业基础、独特资源禀赋、鲜明旅游特色、特有社区功能融合为一体的发展空间平台,是各镇功能定位和发展方向的再明晰,既可以自然而然地避免"千镇一面",也能使各镇的特色更鲜明、资源更集聚、优势更明显。

目前,金山区的第一批特色小镇已呼之欲出,包括"科创小镇"枫泾、"巧克力小镇"亭林、"田园小镇"廊下、"海渔小镇"山阳、"水果小镇"吕巷等。这些小镇的特色已经初显端倪,并具有较好的产业基础。

吴越古镇枫泾,地处上海南大门,交通区位较好,资源整合力强。2015年6月,这里启动了集"产学研创孵投"一体的大平台建设,在上海率先打出了"科创小镇"旗号,目前已形成了科创、农创、文创等14个孵化空间,融合了当代科技、历史人文和水乡生态的"科创小镇",风生水起,逐渐深入人心。

廊下"田园小镇",也算是实至名归。近年来,该镇新农村建设亮点频现,一二三产联动发展成效明显,成为沪郊小有名气的乡村游板块,并打造推出了全市第一个郊野公园。而拥有"最后一个活着的渔村"金山嘴渔村的山阳镇,被称为"海渔小镇"也十分妥帖,该镇靠近小有名气的金山城市沙滩,接下来还将在杭州湾北岸的生活岸线开发中进一步得益,前景可期。

而亭林镇又为何得名"巧克力小镇"?原来,该镇已吸引了好时、乐天两大巧克力品牌落户,现在,相距不远的巴洛美巧克力很快将在金山工业区投产。今后,亭林将围绕"巧克力小镇"进一步招商,并注重一二三产融合发展,从种植可可树到巧克力的生产、销售,探索体验式消费模式。

特色小镇建设不能拍脑袋,而要因地制宜、顺势而为,成熟一批,推出一批。眼下,在金山朱泾镇、金山卫镇、张堰镇等地,当地百姓正踊跃地参加"特色小镇"名号的征集。据透露,对特色小镇建设取得显著成效,或通过3A级及以上旅游景区认定的特色小镇,金山区财政今后将每年通过"以奖代补"加大转移支付,同时还鼓励各镇主动探索多元投融资渠道,广泛吸引社会资本参与特色小镇建设。金山特色小镇建设将结合金山区2040城市总规和新一轮镇村规划进行特色小镇的规划编制,聚焦战略性新兴产业和一二三产融合发展培育特色产业,加强公共服务设施建设创建宜居人文环境,注重时尚健康元素的注入和产业、文化、环境的有机融合,努力实现"一镇一风格"。

四、重庆:差异化培育特色小镇

重庆市最近发布《关于培育发展特色小镇的指导意见》(以下简称《意见》),决定在具有较好城镇化基础和潜力的地区培育和发展一批特色小镇。根据《意见》,重庆力争在"十三五"期间建成30个左右在全国具有一定影响力的特色小镇示范点,推动形成一批产城融合、集约紧凑、生态良好、功能完善、管理高效的特色小镇,为深入推进新型城镇化提供有力支撑。

重庆将立足各功能区功能定位,遵循"产业跟着功能定位走,人口跟着产业走,建设用地跟着产业和人口走"思路,合理配置资源要素,突出发展重点,形成"一镇一景、一镇一业、一镇一韵"的差异化发展格局。《意见》提出,在重点领域方面,将依托历史人文资源和自然景观资源,结合地理区位特点,培育发展一批历史文化传承、民俗风情展示、健康养老养生、休闲度假、观光体验类特色旅游小镇；围绕特色农副产品加工、零部件加工制造、轻工纺织等劳动密集型产业培育发展一批特色产业小镇；围绕电子商务、文化创意、创新创业、商贸农贸等培育发展一批特色服务小镇。

此外，重庆市级层面集中规划、金融、财政、用地、人力资源等相关政策，支持发展若干特色小镇示范点。比如财政方面，重庆加大市级小城镇建设专项资金投入，调整优化市级中心镇专项建设资金，重点支持特色小镇示范点建设。对特色小镇示范点建设较好的区县（自治县）加大财政转移支付力度。旅游、扶贫、文化、农业、商贸、工业、市政、城乡建设、水利、科技、环保等市级行业主管部门，将特色小镇示范点经济社会发展纳入专项资金支持范围。

（苏州市委党校市情研究中心）

跳出苏州看创新
——我市与深圳、北京中关村、上海张江的比较与借鉴

在江苏省第十三次党代会上,省委书记李强参加苏州代表团讨论时,对苏州科技创新提出至关重要的"创新四问",并指出:"苏州发展一定要跳出江苏来看发展,紧盯同类城市,深圳、北京中关村、上海张江都有值得学习借鉴的地方。"为此,我们就苏州与其他三地有关创新方面的指标进行了初步比较,并归纳整理了深圳等三地增强创新能力的做法,或许能够给我们一些有益的启示。

最近几年,我市的科技创新能力有了较快的提升,但是,如果跳出苏州,跳出江苏,同深圳、北京中关村、上海张江相比,落差还是十分明显的。一是从研发投入指标看,苏州明显不具优势。2015年苏州R&D占GDP比重为2.68%,北京中关村达到10.7%,比我市高出8个百分点,深圳(4.05%)、上海张江(3.7%)也均高于我市。政府财政性科技投入我们仅收集到苏州和深圳两地,苏州财政性科技投入为86.9亿元,而深圳高达209.32亿元,我市不足其1/2。二是从专利指标看,苏州总量较大而技术含量偏低。2015年苏州专利申请总量98704件,高于北京中关村(60603件),与深圳接近(105481件),专利授权总量(62263件)也仅次于深圳(72120件),高于北京中关村(34946件),远高于上海张江(5164件)。问题在于苏州的发明专利和发明专利授权占比均偏低。我市发明专利占专利申请总量比重为43.31%,虽高于深圳(37.95%),但大大低于北京中关村(62.44%)。我市发明专利授权占专利授权总量比重仅16.85%,远低于上海张江(53.16%),与北京中关村(36.68%)、深圳(23.51%)相比也落差明显。再看含金量较高的PCT国际专利申请量,苏州(908件)仅约为深圳(13308件)的1/15和北京中关村(3357件)的1/4。三是从人才指标看,苏州落差较大。我们仅以口径一致的"国家千人计划"数看,截至2015年年底,苏州入选"国家千人计划"共187人,与北京中关村(1091人)相比有很大差距,但高于深圳(182人)和上海张江(96人)。四是从国家级高科技企业指标看,苏州明显处于劣势。苏州拥有国家级高新技术企业3478个,在四地比较中处于末位,北京中关村(17645个)、上

海张江(6071个)、深圳(5524个),分别是苏州的5倍、1.7倍和1.6倍(具体见下表)。

苏州2015年部分创新能力指标比较表

	深圳	北京中关村	上海张江	苏州
R&D占地区生产总值比(%)	4.05	10.7	3.7	2.68
财政性科技投入(亿元)	209.32			86.9
专利申请数(件)	105481	60603		98704
发明专利申请数(件)	40028	37843		43241
发明专利申请数占比(%)	37.95	62.44		43.81
专利授权数(件)	72120	34946	5164	62263
发明专利授权数(件)	16957	12818	2745	10488
发明专利授权数占比(%)	23.51	36.68	53.16	16.85
PCT国际专利申请数(件)	13308	3357		908
入选国家千人计划人数(人)	182	1091	96	187
国家级高新技术企业数(个)	5524	17645	6071	3478

一、深圳:加快构建创新驱动力

深圳总面积1996.85平方千米,不到苏州的1/4,2015年年末常住人口1137.89万人,与苏州人口体量相近。近年来,深圳在质量型增长、内涵式发展道路上开展了积极的探索,质量型发展正成为深圳的新常态。一是增长速度比较稳。去年深圳GDP总量1.75万亿元,按可比价比上年增长8.9%,人均GDP达2.5万美元;一般公共财政预算收入2727亿元,增长30.9%;规模以上工业增加值6785亿元,增长7.7%;固定资产投资额3298亿元,增长21.4%,第二产业投资591.05亿元,其中二产投资增长13.4%,占固定资产投资比重17.9%。二是产业结构比较优。近年来深圳转型升级成效日益凸显,形成了优势传统产业、现代服务业、战略性新兴产业和未来产业"四路纵队"齐头并进格局。尤其是战略性新兴产业已成为拉动深圳经济增长的主要力量,去年全市高新技术产业实现产值17.3万亿元,同比增长11.2%,实现增加值5847.9亿元,同比增长13.0%。三是企业实力比较强。以中国企业联合会、中国企业家协会评选的"2015中国企业500强"榜单为例,深圳有21家企业入围,其中入围前50强的企业有5家。目前深圳不少企业已成为全球竞争中的行业翘楚,华为成为全球最大的电信设备商,是我国内地唯一入选"全球百强创新机构"的企业,华大基因是全球最大的基因测序机构,大疆无人机占据全球小型无人机50%以上市场份额,普联公司无线设备的市场占有率全球第一,其规模甚至超过第二至第十名的总和。深圳的创新早已不是跟随模仿式创新,而是源头创新、引领式的创新。

近年来,创新驱动已成为深圳在新常态下稳中求进的主引擎。深圳大力实施创新驱动发展战略主要体现这样几个特点。

一是全力打造高层次创新载体。深圳加快推进各类创新载体建设,目前全市国家及省市重点实验室、工程实验室、工程中心、企业技术中心等各类创新载体达1283家,初步建立起一个以基础研究为引领、产业及市场化为导向、企业为主体的开放合作、民办官助为特色的创新载体体系。在此基础上形成了深圳科技创新三大支点,即以重点实验室为核心的基础研究体系,以工程实验室、工程中心、技术中心组成的技术开发创新体系,以科技创新服务平台、行业公共技术服务平台组成的创新服务支撑体系。在众多创新载体支撑下,深圳的核心技术攻关能力显著增强,2015年深圳组织实施重大技术攻关项目290项,斩获14项国家科技奖,使深圳在4G技术、基因测序分析、超材料、新能源汽车、3D显示等领域核心技术自主创新能力位居世界前列。二是加快创新人才的引进、评价、服务机制。深圳坚持创新人才机制,形成引进人才、用好人才、留住人才的明显优势。探索以行业为主体、市场为主导的人才评价模式,对人才除采取直接以标准认定的方式外,增加评审方式认定海外高层次人才、团队和项目,根据申请人的专业领域,聘请国内外顶尖专家进行评审,在全国率先实现政府部门承担的社会化职称评定职能全部向行业组织转移,共有30家行业组织承接了45个评委会组织工作,还遴选一批行业组织开展新兴产业领域人才评价试点。三是努力推进科技创新与产业创新联动。深圳坚持以科技创新来推动产业创新和经济结构调整,实现了产业转型升级,形成了产业竞争力。与此同时,产业转型升级进一步形成新的经济增长点,带来了更高技术含量、更高附加值的经济成果。近年来,一方面,深圳坚持开放创新,开展国际、国内的创新合作。另一方面,深圳全面推进产业链招商,针对产业集群已基本形成的特点,深圳对全市各区进行产业定位,以国际化特色产业园区为载体,开展有针对性的招商引资,完善产业链缺失部分。产业链的完善又进一步促进了创新创业环境的完善,使深圳创新土壤更加肥沃,进入产业发展与创新驱动的良性循环,全球创新资源加速向深圳汇集,仅2014年就有美国、以色列等44个国内外声名显赫的创新团队项目来深圳投资创业。四是积极营造综合创新生态体系。深圳大力发展科技+金融、科技+文化、科技+物流、科技+生态等新模式,形成了支撑经济、文化、社会、生态文明等各领域、各环节和全过程的综合创新生态体系,致力于推动科技创新转向产业创新,产业创新又与商业模式创新、企业创新、文化创新、金融创新等形成联动,这种创新链把各种创新要素整合,形成正向振荡、良性循环。良好的创新生态和创新文化,使深圳形成了具有吸引力、竞争力的创新环境,比如深圳创业湾创业广场,已成为可与北京中关村创业大街相媲美的创新高地,各种高层次公共服务平台相继入驻,为创新创业者提供专业到位的服务,由此吸引了一大批世界知名创业孵化器入驻。五是注重突出企业创新的主体地位。深圳坚持以需求为导向、以应用促发展,发挥企业在技术创新决策、研发投入、科研组织和成果转化中的主体作用,形成了以企业为主体、市场为导向、产学研相结合的技术创新体系。深圳积极推动建立企业主导的技术研发体制机制,将80%以上的财政科技资金投向企业,组建3D显示、大数据等39个产学研联盟,形成了6个90%,即90%的创新企业为本土企业、90%的研发人员在企业、90%的研发投入源自企业、90%的专利产自企业、90%的研发机构建在企业、90%以上的重大科技项目由龙头企业承担。

二、北京中关村:加快打造国家级自主创新示范区

中关村示范区区域总面积为488平方千米,经历多次空间布局调整后,形成了"一区多园"发展格局,包括北部研发服务和高新技术产业集聚区、南部高技术制造业和战略性新兴产业集聚区和其他各园区。2009年3月,国务院明确中关村科技园区的新定位是国家自主创新示范区,目标是成为具有全球影响力的科技创新中心,并同意在中关村示范区实施股权激励、科技金融改革创新等试点工作,由此中关村成为中国首个国家级自主创新示范区。去年,中关村示范区实现总收入4.08万亿元,工业总产值9561.7亿元,实缴税费2035.7亿元,出口创汇299.4亿美元,实现净利润2903.5亿元。截至2015年年底,中关村已拥有创业服务机构800余家,其中,入选国家级科技企业孵化器42家,国家级大学科技园15家,通过科技部备案的众创空间57家。中关村企业拥有从业人员230.8万人,其中本科及以上学历人员120.2万人,占从业人员总数的52.1%;科技活动人员60.5万人,占从业人员总数的26.2%;留学归国人才2.7万人,外籍人才8533人。

近年来,北京中关村加快打造国家级自主创新示范区,呈现出以下特点。一是重大改革举措先行先试,破除创新体制机制障碍。中关村实施了"1+6"鼓励科技创新和产业化的系列先行先试改革政策。"1"是指搭建首都创新资源平台。"6"是指六项改革政策:中央级事业单位科技成果处置和收益权改革试点政策;税收优惠试点政策;股权激励试点政策;科研经费分配管理改革试点政策;高新技术企业认定试点政策;建设全国场外交易市场试点政策。目前,"1+6"系列改革政策已经推广至全国。二是推动跨界融合创新,引领高端产业发展。中关村在跨界融合创新上呈现出三个鲜明的特征:第一,互

联网和大数据促进各行业转型升级,特别是房地产、汽车使用和金融行业,正在被分享经济所改变。第二,前沿技术研发、商业模式创新、科技金融创新相结合,不断催生新业态,智能家居、智慧医疗、互联网教育等不断发展壮大。第三,制造业和服务业融合发展,呈现制造业服务化的趋势特征。目前,中关村已经形成了下一代互联网、移动互联网和新一代移动通信、卫星应用、生物和健康、节能环保、轨道交通6大优势产业集群,集成电路、新材料、高端装备与通用航空、新能源和新能源汽车等4大潜力产业集群和高端发展的现代服务业的"641"产业格局。三是创新科技金融产品和服务,促进科技金融融合发展。中关村实施了企业信用培育工程、科技融资担保服务工程、信贷专营机构培育工程、科技信贷创新工程、风险补偿机制搭建工程、银企交流公共服务平台建设工程6大融资服务工程,开发了担保融资、信用贷款、信用保险和贸易融资、知识产权质押贷款、股权质押贷款、小额贷款保证保险、票据融资、发行直接融资产品、认股权贷款、并购贷款等服务于企业各发展阶段的科技信贷创新产品。中国人民银行还在中关村设立了示范区中心支行,各商业银行在中关村设立了专门为科技型企业服务的信贷专营机构或特色支行。2016年4月,银监会等部门启动投贷联动试点,将中关村纳入首批试点区域。四是加快创新创业孵化,营造独具特色的创新创业生态系统。2015年4月,中关村成为英特尔的首批合作伙伴,全球首个"英特尔众创空间加速器"在中国正式启动。通过联合其他孵化器,以联合众创空间、线上创新中心、创投与产业孵化"三级推进"模式,提供从创想到创客、从创新到创业的全程价值输出。中关村在创新创业孵化上积极打造升级版平台,构建专业化的、深度整合的创新服务和孵化平台,包括一批聚焦专业领域的公共技术服务平台,优选一批科技转化的成果、团队、人才,并配套相应的资金,同时吸引社会资本的跟进。目前,中关村初步形成了由行业领军企业、高校院所、高端人才、天使投资和创业金融、创新型孵化器及创客组织、创业文化6大核心要素以及市场、法治、政策环境有机组成的中关村创新创业生态系统。五是推进外籍人才管理体制改革,集聚国际顶尖人才。2016年3月起,公安部支持北京创新发展的20项出入境政策措施正式实施。20项政策中有10项在中关村进行试点。其中包括,对符合认定标准的外籍高层次人才及其配偶、未成年子女,经中关村管委会推荐,可直接申请在华永久居留资格;公安部在中关村设立外国人永久居留服务窗口,负责受理、审核永久居留申请,提供咨询服务。这些政策是全国首创的出入境政策,为外籍高层次人才、创业团队外籍成员和企业选聘的外籍技术人才、外籍华人、外籍青年学生4类人才提供了签证、居留和出入境便利。中关村已经突破了自我驱动的发展模式,而是通过吸引全球的资金和人才,形成了与全球经济高度互动的经济模式。

三、上海张江:加快建设世界一流高科技园区

张江高科技园区始建于1992年,是国家级的重点高新技术开发区。张江高科技园区区域面积约79.9平方千米,下辖张江核心区、康桥工业区、国际医学园区和周浦繁荣工业园。2014年12月29日,国务院决定上海市自贸区扩至张江片区,面积37.2平方千米,为张江园区带来了新一轮的发展机遇。2015年,张江园区实现总收入1.36万亿元,工业总产值达到8754.6亿元,高新技术产值6000亿元,企业总收入3.58万亿元,实缴税费739.1亿元,出口创汇319.2亿美元,实现净利润1334亿元,拥有自主知识产权14万件,世界领先、国内首创的新技术、新产品达到数千个。目前,张江园区注册企业1万余家,初步形成了以信息技术、生物医药、文化创意、低碳环保等为重点的主导产业,第三产业占2/3以上。据不完全统计,张江园区现有国家、市、区级研发机构400余家,拥有上海光源中心、上海超算中心、中国商飞研究院、药谷公共服务平台等一批重大科研平台,以及上海科技大学、中科院高等研究院、中医药大学、复旦张江校区等20余家高校和科研院所;集聚了银行类金融机构20家,创业投资机构34家;拥有从业人员近35万人,其中大专以上学历程度达56%,留学归国人员和外籍人员约7600人。

近年来,上海张江加快建设世界一流高科技园区,其做法主要有以下特点。一是加快培育特色产业,形成优势产业集群。张江全力打造"智慧经济、健康经济、绿色经济、平台经济"的"四新"产业集群,并重点发展两大产业:一个是"E产业"(包括集成电路、信息技术、文化创意等),另一个是"医产业"(包括医学、医药、医械和医疗健康产业等)。张江开展并稳步推进特色产业基地试点,首批50个试点基地涵盖了大数据与云计算、互联网教育、互联网金融、智能电网等30余个新兴产业细分领域。二是发挥双自联动叠加效应,完善创新制度环境。张江把上海自贸试验区现有制度创新成果在张江复制推广,通过自贸区的制度创新,破除科技创新中的体制机制障碍。张江将建设自贸区张江办事大厅和张江空运货物服务中心。在原张江高科技园区办事大厅的基础上,按照自贸区"一门式"受理办理的要求,优化办事流程,形成集中咨询、一门受理、联动办理的服务平台。张江希望与浦东机场、海关合作,将空港货站及监管仓库的部分功能延伸至张江园区,企业的空运进境货物在到达空港后,货物可在空服中心内完成进境申报。三是设立民营科技银行,深化科技金融服务改革。张江将设立民营张江科技银行,为此张江园区管委会成立了"民营张江科技银行"筹备组,制订了设立民营张江科技银行的总体方案,明确民营张江科技银行建设的运行模式。该银行将围绕技术研发、成果中试、企业孵化、科技服务4个主要环节布局金融产品,主要服务科技型企

业、创新创业人才、科技园区这三大对象。银行将以"投贷联动"和"投贷保联动"为主要业务模式,采用"总店+连锁店"和"实体+虚拟"的商业业态。四是着力优化创新生态环境,加快孵化创新创业企业。围绕创新创业和孵化培育,张江着力形成两大产品系列:创业工坊系列和创新基地系列。前者主要满足个人创业、初创企业和早期孵化企业对小面积办公空间的需求,后者则兼顾孵化器企业、加速器企业以及具备一定规模的成长型企业的不同需求。在优化创新创业生态环境方面,张江推进"嵌入式"众创空间布局,鼓励建设与重点产业领域匹配的众创空间,形成了大院大所创客、央企总部创客、科技园区创客、投资机构创客和产业基地创客等嵌入式、专业化创客空间建设模式。五是深化人才管理体制改革,促进高端人才集聚。张江制定出台了《关于深化人才工作体制机制改革促进人才创新创业的实施意见》,积极创建国家级人才管理改革试验区。在国际人才引进方面,启动海外人才离岸创业基地建设工作,落实了外国留学生在上海就业的创新政策,还创新海外高层次人才服务管理模式,开展了外国专家证、就业证、居住证(B证)和居留许可、绿卡申请的"五证联办"试点。在国内人才引进方面,重点在居住证积分、居住证转办户籍、直接落户等方面,加大对创新创业人才的倾斜力度。

(苏州市委党校市情研究中心)

附录:《市情研究》2015—2016 主目录

1. 2015 年目录

第 1 期　转型升级的关键举措——关于苏州加快实施创新驱动发展战略的若干思考

第 2 期　关于苏州确立打造"创新型经济"目标的分析与建议

第 3 期　中央拟设"全面创新改革试验区"值得关注

第 4 期　关于苏州融入"一带一路"建设的思考与建议

第 5 期　把握中央精神实质　积极推进"稳增快转"

第 6 期　关于我国四大自贸区的基本情况

第 7 期　积极探索监管模式创新　推动海关特殊监管区域多元化发展

第 8 期　加快推进生态文明建设　倡导和推广"家祠墓园"的建议

第 9 期　中科院对"一带一路"沿线 38 个国家"环境绩效评估"结论值得重视

第 10 期　新常态下中国经济的转型与升级——林毅夫在复旦大学 110 周年校庆高端学术论坛上的演讲

第 11 期　准确把握宏观形势　努力创新思路举措

第 12 期　关注外资流向与制造业升级——兼析高端制造业日企扩大在华投资

第 13 期　创新,没有现成的教科书可以遵循

第 14 期　加快花桥国际商务城服务外包产业发展的若干建议——以昆山迪安医学检验项目为例

第 15 期　经济发展好于预期　创新转型亮点频现——稳增快转的"上海现象"解读

第 16 期　制造业成本优势递减趋势亟待关注

第 17 期　国家发展战略格局中的苏州使命——关于苏州"十三五"发展的若干思考

第 18 期　"中国制造 2025"背景下苏州智能制造发展情况的调研

第 19 期　苏州工业经济"十三五"转型发展的思考——苏州与上海、深圳、宁波等地工业经济相关指标比较分析

第 20 期　关于继续稳妥推进虎丘地区综合改造的思考与建议

第21期 新常态下苏州现代服务业集聚区提升发展研究

第22期 苏州高铁新城推进产城融合发展的若干思考

第23期 关于周庄旅游业转型升级的调研

第24期 借鉴台湾地区经济发展理念 拓宽新常态下吴江经济转型升级路径

第25期 完善苏州市社会价格监督服务网络建设对策

第26期 如何实现第三次历史性"突围"？——上海、广东等地做法解读

第27期 苏州农村人口社会化养老现状及推进建议

第28期 制造业发展形势与苏州对策建议

第29期 把握园区契机 深化苏州改革——广东自贸区前海蛇口片区改革借鉴

第30期 把握新机遇 谋求新发展——学习贯彻五中全会精神、主动融入国家战略的初步思考

第31期 关于影响苏州国家历史文化名城保护区功能发挥的三个因素

第32期 广东明确率先实现"全面小康"目标年值得关注

2. 2016年目录

第1期 金香溢：一个成长中的农业品牌

第2期 供给侧改革的三个问题

第3期 "工匠精神"是打开供给侧改革红利的钥匙

第4期 张家港保税区外企党建工作实践及建议

第5期 深圳推进供给侧改革实践值得借鉴

第6期 各地出台举措推进供给侧结构性改革

第7期 对深圳经济"热"数据的"冷"思考

第8期 解密重庆

第9期 苏州建设具有全球影响力产业科技创新中心的几点思考

第10期 关于苏州建设特大城市的思考

第11期 苏州市信访局落实"三到位"一处理问题研究

第12期 厦门、海南等"多规合一"的实践经验与启示

第13期 全新商业模式的认识与尝试——相城区发展"平台经济"的调研与思考之一

第14期 理清发展思路与战略重点——相城区发展"平台经济"的调研与思考之二

第15期 具体工作建议——相城区发展"平台经济"的调研与思考之三

第16期 加快推进城镇化的积极实践——关于苏州市被撤并镇优化发展的调研报告之一

第17期　"短板"想象亟待重视——关于我市被撤并镇优化发展的调研报告之二

第18期　加快形成共识 科学合理定位——关于我市被撤并镇优化发展的调研报告之三

第19期　坚持五大理念 创新工作举措——关于我市被撤并镇优化发展的调研报告之四

第20期　成熟型经济：苏州改革发展的重要指向

第21期　苏州中心城区农贸市场标准化建设的实践与思考

第22期　苏州在新阶段应担当怎样的重任？

第23期　新空间新格局——"特色小镇"建设大有可为

第24期　苏州靠什么发挥示范引领作用？——深圳经济成功转型的六点启示

第25期　找准转型切入点 打好升级组合拳为加快建设"一基地"做出新的努力

第26期　苏州市众创空间发展现状与政策优化

第27期　震泽创建"丝绸小镇"的实践与思考

第28期　深圳致力打造国际一流海绵城市

第29期　苏州市水生态文明建设的思考

第30期　苏州部分经济指标的比较分析

第31期　亟须多措并举消除民营企业家重重焦虑

第32期　推进全域旅游的专家观点值得关注

第33期　国内外城市更新经验和苏州对策研究

第34期　苏州建设具有独特魅力的国际文化旅游胜地的几点思考

第35期　关于发展"非银金融"支持苏州产业技术创新的思考

第36期　改革迈进新步伐——苏州工业园区开展改革试点的调研（上）

第37期　努力争当排头兵——苏州工业园区开展改革试点的调研（下）

第38期　跳出苏州看创新——我市与深圳、北京中关村、上海张江的比较与借鉴

第39期　值得重视的成绩与矛盾——现阶段推进苏州古城保护、有机更新的调研（上）

第40期　明确目标　理清思路——现阶段推进苏州古城保护、有机更新的调研（中）

第41期　亟待解决的几个问题——现阶段推进苏州古城保护、有机更新的调研（下）

第42期　"枫桥经验"社区治理模式创新的探索与启示

后记

苏州市委党校明确把建强党校智库作为建设"一流党校"的重要指标,明确定位党校智库建设是努力做市党政府决策方案的建言者、市委市政府政策效果的评估者、社会舆论的引导者。坚持以服务市委、市政府中心工作为主线,以市情研究为重点,以《市情研究》和《市情专报》为平台,着眼现实需求,坚持问题导向,紧紧围绕市委市政府决策所需、苏州经济社会发展所需去选课题、做研究、报成果,充分发挥广大教研人员和学员决策咨询主体作用,联动发挥各界专家作用,较好发挥了党校决策咨政功能。两年来,市情研究工作和市情研究成果多次获得省、市领导批示、肯定。为了总结工作经验,以及便于更好地发挥咨政作用,校委决定汇总两年来发表的市情研究报告并印刷出版《苏州市情研究 2015—2016》。

《苏州市情研究 2015—2016》的编辑出版,得到了校委的大力支持和指导,各位编委鼎力协作,一方面对编辑方案认真探讨落实,一方面对文字仔细校对,他们都为本书的付梓做出了努力。本书也得到了苏州大学出版社相关领导的全力帮助。对他们的辛勤付出,在此一并表示衷心的感谢!同时,也借此机会再次感谢撰写每一篇文章的专家学者和关心支持苏州党校市情研究工作的党政领导与各界人士。

希望我校市情研究工作以此书出版为契机,继续努力,取得更大的成绩,为苏州经济社会发展做出更大贡献。

本书编委会
2016 年 12 月 18 日